Andreas Grimm

Das neue Verbraucherkreditgesetz

Ein verbraucherpolitischer Beitrag zur Umsetzung der EG-Richtlinie in nationales Recht

VVF

RECHTSWISSENSCHAFTLICHE FORSCHUNG UND ENTWICKLUNG

Herausgeber:
Prof. Dr. jur. Michael Lehmann, Dipl.-Kfm.
Universität München

Band 402

Die Deutsche Bibliothek - CIP-Einheitsaufnahme

Grimm, Andreas:
Das neue Verbraucherkreditgesetz : ein verbraucherpolitischer Beitrag zur Umsetzung der EG-Richtlinie in nationales Recht /
Andreas Grimm. - München : VVF, 1993
(Rechtswissenschaftliche Forschung und Entwicklung ; Bd. 402)
Zugl.: München, Univ., Diss., 1992
ISBN 3-89481-020-3

NE: GT

Gesamtherstellung: Fotodruck Frank GmbH, 80333 München
Printed in Germany

Vorwort

Mancur Olson hat in seinem Werk: "The logic of collective action" (Harvard, 1965; deutsche Fassung: "Die Logik des kollektiven Handelns; Kollektivgüter und Theorie der Gruppen", Tübingen, 1968), ein Buch, das inzwischen zu den Klassikern der Nationalökonomie und insbesondere der ökonomischen Theorie der Politik ("public choice") zählt, überzeugend nachgewiesen, daß die Verbraucher keine ausreichende Gruppenvertretung haben. Wir alle als Verbraucher laufen daher Gefahr, daß unsere Interessen im politischen Prozeß nur unzureichend berücksichtigt werden. Während z.B. Anwälte, Ärzte, Versicherungen oder die Kreditwirtschaft auf eine schlagkräftige Standesvertretung und Lobby zurückgreifen können, die für die angemessene Berücksichtigung ihrer Partikularinteressen im politischen Prozeß und vor allem auch im Rahmen der Gesetzgebung sorgen - z.B. die Versicherungswirtschaft hat bei der Schaffung des Gesetzes über den Widerruf von Haustürgeschäften und ähnlichen Geschäften (vom 16.1.1986, BGBl. I S. 122) eine Privilegierung in § 6 Nr. 2 durchgedrückt, die erst jetzt durch § 8 Abs. 4 Versicherungsvertragsgesetz wieder korrigiert worden ist -, haben die Verbraucher keine auch nur annähernd gleichermaßen durchsetzungskräftige Interessenvertretung. Die aktuelle Diskussion um die adäquate Finanzierung der wenigen existierenden Verbraucherverbände durch Bund und Länder, sowie das Bemühen um eine ausreichende normative Verankerung des Verbraucherschutzes in einem Europäischen Unionsvertrag bestätigen diese Erkenntnisse ganz besonders.

Aufgabe der Wissenschaft muß es daher sein, zu versuchen, diese Ungleichgewichtslage zu Lasten der Verbraucher wieder ins rechte Lot zu bringen und der Unterzeichnete fühlt sich dazu auch aufgrund seines Amtes als wissenschaftliches Mitglied im Verbraucherbeirat beim Bundeswirtschaftsministerium besonders verpflichtet. Verbraucherschutz dient der institutionellen Absicherung einer freien und sozialen Marktwirtschaft; wie nötig er in der Praxis ist, zeigt gegenwärtig besonders augenfällig die Erstreckung unserer marktwirtschaftlichen Prinzipien und Rechtsinstitute in die neuen Bundesländer und darüber hinaus in den gesamten ehemaligen Ostblock. Dies gilt auch und vor allem für das älteste Verbraucherschutzgesetz der Welt, das deutsche Abzahlungsgesetz aus dem Jahr 1894, welches nunmehr unter dem rechtsharmonisierenden Einfluß des EG-Rechts durch das neue deutsche Verbraucherkreditgesetz abgelöst worden ist.

Aufgabe dieser erklärtermaßen (vgl. den Untertitel) verbraucherpolitisch ausgerichteten Dissertation sollte es daher nicht sein, eine wohlabgewogene Studie über die rechtlichen Vor- und Nachteile unseres neuen Verbraucherkreditgesetzes zu erarbeiten; derartige Untersuchungen werden von anderer Seite in ausreichendem Maße bewerkstelligt und finanziert werden. Es geht hier vielmehr nur darum, wissenschaftlich exakt aufzuzeigen, ob und inwieweit dieses neue Gesetz einen Fortschritt oder einen Rückschritt für unseren nationalen Verbraucherschutz mit sich bringt. Damit soll zugleich dokumentiert werden, daß Europäische Rechtsharmonisierung häufig nur durch Kompromisse erfolgen kann. Dies bedeutet zumeist aber auch einen partikulären Verzicht auf wohlerworbene nationale Schutzstandards. Wie groß diese Verzichte sind, kann nur von einer dezidiert verbraucherpolitisch orientierten Warte aus festgestellt werden, denn die Angebotsseite wird sich verständlicherweise für eine derartige Fragestellung nur marginal interessieren. Langfristig müssen aber derartige nationale Einschnitte summiert und mit in das europäische Kalkül eingestellt werden, ob und wieweit sich Rechtsharmonisierungen auf dem Gebiet des Zivilrechts als volkswirtschaftlich vorteilhaft erweisen oder nicht. Eine EG-Harmonisierung auf dem jeweils kleinsten gemeinsamen nationalen Nenner (vgl. dazu etwa die Richtlinie über irreführende Werbung, Abl. EG 1984, Nr. L 250/20 = GRUR Int. 1984, 688 ff.) bringt nämlich für keinen Mitgliedsstaat einen Vorteil und die EG-Rechtsharmonisierung sollte auch keinem "Geleitzug-Prinzip" verfallen, bei welchem das langsamste Schiff, die Gesamtgeschwindigkeit des Konvois bestimmt. Die aktuellen Rechtsharmonisierungsbemühungen in der EG sollten vielmehr als eine Chance zur europäischen Rechtsevolution betrachtet werden, die dazu führen muß, daß sich das jeweils beste nationale rechtspolitische Konzept europaweit durchzusetzen vermag; dies schließt natürlich auch vernünftige, tragbare Kompromisse mit ein. Als ein derartiger Kompromiß können auch die EG-Richtlinie und das daraus erwachsene neue Verbraucherkreditgesetz bewertet werden, das zwar national gewisse verbraucherpolitische Rückschritte mit sich bringt, wie die nachfolgende Untersuchung zeigt, insgesamt aber doch nach Umsetzung der EG-Richtlinie in allen anderer Mitgliedsstaaten zu einer deutlichen Verbesserung der Stellung des kreditsuchenden Verbrauchers in den Mitgliedsstaaten der Europäischen Gemeinschaft führt. Dies sollte man bei aller berechtigten verbraucherpolitischen Kritik aus nationaler Sicht nicht aus dem Auge verlieren. Zum Berufe unserer Zeit gehört aber zweifelsohne eine umfassende EG-Kodifikation des wirtschaftlich relevanten Zivilrechts und es muß sehr bezweifelt werden, ob dafür Art. 100a EWGV allein als Rechtsgrundlage tragfähig sein kann.

Diese Schrift will aber in erster Linie nationale Akzente setzen, welche freilich dem Grunde nach auch bei der gegenwärtig anstehenden Diskussion über die neuen EG-Richtlinienentwürfe zur Haftung für Dienstleistungen (vom 20.12.1990) und zur Regelung der Kontrolle von mißbräuchlichen Klauseln in Verbraucherverträgen (vom 3.9.1990) mitberücksichtigt werden sollten. Denn auch hier geht es wiederum um das gleiche Grundanliegen, nämlich wohlerworbene Standards des Verbraucherschutzes des nationalen Rechts, wie z.B. unser AGBG, möglichst weitgehend nicht auf dem Altar einer europäischen Rechtsharmonisierung zu opfern. Eine europäische Zivilrechtsharmonisierung sollte vorangetrieben werden, aber nicht um jeden Preis, und nationale Kompromisse müssen in das Verhältnis zum volkswirtschaftlichen Vorteil des Zusammenwachsens eines gemeinsamen Marktes in Europa gestellt werden; auch insoweit bedarf es also einer langfristigen cost-benefit-Analyse.

Die Entwicklung zur EG-Richtlinie über den Verbraucherkredit und unser daraus resultierendes neues Verbraucherkreditgesetz müssen daher aus verbraucherpolitischer Sicht kritisch betrachtet werden und es ist das Anliegen dieser Untersuchung insoweit ein deutliches Zeichen zu setzen.

Prof. M. Lehmann, München

Inhaltsübersicht

DAS NEUE VERBRAUCHERKREDITGESETZ

Ein Beitrag
zur Umsetzung der EG-Richtlinie
in nationales Recht

Inhaltsverzeichnis

DAS NEUE VERBRAUCHERKREDITGESETZ

Ein Beitrag
zur Umsetzung der EG-Richtlinie
in nationales Recht

Inhaltsverzeichnis

Inhaltsverzeichnis

ABKÜRZUNGSVERZEICHNIS

Abs.	Absatz
AbzG	Abzahlungsgesetz
AGBG	Gesetz zur Regelung der Allgemeinen Geschäftsbedingungen (AGB-Gesetz)
AnwBl	Anwaltsblatt
BB	Betriebsberater
BGB	Bürgerliches Gesetzbuch
BGBl.	Bundesgesetzblatt
BGH	Bundesgerichtshof
BuM	Bank und Markt, Zeitschrift für Unter nehmensführung, Marketing und Organisation
CCA	Consumer Credit Act
CCPA	Consumer Credit Protection Act
DB	Der Betrieb
E_1-VKG	1. Referentenentwurf vom Juni 1988
E_2-VKG	2. Referentenentwurf vom März 1989
E_3-VKG	3. Referentenentwurf vom April 1989
EG	Europäische Gemeinschaft(en)
EWGV	Vertrag zur Gründung der Europäischen Wirtschaftsgemeinschaft vom 25. September 1957 (EWG-Vertrag)
FernUSG	Fernunterrichtsschutzgesetz
Fn.	Fußnote
GG	Grundgesetz
GWB	Gesetz gegen Wettbewerbsbeschränkungen
HGB	Handelsgesetzbuch

HS.	Halbsatz
HTWG	Gesetz über den Widerruf von Haustürgeschäften und ähnlichen Geschäften
i.d.R.	in der Regel
i.R.d.	im Rahmen des
i.S.d.	im Sinne des
JA	Juristische Arbeitsblätter
JuS	Juristische Schulung
JZ	Juristenzeitung
KWG	Kreditwesengesetz
lit.	Litera (lat. littera)
m.w.N.	mit weiteren Nachweisen
MDR	Monatsschrift für Deutsches Recht
NJW	Neue Juristische Wochenschrift
Nr.	Nummer
PreisAngV	Preisangabenverordnung
S.	Satz
SchG	Scheckgesetz
UCCC	Uniform Consumer Credit Code
UWG	Gesetz gegen den unlauteren Wettbewerb
VKG	Verbraucherkreditgesetz
VKG-Richtlinie	EG-Richtlinie vom 22. Dezember 1986 (87/102/EWG)
WG	Wechselgesetz
WM	Wertpapiermitteilungen
ZIP	Zeitschrift für Wirtschaftsrecht

Abkürzungsverzeichnis

ZHR	Zeitschrift für das gesamte Handels- und Wirtschaftsrecht
ZRP	Zeitschrift für Rechtspolitik

DAS NEUE VERBRAUCHERKREDITGESETZ

Ein verbraucherpolitischer Beitrag zur Umsetzung der EG-Richtlinie in nationales Recht

---

Einleitung

Am 1. Januar 1991 ist das neue Verbraucherkreditgesetz[1] in Kraft getreten. Es geht zurück auf die EG-Richtlinie des Rates der Europäischen Gemeinschaften vom 22. Dezember 1986 (87/102/EWG).[2] Diese verpflichtete die Bundesrepublik Deutschland und die übrigen Mitgliedsstaaten der Europäischen Gemeinschaft gem. Art. 16 Abs. 1 S. 1 VKG-Richtlinie, die jeweiligen nationalen Rechtsvorschriften auf dem Gebiet des Verbraucherkreditrechts bis spätestens zum 1. Januar 1990 neu zu regeln. Die Umsetzung der VKG-Richtlinie erfolgte also mit einer genau einjährigen Verspätung.

Die für die nationalen Gesetzgeber aus der VKG-Richtlinie resultierende Umsetzungsverpflichtung hängt mit dem unaufhaltsamen Anstieg der Verbraucherverschuldung in den Ländern der Europäischen Gemeinschaft zusammen. Im Wandel zu modernen Industriegesellschaften und den damit veränderten Konsumgewohnheiten haben neue Formen der Kreditgewährung an Bedeutung gewonnen: Der Verbraucher wird von

---

1 Vgl.Gesetz über Verbraucherkredite, zur Änderung der Zivilprozeßordnung und anderer Gesetze vom 17. Dezember 1990, BGBl. I, S. 2840.

2 Abl. EG Nr. L 42 vom 12.02.1987, S. 48; u.a. auch abgedruckt in NJW 1988, 1959; Klauss/Ose, S. 388 ff; Schmelz, S. 320 ff.; im weiteren einfach abgekürzt als "*VKG-Richtlinie*".

der Kreditwirtschaft umworben, seine Konsumbedürfnisse durch Raten- und Überziehungskredite zu finanzieren. Abzahlungskäufe in allen Varianten sollen ihm die Anschaffung zum Lebensstandard gehörender Konsumgüter erleichtern. Die Zahl kreditfinanzierter Dienstleistungen nimmt ständig zu. Kreditkarten werden von allen Schichten der Bevölkerung immer häufiger verwendet. Alle derartigen Finanzierungsformen lassen sich unter den Begriff des "*Verbraucherkredits*" oder "*Konsumentenkredits*" zusammenfassen.[3] Ihnen gemeinsam ist, daß die Kreditaufnahme zu Zwecken des Konsums erfolgt, d.h. sie dient ausschließlich der Finanzierung des privaten Verbrauchs im weitesten Sinne.

Galt die Aufnahme eines Kredits ursprünglich noch eher als Ausnahmeerscheinung, hat sie sich in Konsequenz der zunehmenden Verbraucherverschuldung nunmehr zum Massenphänomen mit volkswirtschaftlicher Bedeutung entwickelt. Die Mitgliedsstaaten der Europäischen Gemeinschaft reagierten auf diese Entwicklung in unterschiedlicher Weise. Während einige Staaten, darunter die Bundesrepublik Deutschland, die Verschuldung der Verbraucher immer noch in ihrer früheren Bedeutung als begrenzten Einzelfall begriffen und ihre Rechtsordnungen dem Bedeutungswandel nicht oder nur unzureichend anpaßten, hatten andere Länder die tatsächlichen Dimensionen dieser Veränderung bereits erkannt und umfassende gesetzliche Regelungen kon-

---

[3] Andere Bezeichnungen lauten: "Konsumkredit", "Konsumtionskredit" oder "Konsumtivkredit" (vgl. Holzscheck / Hörmann / Daviter, S. 27; Reifner / Weitz / Uesseler, S. 61; Reifner, Verbraucherverschuldung, S. 109 m.w.N.;). Die vorliegende Arbeit beläßt es bei einem synonymen Gebrauch der Begriffe "Verbraucherkredit" bzw. "Konsumentenkredit".

zipiert,[4] die die an sie gestellten Aufgaben besser erfüllten.

Angesichts des sich abzeichnenden Gemeinsamen Marktes galt es, die durch die wachsende Verbraucherverschuldung hervorgerufenen Probleme einem *EG-einheitlichen* Lösungsansatz zuzuführen. Die Harmonisierung der verschiedenen nationalen Vorschriften sollte hierbei nicht nur den Verbraucherschutz in allen Ländern der Europäischen Gemeinschaft angemessen stärken, sondern auch Wettbewerbsverzerrungen künftig vermeiden helfen.

Die Gesetzgebungsarbeiten zur EG-Richtlinie und zum Verbraucherkreditgesetz wurden dabei nicht nur mit den Schwierigkeiten der Rechtsangleichung konfrontiert, sondern standen von Anfang an auch in einem Zielkonflikt der sich widerstreitenden Interessen der Verbraucher und der Kreditwirtschaft. Einerseits sollte ein gemeinsamer verbraucherschutzrechtlicher Standard geschaffen, andererseits den berechtigten Belangen der Kreditwirtschaft Rechnung getragen werden. Diese Interessenskonflikte traten auf nationaler Ebene dadurch noch stärker hervor, daß das deutsche Verbraucherkreditgesetz über die bloße Umsetzung der EG-rechtlichen Vorgaben hinaus eigene, weiterreichende Regelungen beisteuern sollte.

Die nachfolgende Arbeit skizziert die verbraucherrechtliche Situation, aus der heraus die Idee eines Verbraucherkreditgesetzes entstand, und befaßt sich im Anschluß daran mit dem Gang der Umsetzung der VKG-Richtlinie in bundesdeutsches Recht. In einem weiteren Abschnitt wird im Rahmen der Auseinandersetzung mit dem Inhalt des Ge-

---

4 Vergleiche hierzu die rechtsvergleichenden Überblicke von: Holzscheck/Hörmann/Daviter, S. 17, 19 ff.; v. Marschall, S. 55-117; v. Hippel, S. 158 - 185 (insbesonder S. 160).

setzes auf die Unterschiede zwischen alter und neuer Rechtslage eingegangen, um abschließend in einem gesonderten Resümee zum Ganzen nochmals Stellung zu beziehen.

1. Kapitel: Einführung

§ 1: Zur Situation auf dem Verbraucherkreditmarkt:

Immer mehr Verbraucher verschulden sich zur Befriedigung ihrer Konsumbedürfnisse immer höher und können am Ende ihre Schulden nicht mehr bezahlen. - So oder so ähnlich wird das Bild vom "*modernen Schuldturm*" in grellen Farben gezeichnet. Die schlagwortartige Verkürzung beschreibt eine Situation, die von einer weitverbreiteten Zunahme der Verschuldung der privaten Haushalte charakterisiert ist.

A: Erkenntnisse der Rechtstatsachenforschung:

I. Aktuelle Zahlen über das Ausmaß der Verbraucherverschuldung:

In rechtstatsächlicher Hinsicht besteht die Schwierigkeit darin, exaktes Zahlenmaterial über die Entwicklung der Verbraucherverschuldung zu erlangen. Soweit verfügbar, weichen die vorhandenen Daten mitunter erheblich voneinander ab, was genaue Aussagen nicht erleichtert. Die bisher umfassendste Untersuchung zum Thema "Verbraucherverschuldung" stellt eine vom Bundesministerium der Justiz im Sommer 1978 in Auftrag gegebene rechtssoziologische Studie dar.[5] Ihre Ergebnisse werden allerdings teilweise bereits wieder in Zweifel gezogen.[6] Dennoch ist das aus ihr gewonnene Zahlenmaterial als das bislang zuverlässigste überhaupt anzusehen.

---

[5] Vergleiche Holzscheck/Hörmann/Daviter, Die Praxis des Konsumentenkredits in der Bundesrepublik Deutschland.

[6] Vgl. Scholz, ZIP 1988, 1157 (1158), dort Fn.[7] m.w.N.

1. Untersuchungsgegenstand:

Zentralbegriff der vorgenannten Studie wie auch der nachfolgenden Arbeit ist der des *Verbraucherkredits*. Welche Merkmale den Verbraucherkredit im einzelnen charakterisieren, wird noch eingehend an anderer Stelle zu behandeln sein, wenn es um dessen Definition nach dem Verbraucherkreditgesetz geht.[7] Es erscheint aber angezeigt, den Gegenstand entsprechender rechtstatsächlicher Untersuchungen bereits hier in aller Kürze zu erläutern und bezüglich anderer Kreditformen abzugrenzen:[8]

Der Verbraucherkredit ist vor allem dadurch gekennzeichnet, daß ihn eine Privatperson zu (überwiegend) nicht-beruflichen oder nicht-gewerblichen Zwecken, also zur Dekkung des privaten *Konsum*bedarfs[9], aufnimmt. Verbraucherkredite dienen nicht der Durchführung von Grundstücksgeschäften und der Baufinanzierung.[10] Als ein weiteres Cha-

---

[7] Vergleiche 3. Kapitel, § 2 A I 1 zum sachlichen Anwendungsbereich, 3. Kapitel, § 2 A I 2 zum persönlichen Anwendungsbereich sowie 3. Kapitel, § 2 A II zu den dem Verbraucherkredit gleichgestellten Vertragsformen.

[8] Vergleiche hierzu auch die Übersicht in Reifner, Kreditrecht, § 5, Rdnr. 1 ff.; S. 37 ff.

[9] Zum privaten Konsumbedarf zählen nicht Aufwendungen für den Erwerb und den Erhalt einer Wohnung, unabhängig davon, ob dies zum Zwecke der Eigentumserlangung oder lediglich im Wege der Anmietung eines entsprechenden Objekts geschieht. Wohnungsbaudarlehen oder Mietzinsstundungen werden aus diesem Grunde nicht erfaßt (Holzscheck/Hörmann/Daviter, S. 27 m.w.N.).

[10] Schmelz, S. 1 ff., Rdnr. 1 ff.

rakteristikum gilt der Umstand, daß Verbraucherkredite nicht durch ein Grundpfandrecht gesichert werden.[11]

Beim Konsumentenkredit handelt es sich einmal um Kredite im Sinne des *"klassischen" Darlehens* gemäß §§ 607 ff. BGB, vor allem in Form von *Raten- und Überziehungskrediten*. Der ausbezahlte (ungebundene)[12] Kredit wird zur Tilgung der Kaufpreisschuld o.ä. verwendet. Der Verbraucher zahlt an den Kreditgeber die Kreditschuld entweder ratenweise zurück oder nimmt auf seinem Gehalts- oder Girokonto einen Kontokorrentkredit auf.

Eine andere rechtliche Gestaltungsmöglichkeit liegt in der des *(finanzierten) Abzahlungskaufes*. Der Verbraucher erwirbt eine Ware zumeist unter Eigentumsvorbehalt. Der Kaufpreis wird ihm vom Verkäufer gestundet oder über ein Geldinstitut vorfinanziert. In diesem Fall ist der Kredit, wenn die Darlehensvaluta nicht schon unmittelbar vom Kreditgeber an den Verkäufer ausbezahlt wird, dergestalt zweckgebunden, daß er zwingend zur Tilgung der Kaufpreisforderung verwendet werden muß. Genau hierin liegt der Unterschied zum ungebundenen Kredit.[13]

Zum Verbraucherkredit zählen ferner Kreditarten, die erst in jüngerer Zeit entstanden sind. Als wichtigste Beispiele sind in diesem Zusammenhang die *Leasing- und Kre-*

---

11 Hadding, S. 29 f.; Holzscheck/Hörmann/Daviter, S. 27 m.w.N.; Häuser/Welter, NJW 1987, 17 (20); Schmelz, S. 1 ff., Rdnr. 1 ff.; Staudinger/Hopt/Mülbert, § 609 a BGB, Rdnr. 33.

12 "Ungebunden" ist im Sinne von "nicht zweckgebunden" zu verstehen, wie dies zum Beispiel beim ausschließlich zur Tilgung der Kaufpreisschuld ausbezahlten Darlehens im Rahmen eines finanzierten Abzahlungskaufes der Fall ist (siehe dazu gleich nachfolgend).

13 Staudinger/Hopt/Mülbert, Vor §§ 607 ff. BGB, Rdnr. 389 ff.; Canaris, Rdnr. 1385 ff., u.a.m.

ditkartengeschäfte zu nennen.[14] Auch sie vermitteln - vom wirtschaftlichen Ergebnis her betrachtet - dem Leasingnehmer bzw. Kreditkarteninhaber unter bestimmten Voraussetzungen einen Kredit. Beim Leasing herrscht vor allem das sog. "financial leasing" vor, bei dem der Leasinggeber dem Leasingnehmer eine von einem Dritten für diesen zuvor erworbene Sache zum Gebrauch gegen ein in Raten gezahltes Entgelt überläßt.[15] Im nicht-gewerblichen Bereich erlangte das Finanzierungsleasing seinen großen Durchbruch zuerst auf dem Gebiet des Kraftfahrzeughandels. Eine Finanzierung der Anschaffung und nicht bloß der Nutzung wird im Leasing vor allem dann zu erblicken sein, wenn dem Leasingnehmer eine Kaufoption eingeräumt oder der Sachwert während der Grundmietzeit verbraucht wird.[16] Wirtschaftlich gesehen kommt dies der Kreditierung des Kaufpreises recht nahe. Entsprechendes gilt im Hinblick auf die Einräumung eines Kreditkartenkredites, wenn die Belastung des Kreditkartenkontos nicht alsbald nach Begleichung des geschuldeten Betrages durch das Kreditkartenunternehmen, sondern zu einem späteren Zeitpunkt erfolgt. Denn bei einer erst mit größerem zeitlichen Abstand vorgenommenen Belastung wird die Kreditkarte nicht

---

14 Statt vieler Holzscheck/Hörmann/Daviter, S. 27 f.

15 Palandt-Putzo, Einf. vor § 535 BGB, Anm. 4 a), Rdnr. 28; Scholz, Rdnr. 156 ff., S. 79 ff.; Schmelz, Rdnr. 59, S. 26 f.

16 BGHZ 62, 42 (45); Palandt-Putzo, § 6 AbzG, Anm. 2 b) bb), Rdnr. 7; Schmelz, Rdnr. 59, S. 26 f.

Entscheidend ist vor allem, ob der Vertrag die Übertragung der *Sachsubstanz* zum Endziel hat. Im Hinblick auf den Wertverzehr ist darauf abzustellen, daß der tatsächliche oder rechtliche Gebrauchswert für den Leasingnehmer aufgezehrt wurde, nicht hingegen bloß der Markt- oder Handelswert. Die Sache muß in diesem Sinne "als auf Dauer überlassen worden" sein (z.B. BGH WM 1986, 228 [229]).

als bloßes Zahlungs-, sondern als Kreditmittel verwendet. Andererseits ist zu fragen, ob nicht angesichts ihrer Häufigkeit im reinen Zahlungsverkehr, also ohne charakteristische Kreditierungsfunktion, Leasing- und Kreditkartengeschäfte in jedem Fall zum Problemkreis des Verbraucherkredits hinzuzunehmen sind. Da sich die hier angesprochene spezifische Problematik nicht aus der formellen Unterscheidung zwischen Kreditierungs- und Zahlungsfunktion, sondern aus der grundsätzlich gleichgelagerten Schutzbedürftigkeit des Verbrauchers vor unkontrollierter finanzieller Inanspruchnahme ergibt, wird die Frage zu bejahen sein.

Nicht zu den Verbraucherkrediten gehören nach wohl überwiegender Ansicht Kredite, die keinem *konsumtiven* Zweck dienen, wie z.B. Wohnungsbaukredite und investive (Unternehmens-)Kredite:[17]

Bei den investiven Krediten handelt es sich um "produktive" Schulden, da sie zumeist der Schaffung von Werten bzw. Wertzuwächsen dienen. D.h. irgendwann erwirtschaftet ein solcher Darlehensschuldner hieraus eine - wie auch immer geartete - "Rendite". Mit dem Kredit wird nicht der Konsum, also der Erwerb von Gütern zum Verbrauch, sondern eine Investition, die sich zu einem zukünftigen Zeitpunkt "auszahlen" soll, finanziert.[18]

---

17 v. Marschall, S. 143; Reifner, Verbraucherverschuldung, S. 108.

18 Zwar haben auch Darlehensschulden, die ein Arbeitnehmer zur Finanzierung seines beruflich genutzten Kfz.s aufgenommen hat, investiven Charakter, doch handelt es sich hierbei - wie noch im 3. Kapitel unter Punkt § 2 A I 2 b) aa) (dort zum Problem der Abgrenzung sog. Mischfälle bei sowohl privater als auch beruflicher Nutzung) zu zeigen sein wird - eher um einen Grenzfall eines Konsumentenkredits (vgl. zum Beispiel Häuser / Welter, NJW 1987, 17 [20]).

Ähnlich verhält es sich mit Wohnungsbaukrediten, die für die Errichtung eines Eigenheimes aufgenommen werden.[19] Hier stehen zwar Geldanlage- und Investitionszwecke gerade nicht im Vordergrund;[20] die Errichtung eines Eigenheims dient aber dennoch nicht primär dem privaten Konsum. Im Unterschied zu Konsumartikeln wird ein Eigenheim nicht "verbraucht". Statt dessen wird mit dem Erwerb eines Eigenheims häufig der Gedanke verbunden, "Werte zu schaffen". Des weiteren werden Wohnungsbaudarlehen regelmäßig gegen Bestellung eines Grundpfandrechts vergeben, was beim Konsumentenkredit nach der hier zugrunde gelegten Auffassung nicht der Fall sein soll. Wohnungsbaudarlehen, die gegen Bestellung einer Hypothek oder einer Grundschuld vergeben werden, sind schon deshalb nicht als Konsumentenkredite zu qualifizieren.

Die Herausnahme der Wohnungsbaukredite aus dem Kreis der Verbraucherkredite erweist sich zwar nicht als zwingend notwendig, zumal auch das Scheitern des Tilgungsplans bei einem Wohnungsbaudarlehen einschneidende rechtliche Folgen nach sich ziehen kann. Der Kreditnehmer eines "notleidend" gewordenen Wohnungsbaudarlehens ist grundsätzlich als nicht weniger schutzwürdig anzusehen als der in Zahlungsschwierigkeiten geratene Schuldner eines Konsu-

---

19 Im Unterschied dazu steht der Wohnungsbau als Geldanlage- und Renditeobjekt. Ob man die hierfür aufgenommenen Kredite bereits zur Gruppe der "*investiven*" Kredite zählen oder sie nur als Sonderfall der Wohnungsbaukredite behandeln möchte, bleibt sich für die Betrachtung gleich, da es ihr insoweit nur um die Abgrenzung zu den "*konsumtiven*" Krediten geht.

20 Ungeachtet dessen bleibt es auch einem solchen Schuldner unbenommen, "sein Häuschen im Grünen" im Hinblick auf die steigenden Grundstückspreise später mit "Gewinn" weiterveräußern.

mentenkredits.[21] Andererseits ist - zumindest eine Tendenz dahingehend - festzustellen, Wohungungsbaukredite schon per definitionem aus dem Begriff des Konsumentenkredits auszuscheiden.[22] Es würde wenig Sinn machen, diesen von der Literatur vorgeprägten und inzwischen auch in

---

21 Im Unterschied zum Konsumentenkreditnehmer verbleibt einem Kreditnehmer eines Wohnungsbaudarlehens bei Scheitern des Finanzierungsplans allerdings immer noch das Bauobjekt als "vorgeschaltete" Haftungsmasse. Ein (bebautes) Grundstück kann zur Not mit größerer Aussicht auf Entgelt veräußert, und wenn es sich schon nicht vermeiden läßt, zwangsversteigert werden. Das mittels Verbraucherkredit erworbene Konsumgut - mag es auch unter Eigentumsvorbehalt gestellt worden sein - hat hingegen durch die eingetretene Abnutzung häufig entscheidend an Wert verloren. Durchgeführte Zwangsvollstreckungsmaßnahmen in das zur Sicherheit übereignete Konsumgut führen demgemäß regelmäßig zu keiner vollständigen Befriedigung der Gläubiger, so daß diese in andere Vermögensgegenstände vollstrecken lassen müssen. Oftmals bilden Lohnpfändungen dann das letzte erfolgversprechende Mittel der Kreditgeber, um ihre Forderungen beizutreiben. Auch der "notleidend gewordene" Wohnungsbaukredit belastet den Schuldner existentiell (u.U. Verlust des eigenen Heims, Zwangsräumung, Lohnpfändung etc.); ein solcher Schuldner darf aber bei Scheitern der Finanzierung wegen des fehlenden oder geringen Wertverlustes einer Immobilie zumeist eher darauf hoffen, wenigstens wieder "bei Null" anfangen zu können, während dem Konsumentenkreditnehmer nicht selten auf lange Sicht nur die Belastung mit einer nicht zu tilgenden Restschuld von erheblicher Höhe verbleibt. Ihm ist insoweit die "Chance auf Zukunft" - wenigstens längerfristig - verbaut.

Allerdings hängt der Grad der jeweiligen Schutzbedürftigkeit sehr von den Umständen des Einzelfalls ab, so daß sich weitergehende Pauschalierungen verbieten.

22 Palandt-Putzo, § 609 a BGB, Anm. 2 a) bb), Rdnr. 8; Münchener Kommentar, § 609 a BGB, Rdnr. 20 ff.; Schmelz, S. 1 ff., Rdnr. 1 ff.; Häuser / Welter, NJW 1987, 17 (20), Hadding, S. 29 f.; u.a.m.

§ 609 a Abs. 1 Nr. 3 BGB verwendeten Begriff neu definieren zu wollen.

Zusammenfassend ist zum Begriff des Verbraucherkredits festzustellen: Der Konsumentenkredit zeichnet sich - neben der "*positiven*" Voraussetzung der Darlehenshingabe an eine natürliche Person - vornehmlich durch das Vorliegen der beiden "*negativen*" Voraussetzungen der nicht-gewerblichen / nicht-beruflichen Veranlassung bzw. der fehlenden Sicherung durch ein Grundpfandrecht aus.

Demgegenüber sind investive Unternehmenskredite vor allem dadurch charakterisiert, daß sie zumeist von Gewerbetreibenden oder Selbständigen im Rahmen ihres Unternehmens zu betrieblichen Zwecken aufgenommen werden. Wohnungsbaukredite - jedoch nicht nur sie - lassen sich von den Konsumentenkrediten insbesondere durch die Bestellung von Grundpfandrechten abgrenzen. Investive Unternehmenskredite und (private) Wohnungsbaudarlehen dienen nicht der Deckung des alltäglichen Bedarfs; es fehlt ihnen an der privaten, *konsum*orientierten Komponente.

2. Untersuchungsergebnisse:

Die vorgelegten Zahlen[23] basieren im wesentlichen - wie bereits erwähnt - auf der vom Bundesministeriun der Justiz im Sommer 1978 in Auftrag gegebenen Studie zur

---

[23] Alle Zahlenangaben - auch diejenigen, die nach Abschluß der bereits näher bezeichneten Studie gewonnen wurden - beziehen sich auf das Gebiet der sog. "alten Bundesländer". Die Wiedervereinigung dürfte zu keiner tendenziellen Änderung der Entwicklung geführt haben. Vielmehr wird sogar von einer Verstärkung des Trends auszugehen sein.

Untersuchung der Verbraucherverschuldung.[24] Ohne auf Einzelheiten der Studie eingehen zu wollen, soll es bei einer kurzen Beschreibung deren wichtigsten Ergebnisse verbleiben.

Danach läßt sich aus den ermittelten Daten eine ganz bestimmte Entwicklung, nämlich ein überproportionaler Anstieg der Verschuldung der privaten Haushalte innerhalb der letzten zehn Jahre, erkennen.[25] Die Verschuldungstendenz weist eindeutig nach oben,[26] und ist bisher auch, soweit ersichtlich, ungebrochen geblieben.[27]

Die nachfolgende Tabelle soll die Entwicklung seit 1950 in einem kurzen Überblick verdeutlichen:[28]

---

24 Holzscheck/Hörmann/Daviter, Die Praxis des Konsumentenkredits in der Bundesrepublik Deutschland.

25 Holzscheck/Hörmann/Daviter, S. 29 ff.; Hörmann, S. 33 ff.; Meiwes, S. 5; Simon, S. 17.

26 Holzscheck/Hörmann/Daviter, S. 27 ff.; Simon, S. 17.

27 Ebenso Hadding in Hadding/Hopt, Verbraucherkredit, AGB-Gesetz und Kreditwirtschaft, S. 18.

28 Das Zahlenmaterial beruht auf Angaben von: Holzscheck/Hörmann/Daviter, S. 29; Hörmann, S. 33 f.; siehe auch Simon S. 20 f.; "Süddeutsche Zeitung" vom 02.05.1989, Nr. 100, S. 32.

Jahr	Verschuldung DM/Kopf	Verschuldung DM/Haushalt[29]	Gesamtkreditvolumen in Mio. DM
1950	3,60	-	181
1960	88	-	4.875
1970	489	1.350	29.678
1980	2.123	5.269	130.720
1985	2.942	7.040	187.754
1988	-	-	228.000[30]
1989	-	9.021	247.200[31]

Die Zahlen ab 1970 beziehen sich auf den Durchschnitt *aller* Haushalte. D.h. wollte man nur die Höhe der Verschuldung der *tatsächlich belasteten* Haushalte ermitteln, müßte man die genannten Zahlen zur Verschuldung der Haushalte in etwa verdoppeln, da ca. 48 % der bundesdeutschen Haushalte von der Verbraucherverschuldung betroffen sind. 1986 war bereits nahezu jeder zweite (exakt 48 %) bundesdeutsche Haushalt mit durchschnittlich etwa 14.000.-- DM

29 Für die Jahre 1950-69 liegen wegen einer anderen Aufbereitung der Bundesbankstatistik keine Zahlen für die Verschuldung pro Haushalt vor (Holzscheck/Hörmann/Daviter, S. 29; Hörmann, S. 33).

30 "Süddeutsche Zeitung" vom 18./19.03.1989, Nr. 65, S. 4; "Süddeutsche Zeitung" vom 02.05.1989, Nr. 100, S. 32; vgl. auch Emmerich, JuS 1989, 925.

31 "Süddeutsche Zeitung" vom 29.05.1990, Nr. 122, S. 25.

verschuldet.[32] Die Pro-Kopf-Verschuldung betrug nach diesen Zahlen 2.942.-- DM.[33] Gegenüber 1970 bedeutet dies eine Zunahme um das sieben- bis zehnfache, je nach dem, welches Zahlenmaterial man zugrunde legt.[34]

Die Aussagekraft der vorgelegten Daten ist allerdings insoweit zu relativieren, als die in absoluten Zahlen ausgedrückten Höhe der Verschuldung die Geldentwertung unberücksichtigt läßt. D.h. ein Teil der Zunahme des Kreditvolumens läßt sich bereits aus der schleichenden Inflation erklären. Zum anderen erfassen die Statistiken, auf der die Studien beruhen, nur die *bankmäßigen* Konsumentenkredite, d.h. "diejenigen Kredite, die in der vierteljährlichen Kreditnehmerstatistik der Deutschen Bundesbank als Kredite an 'wirtschaftlich unselbständige und sonstige Privatpersonen' (ohne Wohnungsbaukredite) geführt

---

32 Holzscheck/Hörmann/Daviter, S. 57; Hörmann, S. 34; "Die Zeit" vom 22.-27.05.1988, S. 24; "Die Zeit" vom 18.09.1989, S. 16 (mit durchschnittlich DM 15.000.--); Simon, S.19; "Süddeutsche Zeitung" v. 23.02.1989, S. 24 (mit sogar durchschnittlich DM 16.000.--); IFF-Gutachten zum Verbraucherkonkurs, S. 1 (mit 15.000,-- DM für 1990); Bank und Markt, S. 3 (mit durchschnittlich DM 7.000.--, allerdings bezogen auf *jeden* Haushalt).

33 Hörmann, S. 34.

Der Betrag der durchschnittlichen Verschuldung von ca. 14.000,-- DM für das Jahr 1986 bezieht sich auf die *tatsächlich* betroffenen Haushalte, also den bereits erwähnten 48 % aller bundesdeutschen Haushalte. Rechnet man diese Zahlen auf den Durchschnitt *aller* Haushalte hoch, wie dies in der vorausgegangenen Tabelle geschehen ist, wäre *jeder* Haushalt statistisch gesehen mit etwa 7.000,-- DM verschuldet. Daraus resultiert die für das Jahr 1985 genannte Pro-Kopf-Verschuldung von 2.942,-- DM bei einer "statistischen" Haushaltsmitgliederzahl von 2,38 Personen.

34 Holzscheck/Hörmann/Daviter, S. 29; "Die Zeit" vom 22.-27.05.1988, S. 24; "Die Zeit" vom 18.09.1989, S. 16; Simon, S. 17.

werden".[35] Abzahlungs- und Mietkäufe, Leasinggeschäfte etc. bleiben außer Betracht, auch wenn sie definitorisch - wenigstens teilweise - dem "*Verbraucherkredit*"[36] zuzuordnen sind.[37]

Jedoch ist auch eine (relative) Erhöhung der Verbraucherverschuldung zu verzeichnen. Bezogen auf das Pro-Kopf-Einkommen hat sich die Pro-Kopf-Verschuldung gleichfalls erhöht:[38]

Jahr	Relation (in Prozent) Pro-Kopf-Verschuldung /Pro-Kopf-Einkommen
1950	0,2 %
1960	2,1 %
1970	5,6 %
1980	10,9 %

[35] Holzscheck/Hörmann/Daviter, S. 28.

[36] Zum synonymen Gebrauch anderer Begriffsbezeichnungen siehe oben Seite 2, Fußnote 3.

[37] Trotz dieser Einschränkungen kommt den Zahlen wenigstens *indizielle* Bedeutung für die Zunahme der Verbraucherverschuldung zu, was sich auch daran zeigt, daß das Gesamtkreditvolumen der (bankmäßigen) Konsumentenkredite gemessen am jeweiligen Bruttosozialprodukt von 1950 mit 0,2 % auf 8,4 % in 1980 stetig erhöhte (Holzscheck/Hörmann/Daviter, S. 31 f.) Ebenso stieg der Anteil der Konsumentenkredite am sonstigen Kreditvolumen der Banken (ohne Wohnungsbau) in den Jahren 1970 bis 1980 von 11,8 % auf 18,2 % (Holzscheck/Hörmann/Daviter, S. 32). Der Wachstumstrend der Verbraucherverschuldung ist daher nach wie vor als ungebrochen anzusehen.

[38] Holzscheck/Hörmann/Daviter, S. 59 f.

Die Kreditverpflichtungen der bundesdeutschen Haushalte bewegen sich im Bereich des Konsumentenkredits daher trotz aller Einschränkungen in bezug auf das Zahlenmaterial auf einem zunehmend höheren Niveau.

II. Ursachen für die "Gesellschaft auf Pump":

1.) Veränderung des Konsumverhaltens:

Die Ursache für die oben dargestellte Entwicklung, von der Spötter behaupten, die Bundesdeutschen befänden sich auf dem Wege zu einer "*Gesellschaft auf Pump*", ist in einem gewandelten Konsumverhalten zu erblicken. Lebte der Verbraucher im vorigen Jahrhundert noch überwiegend von seinen Einkünften und wurden größere Erwerbungen für den privaten Bereich *angespart*,[39] so kehrte sich diese Entwicklung mit der immer weiter fortschreitenden Industrialisierung um. Das heutige Konsumverhalten ist dadurch gekennzeichnet, daß die Anschaffung von Waren ihrer Bezahlung vorausgeht, d.h. zuerst erfolgt der Erwerb, dann die Finanzierung durch "*Nachsparen*". Der Verbraucher kauft zunehmend auf Kredit,[40] mit der Folge wachsender wirtschaftlicher Abhängigkeit vom Kreditgeber.[41]

---

39 Verbraucherrundschau, Nr. 12, Dezember 1987, S. 8; Amt für amtliche Veröffentlichungen der Europäischen Gemeinschaften, Zehn Jahre Verbraucherpolitik in der Gemeinschaft, S. 2 ff.; Simon, S. 19.

40 Reifner/Weitz/Uesseler, S. 70 ff.; Reifner, Verbraucherverschuldung, S. 116 ff.; Verbraucherrundschau, Nr. 12, Dezember 1987, S. 8 f.; Holzscheck/Hörmann/Daviter, S. 62 ff. und S. 92; Simon, S. 19 f.; Scholz, Rdnr. 5, S. 3.

41 Zu einem kurzen historischen Abriß der Entwicklung der Kreditgeschäfte siehe auch Schwintowski, JA 1992, 33 f.

Diese Abhängigkeit wird darüber hinaus durch das heutzutage vorherrschende und weiter expandierende mehrstufige Handelssystem verstärkt. Die persönlichen Bindungen zwischen Verbraucher und Händler, die zumeist in derselben Nachbarschaft lebten, sind weitgehend verloren gegangen.

Zudem haben sich die Ansprüche der Konsumenten an Qualität und Quantität der Waren vor dem Hintergrund des allgemein gestiegenen gesellschaftlichen Wohlstandes erhöht,[42] was generell zu einer Verteuerung geführt hat.

Dies alles heißt nicht, daß die Betroffenen über ihre Verhältnisse leben. Viele Konsumgüter, insbesondere die langlebigeren wie Möbel, Waschmaschinen, Haushaltsgeräte, Autos usw., werden zur Sicherung des gewöhnlichen Bedarfs eines Haushalts von Anfang an benötigt. Auf solchermaßen existentiell notwendige Güter will der Verbraucher in der heutigen Gesellschaft jedoch nur schwer oder gar nicht mehr verzichten, es sei denn er nimmt Einbußen an sozialem Prestige in Kauf. Der Gebrauch von z.B. Waschmaschinen und Kühlschränken, der Besitz eines eigenen Autos in einer auf Mobilität ausgerichteten Gesellschaft zeugen nicht von einem übertriebenen Luxusdenken, sondern gelten als unabdingbare Voraussetzung für die Erreichung und Aufrechterhaltung eines sozialen Mindeststandards. Ein Blick auf die Pfändungsschutzvorschriften der Zivilprozeßordnung (§§ 811 ff. ZPO) und der hierzu ergangenen Judikatur mag dies für viele der aufgezählten Gegenstände verdeutlichen.[43]

---

42 Amt für amtliche Veröffentlichungen der Europäischen Gemeinschaften, Zehn Jahre Verbraucherpolitik in der Gemeinschaft, S. 2.

43 Ebenso Scholz, Rdnr. 5, S. 3.

2.) Typengruppen von Kreditnehmern:

Die konstatierten Befunde würden allerdings zu einem verzerrten Bild der sozialen Wirklichkeit führen, wenn daraus der Schluß gezogen würde, daß sich verarmte Verbraucher die Segnungen unserer Konsumgesellschaft nur auf dem Wege der Verschuldung leisten könnten. Denn gerade die Haushalte mit niedrigem Einkommen sind im Verhältnis zu denen mit mittlerem und höherem Einkommen weniger häufig verschuldet.[44] Haben letztere zu durchschnittlich 50 - 54 % Konsumentenkredite in Anspruch genommen, beläuft sich der Anteil der ersteren auf lediglich durchschnittlich 38 %.[45] Die Haushalte, die im Mittelfeld der Einkommensklassen rangieren, nehmen also überdurchschnittlich häufig Konsumentenkredite auf. Eine Erklärung dafür läßt sich nur darin finden, daß einkommensschwache Haushalte die mit einem Kredit verbundenen erhöhten finanziellen Belastungen nicht so leicht zu tragen vermögen und deshalb von einer Vorfinanzierung der genannten Anschaffungen durch Verschuldung eher absehen. Statt dessen nehmen sie lieber ein geringeres Sozialprestige in Kauf. Anders verhält es sich bei den Haushalten mit mittlerem Einkommen. Sie können zwar nicht sofort alle Konsumgüter mit Mitteln des Eigenkapitals finanzieren. Andererseits reicht deren finanzielle Ausstattung aus, die zusätzlichen aus der Kreditfinanzierung resultierenden Kosten zu tragen. Entsprechendes gilt für Haushalte mit höherem Einkommen, so-

---

44 Holzscheck/Hörmann/Daviter, S. 62; IFF-Gutachten zum Verbraucherkonkurs, S. 1 f.

Die wachsende Kreditaufnahme ist weniger als Zeichen der Verarmung weiter Bevölkerungskreise als vielmehr vor dem Hintergrund eines wachsenden Wohlstandes als Ausdruck größerer (finanzieller) Handlungsfreiheit zu deuten (Reifner, Kreditrecht, § 1, Rdnr. 6, S. 2 f.; Scholz, Rdnr. 53, S. 29).

weit diese Gruppe überhaupt auf die Inanspruchnahme von Konsumentenkrediten angewiesen ist.

Die Gruppe der Konsumentenkreditnehmer bietet im übrigen kein homogenes Erscheinungsbild. Es wäre ein Trugschluß anzunehmen, es gäbe *den* typischen Konsumentenkreditnehmer-Haushalt schlechthin, denn von der Kreditaufnahme zu Konsumzwecken sind im Prinzip alle Bevölkerungsgruppen betroffen. In sozio-demographischer Hinsicht ergeben sich zwar Unterschiede zwischen Berufsgruppen, Alter, Nettoeinkommen, Gemeindegröße etc.[46] Im einzelnen fallen diese Unterschiede jedoch so gering aus, daß nicht von signifikanten Abweichungen eines bestimmten Verbrauchertyps gesprochen werden kann.[47] Wollte man aber dennoch versuchen, den idealtypischen Verbraucherkreditnehmer-Haushalt zu charakterisieren, so handelt es sich dabei - mit allen Vorbehalten, die angesichts der weiten Streuung der Konsumentenkreditaufnahme in den einzelnen Bevölkerungsgruppen gegen eine solche Pauschalierung zu erheben sind - um eher junge Haushalte mit einem Haushaltsvorstand von unter dreißig Jahren bei mittlerem Einkommen sowie insgesamt drei Haushaltsmitgliedern.[48]

Als Grund für diese - geringfügig - verstärkte Repräsentanz junger Haushalte mit mittlerem Einkommen läßt sich anführen, daß neugegründete Haushalte die höchsten Ausgaben bei einem meist noch geringem Einkommen zu verzeichnen haben. Demgegenüber nimmt das Haushaltseinkommen mit

---

[45] Holzscheck/Hörmann/Daviter, S. 62; Scholz, Rdnr. 58 ff., S. 31 ff.

[46] Einzelheiten vgl. Holzscheck/Hörmann/Daviter, S. 60 ff.

[47] Holzscheck/Hörmann/Daviter, S. 60 ff.

[48] Holzscheck/Hörmann/Daviter, S. 64 und S. 94; Hörmann, S. 52.

steigendem Alter bei gleichzeitig nachlassendem Anschaffungsdruck zu,[49] da einerseits die langlebigen Konsumgüter wie z.B. Mobiliar, Haushaltsgegenstände und Auto bei dieser Gruppe bereits im Laufe früherer Jahre erworben und zwischenzeitlich (ab)bezahlt worden sind, andererseits sich die Einkommensverhältnisse im Laufe der Berufsjahre in der Regel nach oben entwickelt haben.

III. Die Verbraucherverschuldung als internationales Problem:

Bei dem oben beschriebenen Problem der zunehmenden Verschuldung der privaten Haushalte handelt es sich nicht nur um ein auf das Gebiet der Bundesrepublik Deutschland begrenztes Phänomen. In nahezu allen industrialisierten Staaten, die eine konsumorientierte, westliche[50] Gesellschaftsstruktur aufweisen, zeichnen sich dieselben Probleme ab, auch wenn in Relation zur jeweils herrschenden gesellschaftlich-sozialen Struktur unterschiedlich stark ausgeprägt. So nimmt es nicht Wunder, daß sich auch die übrigen Mitgliedsstaaten der Europäischen Gemeinschaft und erst recht die USA mit derselben Entwicklung konfrontiert sehen.[51]

---

49 Holzscheck/Hörmann/Daviter, S. 62; Verbraucher-Rundschau, Nr. 12, Dezember 1987, S. 8; Amt für amtliche Veröffentlichungen der Europäischen Gemeinschaften, Zehn Jahre Verbraucherpolitik in der Gemeinschaft, S. 2.

50 Über die Staaten des (früheren) RGW waren keine ausreichenden Zahlen zu erlangen, so daß über die dortige Situation nur spekuliert werden könnte.

51 Einzelheiten vgl. z.B. v. Marschall, S. 55 ff.; Holzscheck in Hörmann, Verbraucherkredit und Verbraucherverschuldung, S. 68.

Beispielsweise erreichten in den USA, dem Mutterland der modernen Konsumgesellschaften, im Jahre 1985 die Ratenschulden der privaten Haushalte eine Höhe von 454 Mrd. Dollar.[52] Unmittelbar nach dem 2. Weltkrieg waren es dagegen noch 2,5 Mrd. Dollar gewesen,[53] die in den darauffolgenden Jahren erst allmählich, in den siebziger Jahren dann nahezu explosionsartig anstiegen. Die im höchsten Maße konsumorientiert lebende Gesellschaft der Vereinigten Staaten verlangte damit förmlich nach neuen Formen der Kreditfinanzierung des privaten Verbrauchs.

Einen weitgehend ähnlichen Verlauf nahm die Entwicklung in den Staaten der Europäischen Gemeinschaft. In Italien, den Beneluxstaaten, Frankreich, Großbritannien usw. war während der sechziger bzw. siebziger Jahre ebenfalls ein deutlicher Anstieg der finanzierten Abzahlungsgeschäfte und anderer Kreditformen zu registrieren.[54] Letztlich blieb kein westlich geprägtes Land, das für seine Bevölkerung einen gewissen Lebensstandard geschaffen hatte, von diesem Trend verschont.

IV. Zusammenfassung:

Der Verbraucher befindet sich im Hinblick auf die gängigsten Konsumgütern in einer unabweisbaren Abhängigkeit. Auf der einen Seite besteht ein mehr oder minder starker Bedarf nach diesen Gütern, auf der anderen Seite fehlen häufig die hierfür erforderlichen Eigenkapitalmittel, so

---

52 David Cuplovitz in Hörmann, Verbraucherkredit und Verbraucherverschuldung, S. 22.

53 Auch diese Zahlen berücksichtigen die Geldentwertung nicht.

54 Z.B. v. Marschall, S. 67, 71, 75, 80 etc. jeweils m.w.N.

daß an einer Fremdfinanzierung kein Weg vorbeiführt. Auf eine griffige Formel gebracht heißt das: *Der moderne Konsum zwingt den Verbraucher zu immer mehr Vorleistungen.*[55] Diese Entwicklung ist in allen westlichen Industriestaaten zu beobachten.

B: Der Verbraucherschutz im Bürgerlichen Gesetzbuch:

Das Bürgerliche Gesetzbuch ist historisch von den politischen, wirtschaftlichen und gesellschaftlichen Verhältnissen seiner Zeit geprägt. Nach der Reichsgründung von 1871 war es in erster Linie als Mittel zur Herstellung eines einheitlichen Privatrechts in Deutschland konzipiert worden, das bis dahin in eine Vielzahl von Partikularrechten zersplittert gewesen war.[56] Wirtschaftlich herrschte die Zeit des (Wirtschafts-)Liberalismus, der ausgehend von Privateigentum, Gewerbe- und Vertragsfreiheit dem "*vernünftigen, selbstverantwortlichen und urteilsfähigen Rechtsgenossen*"[57] das Wort redete.[58] Gesellschaftlich dominierte das (Groß- und Bildungs-)Bürgertum, das von materiellen Engpässen weitgehend verschont war.

---

[55] Zitat Reifner in "Die Zeit" vom 22.-27.05.1988, S. 24, wobei diese schlagwortartige Formulierung nicht mißverstanden werden darf. Der Verbraucher muß für den Erwerb eines Konsumguts vorab mehr leisten als er dazu zunächst tatsächlich in der Lage ist. Die Vorleistung erfolgt durch Kreditfinanzierung, die Abzahlung des Kredits wird im Wege des Nachsparens erreicht.

[56] Wieacker, S. 468 ff.; Larenz, Allgemeiner Teil des Bürgerlichen Rechts, § 1 II; Palandt-Heinrichs, Einleitung BGB, Anm. III 3, Rdnr. 8.

[57] Wieacker, S. 468 ff. (482).

Darauf aufbauend sollten Privatautonomie und Selbstverantwortlichkeit vor dem Hintergrund formal-abstrakter Gleichheit die besten Garantien für die Realisierung der eigenen Interessen bilden.[59] Diese Grundtendenz des Bürgerlichen Gesetzbuchs ist zumindest für das Schuld- und Sachenrecht kennzeichnend.[60]

I. Der Verbraucher - kein homo oeconomicus:

Ein freier Wettbewerb und ein funktionierender Markt sichern nach liberaler (Wirtschafts-)Auffassung noch am ehesten das Gleichgewicht zwischen Anbietern und Nachfragern. Dem liegt der Gedanke zugrunde, jeder einzelne sei der beste Sachwalter seiner eigenen Interessen. Bei gleich starken Partnern erfolge ein Ausgleich zwischen den widerstreitenden Interessen gleichsam automatisch. Besondere Schutzvorschriften zugunsten des einen würden nur zu einem Ungleichgewicht zu Lasten des anderen führen.[61]

Ist eine derartige Gleichgewichtslage zwischen den beteiligten Seiten hingegen nicht vorhanden, bedarf es zum Schutze derjenigen, zu deren Lasten sich das Ungleichge-

---

58 Zum "Geist des BGB" allgemein vergleiche Wieacker, S. 468 ff. (insbesondere auch S. 479 und 481 ff.); Palandt-Heinrichs, Einleitung BGB, Anm. III 3, Rdnr. 8 u.a.m.

59 Wieacker, S. 468 ff. (481 ff.); Palandt-Heinrichs, Einleitung BGB, Anm. III 3, Rdnr. 8; Damm, JZ 1978, 173 (174); Dauner-Lieb, S. 51; Gröner, S. 51.

60 Wieacker, S. 468 ff. (482).

61 Zum Beispiel Dauner-Lieb, S. 51 ff. m.w.N.

Zum historischen Hintergrund des Bürgerlichen Gesetzbuches siehe Wieacker, S. 468 ff. und S. 479.

wicht verschoben hat, zusätzlicher gesetzlicher Korrekturen. Das Bürgerliche Gesetzbuch gewährt einen solchen Schutz von seinem Ansatz her nicht.[62] Aufgrund der eben skizzierten historischen Zusammenhänge war von seinem damaligen Gesetzgeber das Aufkommen neuer, sozial schwacher Schichten im Hinblick auf das erst am 16. Mai 1894 erlassene Abzahlungsgesetz[63] außerhalb der Kodifikation gelassen worden.[64] Das Bürgerliche Gesetzbuch wurde als Kodifikation des *allgemeinen* Zivilrechts angesehen, das von Sonderregeln für Spezialfälle möglichst freibleiben sollte.[65]

Die dem Abzahlungsgesetz zugrunde liegende Problematik läßt sich besonders anschaulich an dem bekannten Beispiel der abhängigen Heimarbeiter(innen) illustrieren. Diese Personengruppe hatte ähnlich der der Lohnarbeiter[66] keinen Rückhalt in eigenem Grundbesitz oder sonstigem Vermögen. Der Lohn aus ihrer Heimarbeit stellte für sie die einzige Form der Existenzsicherung dar bzw. sollte - soweit es die Frauen betraf - die geringen Einkünfte ihrer Männer aus der Fabrikarbeit ergänzen. Daraus erwuchs eine starke wirtschaftliche Abhängigkeit, die durch das Überangebot von den aus der Landwirtschaft abwandernden billigen Arbeitskräften noch verstärkt wurde.[67] Auch andere Kleingewerbetreibende, zum Beispiel Drucker, Tischler, Schuster, Sticker u.a.m. erwarben ihre Maschinen im Wege

---

62 Wieacker, S. 478 ff.

63 Gesetz betreffend die Abzahlungsgeschäfte vom 16. Mai 1894, RGBl. S. 450.

64 Benöhr, ZHR 138 (1974), 492 (502).

65 Benöhr, ZHR 138 (1974), 492 (502).

66 Für diese Gruppe vgl. Larenz, Allgemeiner Teil des Bürgerlichen Rechts, § 3 I.

67 Reifner/Weitz/Uesseler, S. 70.

der Abzahlung.[68] Diese Berufsgruppen zeichneten sich dadurch aus, daß sie über kaum Eigenkapital verfügten,[69] das es ihnen erlaubt hätte, die Maschinen schon bei ihrer Anschaffung in einem Betrag zu bezahlen. Abzahlungsgeschäfte beschränkten sich jedoch nicht hierauf, sondern hatten auch bereits Artikel des persönlichen Verbrauchs zum Gegenstand.[70]

Die Notwendigkeit eines weitergehenden Schutzes sozial schwacher Schichten erschien damit gegeben, weil es insoweit zu keinem Ausgleich durch das freie Spiel marktwirtschaftlicher Kräfte mehr kam.[71] Insbesondere der im Vergleich zum Bargeschäft hohe Preis für auf Abzahlungsgeschäften basierende Artikel gab Anlaß zur Mißstimmung unter den Abzahlungskäufern.[72] Hinzu kamen zahlreiche Mißbrauchsfälle, hervorgerufen durch schlechte Qualität der Abzahlungsware sowie das Geschäftsgebaren der "Agenten", die Abzahlungsgeschäfte auf Provisionsbasis vermittelten und vor dem Hintergrund eines daran geknüpften Provisionsinteresses Abzahlungskunden oftmals zu völlig unsinni-

---

68 Benöhr, ZHR 138 (1974), 492 (495); Bender, VuR 1991, 197 (199 f.).

69 Benöhr, ZHR 138 (1974), 492 (495).

70 Benöhr, ZHR 138 (1974), 492 (495).

71 Benöhr, ZHR 138 (1974), 492 (501); Scherer, S. 25 ff. m.w.N.; allgemein zu diesem Problem: Helmrich, AnwBl. 1992, 103 (107).

72 Benöhr, ZHR 138 (1974), 492 (496).

Danach soll der Abzahlungspreis um bis zu 40 bis 50% über dem üblichen Barpreis und bis zu 60 bis 200% über dem Einkaufspreis gelegen haben (Benöhr, a.a.O.).

gen Geschäftsabschlüssen verleiteten.[73] Andererseits verdienten auch die Abzahlungsverkäufer Schutz vor Unterschlagung der Abzahlungsware durch die Abzahlungskäufer, solange diese nicht endgültig bezahlt war.[74] Ebenso mußten praktikable Lösungen zur Regelung von Sicherheiten, Gesamtfälligkeitstellung usw. gefunden werden, da die Abzahlungskäufer vor zu harten Sanktionen im Falle der Zahlungsschwäche bewahrt, den Abzahlungsverkäufern aber auch eine angemessene Berücksichtigung ihrer Interessen zuteil werden sollte.[75]

Der Erlaß des Abzahlungsgesetzes vom 16. Mai 1894 (RGBl. S. 450) ist vor diesem historischen Hintergrund zu sehen. Ungeachtet aller sonstigen Intentionen des seinerzeitigen Gesetzgebers handelt es sich beim Abzahlungsgesetz aber aufgrund seiner *rechtstatsächlichen* Wirkungen um das erste Gesetz mit *verbraucherschützerischer* Tendenz.

Die gesellschaftliche Entwicklung blieb auf dieser Stufe nicht stehen. Doch trotz eines ungeheueren sozialen Fortschritts konnten nicht alle Ungleichgewichtslagen elimiert werden, neue kamen hinzu. Mit dem Entstehen der modernen Konsumgesellschaft änderte sich für breite Schichten der Bevölkerung vielfach nur die äußere Gestalt einer rechtlichen Unterlegenheit. Die dem Bürgerlichen Gesetzbuch einst als prägenden Gedanken zugrunde liegende "*Waffengleichheit*" von Vertragsparteien wurde durch die bereits beschriebene Entwicklung der wachsenden Abhängigkeit der Verbraucher von elementaren Konsumgütern zer-

---

73 Einzelheiten nachzulesen in Benöhr, ZHR 138 (1974), 492 (497); ferner Bender, VuR 1991, 197 (199).

74 Benöhr, ZHR 138 (1974), 492 (496).

75 Benöhr, ZHR 138 (1974), 492 (498).

stört.[76] Der "moderne Verbraucher" ist zur Sicherung eines gesellschaftlichen Mindeststandards auf eine Vielzahl unverzichtbarer Konsumgüter angewiesen[77] und dadurch gegenüber der Anbieterseite in die Defensive geraten. In der Realität besteht zwischen dieser und der Seite der Verbraucher häufig ein starkes Gefälle rechtlicher, wirtschaftlicher, finanzieller und organisatorischer Art.[78] Die Gründe hierfür sind vielschichtig und können im vorliegenden Zusammenhang nur thesenartig angesprochen werden.

Als wesentliche Ursachen für das Ungleichgewicht sind - cum grano salis - die wachsende Marktmacht der Unternehmen infolge fortschreitender Unternehmenskonzentration, die zunehmende Orientierungslosigkeit der Verbraucher angesichts einer nicht mehr zu überschauenden Menge an angebotenen Waren und Dienstleistungen, die abnehmende Beratung aufgrund neuer Vertriebsformen - eine herausragende Bedeutung spielen in diesem Zusammenhang vor allem die Selbstbedienungsläden - sowie eine suggestiv-beeinflussende Werbung anstelle von sachlich-fundierter Aufklärung zu nennen:[79]

---

[76] Bender, NJW 1980, 1129.

[77] Vgl. oben, 1. Kapitel, § 1 A II 1.

[78] Bender, 1980, 1129; Hadding, S. 119 ff.; v. Hippel, S. 3.

[79] Z.B. v. Hippel, S. 3 f. m.w.N.

- Das Marktgeschehen auf der Ebene des Einzelhandels wird zunehmend von einigen wenigen Einzelhandelsketten beherrscht (Oligopole). Der Konzentrationsprozeß in diesem Marktsegment ist trotz verschiedener GWB-Novellen[80] nicht zum Stillstand gelangt. Zwar wird man derzeit noch immer von einem bestehenden Wettbewerb ausgehen können;[81] angesichts der Entwicklung einer fortschreitenden Unternehmenskonzentration droht der Wettbewerb aber künftig schwächer auszufallen.

Die Aufzählung ist als *pointierte* Zusammenfassung der in diesem Zusammenhang am häufigsten genannten Ursachen zu verstehen. Sie erhebt weder Anspruch auf Vollständigkeit noch Geltung für *alle* Verbrauchergruppen. Gleichwohl wird man die kurz skizzierten Gründe - zumindest in ihrem Kerngehalt - als zutreffend ansehen müssen, es sei denn, man schließt sich der gegenteiligen Auffassung an und verneint generell ein Ungleichgewicht zwischen Verbrauchern und Anbietern.

80 Vgl. die jüngste GWB-Novelle mit dem 5. Gesetz zur Änderung des GWB vom 22.12.1989, BGBl. I 1989, 2486 ff.

81 Auch unter Oligopolen ist zwar grundsätzlich noch Wettbewerb möglich. Nur erhöht sich bei oligopolistischen Unternehmen das Risiko, daß sich für diese vom Wettbewerb nicht mehr kontrollierbare Verhaltensspielräume eröffnen (Immenga/Mestmäcker, Einleitung GWB, Rdnr. 9 a.E.). Ein gleichförmiges Verhalten der Oligopolmitglieder läßt sich beispielsweise relativ einfach durch einheitliche Liefer- und Verkaufsbedingungen u.ä. herstellen.

Die Kartellbehörden können bei *Mißbrauch* der marktbeherrschenden Stellung tätig werden, zum Beispiel nach § 22 GWB. Allerdings existiert kein für den gesamten Bereich des GWB geltender einheitlicher Mißbrauchsbegriff (Immenga/Mestmäcker, § 22 GWB, Rdnr. 6). Die nichtmißbräuchliche, bloße Ausnutzung einer marktbeherrschenden Stellung ist hiervon hingegen nicht erfaßt (v. Gamm, § 22 GWB, Rdnr. 32).

- Das Warenangebot erweist sich als vielfältig wie noch nie. Der Verbraucher sieht sich oftmals einem Überangebot an konkurrierenden Produkten ausgeliefert, wobei ihm häufig das zur Entscheidung notwendige Fachwissen fehlt. Durch einen gezielten Abbau des kostenintensiven Personals findet eine fachkundige Beratung durch den - nicht selten hoffnungslos überlasteten - "Restbestand" an Fachverkäufern allenfalls nur noch ansatzweise statt.[82]

- Die Durchsetzung von Ansprüchen setzt einen gleichen "Zugang zum Recht"[83] für alle Streitparteien voraus. Vielen Verbrauchern ist dieser Weg aber infolge von Kostenhindernissen, Kommunikations- und Sprachbarrieren sowie soziale Schranken von Anfang an versperrt.[84] Der hohen Finanzkraft und überlegenen Organisation der Anbieter stehen auf Verbraucherseite nicht selten wirtschaftliche Schwachheit gepaart mit rechtsgeschäftlicher Unerfahrenheit gegenüber.[85] Bei der *außergerichtlichen* Durchsetzung von Ansprüchen - soweit diese Ansprüche nicht bereits von vorneherein durch entgegenstehende Allgemeine Geschäftsbedingungen ausgeschlossen oder eingeschränkt wurden - wird sich so mancher Verbraucher auf eine für ihn ungünstige "Kulanzlösung" einlassen, weil er wegen der - mitunter hohen - Kosten keinen Rechtsanwalt in Anspruch nehmen oder im späteren nicht den Rechtsweg beschreiten

---

[82] v. Hippel, S. 3 f.

[83] Koch, S.6.

[84] Koch, S.6.

[85] Hadding, S. 119 (sowie dort Fn. [121] m.w.N.).

will. Die Möglichkeiten einer kostenlosen/-günstigen Schuldnerberatung durch Verbraucherberatungsstellen u.a.[86] sind vielfach ebenso unbekannt wie die Konsequenzen eines unterlassenen Widerspruchs oder Einspruchs im - in praxi gängigen - Mahnverfahren.

Die Dunkelziffer derartiger Vorgänge wird sich wahrscheinlich nie genau feststellen lassen. Das Fehlen diesbezüglich präziser Zahlen bedeutet jedoch nicht, daß es solche Fälle nicht gibt.

- Vergleichbares läßt sich zur Position *vor Gericht* sagen.[87] Diejenigen Verbraucher, die es gleichwohl auf eine prozessuale Auseinandersetzung ankommen lassen, sich aber in Verfahren vor den Amtsgerichten[88] aus Angst vor dem Kostenrisiko vor einer anwaltlichen Vertretung scheuen, macht ihre dazu tretende rechtliche Unkenntnis regelmäßig zu Unterlegenen des Prozesses. Der durch eine Rechtsschutzversicherung im Hintergrund finanziell vom Prozeßrisiko entlastete Verbraucher bildet derzeit noch keinesfalls den Regelfall.

- Verstärkt wird dieser Trend durch den bereits erwähnten Verlust der persönlichen Bindungen zwischen Verbrauchern auf der einen und Herstel-

---

86 Hierzu zählen auch die Prozeßkostenhilfe und die Möglichkeiten zur Rechtsberatung.

87 Koch, S. 5 f.; v. Hippel, S. 4 m.w.N.; Bender, NJW 1980, 1129.

88 Mit Erhöhung des Zuständigkeitsstreitwertes gem. § 23 Nr. 1 GVG n.F. durch das Rechtspflege-Vereinfachungsgesetz v. 17.12.1990 (BGBl. I, S. 2847) auf 6.000,-- DM dürfte sich diese Tendenz nur verstärkt haben.

lern / Lieferanten auf der anderen Seite.[89] Statt dessen sieht sich der Verbraucher mit anonymen, finanzstarken Konzernen und Handelsketten konfrontiert.

Bezüglich der vorskizzierten Thesen zur Unterlegenheit der Verbraucher ist einzuräumen, daß sie nicht in dieser Absolutheit für alle Gruppen von Konsumenten gleich gelten können. Eine differenzierte Betrachtung läßt durchaus Unterschiede in der jeweiligen Betroffenheit erkennen. Gerade ein funktionierender Wettbewerb wirkt insoweit als Korrektiv. Das freie Spiel der Kräfte erweist sich jedoch alles in allem nicht stets als so effektiv,[90] daß sich der Verbraucherschutz insgesamt als überflüssig erweisen würde. Vielen Verbrauchern fehlt es unter den gegenwärtigen Bedingungen des Marktes vielfach an der ihnen attestierten Konsumentensouveränität.[91]

Zwar versuchen hiergegen Gesetze mit verbraucherschützendem oder wettbewerbspolitischem Charakter wie z.B. das Gesetz gegen Wettbewerbsbeschränkungen (i.d.F. der Bek. v. 24.09.1980, BGBl. I S. 1761), das Gesetz gegen unlauteren Wettbewerb (i.d.F. der Bek. v. 07.06.1909, RGBl. S. 499) oder das neue Produkthaftungsgesetz vom 15.12.1989 (BGBl. I S. 2198) erste Dämme zu errichten. Die Unterlegenheit des *"durchschnittlichen"* Verbrauchers wird dadurch aber nicht beseitigt. Um sich zum *homo oeconomicus* zu verwandeln, der sich durch Eigeninitiative, Risikobe-

---

89 Amt für amtliche Veröffentlichungen der Europäischen Gemeinschaften, Zehn Jahre Verbraucherpolitik in der Gemeinschaft, S. 2.

90 So aber z.B. v. Lambsdorff, BuM, S. 4 ff.; Dauner-Lieb, BuM, S. 8 ff.; Emmerich, JuS 1988, 925 (926); Gröner, S. 30 ff.; Helmrich, AnwBl. 1992, 103 (107).

91 Siehe auch Reifner, Dissertation, S. 256.

reitschaft und Kreativität in wirtschaftlichen Dingen auszeichnet, müßten die Verbraucher - abgesehen von den hierzu erforderlichen persönlichen Eigenschaften - über ähnlich starke Organisationen und Ressourcen wie die großen wirtschaftlichen Unternehmen verfügen. Nur dann würde die Realität den so vorausgesetzten rechtlichen Gegebenheiten des Bürgerlichen Gesetzbuchs entsprechen. Gleichwohl soll es sich bei der hier vorliegenden kurzen Skizzierung der Verhältnisse nicht um eine pauschalierende, undifferenzierte Verallgemeinerung handeln. Der erfahrene Unternehmer, der versierte Freiberufler u.a. werden nicht dadurch zum unerfahrenen Konsumenten "im Stande verbraucherpolitischer Unschuld", nur weil sie ein Rechtsgeschäft für die Privatsphäre tätigen.[92] Doch liegen derlei Erfahrungen und geschäftliche Überlegenheit regelmäßig nur in einem Teilbereich vor, sei es z.B. dem technischen oder dem rechtlichen. Dies schließt eine Unterlegenheit im übrigen auch bei diesen Gruppen nicht - jedenfalls nicht vollständig und von vorneherein - aus.[93] Der Mehrheit der Verbraucher stehen diese spezifischen Kenntnisse ohnehin nicht zur Verfügung.

II. Schlußfolgerung:

Aufgrund seiner unterlegenen Position ist der Verbraucher als grundsätzlich schutzbedürftig zu betrachten. Ein Wettbewerb, wie er in den Thesen einer völlig liberalen

---

92 So aber viele Kritiker eines weiterreichenden Verbraucherschutzes (z.B. Dauner-Lieb, BuM, S. 8 [13]). Auch wenn die Richtigkeit dieses Einwands für *bestimmte* Verbrauchergruppen gar nicht in Abrede gestellt werden soll, trifft er in dieser Pauschalität nicht zu.

93 Ähnlich v. Marschall, S. 148.

Wirtschaftsordnung unterstellt wird,[94] findet in Wirklichkeit im behaupteten Umfang nicht statt. Fehlt aber die wirtschaftspolitische Ordnungsfunktion des Wettbewerbs und vermag der einfache Verbraucher aufgrund seiner schwächeren Ausgangsposition nicht der Marktmacht der Gegenseite Stand zu halten, müssen besondere Regelungen zu seinem Schutz erlassen werden.

Die alleinige Feststellung einer rein *tatsächlichen* Schutzbedürftigkeit sagt im übrigen noch nichts darüber aus, mit Hilfe welcher rechtlichen Regelungen der Verbraucher geschützt werden muß. Dies ist ein sich erst daran anschließender, *wertender* Vorgang, der standortbedingt verschieden ausfallen kann.[95] In diesem Zusammenhang seien jedoch schon jetzt die Kritiker einer verbraucherfreundlicheren Gesetzgebung darauf hingewiesen, daß das Bundesverfassungsgericht erst in einer jüngst ergangenen Entscheidung die Auffassung bestätigt hat, daß die Vertragsfreiheit als Ausdruck einer freiheitlichen Gesellschaftsordnung nur dort zu wirken vermag, wo die Bedingungen einer freien Selbstbestimmung tatsächlich gewahrt sind.[96] Für den Gesetzgeber resultiert daraus ein prinzipieller Schutzauftrag, zugunsten der benachteiligten Gruppen, hier der Verbraucher, zu handeln und entsprechende Schutzgesetze zu erlassen, wenn dieser äußere Rahmen nicht gewahrt ist.

---

94 Z.B. Gröner, S 31 ff.; v. Lambsdorff, S. 4 ff.

95 Vgl. v. Marschall, S. 119.

96 BVerfG NJW 1990, 1469; Helmrich, AnwBl. 1992, 103 (107).

§ 2: Rechtslage und Probleme des Verbraucherkredits:

Die im vorausgegangenen Abschnitt - angesichts der Komplexität der Gesamtproblematik nur holzschnittartig - herausgearbeiteten Ergebnisse lassen sich zu folgender Arbeitshypothese zusammenfassen:

> *Das Phänomen der Verbraucherverschuldung hat sich zu einem ernstzunehmenden Problem entwickelt. Der Verbraucher hat andererseits aufgrund seiner generellen Unterlegenheit Anspruch auf staatlichen Schutz vor den Gefährdungen, die ihm aufgrund der rechtlichen wie tatsächlichen Ungleichgewichtslage drohen.*

Der sich nunmehr anschließende Abschnitt dient daher der Klärung, ob die im Hinblick auf den Verbraucherkredit bestehende Rechtslage imstande ist, dem Konsumenten ausreichenden Schutz in rechtlicher und tatsächlicher Hinsicht zu gewähren.

A: Die Rechtslage:

I. Allgemeine Charakterisierung der Rechtslage:

Bis zum Erlaß des neuen Verbraucherkreditgesetzes existierte für den Bereich des Konsumentenkredits kein selbständiges und einheitliches Regelungswerk. Vielmehr begnügte sich die Rechtsordnung mit einem Sammelsurium von nur noch dem Spezialisten vertrauten Einzelvorschriften[97] und richterrechtlich geprägten Rechtsgrundsätzen. Die daraus resultierende Rechtszersplitterung vermochte der

---

97 Hadding, S. 7; Reifner, Verbraucherverschuldung, S. 435 ff.; ders., Kreditrecht, § 3, Rdnr. 1 ff., S. 30 ff.; Scholz, Rdnr. 80 ff., S. 46 ff.

spezifischen Problematik des Verbraucherkredits nur noch höchst unvollkommen gerecht zu werden und schmälerte somit die Chancen für einen effektiven Verbraucherschutz. Nicht selten trug darüber hinaus ein zu enger und unabgestimmter Anwendungsbereich bestimmter Normen dazu bei, daß ein angemessener Verbraucherschutz bei neuen Geschäftstypen nicht oder nur bedingt erzielt werden konnte.

II. Einzelne Gesetze:

1.) Das Bürgerliche Gesetzbuch:

Die im Zusammenhang mit dem Verbraucherkredit auftretenden Rechtsfragen beurteilten sich zum einen nach den allgemeinen Vorschriften des Bürgerlichen Gesetzbuchs. Schwerpunktmäßig konzentrierten sich die rechtlichen Probleme vor allem auf die §§ 607 ff., 138, 284 ff. und 320 ff. BGB.

a) Sittenwidrige Ratenkredite (§ 138 Abs. 1 BGB):

Herausragende Bedeutung erlangte hier insbesondere die Sittenwidrigkeitsproblematik von Ratenkrediten gem. § 138 Abs. 1 BGB, nachdem sich die Sanktionsvorschrift des § 138 Abs. 2 BGB bezüglich der wegen Wuchers nichtigen (Raten-)Kreditverträge aufgrund ihrer sehr engen Voraussetzungen als weitgehend stumpfes Schwert erwiesen hatte.

Unter welchen Voraussetzungen § 138 Abs. 1 BGB Anwendung findet, kann hier nur in aller Kürze skizziert werden. Für eine weiter ins Detail gehende Darstellung der Probleme und Lösungsansätze, sei auf die insoweit einschlägige Literatur und Rechtsprechung verwiesen.[98]

Zusammenfassend formuliert liegt danach Sittenwidrigkeit vor, wenn zwischen der Leistung des Kreditgebers und der Gegenleistung des Kreditnehmers ein auffälliges Mißverhältnis besteht und der Kreditgeber die schwächere Position der anderen Seite bewußt zu seinem Vorteil ausnutzt oder sich leichtfertig der Erkenntnis verschließt, daß sich der Kreditnehmer nur aufgrund seiner wirtschaftlich schwächeren Lage auf die ihm nachteiligen Kreditbedingungen eingelassen hat.[99] Von einem auffälligen Mißverhältnis im oben genannten Sinne wird in aller Regel auszugehen sein, wenn der in den Monatsberichten der Deutschen Bundesbank ausgewiesene Schwerpunktzins um ca. 100% überschritten ist.[100] Diese Grenze ist jedoch nicht als starre Regel zu betrachten, vielmehr kann die Abweichung

98 Z.B. Staudinger/Hopt/Mülbert, § 607 BGB, Rdnr. 245 ff.; Palandt-Heinrichs, § 138 BGB, Anm. 2 b), Rdnr. 25; Klauss/Ose, § 6 AbzG, Rdnr. C 891 ff.; Schmelz, S. 73 ff., Rdnr. 188 ff.; Meiwes, S. 9 ff.; Emmerich, Konsumentenkredit, S. 4; ders. NJW 1988, 925; Steinmetz, NJW 1991, 881; Koziol, AcP 1988, 183; Reifner, Kreditrecht, §§ 19 ff., Rdnr. 1 ff., S. 113 ff.; Canaris, Rdnr. 1295 ff.; Brandner in Hadding/Hopt, Verbraucherkredit, AGB-Gesetz und Kreditwirtschaft, S. 35 f. sowie v. Rottenburg, ebenda, S. 43 ff.; Vortmann, Anhang zu § 4 VKG, Rdnr. 1 ff. u.a.m.; jeweils m.w.N. bezüglich Rechtsprechung und weiterführender Literatur.

99 BGH NJW 1986, 2568; BGHZ 99, 333 = BGH NJW 1987, 944; BGH NJW 1988, 696; Meiwes, S. 12; Koziol, AcP 1988, 183 (184 f.); Palandt-Heinrichs, § 138 BGB, Anm. 2 b), Rdnr. 25 m.w.N.

unter Berücksichtigung der gerade bestehenden Hoch- oder Niedrigzinsphasen geringer oder größer ausfallen. Als Korrekturfaktor dient insoweit eine absolute Überschreitung von jeweils 12 bis 13 % bzw. 9%.[101]

b) Verzug und Verzugszinsenproblematik (§§ 286 ff., 326 BGB):

Die allgemeinen Verzugsvorschriften des Bürgerlichen Gesetzbuchs (§§ 284 ff., 326 BGB) sind, soweit nicht anderweitige gesetzliche oder vertragliche Regelungen eingreifen, als die wohl wichtigsten Normen im Zusammenhang mit der Abwicklung notleidend gewordener Konsumentenkredite zu qualifizieren. Im Hinblick auf die Verzugsvoraussetzungen und die sich daran anknüpfenden Rechtsfolgen muß zunächst danach unterschieden werden, ob sich der Kreditnehmer allein in Verzug mit den Tilgungsleistungen - also der Rückzahlung des Darlehenskapitals - oder (auch) mit den Darlehenszinsen befindet. Nur die letzteren stehen im

---

[100] BGH NJW 1982, 2433 (2436); BGH NJW 1987, 181; BGH NJW 1987, 183; BGHZ 104, 102 = BGH NJW 1988, 1659 (1660); BGH NJW 1988, 1661 (1662); Staudinger/Hopt/Mülbert, § 607 BGB, Rdnr. 262; Palandt-Heinrichs, § 138 BGB, Anm. 2 b) aa), Rdnr. 25 ff.; Schmelz, S. 103, Rdnr. 258; Reifner, Kreditrecht, § 20, Rdnr. 24, S. 119; ferner Canaris, Rdnr. 1298, der hierin allerdings nur ein Indiz sieht.

[101] BGH BB 1982, 1824 (1825); BGH NJW 1987, 183; BGH NJW 1987, 2220; BGHZ 104, 102 = BGH NJW 1988, 1659 (1660); Staudinger/Hopt/Mülbert, § 607 BGB, Rdnr. 263; Palandt-Heinrichs, § 138 BGB, Anm. 2 b) cc), Rdnr. 27; Schmelz, S. 103, Rdnr. 260; Reifner, Kreditrecht, § 20, Rdnr. 25 ff., S. 119 f.

Eine absolute Überschreitung von 9 % reicht in Niedrigzinsphasen jedenfalls dann aus, wenn noch weitere schwerwiegende Belastungen im Kreditvertrag zu Lasten des Kreditnehmers vereinbart sind.

Gegenseitigkeitsverhältnis und führen demgemäß zur Anwendung des § 326 BGB; d.h. in allen anderen Fällen bemessen sich die Verzugsfolgen allein nach den §§ 284 f., 286 ff. BGB.[102]

Eine kurze Darstellung der rechtlichen Fragen und Probleme, die sich im Rahmen der Verzugs- und Verzugszinsenproblematik stellen, soll weiter unten, gegen Ende des 1. Kapitels, abgehandelt werden.[103]

c) Kündigungsrecht des Darlehensnehmers (§ 609 a Abs. 1 Nr. 2 BGB):

§ 609 a Abs. 1 Nr. 2 BGB normiert erstmalig und ausdrücklich die Wesensmerkmale des Konsumentenkredits. Hiernach wird dem Verbraucher unter den dort genannten Voraussetzungen ein Recht zur Kündigung des Kreditvertrages eingeräumt.[104] Im Unterschied zum alten § 247 BGB, der durch § 609 a Abs. 1 Nr. 2 BGB ersetzt wurde,[105] bedeutet die dadurch geschaffene neue Rechtslage für den Verbraucher

---

A.A. wohl OLG Stuttgart, WM 1985, 349 (352).

102 Z.B. Palandt-Putzo, Einf. vor § 607 BGB, Anm. 1 b), Rdnr. 2; Palandt-Heinrichs, Einf. vor § 320 BGB, Anm. 3, Rdnr. 16 a.E.; Schmelz, S. 127, Rdnr. 325; Beuthien / Hadding / Lüderitz / Medicus / Wolf, § 607 BGB, Rdnr. 3; Fikentscher, § 77 I 1 c); Medicus, Schuldrecht II, § 93 II 1.

Vergleiche ferner Staudinger/Hopt/Mülbert, § 609 BGB, Rdnr. 40 m.w.N.; Canaris, Rdnr. 1337.

103 Vgl. 1. Kapitel, § 2 B III.

104 Vergleiche statt vieler Staudinger/Hopt/Mülbert, § 609 a BGB, Rdnr. 16 ff.

105 Gesetz zur Änderung wirtschafts-, verbraucher-, arbeits- und sozialrechtlicher Vorschriften vom 25.07.1986, BGBl. I, S. 1169.

eine Einschränkung seiner Loslösungsmöglichkeiten vom Kreditvertrag. Auf den weiteren Inhalt dieser Bestimmung wird noch im 3. Kapitel dieser Arbeit eingegangen werden.[106]

2.) Das Abzahlungsgesetz:

Das Abzahlungsgesetz (Gesetz betreffend die Abzahlungsgeschäfte vom 16. Mai 1894, RGBl. S. 450) galt bis zu seiner Ablösung durch das Verbraucherkreditgesetz als das wohl bekannteste und gleichzeitig älteste Verbraucherschutzgesetz. Selbst wenn aus rechtshistorischer Sicht seine *spezifisch* verbraucherschutzpolitische Komponente - teilweise - bestritten wurde[107] - das Abzahlungsgesetz wurde nämlich unter anderem auch zum Schutze von Heimarbeitern und Kleingewerbetreibenden konzipiert[108] -, steht heute seine im Laufe der Zeit gewachsene Bedeutung als echtes Verbraucherschutzgesetz außer Frage. Soweit gleichermaßen andere Personengruppen als Verbraucher, z.B. die Kleingewerbetreibenden, in den Schutzbereich des Abzahlungsgesetzes fielen, verdeutlicht dies nur die Schutzbedürftigkeit auch dieser Kreise, die aus dem *Mißbrauch der Vertragsfreiheit*[109] resultierte. Am Beispiel

---

[106] Näheres vgl. 3. Kapitel, § 2 A I sowie § 2 A I 2 b) aa).

[107] Z.B. Dauner-Lieb, BuM, S. 8 (9).

[108] Benöhr, ZHR 138 (1974), 492 (495); Dauner-Lieb, BuM, S. 8 (9); Reifner, Konsumentenkredit, S. 70.

Vergleiche auch die im 1. Kapitel unter § 1 B I gemachten Ausführungen zum Erlaß des Bürgerlichen Gesetzbuches und des Abzahlungsgesetzes.

[109] Benöhr, ZHR 138 (1974), 492 (501).

der bereits zitierten Heimarbeiterinnen und Kleingewerbetreibenden wurde dies bereits erläutert,[110] welche die für ihre Arbeit erforderlichen Maschinen auf Basis eines Abzahlungskaufes erwarben, da es ihnen für ein Bargeschäft in aller Regel an einem ausreichenden Eigenvermögen ermangelte.[111] Allerdings handelte es sich hierbei gerade nicht um die einzige Gruppe, die auf Käuferseite als Vertragspartei eines Abzahlungsgeschäftes in Erscheinung traten. Vertragsgegenstand konnten schon damals Artikel des persönlichen Verbrauchs sein. Exemplarisch seien Kleidung, Fahrräder, die Ausstattung mitteloser Brautleute etc. genannt.[112] Kennzeichnend für alle diese Geschäfte war, daß der Käuferseite, die sich zumindest in den sozialen Problemfällen aus einer *besonderen* Veranlassung heraus (Not, geschäftliche Unerfahrenheit) zu einem Abzahlungskauf entschloß, eine gewerbsmäßig handelnde, sich auf vorformulierte Verträge stützende Verkäuferseite gegenüberstand.[113] Weil es in diesen Fällen zumeist an der grundlegenden Voraussetzung der Vertragsfreiheit fehlte, daß beide Vertragsparteien ihre vertraglichen Be-

---

Als mißbräuchlich wurden, wie bereits oben im 1. Kapitel unter § 2 B I erwähnt, die teilweise erheblich überhöhten Preise, die mangelhafte Qualität der Abzahlungsware, das Agenten(un)wesen, bewußte Irreführung und harte Sanktionsfolgen bei Zahlungsrückständen genannt (vgl. auch Benöhr, ZHR 138 [1974], 492 [496 bis 499]).

110 Vgl. 1. Kapitel, § 2 B I.

111 Benöhr, ZHR 138 (1974), 492 (495).

112 Benöhr, ZHR 138 (1974), 492 (495).

Auch die besser situierte Mittelschicht bediente sich bei der Anschaffung von eher als Luxusbedarf zu qualifizierenden Artikeln (Billardspiele, Tresore) des Abzahlungskaufes, wobei diese jedoch nicht zu den Problemgruppen zu rechnen waren (Benöhr, ZHR 138 [1974], 492 [495]).

ziehungen gemeinsam aushandelten, bedurfte die Sicherung der materiellen Vertragsfreiheit die Einschränkung der formellen Vertragsfreiheit.[114]

Beschränkte der Wortlaut des § 1 AbzG den Anwendungsbereich des Abzahlungsgesetzes zunächst noch auf Warenkredite, so wurden seine Grundsätze und Rechtsgedanken im weiteren Verlauf der Rechtsentwicklung, insbesondere auch durch die Rechtsprechung zu § 6 AbzG, auf verwandte Geschäftstypen ausgedehnt.[115] Weitere verbraucherschutzpolitische Regelungen kamen später, z.B. in Gestalt der §§ 1 a bis 1 d AbzG, hinzu.

3.) Das Gesetz zur Regelung der Allgemeinen Geschäftsbedingungen

Beim Gesetz zur Regelung der Allgemeinen Geschäftsbedingungen (vom 09. Dezember 1976, BGBl. I S. 3317) handelt es sich im Vergleich zum Abzahlungsgesetz um ein verhältnismäßig neues , wenngleich nicht minder bedeutsames Gesetz. Dieses zum Schutze der Verbraucher konzipierte Gesetz versucht, diejenigen Nachteile auszugleichen, die dadurch entstehen, daß die Leistungsbeziehungen im Rahmen des Massenkonsums nicht mehr von zwei gleich starken Vertragsparteien *ausgehandelt*, sondern durch Klauseln eines

---

113 Benöhr, ZHR 138 (1974), 492 (501).

114 Benöhr, ZHR 138 (1974), 492 (501).

Die wenigsten Abzahlungskäufer konnten die wirtschaftliche und rechtliche Bedeutung des Vertragsinhalts erkennen, geschweige denn vermochten die Vertragsbedingungen zu ändern oder zu ergänzen. Häufig wurden ihnen Vertragsausfertigungen gar nicht erst ausgehändigt (Benöhr, a.a.O.).

115 Siehe dazu unten 1. Kapitel, § 2 B VII m.w.N.

Vertragspartners - häufig unter Schmälerung der Rechte der Gegenseite (= Konsumenten) - einseitig *vorformuliert* werden. Als Instrumente des Verbraucherschutzes dienen hierbei im Hinblick auf die vom Verwender zum Vertragsinhalt gemachten Allgemeinen Geschäftsbedingungen insbesondere die Einbeziehungs- und Inhaltskontrollmöglichkeiten der §§ 2 ff. AGBG bzw. §§ 9 ff. AGBG. Dem Gesetz fehlt allerdings ein *spezifisch* verbraucher*kreditrechtlicher* Bezug, so daß ihm bezüglich dieses Problemkreises nicht mehr als bloß eine generelle Bedeutung zugemessen werden kann.

4.) Sonstige Gesetze:

a) Das Gesetz gegen unlauteren Wettbewerb:

Das Gesetz gegen den unlauteren Wettbewerb vom 07. Juni 1909 (RGBl. S. 499) enthält mit seinen §§ 1, 3 und 13 a UWG Vorschriften, die auch Bezüge zum Konsumentenkredit aufweisen können.

Die "große" (§ 1 UWG) und die "kleine Generalklausel" (§ 3 UWG) des Wettbewerbsrechts entfalten ebenfalls nur allgemeine verbraucherschützerische Wirkungen. Besondere verbraucherkreditrechtliche Dimensionen werden nicht berührt. Die Schutzwirkungen zugunsten des Verbraucherkreditnehmers bleiben allgemein-rechtlicher Natur.

Mit dem durch das Gesetz vom 25. Juli 1986 (BGBl. I S. 1169) neu eingefügten § 13 a UWG wird dem Abnehmer respektive Kreditnehmer ein Rücktrittsrecht für den Fall unwahrer oder irreführender Angaben eingeräumt; dem Wortlaut nach scheint dies allerdings nur unter den sehr engen Voraussetzungen des § 4 UWG möglich zu sein. Danach wäre beim Wettbewerber auf der subjektiven Seite Absicht, also ein gesteigerter Vorsatz, zu fordern, was für einen effektiven Verbraucherschutz nur wenig Spielraum ließe. Im Interesse eines weitreichenden Verbraucherschutzes wird man demzufolge auf das Vorliegen aller subjektiven Tatbestandsmerkmale des § 4 UWG verzichten müssen.[116]

Den übrigen Vorschriften des Gesetzes gegen den unlauteren Wettbewerb lassen sich keine spezifischen verbraucherkreditrechtlichen Besonderheiten entnehmen.

b) Das Gesetz gegen Wettbewerbsbeschränkungen:

Auf der Ebene des wirtschaftlichen Wettbewerbs, also im Verhältnis der Kreditgeber zueinander, trifft § 102 GWB (Gesetz gegen Wettbewerbsbeschränkungen i.d.F. d. Bek. vom 24. September 1980, BGBl. I S. 1761) zugunsten der Kreditinstitute einige Ausnahmeregelungen von den Bestimmungen der §§ 1, 15 und 38 Abs. 1 Nr. 11 GWB. Diese den Wettbewerb einschränkende Vorschrift des § 102 GWB übt eher eine den Intentionen des Verbraucherschutzes diametral entgegengesetzte Wirkung aus. Hinsichtlich der Problematik des Verbraucherkredits ist § 102 GWB vor allem deshalb zu erwähnen, weil er nicht ohne Folge für die Geschäftspolitik der Kreditinstitute sein kann.

c) Die Gewerbeordnung:

§ 56 Abs. 1 Nr. 6 GewO (Gewerbeordnung i.d.F. d.Bek. vom 01. Januar 1987, BGBl. I S. 425) verbot bislang die Darlehensvergabe und Darlehensvermittlung in Ausübung eines

---

116 Baumbach-Hefermehl, § 13 a UWG, Rdnr. 3.

Reisegewerbes.[117] Kreditgeschäfte konnten infolgedessen nur von einem Gewerbetreibenden mit stehendem Gewerbe abgeschlossen oder vermittelt werden. Der Kreditnehmer sollte so vor den spezifischen Risiken des Reisegewerbes geschützt werden: im einzelnen galt es, dem Verbot wucherischer Rechtsgeschäfte Geltung zu verschaffen sowie den Verbraucher vor unüberlegten Verpflichtungen zu schützen, die insbesondere durch irreführende Angaben oder durch zudringliches Verhalten des Reisegewerbetreibenden eingegangen wurden.[118] Weil der Reisegewerbetreibende zudem gerade nicht verpflichtet ist, an einem bestimmten Ort eine ständige gewerbliche Niederlassung zu betreiben, hätte es außerdem in Konfliktfällen zu Schwierigkeiten führen können, ihn mangels Namens oder ladungsfähiger Anschrift zu belangen.

Das Verbot von Kreditgeschäften im Reisegewerbe wurde bislang aber dadurch stark eingeschränkt, daß die Kreditierung von *Waren*verkäufen hiervon ausdrücklich ausgenommen war. Hinter dieser Einschränkung stand die gesetzgeberische Erwägung, den Warenabsatz im Direktvertrieb als bedeutenden Wirtschaftsfaktor nicht zu beeinträchtigen.[119]

---

117 Siehe aber nunmehr Art. 8 des Gesetzes über Verbraucherkredite, zur Änderung der Zivilprozeßordnung und anderer Gesetze.

118 BGHZ 71, 358 = BGH NJW 1978, 1970; BGH NJW 1984, 2296; Landmann-Rohmer, § 56 GewO, Rdnr. 99; Friauf, § 56 GewO, Rdnr. 54; Schmelz, NJW 1991, 1219.

119 Landmann-Rohmer, § 56 GewO, Rdnr. 102; Friauf, § 56 GewO, Rdnr. 57.

d) Das Strafgesetzbuch:

Aus strafrechtlicher Sicht ist noch § 302 a StGB (Wucher) zu erwähnen. Er stellt das strafrechtliche Gegenstück zur Vorschrift des Wuchertatbestandes des § 138 Abs. 2 BGB dar[120] und stimmt mit dieser inhaltlich weitgehend überein. Aufgrund der hier wie dort sehr engen Voraussetzungen fällt die praktische Bedeutung dieser Vorschrift allerdings gering aus.[121]

Zur strafrechtlichen Seite muß betont werden, daß der Begriff des "Kredits" gemäß § 302 a Abs. 1 Nr. 2 StGB in einem weitergehenden Sinne zu verstehen ist, als es sein augenscheinlich engerer Wortlaut zunächst vermuten läßt. Der Anwendungsbereich dieser Strafvorschrift beschränkt sich nicht nur auf die bloße Gewährung von Darlehen oder der Stundung von Geldforderungen. Erfaßt werden darüber hinaus alle Kreditformen, wie sie aufgrund § 265 Abs. 3 Nr. 2 StGB definiert werden.[122] Im einzelnen handelt es sich um Gelddarlehen jedweder Art, Akzeptkredite, ferner um den entgeltlichen Erwerb von Geldforderungen, um die Diskontierung von Wechseln und Schecks sowie die Übernahme von Bürgschaften, Garantien und sonstigen Gewährleistungen.

Durch die Aufnahme des Wuchertatbestandes in das Strafgesetzbuch beurteilt sich die Nichtigkeit von Wuchergeschäften im übrigen nicht nur nach § 138 Abs. 2 BGB, sondern auch nach § 134 BGB wegen Verstoßes gegen ein Ver-

---

120 Hohendorf, BB 1982, 1205; zu § 302 a StGB vergleiche auch Otto, NJW 1982, 2745; BGH NJW 1983, 2780; Simon, S. 90.

121 Blomeyer, NJW 1982, 2750.

122 Schönke-Schröder-Stree, § 302 a StGB, Rdnr. 6; Dreher-Tröndle, § 302 a StGB, Rdnr. 6.

botsgesetz.[123] Nicht hierunter fallen dagegen die bloß objektiv wucherischen Geschäfte i.S.d. § 138 Abs. 1 BGB.

e) Das Kreditwesengesetz:

Bei § 23 KWG (Gesetz über das Kreditwesen i.d.F. d. Bek. vom 11. Juli 1985, BGBl. I S. 1472) handelt es sich um eine Bestimmung mit reinem verwaltungsrechtlichen Charakter. Sie verleiht dem Bundesaufsichtsamt für das Kreditwesen (vgl. §§ 5 ff. KWG) eine Untersagungsbefugnis hinsichtlich der Werbung von Kreditinstituten, sofern eine solche angesichts zu befürchtender Mißstände geboten erscheint.

f) Die Preisangabenverordnung:

Schließlich dürfen auch die Bestimmungen der PreisAngVO (Preisangabenverordnung vom 14. März 1985, BGBl. I S. 580) nicht vergessen werden. Nach § 4 PreisAngVO n.F. sind bei der Werbung mit Preisangaben für Kredite bzw. bei Kreditangeboten gegenüber privaten Kreditnehmern insbesondere der (anfängliche) effektive Jahreszins anzugeben. Mit dieser Pflicht der Kreditinstitute wird der Versuch unternommen, bereits im Vorfeld eines Kreditvertragsabschlusses eine gewisse Transparenz zu schaffen. Die Sanktionen eines Verstoßes hiergegen fallen allerdings verhältnismäßig milde aus, weil die Preisangabenverordnung nicht als Verbotsgesetz i.S.d. § 134 BGB verstanden wird.[124] Die fehlende oder unrichtige Angabe des effektiven Jahreszinses führt infolgedessen nicht zur

---

[123] Palandt-Heinrichs, § 138 BGB, Anm. 4 c), Rdnr. 74.

Nichtigkeit des Kreditvertrages oder zum völligen Wegfall der Verzinsungspflicht. Statt dessen soll (nur) der tatsächliche Marktzins gefordert werden dürfen.[125] Denkbar wäre auch ein Rücktrittsrecht, das sich aufgrund eines Schadensersatzanspruches auf Naturalrestitution nach den Grundsätzen der culpa in contrahendo ergibt.[126]

B: Rechtsprobleme des Verbraucherkredits:

Im Zusammenhang mit dem Konsumentenkredit haben sich bestimmte Problemschwerpunkte herausgebildet,[127] an deren Lösung sich ein neues Verbraucherkreditgesetz messen lassen muß. Diese regelungsbedürftigen Gesichtspunkte sollen im folgenden kurz dargestellt werden.

I. Anwendungsbereich:

1.) Sachlicher Anwendungsbereich:

In sachlicher Hinsicht stellt sich die Frage, welche Kreditformen unter den Begriff des Verbraucherkredits zu subsumieren sind. Um der sich ständig ändernden Entwicklung begegnen zu können, müßte ein neues Gesetz auch auf bislang noch nicht existierende Finanzierungsformen anwendbar sein - gewissermaßen im Vorgriff auf die Innovationsfreudigkeit des Kreditgewerbes. Dies ließe sich im Wege einer möglichst weiten, generalklauselartigen Be-

---

124 Schmelz, S. 22, Rdnr. 47.

125 Schmelz, S. 22, Rdnr. 47.

126 Reifner, Verbraucherverschuldung, S. 393.

127 Vergleiche vor allem v. Marschall, S. 119 ff. und S. 135 ff.

schreibung des sachlichen Anwendungsbereiches realisieren.[128] Allerdings besteht hier die Gefahr der Verwendung völlig offener Begriffe, was der Rechtssicherheit letztendlich entschieden zuwiderlaufen könnte. Denn solchermaßen konturlose Definitionen müßten eine nur schwer voraussagbare restriktive Auslegung durch die Rechtsprechung befürchten lassen.

Trotzdem wäre es wichtig, auch alle neuen Arten der Konsumfinanzierung in den sachlichen Anwendungsbereich eines neuen Gesetzes miteinzubeziehen. Besondere Berücksichtigung verdienen in diesem Zusammenhang Vertragstypen wie das Finanzierungsleasing, das für den Verbraucher vor allem im Rahmen des privaten Kfz.-Leasings Bedeutung erlangt hat. Entsprechendes gilt für die Zahlung mittels Kreditkarte, die eine weitverbreitete Verwendung gefunden hat.

2.) Persönlicher Anwendungsbereich:

In persönlicher Hinsicht bedarf es zunächst einer Klärung, welcher Personenkreis dem Anwendungsbereich und damit dem Schutz eines neuen Verbraucherkreditgesetzes unterstellt werden soll.[129] Fraglich erscheint insoweit, ob eine Beschränkung auf den privaten Verbraucher genügt oder andere schutzwürdige Personengruppen - man denke hierbei an die Minderkaufleute - in den Schutzbereich miteinzubeziehen sind. Für die Einbeziehung der Minderkaufleute läßt sich anführen, daß bei diesem Personenkreis eine strikte Trennung zwischen privat-konsumtiver

---

128 v. Marschall plädiert insoweit für überhaupt keine sachliche Eingrenzung (v. Marschall, S. 213).

und gewerblich-investiver Sphäre in praxi kaum durchzuhalten ist. Dafür spricht auch, daß eine solche Einbeziehung bereits von § 8 AbzG her bekannt ist, ohne daß dies zu größeren Problemen im kaufmännischen Verkehr geführt hätte.

II. Die Beseitigung von Informationsdefiziten:

Die unterlegene Stellung des Verbrauchers liegt - wie selbst Kritiker eines Verbraucherschutzes einräumen[130] - vor allem in seinem informatorischen Defizit begründet. Nur ausreichende Informationen über Erforderlichkeit und Konsequenzen einer Kreditaufnahme gewährleisten eine *marktgerechte* Entscheidung des Verbrauchers bzw. schützen ihn vor übereilten Kreditabschlüssen.[131] Es gilt daher, das Bedürfnis des Verbrauchers nach Information und Beratung über die bereits bestehenden gesetzlichen Regelungen hinaus zu unterstützen. Zur Herstellung einer weitreichenden Markttransparenz müssen daher alle Kostenfaktoren eines Verbraucherkredits in einer auch für den durchschnittlichen Verbraucher verständlichen Art und Weise aufbereitet werden. Dies hat insbesondere im Wege einer schriftlichen Fixierung bestimmter Mindestangaben zu geschehen.

Der durchschnittliche Verbraucher wird aber dennoch nicht alle derart erlangten Informationen richtig einordnen und bewerten können. Die schlichte Information genügt häufig nicht, um eine "Waffengleichheit" mit der Wirtschafts- und Organisationsmacht der Kreditwirtschaft zu erreichen.

---

129 Hierzu u.a. sehr ausführlich v. Marschall, S. 119 ff.

130 Z.B. Gröner, S. 40.

Gleicher "*Zugang zum Recht*" schafft oft erst die Voraussetzung für eine erfolgreiche Schuldenregulierung.[132] Ratsuchende Verbraucher können ihre Defizite auf der Informationsebene häufig erst durch die verstärkte Inanspruchnahme von Verbraucherberatungsstellen beseitigen oder zumindest verringern. Verbraucherberatungsstellen sollten daher diesen Anforderungen entsprechend flächendeckend eingerichtet und wirtschaftlich gefördert werden.[133] Damit verbunden werden könnte die Klärung noch offener Zweifelsfragen, die sich im Hinblick auf das Rechtsberatungsgesetz[134] zum Teil immer noch ergeben.[135]

---

131 Gröner, S. 40 f.; v. Marschall, S. 121 f.

132 Reifner, Kreditrecht, S. 493, § 51, Rdnr. 3; Koch, S. 6.

133 Zwar lassen sich mit diesen Maßnahmen allein die informatorischen Defizite auf seiten der Verbraucher nicht beseitigen. Soweit aber der Informationsrückstand der Verbraucher als (Mit-)Ursache der Ungleichgewichtslage gesehen wird, sollte die Möglichkeit der Verbraucheraufklärung durch Verbraucherberatungsstellen gleichwohl gefördert werden. Dies könnte weiterreichende gesetzliche Reglementierungen oftmals entbehrlich machen, wenn insoweit das Gleichgewicht zwischen den Marktseiten bereits auf einer "niedrigeren Stufe" wiederhergestellt würde.

Schon angesichts der wachsenden Verschuldung der Verbraucher dürfte sich der Bedarf an Schuldnerberatungsstellen erhöhen (ähnlich Scholz, S. 373. Rdnr. 737).

134 Vgl. Rechtsberatungsgesetz vom 13. Dezember 1935 (RGBl I S. 1478).

Im Zusammenhang mit einer eventuellen Ausdehnung der Kompetenzen der Verbraucherschutzorganisationen stellt sich die Frage, ob nicht die Verbandsklagemöglichkeit zu erweitern ist. Verbraucherverbänden[136] ist allerdings bereits nach Maßgabe der §§ 13 AGBG und 13 Abs. 2 Nr. 3 UWG die Befugnis zur Verbandsklage eingeräumt. Wichtige Bereiche wie die "abstrakte Klauselkontrolle" allgemeiner Geschäftsbedingungen können daher schon de lege lata von Verbraucherschutzorganisationen wahrgenommen werden.[137] Ob die Verbandsklage darüber hinaus sachlich-gegenständ-

---

135 Nach dem Rechtsberatungsgesetz ist die geschäftsmäßige Besorgung fremder Rechtsangelegenheiten erlaubnispflichtig (vgl. § 1 Abs. 1 RBerG). Die Regulierung fremder Schulden stellt sich nach BGH NJW 1987, 3003 (3004) grundsätzlich als eine in diesem Sinne erlaubnispflichtige Besorgung fremder Rechtsangelegenheiten dar, da eine solche Tätigkeit ihrer Natur nach darauf gerichtet und geeignet ist, konkrete fremde Rechtsangelegenheiten zu gestalten und zu verändern (vgl. hierzu ferner Scholz, S. 372 f., Rdnr. 736 f.; Reifner, Kreditrecht, S. 494 f., § 51, Rdnr. 6 ff.).

136 Zum Kreis der schon jetzt (verbands)klagebefugten Verbände vergleiche Ulmer, § 13 AGBG, Rdnr. 35 ff., insbesondere auch die Aufzählung der insoweit anerkannten Verbraucherschutzorganisationen in Rdnr. 38; ferner Münchener Kommentar/Gerlach, § 13 AGBG, Rdnr. 50 ff.; Baumbach/Hefermehl, § 13 UWG, Rdnr. 34 ff.

137 Wobei nicht übersehen werden darf, daß mit der *Verbandsklage* nicht jeder Verstoß gegen das AGB-Gesetz oder das Gesetz gegen den unlauteren Wettbewerb geltend gemacht werden kann. § 13 Abs. 1 AGBG beschränkt beispielsweise die Kontrolle auf Verstöße gegen §§ 9 bis 11 AGBG. Diese Beschränkungen haben jedoch ihren guten Grund, da mit der Verbandsklage den Verbänden keine "All-Zuständigkeit" eingeräumt werden soll.

lich zu erweitern ist, erscheint hingegen nicht als spezifisches Problem des Verbraucherkreditrechts.[138]

Die Zusammenarbeit zwischen den Verbraucherschutzverbänden und den Verbänden der Kreditwirtschaft könnte hingegen schon im Vorfeld dadurch verbessert werden, daß den Verbraucherverbänden bei der Erstellung von Kreditbedingungen durch die Banken Gelegenheit zur Anhörung und Stellungnahme gegeben wird. Ob dies im Wege gesetzlichen Zwanges erreicht werden kann, muß aber bezweifelt werden.

III. Verzug und Verzugszinsproblematik:

Soweit gesetzlich oder auch in vertraglich zulässiger Weise nichts anderes geregelt ist, beurteilt sich der Verzugseintritt nach den allgemeinen Regeln.[139] Die eigentlichen rechtlichen Probleme liegen allerdings nicht darin begründet festzustellen, ob die Voraussetzungen des Verzugseintritts gegeben sind. Sie treten vielmehr bei der Regelung der Verzugsfolgen und hier wiederum speziell bezüglich der *Verzugszinsenfrage* auf. In Literatur und

---

[138] Dies gilt umso mehr, als auch die Verbandsklage, die der Verfolgung von *Gemeinschafts*interessen dient, im Hinblick auf das *individuell* ausgestaltet private Klageverfahren vom Ansatz her zunächst systemfremd erscheint (vgl. Schmidt, NJW 1989, 1192 f.).

[139] Siehe oben § 2 A II 1 b).

Rechtsprechung hat gerade die letztere für lebhafte Diskussionen gesorgt.[140]

1.) Höhe der Verzugszinsen:

Der Streit, der für die Praxis nunmehr als höchstrichterlich entschieden betrachtet werden darf,[141] entzündete sich an der Grundsatzfrage, wie die *abstrakte* Berechnung des dem Kreditgeber entstehenden Verzugsschadens hätte erfolgen müssen:

Nach §§ 286 Abs. 1, 288 Abs. 1 S. 1 BGB ist die ausstehende *Kapitalforderung* im Regelfall mit 4 % Zinsen p.a. zu verzinsen. In praxi bewegen sich die banküblichen Verzugszinsen allerdings - je nach den Umständen des Einzelfalles gestützt auf die Vorschriften des § 288 Abs. 1 S.

---

140 Vgl. etwa Steiner, S. 7 ff. und S. 39 ff.; ders. DB 1986, 895 ff.; ders. DB 1987, 1977 ff.; Emmerich, WM 1984, 949 ff.; ders. WM 1986, 541; Ahrens, DB 1987, 315 ff.; Reifner, ZIP 1987, 545 ff.; Canaris, Rdnr 1334 ff.; v. Rottenburg in Hadding/Hopt, Verbraucherkredit, AGB-Gesetz und Kreditwirtschaft, S. 45 f., u.a.m.

Allerdings dürfte der Streit hierüber im wesentlichen bereits vor Erlaß des neuen Verbraucherkreditgesetzes mit den Leitentscheidungen des Bundesgerichtshofs vom 28. April 1988 obsolet geworden sein (BGH WM 1988, 929 = NJW 1988, 1967; BGHZ 104, 337 = BGH WM 1988, 1044 = NJW 1988, 1971). Eine gesetzliche Regelung könnte darüber hinaus aber verbindliche Klarheit schaffen (ähnlich Canaris, EuZW 1991, Editorial zu Heft 9).

141 Vgl. BGH WM 1988, 929 = NJW 1988, 1967; BGHZ 104, 337 = BGH WM 1988, 1044 = NJW 1988, 1971.

Auf Einzelheiten des Rechtsstreits und der jüngsten höchstrichterlichen Rechtsprechung wird noch im 3. Kapitel, § 2 B II 5 a) aa) i) - iii), Bezug genommen werden.

2. bzw. Abs. 2 BGB sowie § 289 S. 2 BGB - auf einem weit höheren Niveau.

Bis zur oben zitierten Entscheidung des Bundesgerichtshofs stand hierbei vor allem in Streit, nach welchen Kriterien der weitergehende Verzugszinsschaden zu bemessen war. Während eine verbraucherfreundlichere Position eine Begrenzung auf die reinen Refinanzierungskosten vorschlug, versuchten gewichtige Stimmen im Interesse der Kreditwirtschaft die Berechnung nach dem "Wiederanlageschaden" im Aktivgeschäft vorzunehmen.[142]

---

142 Eine umfassende Untersuchung liefert hierzu der Beitrag von Jürgen Steiner, Betriebswirtschaftlich orientierte Bemessung des Verzugsschadens bei Krediten, auf den im hier vorliegenden Zusammenhang besonders zu verweisen ist. Steiners Untersuchungen führen zu dem Ergebnis, daß eine Begrenzung des Verzugsschadens auf die reinen Refinanzierungskosten aus betriebswirtschaftlichen Gründen abzulehnen sei.

Neben den einschlägigen Kommentierungen sowie einer Fülle von Rechtsprechungsmaterial verdienen die oben zitierten und hier nachfolgend nochmals genannten Beiträge eine besondere Erwähnung: Emmerich, WM 1984, 949; ders. WM 1986, 541; Steiner, DB 1986, 895; ders. DB 1987, 1977; Ahrens, DB 1987, 315; Reifner, ZIP 1987, 545; v. Rottenburg in Hadding/Hopt, Verbraucherkredit, AGB-Gesetz und Kreditwirtschaft, S. 45 f.; Canaris, Rdnr. 1334 a, 1335.

Während der Gesetzgebungsarbeiten zum neuen Verbraucherkreditgesetz hatte der Streit hierüber - wie oben im Rahmen der Arbeit bereits dargelegt - seinen Abschluß in den Entscheidungen des Bundesgerichtshofs vom 28. April 1988 (BGH WM 1988, 929 = NJW 1988, 1967; BGHZ 104, 337 = BGH WM 1988, 1044 = NJW 1988, 1971) gefunden. Damit konnte der Disput zwar in praxi als entschieden betrachtet werden, zur Dokumentierung der unterschiedlichen rechtlichen Lösungsansätze und der ihnen zugrunde liegenden wirtschaftlichen Interessen liefern die zitierten Fundstellen jedoch noch immer einen wichtigen Beitrag.

Selbst wenn diese Streitfrage nunmehr als höchstrichterlich geklärt angesehen werden dürfte, besitzt die Regelung der Verzugszinsenproblematik in einem von der parlamentarischen Mehrheit erlassenen förmlichen Gesetz eine andere Qualität. Eine derart bedeutende Rechtsfrage sollte nicht dem Bundesgerichtshof als "Ersatzgesetzgeber" überlassen bleiben, zumal sich seine Rechtsprechung doch weit einfacher ändern läßt als ein förmliches Bundesgesetz.

2.) Zinseszinsverbot

Wegen des mit § 289 S. 1 BGB aufgestellten Zinseszinsverbotes ergeben sich im Zusammenhang mit der Verzugsschadensproblematik hinsichtlich des *Zinsanteils* eine Vielzahl weiterer Probleme, die vorliegendenfalls nur ansatzweise erörtert werden können. So dürfen Zinsen, die bis zu diesem Zeitpunkt angefallen sind, grundsätzlich nicht nochmals verzinst werden.[143] Andererseits eröffnet § 289 S. 2 BGB dem Kreditgeber aber die Möglichkeit, einen *weiteren* Schaden ersetzt zu verlangen, wenn sich der Kreditnehmer auch mit dem Zinsanteil in Verzug befindet.[144] Vollends kompliziert wird die Rechtslage, wie hinsichtlich der Verzinsung des nach erfolgter Gesamtfälligkeitsstellung angefallenen Zinsanteils im Hinblick auf einen weitergehenden Verzugszinsschaden zu verfahren ist.

Eine Vertiefung der gesamten Verzugs(zinsen)problematik würde den Rahmen der Arbeit sprengen, so daß an dieser Stelle der Hinweis genügen muß, daß die bereits zitierten

143 Zum Sinn des grundsätzlichen Zinseszinsverbotes vergleiche zum Beispiel Reifner, NJW 1992, 337 (338 f.).

Leitentscheidungen des Bundesgerichtshofs auch insoweit einiges zur Rechtsklarheit beigetragen haben.[145] Danach kann der geltend gemachte Verzugszinsschaden grundsätzlich pauschaliert geltend gemacht werden, er muß sich aber an den *marktüblichen* Bruttosollzinsen orientieren. Als Maßstab dient der Durchschnittszinssatz der verschiedenen Kreditarten, die das gesamte "Aktivkreditgeschäftsvolumen" der Bank ausmachen.[146]

IV. Gesamtfälligkeitsstellung:

Die schon bei der Verzugszinsproblematik auftretenden Fragen beschäftigen Literatur und Rechtsprechung naturgemäß in einem noch viel stärkerem Maße bei der Gesamtfälligkeitsstellung.

Die Gesamtfälligkeitsstellung ist in den §§ 607 ff. BGB nicht ausdrücklich geregelt worden.[147] In Ermangelung

---

144 Z.B. Emmerich, WM 1984, 949 (951); ders. WM 1986, 541 (543); Ahrens, DB 1987, 315.

145 Die Entscheidung BGH WM 1988, 929 = NJW 1988, 1967; BGHZ 104, 337 = BGH WM 1988, 1044 = NJW 1988, 1972 bezog sich unmittelbar nur auf den weitergehenden Zinsschaden nach erfolgter Gesamtfälligkeitsstellung. Wegen der allgemeinen Bezugnahme in BGHZ 104, 337 = BGH WM 1988, 1044 = NJW 1988, 1971 auf den "Verzögerungsschaden" - ohne hierbei jedoch auch auf die insoweit gleichfalls erfolgte Gesamtfälligkeitsstellung einzugehen - ist dieses Ergebnis aber durchaus als verallgemeinerungsfähig zu qualifizieren.

146 BGHZ 104, 337 = BGH WM 1988, 1044, 1045 = NJW 1988, 1971.

147 § 609 BGB regelt nur die Kündigung eines auf unbestimmte Zeit geschlossenen Darlehensvertrages (z.B. Westphalen/Emmerich/Kessler, § 12 VKG, Rdnr. 4; Staudinger/Hopt/Mülbert, § 609 BGB, Rdnr. 16 ff. und Rdnr. 34 ff.; Canaris, Rdnr. 1337).

dessen wird, soweit nicht vertraglich etwas anderes vereinbart wurde, eine analoge Anwendung der §§ 554, 554a, und 628 BGB befürwortet.[148] Nach anderer - allerdings nicht unbestrittener - Ansicht bedarf es des Rückgriffs auf diese Vorschriften nicht, da § 326 BGB direkt zur Anwendung gelangen soll.[149]

Häufig wird das Recht zur Gesamtfälligkeitsstellung auch vertraglich, insbesondere im Wege Allgemeiner Geschäftsbedingungen,[150] ausbedungen. Die vertraglichen Festsetzungen müssen wirksam erfolgt sein. Diese Frage erlangt vor allem Bedeutung, wenn die Voraussetzungen entsprechender Klauseln hinter denen des § 326 BGB respektive des § 554 BGB zurückfallen (vgl. z.B. § 11 Nr. 4 AGBG) oder - auch in Form von Individualvereinbarungen - gegen § 4 Abs. 2 AbzG, jetzt § 12 Abs. 1 VKG, verstoßen.

Eine Reihe von Fragen wirft gleichermaßen die Verzinsung der Restschuld bei Gesamtfälligkeitsstellung auf, insbesondere, ob und wie lange der Gläubiger bei einem gekün-

---

[148] Staudinger/Hopt/Mülbert, § 609 BGB, Rdnr. 34 ff.; Münchener Kommentar/Westermann, § 610 BGB, Rdnr. 13 ff.; Westphalen/Emmerich/Kessler, § 12 VKG, Rdnr. 4; Palandt-Putzo, § 609 BGB, Rdnr. 13 ff.; Ahrens, DB 1987, 315 (317); Reifner, Kreditrecht, § 30, Rdnr. 1, S. 212 und Rdnr. 16, S. 214; siehe auch Canaris, Rdnr. 1337 ff.

[149] Z.B. Emmerich, Konsumentenkredit, S. 19; ders. WM 1984, 949 [954] m.w.N.; Meiwes, S. 109; Ahrens, DB 1987, 315; Westphalen/Emmerich/Kessler, § 12 VKG, Rdnr. 5.

Soweit die unmittelbare Anwendung des § 326 BGB abgelehnt wird, geschieht dies vor allem mit der Begründung, daß die Rückzahlung des Kredits - anders als die Zinszahlungspflicht - keine Hauptleistungspflicht des Schuldners darstelle (Westphalen /Emmerich/ Kessler, § 12 VKG, Rdnr. 5 m.w.N.; vergleiche ferner Reifner, Kreditrecht, § 29, Rdnr. 2 -5;).

digten Kredit anstelle des gesetzlichen Zinssatzes von 4 % p.a. - oder gemäß § 288 Abs. 2 BGB einen noch höhereren - den vereinbarten Vertragszins verlangen darf und was im Hinblick auf die Frage der Verzinsung der Zinsanteile zu geschehen hat. Die Zulässigkeit einer Zinsvereinbarung für die Zeit nach Gesamtfälligkeitsstellung stößt zumindest dann auf Bedenken, wenn dies im Wege Allgemeiner Geschäftsbedingungen geschieht (vgl § 11 Nr. 5 a, b bzw. Nr. 6 AGBG).[151] Will der Kreditgeber nicht auf den Vertragszins verzichten, sollte er eine Gesamtfälligkeitsstellung des Kredits unterlassen,[152] soweit sich nicht aus den obigen Leitentscheidungen[153] bezüglich eines höheren Zinsschadensanspruches als dem gesetzlichen etwas anderes ergibt.

Ganz allgemein gilt es, im Rahmen der Gesamtfälligkeitsstellung ein Problem nicht zu übersehen: Schuldner, die schon die vereinbarten Ratenzahlungen nicht leisten können, geraten durch das Fälligwerden der gesamten Restforderung erst recht in Not, denn wer schon Schwierigkeiten hat, seinen regelmäßigen Ratenzahlungen nachzukommen, wird kaum in der Lage sein, den noch ausstehenden Restbetrag sofort und in einer Summe zurückzuzahlen. Ziel einer neuen Regelung muß es daher sein, die Anforderungen, die

---

150 Siehe hierzu etwa Ziff. 17 S. 2 AGB-Banken.

151 BGH NJW 1987, 2220 (2221); BGH NJW 1988, 1967 (1968); Reifner, ZIP 1987, 545; Schmelz, S. 132 f., Rdnr. 339 m.w.N.

Vom Bundesgerichtshof offen gelassen wurde, ob eine entsprechende *individualvertragliche* Zinsvereinbarung für die Zeit nach Gesamtfälligkeitsstellung zulässig wäre [BGH NJW 1988, 1967 (1968)].

152 BGH NJW 1988, 1967 (1969); Schmelz, S. 132 f., Rdnr. 339.

153 BGH WM 1988, 929 = NJW 1988, 1967; BGHZ 104, 337 = BGH WM 1988, 1044 = NJW 1988, 1971.

an eine Gesamtfälligkeitsstellung zu stellen sind, zu erhöhen sowie den Verbraucher durch eine Anpassung der einzelnen Ratenbeträge an seine Leistungsfähigkeit zu entlasten. Daneben bedarf die Verzugszinsenfrage - auch über die hier bislang ergangenen Entscheidungen des Bundesgerichtshofs hinaus - einer abschließenden gesetzgeberischen Regelung.

V. Anrechnung von Teilleistungen:

Der Schuldner ist gem. § 266 BGB zwar nicht zu Teilleistungen berechtigt, so daß diese vom Gläubiger abgelehnt werden können.[154] Eine Pflicht zur Ablehnung besteht nicht. Der Gläubiger *kann* die Teilleistung annehmen.[155] Es stellt sich insoweit die Frage, wie die Teilleistungen zu verrechnen sind.

Bei einem gültigen Kreditvertrag ist davon auszugehen, daß die vertraglich vereinbarte Tilgungsreihenfolge auch hinsichtlich Teilleistungen gelten soll.[156] Ansonsten läßt sich der Anrechnungsregel des § 367 Abs. 1 BGB für die Zahlungen des in Rückstand geratenen Schuldners folgende Anrechnungsreihenfolge entnehmen: Teilleistungen des Schuldners werden zuerst auf die Kosten, sodann auf die Zinsen und zuletzt auf die Hauptschuld angerechnet. Das Anrechnungsverfahren nach § 367 Abs. 1 BGB bewirkt,

---

154 Staudinger/Selb, § 266 BGB, Rdnr. 1; Münchener Kommentar/Keller, § 266 BGB, Rdnr. 8; Palandt-Heinrichs, § 266 BGB, Anm. 6, Rdnr. 11.

155 Staudinger/Selb, § 266 BGB, Rdnr. 14; Münchener Kommentar/Keller, § 266 BGB, Rdnr. 19; Palandt-Heinrichs, § 266 BGB, Anm. 5, Rdnr. 10 und Anm. 6, Rdnr. 11.

daß trotz ständiger Teilzahlungen des Schuldners die Gesamtschuld nicht abgetragen wird, sondern mitunter sogar noch anwachsen kann, falls die Teilleistungen nicht zur Tilgung des Kapital(-anteils) ausreichen. Im Hinblick darauf wird wegen der daraus resultierenden "ewigen" Verschuldung zusammen mit der oben dargestellten hohen Zinsbelastung oft das bereits zitierte Bild vom sog. "*modernen Schuldturm*" verwendet. Zu den Reformvorschlägen der Verbraucherschutzorganisationen zählt deshalb die entsprechende Änderung des Anrechnungsverfahrens.[157] Danach soll sich die Anrechnungsreihenfolge dergestalt umkehren, daß Teilleistungen zuerst mit der Hauptschuld, dann mit den Zinsen und schließlich mit den Kosten verrechnet werden.

VI. Vorzeitige Rückzahlung:

Der liquide Schuldner kann ein Interesse daran haben, die (Rest-)Schuld vorzeitig und freiwillig in einem Betrag zu erfüllen. Für diesen Fall hat ein angemessener, gesetzlich zu regelnder Ausgleich zwischen den Interessen des Kreditnehmers und des Kreditgebers stattzufinden. Der Schuldner will die ersparten Aufwendungen des Gläubigers - wenigstens teilweise - gutgeschrieben bekommen, der Gläubiger, der seine Refinanzierungspläne aufrechterhalten möchte, darf durch die vorzeitige Rückzahlung nicht um seine kalkulierten Erträge gebracht werden.

---

[156] Entweder ist die Anrechnung von Teilleistungen bereits ausdrücklich vertraglich geregelt oder im Wege der Auslegung (§§ 133, 157 BGB) zu ermitteln.

[157] Verbraucherpolitische Korrespondenz, Nr. 48 vom 01. Dezember 1987, S. 3.

VII. Drittfinanzierte verbundene Geschäfte:

Ein wichtiges Regelungsbedürfnis besteht für den Bereich sog. "*verbundener Geschäfte*", wie sie heute im Rahmen verschiedener Fremdfinanzierungen zutage treten. Die damit verbundenen Probleme sind von der zu § 6 AbzG ergangenen Rechtsprechung her bekannt:[158]

Der Schuldner läuft bei einer derartigen Geschäftskonstellation Gefahr, dadurch schlechter gestellt zu werden, daß Lieferant und Kreditgeber bei drittfinanzierten Geschäften nicht in einer Person zusammenfallen, obwohl sie aufgrund ihrer gegenseitigen, engen Geschäftsbeziehungen für den Schuldner nach außen hin wie eine einzige Person wirken.[159] Der Kredit wird in diesen Fällen zweckgebunden und nicht zur freien Disposition des Kreditnehmers gewährt, in aller Regel sogar unmittelbar vom Kreditgeber an den Lieferanten ausbezahlt. Die Rechtsprechung versucht dem entgegenzutreten, indem sie den Kauf- / sonstigen "Lieferungs"-Vertrag und den Kreditvertrag unter prinzipieller Aufrechterhaltung der Trennungstheorie als wirtschaftliche Einheit betrachtet.[160] Eine normative Fixierung unter Fortschreibung dieser Rechtsprechung würde allseits der Rechtsklarheit dienen, wobei eine Einbeziehung anderer drittfinanzierter Leistungen angebracht erschiene, nachdem diese einen nicht unerheblichen wirtschaftlichen Bedeutungszuwachs erfahren haben, der sich nicht mehr nur noch auf den Bereich des Abzahlungs*kaufes*

---

[158] Zum Problem allgemein vergleiche zum Beispiel Canaris, Rdnr. 1385 ff.; Staudinger/Hopt/Mülbert, Vor §§ 607 ff. BGB, Rdnr. 389 ff.

[159] Canaris, Rdnr. 1401.

[160] Z.B. BGHZ 47, 249; BGHZ 47, 253 (254 ff.); Palandt-Putzo, Anhang zu § 6 AbzG, Anm. 1 b) cc), Rdnr. 6; Staudinger/Hopt/Mülbert, Vor §§ 607 ff. BGB, Rdnr. 401 ff.; Canaris, Rdnr. 1398 ff.

beschränkt [vgl. z.B. aus letzter Zeit: den finanzierten Kauf eines Fertighauses[161] oder einer Privatschule[162]; drittfinanzierten Erwerb eines Waschsalons;[163] drittfinanzierte Errichtung eines Tennisplatzes;[164] Kauf eines Seeschiffes zwischen Nichtkaufleuten;[165] Finanzierung eines Vertrages zur Übernahme einer Generalvertretung;[166] (dritt-)finanzierte "Mitarbeiterverträge";[167] (dritt-)finanzierter Ehevermittlungsvertrag;[168] (dritt-)finanzierter Fernlehrgang.[169]]. Allerdings handelt es sich insoweit nicht um ein speziell verbraucherschutzpolitisches Problem, sondern ganz allgemein um die Beantwortung der Frage, wer das Aufspaltungsrisiko zu tragen hat.[170]

---

161 BGH LM AGBG § 7 Nr. 1 = NJW 1984, 2816; BGH NJW 1986, 3199 (3200).

162 BGH WM 1987, 401 = NJW 1987, 1813.

163 BGH LM BGB § 242, Nr. 211 = NJW 1978, 1427.

164 BGH LM BGB § 651 a Nr. 1 = ZIP 1982, 155.

165 KG NJW-RR 1986, 476.

166 BGH LM BGB § 242 Nr. 215 = NJW 1979, 868.

167 BGH LM BGB 134, 92 = NJW 1980, 1514 (Organisationsleitervertrag); BGH LM BGB § 107 Nr. 39 = NJW 1979,2092 (2095).

168 OLG Schleswig, NJW 1974, 648.

169 LG Augsburg, NJW 1973, 1704.

Weitere Beispiele siehe zum Beispiel in Staudinger /Hopt/Mülbert, Vor §§ 607 ff. BGB, Rdnr. 600 ff.

170 Münchener Kommentar, Westermann, § 6 AbzG, Rdnr. 75.

VIII. Kreditvermittlung und gewerbliche Schuldenregulierung:

1.) Kreditvermittlung:

Die Einschaltung eines Kreditvermittlers verteuert den Kredit. Für den Kreditvermittler, der sich seine Tätigkeit selbstverständlich honorieren lassen will, fallen zusätzliche Kosten an, die auf den Kreditnehmer - häufig durch sog. "Packing" - überwälzt werden.[171] In der Praxis werden Kreditvermittler zumeist in Anspruch genommen, wenn ein Kreditnehmer aufgrund seiner finanziellen Situation zu den üblichen Konditionen auf dem Kapitalmarkt keinen Kredit (mehr) erhalten würde.[172] Eine besonders unrühmliche Rolle spielen in diesem Zusammenhang die sog. "*Umschuldungskredite*", die 37 % aller *bankmäßigen* bzw. 55% aller *vermittelten* Kredite ausmachen.[173] Es handelt sich dabei um Kredite, die der Ablösung eines bereits laufenden Kreditvertrages dienen. Ein nicht unerheblicher Teil aller der Umschuldung dienenden Kredite wird infolge der Gesamtfälligkeitsstellung des Altkredits notwen-

---

[171] Dies führt zumeist zu einer Verteuerung des Kredits von 5 - 7 % (Holzscheck/Hörmann/Daviter, S. 102).

[172] Auch wenn sich die Kreditvermittlungsbranche durch das unseriöse Geschäftsgebaren einiger ihrer Mitglieder nicht in den vorteilhaftesten Ruf gebracht sieht, darf nicht übersehen werden, daß die Kreditvermittler für die Kreditgeber wichtige Vertriebsfunktionen wahrnehmen. So fällt die Aufgabe der Markterschließung und Akquisition den Kreditvermittlern insbesondere dort zu, wo deren Erfüllung für die Kreditwirtschaft mit unwirtschaftlichen Kosten verbunden wäre (Vortmann, § 15 VKG, Rdnr. 3 f.; Bruchner/Ott/Wagner-Wieduwilt, Vor §§ 15, 16 VKG, Rdnr. 2; Scholz, Rdnr. 671, S. 339).

[173] Holzscheck/Hörmann/Daviter, S. 127.

Zur Grundproblematik der Kreditumschuldung vergleiche Busch, S. 23 ff.; Simon, S. 20 ff.

dig.[174] Nicht selten sind diese Umschuldungen für den Schuldner allerdings als wenig sinnvoll anzusehen, weil zum Beispiel anstelle eines (günstigeren) Aufstockungskredits ein Umschuldungskredit in Höhe der Gesamtrestschuld vermittelt wurde.[175] Als Gründe für ein solches Verhalten bei Teilen des Kreditvermittlungsgewerbes[176] sind mangelnde Sachkenntnis und ein übersteigertes Provisionsinteresse zu nennen - letzteres deshalb, weil sich die Provision zumeist aus einem Prozentsatz des vermittelten Kredits errechnet.[177]

Zum Schutz der Kreditnehmer sind daher Maßnahmen zu fordern, die unwirtschaftliche Umschuldungen unterbinden. Die Palette denkbarer Maßnahmen reicht vom totalen Verbot *gewerblicher* Kreditvermittlung über eine verstärkte Überwachung durch staatliche Behörden (z.B. restriktivere Zulassungsschranken) bis hin zur Ausweitung der wirtschaftlichen Sanktionen für den unseriösen Kreditvermittler. Letztere könnten beispielsweise darin bestehen, dem Kreditvermittler nur dann einen Anspruch auf Vergütung zu gewähren, wenn der vermittelte Kredit den Verbraucher unter Einschluß aller zusätzlichen Kosten nicht mehr belastet als der abgelöste Altkredit.

---

174 Simon, S. 23 f.

175 Holzscheck/Hörmann/Daviter, S. 128 f.; Simon, S. 25.

176 Natürlich soll damit nicht das gesamte Kreditvermittlungsgewerbe in Mißkredit gebracht werden; bei den nicht zu leugnenden Mißbrauchsfällen dürfte es sich insoweit aber um zutreffende Annahmen handeln.

177 Holzscheck/Hörmann/Daviter, S. 128; Simon, S. 25; BT-DS 11/5462, S. 29; Simon, S. 24 f.

2.) Gewerbliche Schuldenregulierung:

Gewerbliche Schuldenregulierer übernehmen für in Geschäftsdingen unerfahrene Verbraucher häufig nicht nur die Vermittlung neuer Kredite, sondern auch die darüber hinausgehende "Regulierung" ihrer Schulden. Wegen des dabei nicht selten anzutreffenden unseriösen Geschäftsgebarens einiger Schuldenregulierer[178] steht die Branche aber nicht im besten Ruf. Es sollte darüber nachgedacht werden, ob und inwieweit der gewerblichen Schuldenregulierung mit umfassenden Restriktionen bis hin zum völligen Verbot begegnet werden kann.[179] Soweit nicht schon das Rechtsberatungsgesetz eine Grenze der gewerblichen Schuldenregulierung markiert - die Übergänge zur Rechtsberatung sind fließend -, empfehlen sich prinzipiell die bereits oben zur Kreditvermittlung erwogenen Maßnahmen.

IX. Sittenwidrigkeitsproblematik:

1.) Die Sittenwidrigkeitsrechtsprechung:

Zu den wichtigsten Rechtsfragen des Konsumentenkredits - insbesondere des Ratenkredits - gehört die Sittenwidrigkeitsproblematik gem. § 138 Abs. 1 BGB. Die Rechtsprechung hat zwar, wie oben bereits dargelegt,[180] die Frage der Sittenwidrigkeit von Ratenkrediten hinreichend beantwortet; wegen der großen Bedeutung des Verbraucherkredits hätte es aber durchaus Sinn gemacht, eine diesbezüglich eigene Sonderregelung ins Verbraucherkreditgesetz aufzu-

---

178 "Die Zeit" vom 20.11.1987, Nr. 48.

179 Verbraucherpolitische Korrespondenz, Nr. 27, vom 5. Juli 1988, S. 6.

180 Siehe oben 1. Kapitel § 2 A II 1 a).

nehmen,[181] in die die Erkenntnisse der Rechtsprechung eingeflossen wären. Die Rechtsprechung zur Sittenwidrigkeit von Ratenkrediten kann wegen einer gewissen Andersartigkeit ohnehin nicht in dieser Allgemeinheit auf alle Arten von Verbraucherkrediten übertragen werden.

2.) Verzinsung sittenwidriger Ratenkredite:

Bislang traf den Schuldner eines wucherischen Darlehens[182] wegen § 817 S. 2 BGB keine Pflicht, für die erhaltene Kapitalsumme Zinsen zu entrichten. Der Gläubiger hatte nach Ablauf der ursprünglich vorgesehenen Laufzeit nur Anspruch auf Rückzahlung der Darlehensvaluta.[183]

§ 817 S. 2 BGB stellt allerdings eine keineswegs unumstrittene Regelung dar oder ist Ausdruck eines allgemei-

---

181 Vgl. auch Stellungnahme des Bundesrates in BT-Ds 11/5462, Anlage 2, S. 38, in der für das Verbraucherkreditgesetz eine "objektive Sittenwidrigkeitsgrenze" gefordert wurde.

182 § 817 S. 2 BGB gelangte sowohl beim Wucherdarlehen i.S.d. § 138 Abs. 2 BGB als auch beim wegen eines Mißverhältnisses nach § 138 Abs. 1 BGB nichtigen Darlehensvertrages zur Anwendung (BGH NJW 1983, 1420; Palandt-Thomas, § 817 BGB, Anm. 3 c) bb), Rdnr. 23 a.E. m.w.N.; - strittig -, Einzelheiten vergleiche nachfolgend).

183 BGH NJW 1983, 1420; Palandt-Thomas, § 817 BGB, Anm. 3 c) bb), Rdnr. 23; Münchener Kommentar/Lieb, § 817 BGB, Rdnr. 16; Staudinger/Lorenz, § 817 BGB, Rdnr. 12; Canaris, Rdnr. 1315.

Der Wucherer würde andernfalls - sieht man einmal von der Strafandrohung des § 302 a StGB - weitgehend risikolos arbeiten können (BGH NJW 1983, 1420 [1422]); entsprechendes gilt im Hinblick auf das bloß wucherische Rechtsgeschäft nach § 138 Abs. 1 BGB (BGH NJW 1983, 1420 [1423]).

nen Rechtsgrundsatzes.[184] Die Kritik an dieser Vorschrift entzündet sich nicht zuletzt daran, daß die Rechtsprechung deren Anwendungsbereich über ihren Wortlaut hinaus ausgedehnt hat.[185] § 817 S. 2 BGB beschränkt sich demgemäß nicht nur auf die Fälle des § 817 S. 1 BGB, sondern ist auch auf andere Bereicherungstatbestände der *Leistungskondiktion* anwendbar, wobei es genügt, daß nur den Leistenden ein Sittenwidrigkeitsvorwurf trifft.[186]

Ziel einer (eventuellen) Neuregelung könnte daher eine Klarstellung sein, inwieweit § 817 S. 2 BGB auf "wucherische Verbraucherkredite" Anwendung finden soll, was durch die Aufnahme einer dieser Vorschrift entsprechenden Regelung des Verbraucherkreditgesetzes geschehen könnte. In diesem Zusammenhang wäre zugleich die Frage der zeitlichen Limitierung des Zinsausschlusses zu regeln, also ob zum Beispiel für die gesamte Dauer der vorgesehenen Laufzeit des (sittenwidrig-nichtigen) Darlehensvertrages oder für einen hiervon abweichenden Zeitraum keine Zinsen zu entrichten sind. Damit ließe sich zugleich klären, ob dem

---

[184] BGHZ 39, 87 (91); BGHZ 41, 341 (349); BGHZ 44, 1 (6 f.); BGH NJW 1983, 1420; Palandt-Thomas, § 817 BGB, Anm. 3 c) bb), Rdnr. 23; Münchener Kommentar/Lieb, § 817 BGB, Rdnr. 16; Staudinger/Lorenz, § 817 BGB, Rdnr. 12; Reifner, Kreditrecht, § 23, Rdnr. 23, S. 176.

[185] BGHZ 39, 395 (399); Staudinger/Lorenz, § 817 BGB, Rdnr. 10; Münchener Kommentar/Lieb, § 817 BGB, Rdnr. 10.

Zur Kritik an der Ausdehnung des Anwendungsbereichs des § 817 S. 2 BGB: Staudinger/Lorenz, § 817 BGB, Rdnr. 4 f.; Münchener Kommentar/Lieb, § 817 BGB, Rdnr. 12 bis 14 (jeweils mit weiteren Nachweisen).

[186] Wie vor.

(wucherischen) Kreditgeber wenigstens ein Anspruch auf marktgerechte Zinsen zuzubilligen ist.[187]

X. Mahnverfahren:

Von einigen wenig seriösen Kreditgebern der Branche wurden bisweilen Forderungen aus nach § 138 Abs. 1 BGB sittenwidrig-nichtigen (Raten)kreditverträgen per Mahnverfahren (§§ 688 ff. ZPO) beigetrieben, weil es die (vollstreckungs-)rechtlich unerfahrenen Kreditkunden unterlassen hatten, die zu Gebote stehenden Rechtsmittel (Widerspruch gem. § 694 ZPO; Einspruch gem. §§ 699 Abs. 1, 700 Abs. 3 ZPO) einzulegen. Lediglich 5%[188] der Betroffenen setzten sich hiergegen zur Wehr. Mit Eintritt der Rechtskraft wurde aufgrund der so erschlichenen Titel die Zwangsvollstreckung betrieben, obwohl aus der zugrunde liegenden nichtigen Forderung an sich keinerlei Rechte mehr hätten hergeleitet werden können.

Mit seinen kreditnehmerfreundlichen Entscheidungen vom 24. September 1987[189] schob der Bundesgerichtshof dieser Praxis einen Riegel vor, indem er unter Anwendung des § 826 BGB für derartige Fälle eine Rechtskraftdurchbrechung ausnahmsweise erlaubte. § 826 BGB kann aber nur unter sehr begrenzten Voraussetzungen zur Anwendung gelangen ("*vorsätzlich* sittenwidrige Schädigung"!). Zumindest für die Zeit vor Erlaß des Verbraucherkreditgesetzes bestand also ein deutlicher gesetzgeberischer Handlungsbedarf für

187 So wohl Staudinger/Lorenz, § 817 BGB, Rdnr. 12.

188 BR-Ds 427/89, S. 33.

189 BGHZ 101, 380 = BGH NJW 1987, 3256; BGH NJW 1987, 3259.

die Problemfälle, die unterhalb der Schwelle des § 826 BGB angesiedelt waren.

XI. Verbraucherinsolvenz und Mithaftung Dritter:

1.) Restschuldbefreiung nach Schuldnerkonkurs:

Für den Verbraucher als natürliche Person scheidet die Durchführung eines Konkursverfahrens mit dem Ziel der endgültigen Schuldbefreiung aus. Er haftet für die offen gebliebenen Forderungen auch über den Konkurs hinaus. Versuche der Instanzgerichte, dem Verbraucher aus seinem "modernen Schuldturm" zu helfen, führten angesichts der bestehenden Rechtslage und der Rechtsprechung des Bundesgerichtshofs nicht zum erhofften Erfolg. Erwähnt sei in diesem Zusammenhang die Entscheidung des Oberlandesgerichts Stuttgart,[190] das mit einem seiner jüngeren Urteile einen Kreditvertrag, der nicht nach § 138 Abs. 1 BGB sittenwidrig-nichtig war, diesen nach dem Rechtsgedanken des § 310 BGB für unwirksam erklären wollte, so daß der Schuldner hieraus nicht in Anspruch hätte genommen werden können. Die Urteilsgründe lassen sich dahingehend zusammenfassen, daß bei einer Privatperson, die Arbeitnehmer ist, die Arbeitskraft das einzig größere Vermögen darstelle. Die Belastung mit lebenslänglichen Ratenzahlungen infolge Lohnpfändung (§§ 828 ff., 850 ff. ZPO) sei infolgedessen gleichbedeutend mit einer Verfügung über das Vermögen für die Zukunft, was analog § 310 BGB unzulässig sei. Der Schuldner sei mit einer lebenslangen Schuldenlast um sein "unveräußerliches Menschenrecht auf Hoffnung, auf das Streben nach dem Glück" ge-

---

Vergleiche auch Staudinger/Hopt/Mülbert, § 607 BGB, Rdnr. 319.

190 OLG Stuttgart, NJW 1988, 833.

bracht.[191] Der Bundesgerichtshof verwarf gleichwohl diese Auffassung des Oberlandesgerichts Stuttgart und begründete seine eigene Ansicht damit, daß die von der Rechtsordnung gewährte Privatautonomie auch die Eingehung wirtschaftlich riskanter Verpflichtungen u.ä. erfasse. Einzige Grenze bliebe insoweit die zur Sittenwidrigkeit.[192]

Nachdem dieser von Teilen der Judikatur versuchte Ausweg dem Schuldner nunmehr versperrt bleibt, kann eine Lösung in Fällen unterhalb der Sittenwidrigkeitsgrenze nur noch durch den Gesetzgeber erfolgen. Vor dem Hintergrund der Grundgesetzartikel Art. 1 Abs. 1 (Menschenwürde) und 2 Abs. 1 GG (allgemeine Handlungsfreiheit) scheint sein Handeln dringend geboten zu sein. Schuldnern - gleich ob als Hauptschuldner oder Bürge - muß die rechtliche Möglichkeit eingeräumt werden, sich durch ein (gerichtlich

---

191 OLG Stuttgart, NJW 1988, 833.

192 BGHZ 107, 92 (100 ff.) = BGH NJW 1989, 1276 (1277); Eckert, WM 1990, 85.

Doch selbst insoweit bestehen noch Zweifel, die vom Gesetzgeber beseitigt werden sollten. Der gesetzgeberische Handlungsbedarf zeigt sich z.B. an der Uneinigkeit der einzelnen Senate des Bundesgerichtshofs bei der Frage, wie die Inanspruchnahme naher Familienangehöriger als Bürgen zu behandeln ist. Während der XI. Zivilsenat im Januar 1991 in einem Fall, in welchem eine vermögenslose Ehefrau für ein geschäftliches Darlehen ihres Mannes gebürgt hatte und hieraus in Anspruch genommen werden sollte, dies unter Hinweis auf § 138 Abs. 1 BGB ablehnte (BGH NJW 1991, 923), entschied der IX. Zivilsenat nunmehr in einem ähnlich gelagerten Fall einer 100.000-DM-Bürgschaft eines 21-jährigen Studenten, daß dessen diesbezügliche Willenserklärung nicht wegen Sittenwidrigkeit nichtig sei (BGH NJW 1991, 2015). Zu einer Vorlage an den Großen Zivilsenat nach § 132 GVG ist es nicht gekommen (Einzelheiten vergleiche dazu 4. Kapitel, § 1 B I 16).

kontrolliertes) Entschuldungsverfahren von einer lebenslänglichen Zahlungsverpflichtung zu befreien.[193]

2.) Mithaftung Dritter

Nicht selten wird bei Kreditgeschäften mit Privatpersonen, insbesondere bei Abschluß von Verbraucherkreditverträgen, von der Kreditgeberseite verlangt, daß der Ehegatte oder eine andere (nahestehende) Person den Vertrag mitunterzeichnen.[194] Der "Mitunterzeichner" kann durch seine Unterschrift (echter) Vertragspartner, häufiger aber bloß Bürge oder Schuldmitübernehmer werden.[195]

Die Eingehung von Bürgschaftsverbindlichkeiten bzw. Übernahme ähnlicher Sicherheiten durch *vermögenslose*, in häuslicher Lebensgemeinschaft mit dem Hauptschuldner lebender *Dritter* sollte ferner für unwirksam erklärt oder von äußerst restriktiven Voraussetzungen abhängig gemacht

---

193 Da die Gesetzgebungsarbeiten zur Insolvenzrechtsreform bislang noch keinen Abschluß gefunden haben, stellt sich angesichts der weiter zunehmenden Verschuldung der Verbraucher die Frage, ob nicht im Zusammenhang mit dem Verbraucherkreditgesetz zumindest vorläufige Regelungen zur Verbraucherinsolvenz eingeführt werden sollten. Der Entwurf der Arbeitsgemeinschaft der Verbraucherverbände e.V. und der Bundesarbeitsgemeinschaft der freien Wohlfahrtspflege e.V. könnte insoweit mit seinen §§ 915 a bis m ZPO als - zumindest vorläufige - Anregung verstanden werden. Ob ein solches (vorläufiges) Entschuldungsverfahren in die Zivilprozeßordnung, in die Konkursordnung oder in das Verbraucherkreditgesetz zu integrieren sei, bliebe eine Frage der jeweiligen Ausgestaltung und damit der Rechtssystematik.

194 Schmelz, Rdnr. 475, S. 187; Scholz, Rdnr. 413, S. 200 f.

195 Schmelz, Rdnr. 475 ff., S. 187 ff.; Scholz, Rdnr. 567 ff., S. 287 ff.

werden, jedenfalls soweit eine Mithaftung dieser Personen begründet wird, obwohl deren Vermögenslosigkeit dem Kreditgeber im Zeitpunkt des Vertragsschlusses *bekannt* war oder zumindest ohne erhebliche Schwierigkeiten[196] *hätte erkannt werden können*. In diesen Fällen muß angenommen werden, daß der Kredit auch ohne die Mithaftung Dritter vergeben worden wäre, denn der Umstand der bekannten bzw. erkennbaren Vermögenslosigkeit des Bürgen, des den Schuldbeitritt Erklärenden etc. kann insoweit bei der Entscheidung über die Kreditbewilligung nicht mehr von tragender Bedeutung gewesen sein.[197]

XII. Lohnabtretung:

Viele Konsumenten haben als vermögenswerte Sicherheit nichts anderes zu bieten als das auf ihrer Arbeitskraft beruhende regelmäßige Einkommen. Es hat daher in Form der Vorausabtretung von Lohnansprüchen zur Sicherung einer

---

196 Zu denken ist hierbei an die Fälle, in denen die nicht berufstätige Ehefrau oder ein Student ohne regelmäßiges eigenes Einkommen eine Bürgenhaftung oder ähnliches eingehen soll.

197 Denkbar sind darüber hinaus auch Fälle, in denen Dritte nur aus rein *formalen*, bankinternen Gründen in die Mithaftung einbezogen werden, zum Beispiel weil die Kreditvergabe bei einer "weiteren Unterschrift" gegenüber Vorgesetzten leichter zu erklären sei bzw. dies zur eigenen Absicherung des Mitarbeiters diene, auch wenn eine solche Mithaftungserklärung für die Entscheidung über die Kreditbewilligung selbst gerade nicht mehr kausal ist.

Vergleiche hierzu auch Helmrich, AnwBl. 1992, 103 (107 f.).

Kreditforderung große Bedeutung erlangt.[198] Die von daher spezifischerweise ausgehenden Gefahren erhalten über § 400 BGB i.V.m. §§ 850 ff. ZPO zwar eine gewisse Eingrenzung. Trotzdem verhindern diese Vorschriften nicht die Gefahr unbegründeter Inanspruchnahme, etwa im Falle der Nichtigkeit des Kreditvertrags nach § 138 Abs. 1 BGB,[199] wenn die Abtretung als abstraktes Rechtsgeschäft von der Unwirksamkeit gerade nicht erfaßt wird. Der Kreditgeber ist insoweit nicht gehindert, die Vollstreckung aus der Lohnpfändung (weiter) zu betreiben. Darüber hinaus empfiehlt es sich, die Voraussetzungen einer *pauschalen* Lohnabtretung mittels Allgemeiner Geschäftsbedingungen o.ä. genau zu definieren, um etwa eine Übersicherung des Kreditgebers[200] oder sonstige Übervorteilung des Kreditnehmers von vorneherein auszuschließen. Hierbei sind auch die Konsequenzen eines möglicherweise totalen Verbots von Lohnabtretungen zu prüfen, zumal dies heute schon in einigen anderen Ländern so praktiziert wird.[201]

C: Zusammenfassung:

Der in § 2 A und B gewonnene Überblick hat gezeigt, daß der Verbraucherkredit vor Erlaß des Verbraucherkreditgesetzes zwar nicht im "rechtsfreien" Raum schwebte; die rechtliche Konturierung der damit verbundenen Problematik erfolgte aber in der Hauptsache nur durch "allgemeine",

---

198 Siehe auch v. Rottenburg in Hadding/Hopt, Verbraucherkredit, AGB-Gesetz und Kreditwirtschaft, S. 49.

199 v. Marschall, S. 196.

200 Wie zum Beispiel in BGH NJW 1988, 1220 (1221).

201 Unter Hinweis auf das gesetzliche Verbot in einigen Staaten der USA siehe v. Marschall, S. 127; v. Hippel, S. 127.

d.h. nicht spezifisch *verbraucherkredit*rechtliche Regelungen sowie durch Entscheidungen insbesondere der Oberlandesgerichte und des Bundesgerichtshofs.

Begreift man die Verbraucherverschuldung als umfassendes rechtliches und gesellschaftliches Problem, so erhob sich der Ruf nach spezifischen Sonderregelungen mit dem Ziel der Wiederherstellung und Gewährleistung des Gleichgewichts zwischen Verbrauchern und Kreditgebern nicht zu Unrecht. In diesem Zusammenhang konnte es aber nicht bloß um die Verbesserung von Informationsmöglichkeiten der Verbraucher gehen, sondern es bedurfte auch verbraucherschützender Regelungen mit materiell-rechtlichem Gehalt.

Die Angst der Kreditwirtschaft, auf diese Weise "den Markt zu zerstören", dürfte sich wohl eher - dies sei als Prognose erlaubt - als unbegründet erweisen. Gerade die Kreditinstitute[202] und die großen Handelskonzerne müßten angesichts ihrer wirtschaftlichen, finanziellen, organisatorischen und rechtlichen Kompetenz in der Lage sein, die während der Anfangsphase auftretenden Schwierigkeiten zu meistern. Vor dem Hintergrund einer EG-weiten Rechtsvereinheitlichung sind im übrigen alle Mitstreiter auf dem Markt um die Gunst der Kreditnehmer in gleicher Weise betroffen.

---

202 Um diese geht es schließlich auch vornehmlich, da selbst der Warenkredit heute kaum noch ein echter Händlerkredit, sondern ein drittfinanzierter (Bank-)Kredit ist (IFF-Gutachten zum Verbraucherkonkurs, S. 1).

2. Kapitel: Der Gang der Umsetzung

§ 1: Die VKG-Richtlinie:

A: Vorgeschichte:

Mit der Fortentwicklung der Konsumgesellschaft und der damit einhergehenden Abhängigkeit der Verbraucher verband sich auch die Diskussion über die Schaffung bzw. Erweiterung eines effektiveren Verbraucherschutzrechts. Sie vollzog sich auf zwei verschiedenen Ebenen: der nationalen und der EG-rechtlichen.

I. Die Verbraucherschutzentwicklung auf nationaler Ebene:

1.) Die Verbraucherschutzgesetzgebung im allgemeinen:

Die sozialpolitische Notwendigkeit eines eigenen Verbraucherschutzrechts wurde schon vor längerer Zeit erkannt. Wie bereits ausgeführt,[1] trat deshalb im Jahre 1894 - noch vor Erlaß des Bürgerlichen Gesetzbuches - das Abzahlungsgesetz in Kraft. Auch wenn es dessen seinerzeitigem Gesetzgeber nicht vornehmlich um den Schutz des privaten Verbrauchers gegangen war - miteinbezogen werden sollten insbesondere auch Heimarbeiter und Kleingewerbetreibende, die (Abzahlungs-) Kredite primär nicht zu Konsum-, sondern zu "*investiven*" Zwecken im Rahmen ihres Kleinbetriebes aufnahmen[2] - kann das Abzahlungsgesetz wegen seiner rechtstatsächlichen Wirkung letztlich doch als Vorläufer der späteren Verbraucherschutzgesetzgebung angesehen wer-

---

1 Siehe 1. Kapitel, § 1 B I.

2 Benöhr, ZHR 138 (1974), 492 (495); Dauner-Lieb, BuM, S. 8 (9); Bender, VuR 1991, 197 (199); vgl. auch oben 1. Kapitel, § 1 B I.

den.[3] Diese wiederum ist in Abhängigkeit zur wirtschaftlichen Entwicklung zu sehen.

Dominierten zu Beginn der Industrialisierung noch die "*händlerfinanzierten*" Abzahlungskäufe, so setzten sich nach dem 1. Weltkrieg allmählich, nach dem 2. Weltkrieg dann rasant die "*drittfinanzierten*" Abzahlungsgeschäfte durch, die aufgrund der so gekoppelten Finanzkraft von Produktions- und Kreditwirtschaft geldvolumenmäßig in ganz andere Dimensionen vordrangen.[4] Nicht Schritt halten konnte damit zunächst die gesetzgeberische Entwicklung, sieht man von richterrechtlichen Korrekturen und dergleichen einmal ab.

Erst die neueren Reformbestrebungen auf dem Gebiet der Bundesrepublik Deutschland - beginnend Ende der sechziger, Anfang der siebziger Jahre - lassen eine grundsätzliche Sensibilisierung des Gesetzgebers für die verbraucherschutzpolitischen Belange erkennen. Als wichtigste Neuerungen sind in diesem Zusammenhang zu nennen: die Novellierungen des Abzahlungsgesetzes 1969[5] und 1974,[6] die Aktualisierung des Wuchertatbestandes des § 138 Abs. 2

---

[3] Reifner / Weitz / Uesseler, S. 64 ff.; Damm, JZ 1978, 173; Stauder, ZRP 1980, 217 (218); Gilles, JA 1980, 1 (2); Scholz, ZIP 1981, 1051.

[4] Reifner/Weitz/Uesseler, S. 64 ff.; Scholz, Rdnr. 26 ff., S. 15 ff.

[5] BGBl. I 1969, 1541.

[6] Geändert wurde durch das Gesetz v. 15.5.1974 (BGBl. I 1974, 1169) insoweit u.a. § 1 a AbzG, neu eingefügt wurden die §§ 1 b, 1 c, 1 d und 6 b AbzG (vgl. Palandt-Putzo, Einleitung Abzahlungsgesetz, Anm. 1 c), Rdnr. 3; Gilles, ZRP 1989, 299 [300]).

BGB,[7] die Einführung des Reisevertragsrechts in das Bürgerliche Gesetzbuch mit den §§ 651 a bis k BGB,[8] den letzten Änderungen des Gesetzes gegen den unlauteren Wettbewerb[9] sowie der Einführung des § 609 a BGB.[10] Allerdings beschränkte sich bei allen diesen gesetzlichen Vorhaben der Reformeifer des bundesdeutschen Gesetzgebers vorwiegend auf ein *reaktives* Handeln.[11] Eine vorausschauende Verbraucherschutzpolitik, die eine *zusammenhängende Gesamtkonzeption* zum Ziel gehabt hätte, läßt sich darin nicht erkennen. Die Maßnahmen des Gesetzgebers weisen einen eher bloß *punktuellen* Charakter auf. Zu einer eigenen "*Verbraucherschutzkodifikation*" als umfassende Sonderregelung außerhalb des Bürgerlichen Gesetzbuches kam es nicht, wobei sich die Frage erhebt, ob eine solche wegen der sich erst im Laufe der Zeit herauskristallisierenden Einzelprobleme überhaupt möglich bzw. angesichts der zum Teil vertretenen Auffassung von der Korrekturfunktion eines freien Marktes überhaupt wünschenswert gewesen wäre.

---

7 Geändert durch das 1. Gesetz zur Bekämpfung der Wirtschaftskriminalität (1. WiKG) vom 29. Juli 1976 (BGBl. I S. 2034); vgl. Gilles, JA 1980, 1 (2).

8 Gesetz zur Änderung des Bürgerlichen Gesetzbuchs (Reisevertragsrecht) vom 04. Mai 1979 (BGBl. I S. 509); Gilles, JA 1980, 1 (2).

9 Vgl. z.B. 2. Gesetz zur Bekämpfung der Wirtschaftskriminalität (2. WiKG) vom 19. Mai 1986 (BGBl. I S. 721) oder Gesetz zur Änderung wirtschafts-, verbraucher-, arbeits- und sozialrechtlicher Vorschriften vom 25. Juli 1986 (BGBl. 1986 I S. 1169 bzw. 1987 I S. 565); hierbei v.a. §§ 6 c, 6 d, 6 e, 7, 8 und 13 a UWG.

10 Gesetz zur Änderung wirtschafts-, verbraucher-, arbeits- und sozialrechtlicher Vorschriften vom 25. Juli 1986 (BGBl. I S. 1169).

11 Gilles, JA 1980, 1.

Ob die Reformen dem Verbraucherschutz im einzelnen stets zu mehr Effektivität verhalfen, dürfte mitunter zweifelhaft sein. Beispielsweise wurden zwar in das Abzahlungsgesetz wichtige Bestimmungen wie die §§ 1 a - 1 d, 6 a AbzG integriert. Aber die Ausübung der daraus resultierenden Rechte hing oftmals von Voraussetzungen ab, die für den Durchschnittsverbraucher in aller Regel nur schwer oder überhaupt nicht verständlich blieben. Exemplarisch hierfür lassen sich die Widerrufs- oder Kündigungsbestimmungen des Abzahlungsgesetzes bzw. des Reisevertragsrechts im Bürgerlichen Gesetzbuch anführen. Die Verständnisschwierigkeiten, mit denen sich Konsumenten im praktischen Gebrauch dieser Rechte konfrontiert sehen, mögen den Juristen befremden; dem juristischen Laien bereiten sie hingegen nicht selten große Schwierigkeiten. Andererseits bedeuten derartige Rechte für den Anbieter ein höheres Risiko, das sich bei der Preiskalkulation zu Lasten des Verbrauchers niederschlägt.[12]

Das zögerliche Verhalten des Gesetzgebers ist vor dem Hintergrund des Dilemmas zwischen den beiden unterschiedlichen Positionen zur Frage der Schutzbedürftigkeit der Verbraucher und einer darauf ausgerichteten Verbraucherschutzpolitik zu sehen. Die Vertreter einer wirtschaftsliberalistischen Auffassung reden der Selbstverantwortlichkeit und der Mündigkeit des Verbrauchers innerhalb einer freien Gesellschaft das Wort. Der Verbraucherschutz ergäbe sich aufgrund des freien Spiels der auf dem Markt aufeinander treffenden Kräfte weitgehend wie von selbst.[13] Im Vertrauen auf die Korrekturfunktion des Wettbewerbs wird die Herausbildung eines weitergehenden

---

12 Palandt-Putzo, Einleitung Abzahlungsgesetz, Anm. 1 c), Rdnr. 3.

Sonderprivatrechts für Verbraucher als interventionistisch-schädlich abgelehnt. Die vom Bürgerlichen Gesetzbuch ausgestaltete Rechtslage genüge zur Bewältigung der anstehenden Probleme.[14]

Die Gegenposition hierzu beziehen diejenigen, die vom Versagen gerade eben jenes Marktes ausgehen und daraus resultierend ein Ungleichgewicht zu Lasten der Verbraucher konstatieren.[15] Die Verbraucher befänden sich in einer wirtschaftlich und sozial unterlegenen Rolle und seien infolgedessen vor der überwältigenden Marktmacht der Gegenseite zu schützen. Im Unterschied zu dem liberalistisch geprägten Bürgerlichen Gesetzbuch verlange ein effektiver Verbraucherschutz die Schaffung eines umfassenden Sonderprivatrechts.

2.) Verbraucherkreditrecht:

Auch im Hinblick auf ein neues Verbraucher*kredit*recht verhielt sich der Gesetzgeber sehr zurückhaltend. Sein Reformeifer, sich dieses Problems anzunehmen, bedurfte erst einer Initialzündung aus Brüssel in Form der besagten EG-Richtlinie vom 22. Dezember 1986 (87/102/EWG). Unter dem Hinweis auf diese schon lange zu erwartende EG-

---

13 Z.B. v. Lambsdorff, BuM, S. 4 ff.; Dauner-Lieb, S. 52 ff.; Dauner-Lieb, BuM, S. 8 ff.; Emmerich, JuS 1988, 925 (926); u.a.

14 Z.B. v. Lambsdorff, BuM, S. 4 ff.; Dauner-Lieb, S. 52 ff.; Dauner-Lieb, BuM, S. 8 ff.; Gröner, S. 52 ff., 55 ff.; Emmerich, JuS 1988, 925 (926).

15 Z.B. v. Marschall, S. 39 f. und S. 119 ff.; Hadding, S. 12 ff.; Reifner, Konsumentenkredit, S. 256; Hörmann, Verbraucherkredit und Verbraucherverschuldung, S. 311; Bender, NJW 1980, 1129 (1131); Stauder, ZRP 1980, 217 (218); Gilles, ZRP 1989, 299; u.a.

Richtlinie waren in der Bundesrepublik Deutschland in der Vergangenheit alle nationalen Reformvorhaben zurückgestellt worden, um nicht einer EG-einheitlichen Lösung vorzugreifen.[16]

Dabei hatte es an Reformvorschlägen durchaus nicht gemangelt. Ausgangspunkt war, den begrenzten Anwendungsbereich des Abzahlungsgesetzes ganz allgemein auf *Abzahlungsgeschäfte* jedweder Art auszudehnen. Darüber hinausgehende Initiativen forderten, das gesamte Verbraucherkreditrecht neu zu regeln. Besonders hervorzuheben sind hierbei die Gutachten von Marschall von Bieberstein (1978)[17] und Hadding (1980)[18]. Sie lieferten nicht nur eine erste fundierte Auseinandersetzung mit den besonderen Problemen des Verbraucherkreditrechts, sondern zeigten auch praktische Lösungsansätze auf. Allerdings blieben sie vorerst nur Theorie. Ihre Umsetzung erfolgte entweder gar nicht oder allenfalls bruchstückhaft,[19] etwa mit Erlaß des neuen § 609 a BGB, der den alten § 247 BGB ersetzte.

---

[16] Scholz, MDR 1988,730.

[17] Gutachten zur Reform des finanzierten Abzahlungskaufs, Untersuchung von Möglichkeiten einer künftigen gesetzlichen Regelung des finanzierten Abzahlungskauf und anderer Formen des Konsumentenkredits.

[18] Welche Maßnahmen empfehlen sich zum Schutz des Verbrauchers auf dem Gebiet des Konsumentenkredits?, Gutachten zum 53. Deutschen Juristentag.

[19] Gilles, ZRP 1989, 299 (300); Schmelz, S. 5, Rdnr. 13.

II. Die europäische Verbraucherschutzpolitik:

1.) Der Verbraucherschutz in der EG:

Weil vom nationalen Gesetzgeber in dieser Hinsicht nur wenig zu erwarten war, galten alle Hoffnungen einer von der Europäischen Gemeinschaft initiierten Verbraucherschutzkonzeption.

Nachdem die allgemeine Hinwendung der Bürger in der Europäischen Gemeinschaft zu einem verstärkten Konsum die bestehenden Verhältnisse in rechtlicher wie tatsächlicher Hinsicht entscheidend verändert hatte, war auch die EG-Politik auf den Plan gerufen, sich dem Verbraucherschutz zuzuwenden. Bei einer Zahl von 270 Millionen[20] Verbrauchern erschien es geboten, in diesem gesellschaftlich-wirtschaftlich so wichtigen Sektor EG-einheitliche Standards zu schaffen. Der Kommission der Europäischen Gemeinschaften kam dabei die zweifache Aufgabe zu, unter Beanspruchung ihrer Richtliniensetzungskompetenz nach Art. 100 EWGV das geltende Recht in den Mitgliedsstaaten anzugleichen und gleichzeitig den Schutz der Verbraucher zu fördern. In der Folge wurden seit 1973 Gremien institutionalisiert, die sich mit den Fragen eines EG-europäischen Verbraucherschutzes auseinanderzusetzen hatten. Verbraucherschutzprogramme wurden entwickelt, die den Verbrauchern ihre rechtlichen, wirtschaftlichen und immateriellen Interessen garantieren sollten.[21] Die Verbraucherschutzprogramme von 1975 und 1981 markieren Grundpositionen der EG-Verbraucherschutzpolitik.[22] Als wichtig-

---

[20] Zehn Jahre Verbraucherschutzpolitik der Gemeinschaften, S. 1.

[21] Zehn Jahre Verbraucherschutzpolitik der Gemeinschaften, S. 11 ff.

[22] Zehn Jahre Verbraucherschutzpolitik der Gemeinschaften, S. 11 ff. und 15 ff.

stes Ergebnis können die "*fünf verbraucherpolitischen Grundsätze*" festgehalten werden:

(1) Recht des Verbrauchers auf Schutz seiner Gesundheit und Sicherheit,

(2) Recht des Verbrauchers auf Schutz seiner wirtschaftlichen Interessen,

(3) Recht des Verbrauchers auf Wiedergutmachung erlittener Schäden,

(4) Recht des Verbrauchers auf Unterrichtung und Aufklärung

sowie

(5) Recht des Verbrauchers auf Vertretung.[23]

Verschiedene Richtlinien nach Art. 100 EWGV versuchten diese Programme in praktische Verbraucherpolitik umzusetzen, was allerdings selbst auf dem Gebiet der Bundesrepublik Deutschland bis heute noch nicht vollständig gelungen ist.[24]

Immerhin war damit ein wichtiges Etappenziel auf dem Weg zu mehr Verbraucherschutz im EG-Europa erreicht worden. Der Verbraucherschutz wurde als solcher erstmalig und ausdrücklich als schutzwürdiger Belang bezeichnet.[25] Die Schaffung und Harmonisierung von Verbraucherschutzvorschriften in den Mitgliedsstaaten genießt von daher auf

---

23 Zehn Jahre Verbraucherpolitik der Gemeinschaften, S. 12 f.

24 "Süddeutsche Zeitung" vom 29./30.12.1990, Nr. 298, S. 33.

25 Zehn Jahre Verbraucherschutzpolitik der Gemeinschaften, S. 35.

der Ebene des Europäischen Gemeinschaftsrechts eine herausragende Bedeutung.

Insgesamt gesehen haben die EG-Kommission und die anderen Organe und Einrichtungen der Europäischen Gemeinschaften - etwa der Ministerrat, das Europäische Parlament oder der Wirtschafts- und Sozialausschuß - den Gedanken des Verbraucherschutzes auf europäischer Ebene vorangetrieben, auch wenn das im Ergebnis Erreichte vielfach hinter den gesteckten Zielen zurückgeblieben ist.[26] Dies ist jedoch umso mehr anzuerkennen, als die Arbeit der Europäischen Gemeinschaft häufig durch Einwendungen einzelner Mitgliedsstaaten oder Fachverbände erschwert wurde.[27]

2.) Die VKG-Richtlinie zum Verbraucherkredit:

Auch beim Zustandekommen der EG-Richtlinie vom 22. Dezember 1986 (87/102/EWG) kam es zu zahlreichen Verzögerungen, an denen die bundesdeutsche Delegation nicht unwesentlich beteiligt war.[28] Sie verfolgte das Ziel, möglichst wenig restriktive Regelungen, die zu Lasten der bundesdeutschen Kreditwirtschaft gegangen wären, aufzunehmen.[29] Für die VKG-Richtlinie mußte daher ein allseits akzeptabler Kompromiß gefunden werden zwischen - wie es

---

26 Zehn Jahre Verbraucherschutzpolitik der Gemeinschaften, S. 2 und S. 57.

27 Zehn Jahre Verbraucherschutzpolitik der Gemeinschaften, S. 57; beispielhaft für die EG-Richtlinie vom 22. Dezember 1986 (87/102/EWG): Gilles, ZRP 1989, 299 (302).

28 Gilles, ZRP 1989, 299 (302); Scholz, MDR 1988, 730 (736); Schmelz/Klute, ZIP 1989, 1509 (1511).

29 Gilles, ZRP 1989, 299 (302).

die Interessensvertreter der Banken nannten[30] - *dirigistisch-perfektionistischen* Maßnahmen und den Ansätzen, die zum Nachteil der Verbraucher ein weitgehendes "Laissez-faire" zu erreichen suchten.[31] Im Zuge dieser Auseinandersetzungen ergingen ab dem Jahre 1974 verschiedene Vorentwürfe für eine Richtlinie über Verbraucherkredite.[32] In den darauffolgenden Jahren von 1977 bis 1984 lösten sich einander in steter Folge weitere Richtlinienvorschläge und Vorentwürfe ab.[33] Am 22. Dezember 1986 endlich wurde der letzte dieser Vorschläge als Richtlinie beschlossen.

B: Zielsetzung und Inhalt der VKG-Richtlinie:

I. Allgemeines:

Bei der EG-Richtlinie vom 22. Dezember 1986 (87/102/EWG) handelt es sich der Sache nach um sekundäres Gemeinschaftsrecht i.S.d. Art. 100, 189 EWGV. In der vorliegenden Fassung entstammt sie dem Zuständigkeitsbereich des EG-Ministerrates, der unter den in Art. 100 EWGV genannten Voraussetzungen zum Erlaß von Richtlinien befugt ist.

Aus Art. 189 Abs. 2 EWGV folgt im Umkehrschluß, daß eine EG-Richtlinie im Unterschied zur EG-Verordnung - *grundsätzlich* - keine unmittelbare Rechtswirkung entfaltet; d.h. sie bedarf noch eines weiteren Umsetzungsaktes durch den jeweiligen nationalen Gesetzgeber. Sie stellt inso-

---

30 Gilles, ZRP 1989, 299 (302); Scholz, MDR 1988, 730 (736).

31 Gilles, ZRP 1989, 299 (302); Scholz, MDR 1988, 730.

32 Vgl. v. Marschall, S. 112.

33 Gilles, ZRP 1989, 299 (302).

fern jedoch verbindlich fest, was der Sache nach inhaltlich unbedingt zu regeln ist.[34] Lediglich die Wahl von Form und Mittel der Umsetzung bleibt den Mitgliedsstaaten nach Art. 189 Abs. 3 EWGV freigestellt.[35] Die inhaltliche Ausgestaltung des Umsetzungsaktes muß aber in jedem Fall zur Erreichung des vorgeschriebenen Regelungsinhaltes führen.

Aus dem Erlaß der EG-Richtlinie einerseits und der daraus resultierenden Umsetzungsverpflichtung der Mitgliedsstaaten andererseits folgt die sog. "*Zweistufigkeit des Angleichungsverfahrens*".[36] Dabei hat sich die Praxis herausgebildet, mit der Richtlinie nur einen EG-einheitlichen Mindeststandard festzuschreiben.[37] Den nationalen Gesetzgebern verbleibt auf diese Weise, was die inhaltliche Ausformung anbelangt, ein relativ großzügig bemessener Gestaltungsspielraum. Dies soll die Möglichkeit schaffen, den eigenen nationalen Bedürfnissen Rechnung zu tragen. Die Umsetzung selbst erfolgt durch Erlaß nationaler Rechtssätze, die nicht nur auf den Bereich des öf-

---

[34] Grabitz, Art. 189 EWGV, Rdnr. 57.

Bezüglich des verbindlichen Inhalts einer EG-Richtlinie besteht für den jeweiligen nationalen Gesetzgeber eine Umsetzungspflicht, von der er nur befreit ist, wenn die geltenden Normen des Mitgliedsstaates bereits der Richtlinie in allen Punkten entsprechen (Grabitz, Art. 100 EWGV, Rdnr. 64).

[35] Groeben/Boeckh/Thiesing/Ehlermann, Art. 100 EWGV, Rdnr. 30; Grabitz, Art. 189 EWGV, Rdnr. 51.

[36] Groeben/Boeckh/Thiesing/Ehlermann, Art. 100 EWGV, Rdnr. 31.

Einzelheiten des Angleichungsverfahrens siehe Grabitz, Art. 100 EWGV, Rdnr. 42 ff.

[37] Groeben/Boeckh/Thiesing/Ehlermann, Art. 100 EWGV, Rdnr. 34.

fentlichen Rechts beschränkt zu sein brauchen, sondern auch dem Zivilrecht entstammen können.[38]

Entsprechend verhielt es sich im Fall der EG-Richtlinie vom 22. Dezember 1986 (87/102/EWG). Im Hinblick auf die seinerzeit bei der Umsetzung in bundesdeutsches Recht eingetretenen Verzögerungen ist allerdings erwähnenswert, daß die VKG-Richtlinie in Abweichung zu dem oben Gesagten *ausnahmsweise* unter bestimmten Voraussetzungen auch *unmittelbar* hätte wirken können.[39] Nach der Rechtsprechung des Europäischen Gerichtshofs[40] und unter Bestätigung dieser Rechtsprechung durch das Bundesverfassungsgericht[41] folgt aus Art. 189 EWGV nicht zwingend, daß in ganz spezifischen Ausnahmefällen nicht auch andere Rechtsakte als EG-*Verordnungen* Wirkungen wie diese zu entfalten vermögen.[42] Danach ist es dem EG-Bürger gegenüber Behörden und Gerichten eines Mitgliedsstaates erlaubt, sich *unmittelbar* auf die ihn begünstigenden *Bestimmungen einer Richtlinie* zu berufen, wenn der Mitgliedsstaat diese *Richtlinie nicht fristgerecht innerstaatlich vollzogen* hat und deren Bestimmungen *hinreichend klar* und *unbedingt* sind.[43] Nachdem die EG-Richtlinie vom 22. Dezember 1986 (87/102/EWG) gemäß ihrem Art.

---

38 Groeben/Boeckh/Thiesing/Ehlermann, Art. 100 EWGV, Rdnr. 32.

39 Grabitz, Art. 189 EWGV, Rdnr. 60.

40 EuGH NJW 1982, 499.

41 BVerfG NJW 1988, 1459 (1460); BVerfG NJW 1988, 2173.

42 BVerfG NJW 1988, 1459 (1460).

Allgemein zur Problematik der unmittelbaren Wirkung von EG-Richtlinien vergleiche Grabitz, Art. 189 EWGV, Rdnr. 60 ff. m.w.N.

16 Abs. 1 VKG-Richtlinie spätestens bis zum 01. Januar 1990 hätte umgesetzt werden müssen, besaß die zitierte Rechtsprechung für den Verbraucherkredit bis zum 01. Januar 1991 nicht nur theoretische Bedeutung. Einige der Artikel der EG-Richtlinie umreißen - wie noch zu zeigen sein wird - die einzelnen Regelungsgegenstände sehr deutlich und detailliert, andere wiederum nicht. Ob der bundesdeutsche Verbraucher hieraus hätte praktischen Nutzen ziehen können, muß allerdings offen bleiben. Denn bei den als mitunter konkretisiert zu betrachtenden Bestimmungen handelt es sich vor allem um Formvorschriften u.ä., die aber kaum über den bisherigen Bankenstandard hinausreichen. Von einem praktisch relevant gewordenen Fall ist demgemäß auch nichts bekannt.

II. Zielsetzung der VKG-Richtlinie:

Der Rat der Europäischen Gemeinschaften kann unter den in Art. 100 EWGV näher geregelten Voraussetzungen Richtlinien zur Rechtsangleichung erlassen. Damit soll das übergeordnete Ziel der Schaffung des Gemeinsamen Marktes und der schrittweisen Annäherung der Wirtschaftspolitik zur Harmonisierung der europäischen Wirtschaftsstruktur (Art. 2 EWGV) erreicht werden. Den Richtlinien des Rates der Europäischen Gemeinschaften fällt dabei die Aufgabe zu, alle Hindernisse zu beseitigen, die einem freien Waren-, Kapital-, Dienstleistungs- und Personenverkehr durch unterschiedliches nationales Recht entgegenstehen.[44]

---

43 Grabitz, Art. 189 EWGV, Rdnr. 60; BVerfG NJW 1988, 2173.

44 Grabitz, Art. 100 EWGV, Rdnr. 5; Groeben/Boeckh/Thiesing/Ehlermann, Art. 100 EWGV, Rdnr. 2.

1.) Wettbewerbsverzerrungen durch unterschiedliche internationale Standards:

Wie bereits im 1. Kapitel[45] ausgeführt, zeichnet sich ein Bedeutungszuwachs des Konsumentenkredits in nahezu allen Industrieländern der westlichen Welt ab. Die nationalen Gesetzgeber haben auf die veränderte Situation ganz unterschiedlich reagiert. So wurden zum einen Teil richtungsweisende Vorschriften zum Verbraucherkredit erlassen; zum anderen Teil geschah hingegen wenig oder gar nichts, weil bis dahin dem Phänomen der Verbraucherverschuldung vielfach zuwenig Beachtung geschenkt worden war.

Soweit Vorschriften ergingen, erfolgte dies entweder im Rahmen umfassender Verbraucherschutzgesetze oder spezieller Verbraucher*kredit*gesetze.[46] In einigen Rechtsordnungen wurden dabei Waren- und Geldkredite einander gleichgestellt.[47] Ein kurzer rechtsvergleichender Überblick, der auf einer Reihe diesbezüglicher Untersuchungen beruht,[48] mag dies verdeutlichen. Es handelt sich hierbei um die Rechtslage zum Zeitpunkt vor Erlaß der EG-Richtlinie vom 22. Dezember 1986 (87/102/EWG) und der dadurch veranlaßten Reformen, hat also mehr rechtshistorische als aktuelle Bedeutung.

---

[45] 1. Kapitel, § 1 A I 2, II und B I.

[46] Holzscheck/Hörmann/Daviter, S. 18.

[47] Holzscheck/Hörmann/Daviter, S. 18.

[48] Vgl. jeweils m.w.N. Holzscheck/Hörmann/Daviter, S. 18 ff.; v. Hippel, S. 179 ff.; v. Marschall, S. 55 ff.

a) Großbritannien:

Der im Jahre 1974 erlassene *Consumer Credit Act* war das erste umfassende Regelungswerk, das sich mit den Problemen des Verbraucherkredits befaßte. Insofern kam ihm für die EG-Richtlinie vom 22. Dezember 1986 (87/102/EWG) eine Vorbildfunktion zu.[49]

Der Consumer Credit Act behandelte den Konsumentenkredit erstmalig als einheitlichen und übergreifenden Regelungsgegenstand.[50] Inhaltlich enthielt er nicht nur Vorschriften aus dem Zivilrecht, sondern auch aus dem Verwaltungs- und Strafrecht.[51] Mit dem Consumer Credit Act wurden im wesentlichen drei Ziele verfolgt: erstens die Gewährleistung der "rechtlichen Waffengleichheit" beider Parteien bei Vertragsschluß, zweitens Regelungen bezüglich unseriöser Geschäftspraktiken und drittens die Festlegung der Rechte des Kreditgebers gegenüber seinen säumigen Schuldnern.[52]

Der Anwendungsbereich auf Kreditnehmerseite war auf natürliche Personen, auf Kreditgeberseite auf gewerbliche Geschäftstätigkeit und sachlich auf Kredite bis zu 5000 Pfund beschränkt.[53] Die Aufnahme eines Kreditgewerbes bedurfte einer besonderen Genehmigung; das Verfahren hierzu war im Consumer Credit Act eigens geregelt.[54] Zum Schutze des Kreditnehmers vor einem übereilten Vertrags-

---

49 v. Marschall, S. 112.

50 Backhaus, S. 130.

51 Backhaus, S. 117 ff.; Holzscheck/Hörmann/Daviter, S. 21.

52 v. Marschall, S. 93.

53 v. Marschall, S. 95; Backhaus, S. 117.

54 Backhaus, S. 118 m.w.N.

schluß wurden dem Kreditgeber bestimmte Informationspflichten auferlegt;[55] der Kreditnehmer erhielt darüber hinaus ein befristetes Widerrufsrecht.[56] Bei nur vorübergehender Zahlungsunfähigkeit des Schuldners konnte der Vertrag vom Gericht an die neuen Gegebenheiten angepaßt werden.[57]

b) Frankreich:

Für Frankreich war, soweit es den Zeitraum vor der Umsetzungsverpflichtung der VKG-Richtlinie betraf, die am 01. Juli 1978 ergangene *Loi No. 78-22 sur l'information et la protection des consommateurs dans le domaine de certains opération de crédit* erwähnenswert.[58]

Wie aus dem Titel zu entnehmen, versuchte das Gesetz den Schutz des Verbrauchers u.a. dadurch zu bewerkstelligen, daß dessen informatorisches Defizit durch Mindestangaben im schriftlich zu formulierenden Kredit*angebot*[59] und durch Einräumung eines siebentägigen Widerrufsrechts[60] ausgeglichen wurde. Die Verpflichtung des Kreditgebers zur Angabe bestimmter Mindestinformationen, wie z.B. Kredithöhe, Laufzeit oder effektiver Jahreszins, beschränkte

---

55 v. Marschall, S. 97.

56 v. Marschall, S. 99.

57 v. Marschal, S. 101.

58 Holzscheck/Hörmann/Daviter, S. 19; Hadding, S. 13; de Marie-Thérèse Calais-Auloy in Hörmann, Verbraucherkredit und Verbraucherverschuldung, S. 103 ff.

59 Holzscheck/Hörmann/Daviter, S. 19.

60 Holzscheck/Hörmann/Daviter, S. 19; de Marie-Thérèse Calais-Auloy in Hörmann, Verbraucherkredit und Verbraucherverschuldung, S. 103 und S. 109.

sich nicht nur auf das Kreditangebot selbst, sondern erstreckte sich darüber hinaus bereits im Vorfeld auch auf das Zustandekommen des Kreditgeschäfts, nämlich auf den Bereich der Werbung.[61]

c) Italien:

Italien schien bisher, soweit bekannt, für das Problem des Verbraucherkredits noch kein eigenes Regelungsbedürfnis gesehen zu haben.[62] Lediglich in einigen Vorschriften des allgemeinen *Codice Civile* wurde den besonderen Aspekten der drittfinanzierten Geschäfte - vornehmlich durch eine Verschärfung der Formerfordernisse - Rechnung getragen.[63]

d) Niederlande:

Als besondere gesetzliche Regelungen zum Bereich der Abzahlungsgeschäfte existierten das "*Gesetz über das Abzahlungssystem*" von 1961 und das "*Gesetz über den Straßenverkauf*"; letzteres befaßte sich mit den Aspekten der Haustürgeschäfte.[64] Beide Gesetze beinhalteten keine materiell-rechtlichen Regelungen, sondern beschränkten sich

---

[61] de Marie-Thérèse Calais-Auloy in Hörmann, Verbraucherkredit und Verbraucherverschuldung, S. 103.

[62] Holzscheck/Hörmann/Daviter, S. 21; v. Marschall, S. 68.

[63] v. Marschall, S. 68.

[64] v. Marschall, S. 81.

vornehmlich auf öffentlich-rechtliche Bedingungen für die Teilnahme an Abzahlungsgeschäften.[65]

e) Belgien:

Das bislang geltende Abzahlungsgesetz regelte den Schutz des Konsumenten vor Übervorteilung, wobei die ursprünglich für Abzahlungskäufe vorgesehenen Vorschriften auch auf sonstige finanzierte Dienstleistungen ausgedehnt worden waren.[66] Der 1977 als Reformgesetz eingebrachte Entwurf eines Konsumentenkreditgesetzes normierte über das Abzahlungsgesetz hinaus auch Regelungen bezüglich Kreditkartenkredite und Kreditvermittlungen. Daneben waren Verwaltungs- und Strafvorschriften vorgesehen.[67]

f) Österreich:

Auch Österreich sieht sich zunehmend mit den Problemen der Verbraucherverschuldung konfrontiert. Zwar ist es nicht Mitglied der Europäischen Gemeinschaft, gleichwohl soll es in dieser kurzen rechtsvergleichenden Übersicht nicht fehlen.

Am 01. September 1979 wurde ein neues Konsumentenschutzgesetz erlassen,[68] in das auch die bisherigen Regelungen des alten Ratengesetzes von 1896 - mehr oder weniger un-

---

[65] v. Marschall, S. 81.

[66] v. Marschall, S. 75 f.

[67] v. Marschall, S 76.

[68] Holzscheck/Hörmann/Daviter, S. 19.

verändert - übernommen wurden.[69] Neu hinzukam eine gesetzliche Normierung drittfinanzierter Geschäfte und die Erfassung bestimmter Haustürgeschäfte.[70]

g) Schweiz:

Die Schweiz, die - ebensowenig Mitglied der Europäischen Gemeinschaften - sich gleichermaßen einem Anstieg der Verschuldung der Verbraucher ausgesetzt sah, reagierte auf dieses Problem mit einem umfassenden und sehr detaillierten Entwurf eines Konsumentenkreditgesetzes.[71] Vorgesehen waren u.a. Mindestinhalts- und Formvorschriften, v.a. auch ein völliges Verbot von Zusatzkrediten, Krediterhöhungen bestehender Kredite, Vermittlerprovisionen u.a.m.[72] Nach achtjährigen Gesetzgebungsarbeiten wurde dieses Gesetz von den zuständigen Kammern aber nicht angenommen.[73] Der Schweiz fehlte damit bislang ein einheitliches Konsumentenkreditgesetz, so daß es zunächst bei den bisherigen gesetzlichen Regelungen des alten *Bundesgesetzes über den Abzahlungs- und Vorauszahlungsvertrag* verblieb. Dieses erstreckte sich unmittelbar nur auf Abzahlungskäufe, wurde aber darüber hinaus auf ähnliche Absatzfinanzierungen und drittfinanzierte Geschäfte ausgedehnt.[74] Die bisherige Rechtslage wies große Ähnlich-

---

69 v. Marschall, S. 59 f.

70 v. Marschall, S. 59 f.

71 Holzscheck/Hörmann/Daviter, S. 19; v. Marschall, S. 65 f.

72 Holzscheck/Hörmann/Daviter, S. 19.

73 Scholz, MDR 1988, 730 m.w.N.

74 v. Marschall, S. 62.

keiten mit dem vormals geltenden bundesdeutschen Recht auf.[75]

h) Vereinigte Staaten von Amerika:

Einen gesonderten Blick verdienen die Vereinigten Staaten mit der größten Konsumgesellschaft der Welt. Hierbei lassen sich zur Regelung des Problems in der Hauptsache zwei Gesetze ausmachen: der *Consumer Credit Protection Act* und der *Uniform Consumer Credit Code*.[76]

Bei letzterem handelt es sich um ein sog. Mustergesetz, das nicht in allen Einzelstaaten der USA Gesetz geworden ist.[77]

Der Consumer Credit Protection Act enthält hingegen zivil-, straf- und vollstreckungsrechtliche Vorschriften. Die in Teil I geregelten zivilrechtlichen Vorschriften bezwecken insbesondere eine *Verbesserung der Verbraucherinformation*.[78] Dazu gehört z.B., daß die Kosten als Zinssatz und als absoluter Geldbetrag anzugeben sind, wobei die Angaben bereits vor Abschluß des Kreditvertrages in einem besonderen Formular ausgehändigt werden müssen.[79] Als zwangsvollstreckungsrechtlich bedeutsam anzusehen ist die Festlegung von Pfändungsfreigrenzen und

---

75 Einzelheiten vgl. v. Marschall, S. 62.

76 Holzscheck/Hörmann/Daviter, S. 22; v. Marschall, S. 102 f.

77 Holzscheck/Hörmann/Daviter, S. 24; v. Marschall, S. 106.

78 v. Marschall, S. 104.

79 v. Marschall, S. 104 f.

das Verbot, einen Arbeitnehmer wegen Lohnpfändung zu entlassen.[80]

Der Uniform Consumer Credit Code beinhaltet demgegenüber weitere materiell-rechtliche Regeln für Waren- und Geldkreditgeschäfte wie z.B. Höchstsätze für Zinsen und Gebühren, Preisinformationen, verbotene Klauseln, aber auch Überwachungs- und Zulassungsklauseln für Kreditgeber ab einer bestimmten Zinshöhe sowie Vorschriften über ähnliche Kreditgeschäfte.[81] Da die am Uniform Consumer Credit Code orientierten Preisinformationsvorschriften der einzelnen Bundesstaaten weitgehend den übergeordneten bundesgesetzlichen Bestimmungen des Consumer Credit Protection Act entsprechen, ist letzterer insoweit allerdings nicht mehr anwendbar. Diese Ausnahmeregelung ist bewußt in den Consumer Credit Protection Act eingefügt worden, um so zur Zuständigkeit der Gerichte und Behörden des jeweiligen Einzelstaates zu gelangen.[82] Allerdings beschränkt sich diese Ausnahme, um es nochmals zu betonen, auf die Vorschriften zur Preisinformation, gilt also nicht für alle übrigen Bestimmungen des Consumer Credit Protection Act.

Die genannten Gesetze werden schließlich noch ergänzt durch einen *Fair Credit Reporting Act*, der für das Kreditauskunftswesen eine sorgfältige Behandlung der erlangten Daten vorschreibt.[83]

---

[80] v. Marschall, S. 105.

[81] v. Marschall, S. 106.

[82] v. Marschall, S. 106 f.

[83] v. Marschall, S. 107.

i) Zusammenfassung:

Der rechtsvergleichende Überblick hat gezeigt, daß die Regelungen, soweit sie sich speziell mit den Besonderheiten des Verbraucherkredits befaßten, überwiegend auf eine Verbesserung der Informationsbedingungen der Verbraucher abzielten. Bei den materiell-rechtlichen Vorschriften standen insbesondere Widerrufsrechte und Sonderregelungen in bezug auf drittfinanzierte Geschäfte im Vordergrund.

Aufgrund einer allgemeinen Betrachtung läßt sich sagen, daß die neuen Konzeptionen von einem weit gefaßten Konsumentenkreditbegriff ausgingen. D.h. über den klassischen Abzahlungskauf von Waren hinaus wurden zunehmend auch Kreditformen zur (zweckgebundenen) Finanzierung sonstiger Leistungen bzw. bloße Geldkredite Dritter berücksichtigt. Dies ist, wie bereits festgestellt, insbesondere auf die neueren Strukturen des Verbraucherkreditmarkts, innerhalb derer Produktions- und Kreditwirtschaft eine fruchtbare Symbiose mit großer Marktmacht eingegangen sind, zurückzuführen.

2.) Die VKG-Richtlinie als Mittel der Rechtsangleichung:

Da die verschiedenen nationalen Rechtsvorschriften überwiegend oder ausschließlich auf die Durchsetzung innerstaatlicher Eigeninteressen ausgerichtet waren,[84] ergab sich daraus zwingendermaßen eine Diskrepanz zwischen den einzelnen Rechtsordnungen. Sie mußten deshalb den Erfordernissen eines gemeinsamen europäischen Marktes, soweit

---

84 Groeben/Boeckh/Thiesing/Ehlermann, Art. 100 EWGV, Rdnr. 3; Grabitz, Art. 100 EWGV, Rdnr. 4 ff.

sie ihnen entgegenstanden, angepaßt werden.[85] Im Vordergrund der Bemühungen durfte aus Rechtsgründen freilich nicht der Verbraucherschutz, sondern die Unterbindung von Wettbewerbsverzerrungen stehen (vgl. Art. 100 Abs. 1 EWGV).[86] Der Verbraucherschutz konnte nach Maßgabe des Art. 100 EWGV für sich allein genommen nicht den Grund für eine EG-Richtlinie bilden, auch wenn er als EG-europäisches Anliegen - wie oben gezeigt - zunehmend an Bedeutung gewann. Verbraucherschutzrechtliche Belange ließen sich seitens des EG-Normgebers lediglich unter dem Aspekt der Beseitigung von Wettbewerbshindernissen verfolgen.

Folgerichtig fehlt auch in der Präambel der EG-Richtlinie vom 22. Dezember 1986 (87/102/EWG) ein entsprechender Hinweis nicht: danach sieht sich der Verbraucher bei der Kreditaufnahme in den einzelnen Mitgliedsstaaten der Europäischen Gemeinschaft infolge der verschiedenartigen Rechtsvorschriften unterschiedlichen Kreditbedingungen ausgesetzt.[87] Dies beeinflußt sein Konsumverhalten und

---

85 Groeben/Boeckh/Thiesing/Ehlermann, Art. 100 EWGV, Rdnr. 3; Grabitz, Art. 100 EWGV, Rdnr. 10.

86 Grabitz, Art. 100 EWGV, Rdnr. 10; Emmerich/Münstermann/Wagner-Widuwilt, S. 1.

Der hohe Stellenwert, den der Verbraucherschutz auf EG-europäischer Ebene gleichwohl genießt, läßt sich aber beispielsweise an der relativ neuen Vorschrift des Art. 100 a Abs. 3 EWGV ersehen (Einzelheiten vergleiche hierzu zum Beispiel Grabitz, Art. 100 a EWGV, Rdnr. 51 ff.).

87 Vergleiche auch Schmelz/Klute, ZIP 1509 (1511); Scholz, Rdnr. 164, S. 84, und Scholz, FLF 1987, 83, wobei letzterer Zweifel an der Richtigkeit dieser Zustandsanalyse hegt und den Grund für die Wettbewerbsverzerrungen auf einer anderen Ebene zu finden glaubt (z.B. Sprachbarrieren und Risikoüberlegungen).

damit - so wörtlich - "unmittelbar das Funktionieren des Gemeinsamen Marktes".

Aufgabe der EG-Richtlinie vom 22. Dezember 1986 (87/102/EWG) war es, das Recht des Verbraucherkredits zwischen den Mitgliedsstaaten anzugleichen[88] und gleichzeitig einen Mindeststandard an Verbraucherschutz zu gewährleisten. Für die Verbraucher in den Ländern, in denen der Konsumentenkredit bisher noch keine besondere Regelung erfahren hat, bedeutet dies eine reale Verbesserung der rechtlichen Situation der Verbraucher. Im Hinblick auf die anderen Länder mit bereits existierenden Verbraucherkreditgesetzen wird abzuwarten sein, ob sie ihren

---

Demgegenüber wird in der Präambel der EG-Richtlinie vom 22. Dezember 1986 (87/102/EWG) u.a. wörtlich ausgeführt:

> **"Die Rechtsvorschriften im Bereich des Verbraucherkredits sind in den Mitgliedsstaaten sehr verschieden.**
>
> **Die unterschiedlichen Rechtsvorschriften begrenzen die Möglichkeiten für den Verbraucher, in einem anderen Mitgliedsstaat Kredit aufzunehmen. Sie berühren das Volumen und die Art der in Anspruch genommenen Kredite sowie den Erwerb von Gütern und Leistungen.**
>
> **Die unterschiedlichen Rechtsvorschriften beeinflussen infolgedessen den freien Verkehr von Waren und Dienstleistungen, die der Verbraucher sich auf Kredit beschaffen kann und beeinträchtigen somit unmittelbar das Funktionieren des gemeinsamen Marktes.**
>
> **..."**

Der EG-Normgeber stellt damit ausdrücklich darauf ab, daß die unterschiedlichen Rechtsvorschriften in den Mitgliedsstaaten der Grund für die eher untergeordnete Rolle grenzüberschreitender Verbraucherkredite wären.

88 Emmerich/Münstermann/Wagner-Widuwilt, S. 1.

rechtlichen Standard auf der Grundlage der EG-Richtlinie vom 22. Dezember 1986 (87/102/EWG) nach unten hin nivellieren - wozu sie jedoch nicht verpflichtet sind - oder ob sie ihn zumindest beibehalten werden. Dies gilt selbstverständlich nur, soweit diese Gruppe von Ländern nicht gleichermaßen zur Anhebung ihres rechtlichen Standards gezwungen sein sollte.

III. Darstellung der VKG-Richtlinie:

Die EG-Richtlinie vom 22. Dezember 1986 (87/102/EWG) ist das Produkt ihrer langen und wechselvollen Vorgeschichte und darf als Kompromiß zwischen den schon zu Beginn des 2. Kapitels unter Punkt § 1 A I 1.) kurz skizzierten, sich widerstreitenden Interessen bezeichnet werden.

Die VKG-Richtlinie besteht aus zwei Teilen: einer Präambel und einem Normteil, welcher sich wiederum in einen formellen und einen materiellen Teil untergliedert. Der Normteil umfaßt dabei insgesamt achtzehn Artikel, die durch einen Anhang ergänzt werden.

Hinzuweisen ist in diesem Zusammenhang auch auf eine Änderungs-Richtlinie[89], die aber für die EG-Richtlinie vom 22. Dezember 1986 (87/102/EWG) im Ergebnis weniger grundsätzliche Änderungen als vielmehr einige Ergänzungen mit sich brachte.

---

89 Änderungsrichtlinie vom 22.02.1990, ABl. EG Nr. L 61 v. 10.03.1990 (90/88/EWG); BR-Ds 283/88; abgedruckt auch in Klauss/Ose, S. 396 f.

1.) Präambel:

Die Präambel enthält als Einleitungsteil eine Zusammenstellung der Erwägungen, die Anlaß der EG-Richtlinie vom 22. Dezember 1986 (87/102/EWG) gewesen sind.

Wie eben bereits ausgeführt, geht es um das Ziel, Wettbewerbsverzerrungen zu vermeiden und den Verbraucherschutz auf dem Gebiet des Konsumentenkredits zu verbessern. Den Erwägungen des Rates der Europäischen Gemeinschaften zufolge soll dies im Wege der Rechtsangleichung geschehen, indem zugunsten der Verbraucher ein gemeinsamer Mindeststandard an Aufklärungs- bzw. Informationspflichten, Formvorschriften u.ä. geschaffen wird.

Es folgt eine geraffte Darstellung der Situation auf dem Verbraucherkreditmarkt, den EG-Programmen zum Verbraucherschutz und den weiteren Motiven für den Erlaß der EG-Richtlinie vom 22. Dezember 1986 (87/102/EWG).

Dem schließt sich eine Art Leitfaden an, wie die sich anschließenden Vorschriften inhaltlich zu gestalten sind. Dabei läßt sich schon hier feststellen, daß die gesteckten Ziele schwerpunktmäßig durch eine *Verbesserung der Informationsmöglichkeiten* der Konsumenten erreicht werden sollen. In der VKG-Richtlinie selbst ist dies im späteren schon rein formal daran zu erkennen, daß von den zwölf Artikeln, die nach Abzug der Schlußvorschriften übrig bleiben, sich genau die Hälfte - nämlich sechs - mit Form- und Mindestinhaltsfragen befassen.

2.) Artikel 1 VKG-Richtlinie (Anwendungsbereich):

Art. 1 der EG-Richtlinie vom 22. Dezember 1986 (87/102/EWG) regelt den Anwendungsbereich. Dabei bestimmt Absatz 1 lapidar, daß die Richtlinie auf "*Kreditverträge*" anzuwenden sei. Was diese Vorschrift unter Kreditvertrag versteht, ergibt sich aus Art. 1 Abs. 2 lit. c VKG-Richtlinie. Der Begriff wird dabei in einem denkbar weiten Sinne interpretiert. Erfaßt wird nicht nur das "klassische" *Darlehen*, sondern darüber hinaus *jede Form eines Zahlungsaufschubs* oder einer *sonstigen ähnlichen Finanzierungshilfe*.[90] Unter den Anwendungsbereich fallen damit neben den bisherigen Geld- und Warenkrediten (Stichwort: Abzahlungskauf) folglich auch andere Formen der Finanzierung. Zu denken ist hierbei an einzelne Formen des Leasings oder die gleichfalls in Mode gekommene Kreditierung von Dienstleistungen.

Der sachlich weitreichende Anwendungsbereich erfährt in persönlicher Hinsicht aber dann eine deutliche Einschränkung. Die Gesamtschau der Bestimmungen des Art. 1 Abs. 1 und Abs. 2 lit. a bis c VKG-Richtlinie ergibt, daß ein Kreditvertrag im o.g. Sinne nur vorliegt, wenn es sich bei dem Kreditnehmer um eine natürliche Person handelt, der Kredit nicht-beruflichen oder nicht-gewerblichen Zwecken dient und der Kreditgeber, der eine natürliche oder juristische Person sein kann, den Kredit im Rahmen seiner beruflichen oder gewerblichen Tätigkeit vergibt. Mit dieser Definition des Kreditvertrages hält sich die VKG-Richtlinie sehr eng an den bislang - vor allem von der Literatur - geprägten Begriff des Verbraucherkredits.[91]

Die übrigen Regelungen des Art. 1 Abs. 2 lit. d und e VKG-Richtlinie haben jeweils Legaldefinitionen der Be-

---

[90] Der von der VKG-Richtlinie definierte Anwendungsbereich entspricht weitgehend der von der deutschen Literatur und Rechtsprechung geprägten Begrifflichkeit [Schmelz/Klute, ZIP 1989, 1509 (1511)].

[91] Vgl. 1. Kapitel § 1 A 1.).

griffe "Gesamtkosten des Kredits" und "effektiver Jahreszins" zum Inhalt. Hierauf wird später noch einmal im Zusammenhang mit dem neuen Verbraucherkreditgesetz einzugehen sein.

Der nachträglich durch die o.g. Änderungs-Richtlinie eingefügte Art. 1 a VKG-Richtlinie verweist im Anhang auf eine allgemeine Methode zur Berechnung des effektiven Jahreszinses. Maßgeblicher Zeitpunkt für die Berechnung soll nach Art. 1 a Nr. 2 VKG-Richtlinie derjenige des Vertragsschlusses sein.

3.) Artikel 2 VKG-Richtlinie (Ausnahmen vom Anwendungsbereich):

Art. 2 Abs. 1 VKG-Richtlinie schränkt den nach Art. 1 Abs. 1 VKG-Richtlinie sachlich sehr umfassenden Anwendungsbereich wieder ein. Danach scheiden nicht nur die per definitionem herausfallenden investiven Unternehmenskredite aus dem Anwendungsbereich aus, sondern auch die folgenden Kreditformen:[92]

- jede Art von Wohnungsbaukrediten (lit. a), soweit sie zum Erwerb von Wohneigentum führen bzw. dessen Renovierung oder Verbesserung dienen,
- echte Mietverträge (lit. b), bei denen also das Eigentum im Ergebnis nicht auf den Mieter übergeht (z.B. Mietkauf, Kauf-Leasing),

---

92 Siehe hierzu auch Scholz, FLF 1987, 83 (84).

- zins- und gebührenfreie[93] (lit. c) sowie zinslose, in einem Betrag zurückzuzahlende Kredite (lit. d),

- im wesentlichen alle Arten von Überziehungskrediten (lit. e),

- Bagatellkredite, die eine Mindestsumme unter- bzw. eine Höchstsumme überschreiten,

sowie

- kurzfristige Kredite mit einer Laufzeit von maximal drei Monaten oder, wenn es höchstens vier Raten sind, von einem Jahr.

Art. 2 Abs. 2 VKG-Richtlinie räumt den nationalen Gesetzgebern die Befugnis ein, "im Benehmen mit der Kommission" weitere Kredite vom Anwendungsbereich auszunehmen, falls sie "zu niedrigeren als den marktüblichen Zinsen" und "im allgemeinen nicht öffentlich" vergeben werden. Gemeint sind insbesondere zinsgünstige Arbeitgeberdarlehen, wie sie von einigen größeren Unternehmen zugunsten ihrer Mitarbeiter gewährt werden. Auch sonstige nichtkommerzielle Kredite im Rahmen caritativer Tätigkeit oder solche von Verbrauchergenossenschaften sollen von der Ausnahmemöglichkeit erfaßt sein,[94] solange sie zu günstigeren als den marktüblichen Konditionen vergeben werden.

Soweit durch Grundpfandrechte gesicherte Kredite nicht schon nach Art. 2 Abs. 1 lit. a VKG-Richtlinie vom Anwendungsbereich der Richtlinie ausgeschlossen sind, erklärt

---

93 Hiermit sollen Abzahlungskredite von Versandhäusern gemeint sein [Scholz, FLF 1987, 83 (84)].

94 Scholz, FLF 1987, 83 (84).

Absatz 3 die Bestimmungen der Art. 4 und Art. 6 bis 12 VKG-Richtlinie im Hinblick auf diese für unanwendbar.

Gemäß Art. 2 Abs. 4 VKG-Richtlinie sind die Mitgliedsstaaten befugt, notariell oder gerichtlich beurkundete Kreditverträge von den Vorschriften der VKG-Richtlinie auszunehmen.

4.) Artikel 3 VKG-Richtlinie (Angabe des effektiven Jahreszinses bei jeder Werbung):

Unbeschadet bereits erlassener Richtlinien oder Rechtsvorschriften statuiert Art. 3 VKG-Richtlinie für den Kreditgeber die Pflicht, den effektiven Jahreszins in jeder Werbung oder durch Aushang in den Geschäftsräumen anzugeben, sofern dort in irgendeiner Form Bezug auf den Zinssatz oder die Kreditkosten genommen wird. Zur genauen Erläuterung müssen gegebenenfalls repräsentative Beispiele angeführt werden. Damit soll zugunsten der Verbraucher schon im Vorfeld des Vertragsschlusses ein ausreichender Informationsfluß gewährleistet werden.

5.) Artikel 4 VKG-Richtlinie (Inhalts- und Formvorschriften):

Art. 4 Abs. 1 VKG-Richtlinie legt für den Kreditvertrag Schriftform fest, wobei dem Verbraucher auch eine Vertragsurkunde auszuhändigen ist.

Des weiteren beinhaltet die Vorschrift für die Vertragsurkunde eine Aufstellung von Mindestangabeerfordernissen. Zwingend anzugeben sind nach Absatz 2 nur der effektive Jahreszins und die Möglichkeiten seiner Änderung.

Die übrigen Angaben unterliegen dagegen lediglich einer Sollverpflichtung (Art. 2 Abs. 3 VKG-Richtlinie).

Dem Anhang zur VKG-Richtlinie sind insoweit die wesentlichen Angaben zu entnehmen, die der jeweilige nationale Gesetzgeber zum Gegenstand einer darüber hinausgehenden Mindestangabeverpflichtung machen kann. Es handelt sich hierbei insbesondere um Angaben der Leistungsbeschreibung seitens des Kreditgebers, um Angaben über Art und Höhe von An- bzw. Teilzahlungen oder besondere Vergünstigungen im Falle vorzeitiger Rückzahlung des Gesamtkredits usw.

6.) Artikel 5 VKG-Richtlinie (Angabe der Gesamtkosten anstelle des effektiven Jahreszinses):

Art. 5 VKG-Richtlinie sah ursprünglich vor, den durch Art. 3 und 4 VKG-Richtlinie vermittelten Schutz abzurunden, indem den Mitgliedsstaaten, die keine feststehende Methode zur Berechnung des effektiven Jahreszinses entwickelt hatten, die Pflicht auferlegt worden war, zur kostenmäßigen Erfassung wenigstens die Gesamtkosten des Kredits anzugeben. Diese Bestimmung ist allerdings zwischenzeitlich aufgrund des durch Artikel 1 Nr. 2 der o.g. Änderungs-Richtlinie[95] eingefügten Art. 1 a Nr. 3 VKG-Richtlinie aufgehoben bzw. ersetzt worden.

Demzufolge hat nunmehr der effektive Jahreszins stets beziffert zu werden, wobei dieser nach einer gemäß der VKG-Richtlinie in Anhang II konkret vorgeschriebenen Berechnungsmethode zu ermitteln ist. Ausnahmen hiervon sind nur noch insofern zugelassen, als das Maß der sich aus Art. 1

95 Änderungsrichtlinie vom 22.02.1990, ABl. EG Nr. L 61 v. 10.03.1990 (90/88/EWG), S.14.

a Nr. 3 VKG-Richtlinie ergebenden Schwankungsbreite von 1/10 Prozent nicht überschritten wird.

Allerdings hatten die Mitgliedsstaaten der Europäischen Gemeinschaft mit der Umsetzung der Berechnungsmethode bis zum 31. Dezember 1992 Zeit.

7.) Artikel 6 VKG-Richtlinie (Überziehungskredite):

Art. 6 VKG-Richtlinie bezieht sich auf Überziehungskredite und korrespondiert damit mit Art. 2 Abs. 1 lit. e S. 2 VKG-Richtlinie. Danach ist die EG-Richtlinie vom 22. Dezember 1986 (87/102/EWG) auf Überziehungskredite mit Ausnahme der dort genannten Artikel nicht anwendbar. Zu diesen ausnahmsweise anzuwendenden Vorschriften zählt eben auch Art. 6 VKG-Richtlinie.[96]

Der Kreditgeber hat nach Art. 6 Abs. 1 VKG-Richtlinie auch bei Überziehungskrediten dem Verbraucher gegenüber bestimmte Mindestangaben zu machen. Im einzelnen muß er den Verbraucher dabei über folgende Punkte informieren:

über die (eventuelle) Kredithöchstgrenze,

über den Jahreszins und die Kreditkosten bei Vertragsschluß,

deren Änderungsmöglichkeiten
sowie

die Modalitäten der Vertragsbeendigung.

Die Information des Verbrauchers hat dabei vor oder spätestens bei Vertragsschluß zu erfolgen. Die Informationspflicht des Kreditgebers ist im Vergleich zu Art. 4 VKG-

---

96 Scholz, FLF 1987, 83 (84).

Richtlinie hinsichtlich der *zwingend* anzugebenden Vertragsbestandteile insoweit höher ausgefallen, als dort lediglich der effektive Jahreszins und die Voraussetzungen zu dessen Änderung schriftlich zu fixieren waren - im übrigen handelte es sich nur um weniger stringente Sollvorschriften. Bei Überziehungskrediten sind die zwingenden Vorschriften des Art. 4 Abs. 2 VKG-Richtlinie gleichfalls anzugeben, anstelle des effektiven Jahreszinses genügt allerdings der vertragliche Zinssatz und die bei Vertragsschluß anfallenden Kosten. Definitorisch mag dies ein rechtliches Minus bedeuten, praktisch lassen sich - anders als im Regelfall - alle weiteren Kosten aber deshalb noch nicht genau abschätzen, weil im Zeitpunkt des Vertragsschlusses noch nicht feststeht, ob und wie oft ein Überziehungskredit in Anspruch genommen werden wird.

Eine Gegenausnahme zu Art. 6 Abs. 1 VKG-Richtlinie, die ihrerseits auf die Gegenausnahme des Art. 2 Abs. 1 lit. e VKG-Richtlinie zurückgeht, wird für Kreditkartenkredite getroffen. Kreditkartenkredite unterliegen danach uneingeschränkt den Vorgaben durch die EG-Richtlinie vom 22. Dezember 1986 (87/102/EWG).[97]

Soweit die Rechtslage in den Mitgliedsstaaten eine stillschweigende Kontoüberziehung zuläßt, haben diese Informationen spätestens zu erfolgen, wenn das Konto länger als drei Monate überzogen wird (Art. 6 Abs. 2 VKG-Richtlinie). Allerdings genügt der Kreditgeber seiner Informationspflicht bereits dadurch, daß er dem Kreditnehmer die notwendigen Angaben via Kontoauszug o.ä. übermittelt.

---

97 So auch Scholz, MDR 1988, 730 (735) einschließlich Fn. 31.

8.) Artikel 7 VKG-Richtlinie (Rücktritt des Kreditgebers):

Art. 7 VKG-Richtlinie befaßt sich bei Warenkrediten mit dem Problem des einseitigen Rücktritts des Kreditgebers. Die Mitgliedsstaaten werden verpflichtet, die Rücknahmevoraussetzungen und Abwicklungsmodalitäten festzulegen. Die VKG-Richtlinie spezifiziert dabei nicht die konkrete Ausgestaltung der nationalen Regelungen. Es soll vom Ergebnis her aber sichergestellt werden, daß die Rücknahme nicht zu einer unberechtigten Bereicherung des Kreditgebers führt.

9.) Artikel 8 VKG-Richtlinie (vorzeitige Erfüllung):

Art. 8 VKG-Richtlinie schreibt zugunsten der Kreditnehmer ein Recht zur vorzeitigen Erfüllung des Kredits unter Ermäßigung der Gesamtkreditkosten fest. Damit soll gewährleistet werden, daß auch der Verbraucher bei vorzeitiger Ablösung des Kredits im angemessenen Umfang von der Kostenersparnis des Kreditgebers profitiert.

10.) Artikel 9 VKG-Richtlinie (Einreden bei Abtretung):

Im Falle der Abtretung von Ansprüchen des Kreditgebers gegen den Verbraucher an einen Dritten, sollen nach der VKG-Richtlinie dem Verbraucher die Einreden, die ihm bisher gegen den Kreditgeber zugestanden haben auch gegenüber dem Dritten erhalten bleiben. Der Kreditnehmer soll durch die Abtretung der Ansprüche nicht in seiner Position beeinträchtigt werden.

Im deutschen Recht ist ein derartiger Erhalt von Einreden im Abtretungsfalle aufgrund der §§ 404, 406 BGB bekannt.

11.) Artikel 10 VKG-Richtlinie (Wechsel- und Scheckhingabe):

Art. 10 VKG-Richtlinie trägt den Sonderproblemen der Wechsel- und Scheckhingabe für Zahlungen oder Sicherheitsleistungen Rechnung. In relativ unbestimmter Weise verpflichtet die Richtlinie die Mitgliedsstaaten,

> *"dafür Sorge zu tragen, daß der Verbraucher ... angemessenen Schutz genießt"*.

Die Bestimmung ist vor dem Hintergrund zu sehen, daß Wechsel und Schecks infolge ihrer Abstraktheit, die sie als Wertpapier in bezug auf die zugrunde liegende Forderung besitzen, für den Verbraucher ein erhöhtes Risiko bedeuten. Dieser könnte beispielsweise - insbesondere von einem Indossatar - in Anspruch genommen werden, ohne daß die einstmals zugrunde liegende Forderung noch Bestand hätte. Zwar trifft dieses Risiko jeden aus einem Wertpapier Verpflichteten, doch da der durchschnittliche Verbraucher in aller Regel als geschäftlich unerfahren einzustufen ist, läßt sich ein erhöhter Schutz rechtfertigen.

12.) Artikel 11 VKG-Richtlinie (Abzahlungsgeschäfte und drittfinanzierte Geschäfte):

Art. 11 VKG-Richtlinie behandelt das Problemfeld der (drittfinanzierten) Abzahlungsgeschäfte, erfaßt also alle Formen (dritt-)finanzierter Warenkäufe und Dienstleistungen.

Die Mitgliedsstaaten sollen nach Art. 11 Abs. 1 VKG-Richtlinie dafür Sorge tragen, daß das Bestehen eines Kreditvertrages in keiner Weise die Rechte der Verbraucher gegenüber dem Lieferanten/Erbringer der Leistung beeinträchtigt. Die Bestimmung bezieht sich insoweit auf alle Arten von Warenkrediten und kreditierten Dienstleistungen, einschließlich der drittfinanzierten Geschäfte, was durch Absatz 2 nicht ausgeschlossen werden soll. Die diesbezügliche Verpflichtung der nationalen Gesetzgeber ist jedoch nicht näher konkretisiert, so daß für diesen so wichtigen Bereich ein weiter gesetzgeberischer Gestaltungsspielraum verbleibt. Die in Absatz 1 aufgestellte Umsetzungsverpflichtung zielt darauf ab, die Kreditierung von Waren/sonstigen Leistungen ganz allgemein einer gesetzlichen Regelung - wie mit dem bundesdeutschen Abzahlungsgesetz für Abzahlungskäufe allerdings schon längst geschehen - zuzuführen.

Art. 11 Abs. 2 VKG-Richtlinie beinhaltet demgegenüber noch weitergehende Schutzbestimmungen speziell für drittfinanzierte Abzahlungsgeschäfte. Danach ist auf nationaler Ebene die Inanspruchnahme des Kreditgebers im Wege des Einwendungsdurchgriffs grundsätzlich zu gewährleisten, wobei die nähere Ausgestaltung allerdings den Mitgliedsstaaten überlassen bleibt. Zudem wird ein Kriterienkatalog (lit.a bis e) aufgestellt, wann bei einem drittfinanzierten Abzahlungsgeschäft von einem wirtschaftlich einheitlichen Geschäft mit den daran geknüpften besonderen rechtlichen Konsequenzen auszugehen ist. Der Verbraucher darf in diesem Fall mit Hilfe des Einwendungsdurchgriffs Rechte aus dem Kauf- oder Dienstvertrag gegen den Kreditgeber geltend machen. Um welche Rechte es sich im einzelnen handelt, wird nicht näher spezifiziert.

Absatz 3 trifft eine Ausnahme bezüglich Bagatellkredite, bei denen ein Einwendungsdurchgriff nicht stattfinden soll.

13.) Artikel 12 VKG-Richtlinie (Kreditvermittlung):

Art. 12 VKG-Richtlinie befaßt sich mit dem besonders problematischen Bereich der Kreditvermittlung. Vorgeschlagen wird eine stärkere Kontrolle der gewerblichen Kreditvermittler. Zur Erreichung dieses Zieles soll die Tätigkeit der Kreditvermittlung entweder von der Erteilung einer Genehmigung abhängig gemacht oder deren Ausübung besser überwacht werden (Art. 12 Abs. 1 lit. a und b VKG-Richtlinie). Alternativ dazu können Einrichtungen geschaffen werden, die zur Entgegennahme von Verbraucherbeschwerden bzw. zur Erteilung von Informationen und Ratschlägen befugt sein sollen (Art. 12 Abs. 1 lit. c VKG-Richtlinie).

Nach Art. 12 Abs. 2 S. 1 VKG-Richtlinie kann ausnahmsweise das besondere Genehmigungserfordernis des Absatzes 1 lit. a entfallen, sofern der Kreditvermittler dem "Art. 1 der Richtlinie des Rates vom 12. Dezember 1977 zur Koordinierung der Rechts- und Verwaltungsvorschriften über die Aufnahme und Ausübung der Tätigkeit der Kreditinstitute" entspricht und eine diesbezügliche Erlaubnis besitzt, kurz ein anerkanntes Kreditinstitut darstellt. Satz 2 besagt, daß, wenn sich das Kreditunternehmen im Besitz beider Erlaubnisse befindet und die Erlaubnis nach der o.g. Richtlinie entzogen wird, auch die Erlaubnis nach Art. 12 Abs. 1 lit. a VKG-Richtlinie zurückgenommen werden kann.

14.) Artikel 13 VKG-Richtlinie (ECU):

Art. 13 VKG-Richtlinie befaßt sich mit der hier nicht näher zu erläuternden Berechnung der Währungseinheit ECU, die u.a. zur Feststellung der Grenze von Bagatellkrediten u.ä. bedeutsam wird.

15.) Artikel 14 VKG-Richtlinie (Zwingendes Recht und Umgehungsverbot):

Die Mitgliedsstaaten werden durch Art. 14 Abs. 1 VKG-Richtlinie in die Pflicht genommen, dafür Sorge zu tragen, daß die Kreditverträge nicht zu Lasten der Verbraucher von dem durch die EG-Richtlinie vom 22. Dezember 1986 (87/102/EWG) geschaffenen Mindeststandard abweichen. D.h. die VKG-Richtlinie ist als einseitig zwingendes Recht umzusetzen, das darüber hinausgehend nur den Verbraucher begünstigende vertragliche Abmachungen zuläßt.

Ferner wird ein Umgehungsverbot in Absatz 2 verbindlich vorgeschrieben. Danach dürfen die Schutzbestimmungen der VKG-Richtlinie nicht durch eine entsprechende Vertragsgestaltung oder Vertragsaufspaltung umgangen werden.

16.) Artikel 15 VKG-Richtlinie (Weitergehende Schutzvorschriften):

Art. 15 VKG-Richtlinie räumt den nationalen Gesetzgebern ausdrücklich die Befugnis ein, zum Schutze der Verbraucher weitergehende Vorschriften zu schaffen oder aufrechtzuerhalten. Der Charakter einer Mindeststandardsgarantie durch die EG-Richtlinie vom 22. Dezember 1986 (87/102/EWG) wird damit noch einmal unterstrichen.

17.) Artikel 16 bis 18 VKG-Richtlinie (Schlußvorschriften):

Art. 16 Abs. 1 VKG-Richtlinie setzt als spätesten Zeitpunkt der Umsetzung den 01. Januar 1990 fest. Nach Absatz 2 haben die Mitgliedsstaaten den Wortlaut der wesentlichen Bestimmungen, die aufgrund der EG-Richtlinie vom 22. Dezember 1986 (87/102/EWG) erlassen wurden, der EG-Kommission mitzuteilen.

Die in Art. 17 und 18 VKG-Richtlinie enthaltenen Schlußvorschriften sind in diesem Zusammenhang ohne Belang.

18.) Anhang:

Im Anhang befindet sich die Liste der Angaben nach Art. 4 Abs. 3 VKG-Richtlinie, welche weiteren Angaben die Kreditvertragsurkunde als Mindestinhalt enthalten sollen. Der Anhang der Änderungs-Richtlinie[98] bestimmt u.a. eine allgemeine Methode zur Berechnung des effektiven Jahreszinses.

IV. Bewertung der VKG-Richtlinie:

Die EG-Richtlinie vom 22. Dezember 1986 (87/102/EWG) wurde von Bankenseite aus überwiegend mit Beifall bedacht, weil sie wohl dazu beitragen würde, "überholte, mit der Selbstverantwortung des überall geforderten mündigen Verbrauchers in einer marktwirtschaftlichen Ordnung nicht mehr zu vereinbarende Relikte" zu beseitigen und

---

98 Änderungsrichtlinie vom 22.02.1990 (90/88/EWG), ABl. EG Nr. L 61 v. 10.03.1990, S.14.

der "Versuchung nach perfektionistischen und dirigistischen Regelungen" zu widerstehen.[99]

1.) Schutz der Verbraucher:

Damit ist über die verbraucherschutzpolitischen Akzente der VKG-Richtlinie im wesentlichen bereits alles gesagt: Sie erschöpfen sich schwerpunktmäßig auf die Behebung der Informationsdefizite der Verbraucher. Insbesondere mit Hilfe der schriftlich in der Vertragsurkunde zu fixierenden Mindestangaben (vgl. Art. 3, 4 und 6 VKG-Richtlinie) hofft der Rat der Europäischen Gemeinschaften, dem Verbraucherschutz Genüge getan zu haben. An materiell-rechtlichen Regelungen enthält die VKG-Richtlinie nur ein "verbraucherpolitisches Minimum", das nicht über das bereits bestehende bundesdeutsche Recht vor Erlaß des Verbraucherkreditgesetzes hinausgeht.[100]

a) Schutzbereich:

Der in persönlicher Hinsicht zunächst noch weit gefaßt erscheinende Anwendungsbereich des Art. 1 VKG-Richtlinie erfährt mit den Ausnahmen des Art. 2 VKG-Richtlinie einige deutliche Einschränkungen, die teilweise definitorisch geboten sind, teilweise jedoch auch nur einen zwischen den einzelnen Mitgliedsstaaten der Europäischen Gemeinschaft erreichten Minimalkonsens widerspiegeln.

---

[99] Zitat nach Gilles, ZRP 1989, 299 (302); Scholz, MDR 1988, 730 (736).

[100] Schmelz/Klute, ZIP 1989, 1509 (1511).

Einzelheiten werden im folgenden bzw. bei der Darstellung des bundesdeutschen Verbraucherkreditgesetzes im 3. Kapitel besprochen werden.

Für alle in der Ausnahmebestimmung des Art. 2 VKG-Richtlinie genannten Kredite ist nach Auffassung des EG-Normgebers eine Schutzbedürftigkeit des Kreditnehmers nicht in dem Maße geboten, daß es gerechtfertigt erschiene, auch diese den nachfolgenden Restriktionen zu unterwerfen. Da sich auch das neue Verbraucherkreditgesetz weitgehend an diesen Ausnahmen orientiert, wird dort noch im einzelnen darauf zurückzukommen sein. Bemerkt werden kann dazu aber bereits jetzt, daß dem EG-Gesetzgeber nicht in allen Punkten zu folgen ist. So läßt sich z.B. eine sachliche Rechtfertigung dafür, besonders hohe Kredite aus dem Schutzbereich herauszunehmen, in keiner Weise erkennen. Selbst wenn Konsumentenkredite ab einer bestimmten Höhe relativ selten werden, handelt es sich dabei allein um ein quantitatives Phänomen. Dies spricht aber nicht gegen die Schutzwürdigkeit von Verbrauchern, die sich in diesem Umfang verschulden - im Gegenteil.

b) Form- und Mindestinhaltsvorschriften:

Hierbei handelt es sich namentlich um die Bestimmungen der Art. 3 - 6 VKG-Richtlinie. Diese Vorschriften sind für die schwerpunktmäßige Intention der VKG-Richtlinie insoweit charakteristisch, als der Verbraucher in seiner Position vornehmlich allein dadurch gestärkt werden soll, daß ihm umfassende Unterrichtungsmöglichkeiten eingeräumt werden. Die Informationspflicht der Kreditgeber beginnt bereits in der ersten Entscheidungsphase vor Abschluß eines Vertrages, indem der Verbraucher im Rahmen der Werbung oder bei Betreten des Geschäftslokals durch einen entsprechenden Aushang von allen wesentlichen Kreditbedingungen unterrichtet werden muß.

Ein neuer Standard für das deutsche Recht wird insoweit allerdings nur für die Kreditierung sonstiger Leistungen geschaffen. Soweit es Warenkredite betrifft, hat Art. 3 VKG-Richtlinie seine positiv-rechtliche Umsetzung in bundesdeutsches Recht schon durch § 4 PreisAngVO erfahren. Gleiches gilt bezüglich Art. 4 VKG-Richtlinie und 1 a AbzG.[101] Ob außerdem der durchschnittliche Verbraucher mit dieser Fülle an Informationen tatsächlich in die Lage versetzt wird, sein "*informatorisches Defizit*" zu beseitigen und so seine Position als Kreditkunde zu stärken, hängt davon ab, ob er die erlangten Informationen auszuwerten und darauf beruhend eine wirtschaftlich-rationale Kreditentscheidung zu treffen vermag. Gerade dies scheint aber mit der Aufnahme einer Vielzahl von Einzelangaben in der Vertragsurkunde nicht für jeden, d.h. für den rechtlich und wirtschaftlich nicht versierten Verbraucher gewährleistet zu sein. Auch wenn gesicherte Erkenntnisse der Rechtstatsachenforschung zur Umsetzungsfähigkeit derartiger Informationen fehlen, läßt sich eine diesbezügliche Gefahr nicht a priori ausschließen. Andererseits bedeutet die abstrakte Möglichkeit - trotz eines nur relativen praktischen Nutzens für den Verbraucher, die vermehrten Informationen auszuwerten und infolgedessen eine andere Kreditentscheidung zu treffen - ein für die Kreditinstitute zusätzlich zu kalkulierendes Risiko. Ohne hierüber eine betriebswirtschaftlich exakte Aussage treffen zu wollen, ist anzunehmen, daß sich die Kredite durch die gesteigerte Informationspflicht allgemein verteuern dürften. Denjenigen Konsumenten jedoch, die mit der "Informationsflut" im Zweifel wenig anzufangen wissen, wird insoweit im Gegenzug zu dieser Verteuerung nicht einmal ein reeller Gegenwert erwachsen.

---

101 Vergleiche im einzelnen auch Schmelz/Klute, ZIP 1989, 1509 (1512).

c) Materielle Vorschriften:

Weitergehende Vorschriften, insbesondere ein rigides Sanktionssystem bei Form- und Inhaltsverstößen, die Vorgabe für eine verbraucherrechtliche Insolvenzregelung oder überhaupt eine konsequentere Ausdifferenzierung der EG-rechtlichen Vorschriften bezüglich der eigentlichen Ursachen der Verbraucherverschuldung - der Verzugszinsenproblematik und dem Recht des Kreditgebers zur fristlosen oder kurzfristigen Kündigung und Gesamtfälligkeitsstellung des Kredits -, wurden gar nicht oder allenfalls nur sehr rudimentär erlassen. So verpflichten die Regelungen der VKG-Richtlinie mit materiell-rechtlichem Gehalt (Art. 7 bis 12 VKG-Richtlinie) die Mitgliedsstaaten häufig nur in sehr unbestimmter Weise, "*dafür Sorge zu tragen*", daß die Interessen der Verbraucher gewahrt bleiben. Konkrete Maßgaben, an die ein nationaler Gesetzgeber gebunden wäre und die ihm ganz spezifische Handlungsanweisungen auferlegten, fehlen weitgehend.[102]

Trotzdem kann in diesem Zusammenhang nicht von einem "gesetzgeberischen Versagen" oder dergleichen gesprochen werden. Hinter dieser Art und Weise der "EG-Richtlinien-Gesetzgebung" steckt Methode. Zurückgehend auf die von der EG-Kommission im Weißbuch von 1985 entworfenen "Neuen Strategie" soll sich die Rechtsangleichung zwischen den Staaten der Europäischen Gemeinschaft nicht mehr auf dem Wege detaillierter Richtlinien, sondern nur noch durch die Angabe des die Einzelprobleme überragenden großen Ziels vollziehen.[103] Dies mag zwar geeignet sein, nationale Besonderheiten besser zu berücksichtigen. Ob damit aber auch ein Optimum an Harmonisierung der Rechtsrege-

---

102 Darauf, daß das bislang geltende bundesdeutsche Recht diesen Anforderungen schon größtenteils genügte, wurde bereits hingewiesen.

lungen zu erreichen ist, kann nur mit der allergrößten Vorsicht beurteilt werden. Ein Anlaß zur Skepsis bleibt in jedem Fall zunächst einmal bestehen.

Die EG-Richtlinie vom 22. Dezember 1986 (87/102/EWG) läßt darüber hinaus auch eine überzeugende Haltung in bezug auf die Probleme der Kreditvermittlung missen. Sie beläßt es in diesem Punkt bei Aufsichts- und Überwachungsmaßnahmen sowie der Anregung, - alternativ - die Schaffung von verbraucherberatenden Organisationen zu *fördern*. Aus Verbrauchersicht hätte hingegen die - kumulative - zwingende Pflicht zur Schaffung derartiger Einrichtungen die eindeutig bessere Lösung dargestellt. Sie vermochte sich aber nicht durchzusetzen, obwohl damit auch der "Markt" keinerlei Restriktionen, wie seitens der Kreditwirtschaft allseits befürchtet, ausgesetzt gewesen wäre. Die verantwortlichen Gremien der Europäischen Gemeinschaft haben damit die die Gelegenheit ungenützt verstreichen lassen, einer echten Chancengleichheit zwischen Anbietern und Nachfragern den Weg zu bereiten.

Eine Befassung mit den Problemen des Kreditwuchers oder der Lohnabtretung geschieht ebenfalls nicht. Dies alles ist für einen entscheidenden Schritt in Richtung mehr Verbraucherschutz bei Verbraucherkrediten zu wenig.

<u>2.) Aspekte der Rechtsangleichung:</u>

Verbleibt die Beurteilung des zweiten Aspekts der Richtlinie: die Rechtsangleichung verbraucherkreditrechtlicher Vorschriften in den einzelnen Mitgliedsstaaten der Europäischen Gemeinschaft. Angesichts der Tatsache, daß die EG-Richtlinie vom 22. Dezember 1986 (87/102/EWG) ledig-

---

103 Mülbert, WM 1990, 1357.

lich einen - nicht allzu hohen - *Mindeststandard* garantiert, zeichnet sich schon im Vorfeld der Umsetzungsarbeiten die Gefahr ab, daß sich das Rechtsgefälle zwischen den verschiedenen Rechtsordnungen nicht in dem Maße reduzieren wird, wie es im Hinblick auf den Abbau von Wettbewerbsverzerrungen wünschenswert erscheint. Die Möglichkeit, nach Art. 15 VKG-Richtlinie zum Schutze der Verbraucher darüber hinaus auch noch *weitergehende* nationale Vorschriften zu erlassen bzw. aufrechtzuerhalten - was aus Verbrauchersicht durchweg zu begrüßen ist -, dürfte diese Tendenz nur verstärken. Ein abschließendes Urteil hierüber sei gerechterweise jedoch erst erlaubt, nachdem sich eine neuerliche rechtsvergleichende Studie den Umsetzungsergebnissen in den einzelnen Mitgliedsstaaten gewidmet haben wird.

Immerhin stellt die EG-Richtlinie vom 22. Dezember 1986 (87/102/EWG) einen Anstoß für die bundesdeutsche Verbraucherkredit-Reformgesetzgebung dar. Der nationale Gesetzgeber war gehalten, die von der Richtlinie ausgehenden Impulse in sein eigenes gesetzgeberisches Vorhaben einzubringen und nötigenfalls darüber hinauszugehende Regelungen zu erlassen. Insoweit schafften die Vorschriften der EG- Richtlinie, wie z.B. Art. 11 VKG-Richtlinie (drittfinanzierte Geschäfte), eine gewisse Basis für eine nationale Konzeption, die umso weniger zu mißlingen brauchte, als Art. 15 VKG-Richtlinie dem Gesetzgeber zugunsten eines weitergehenden Verbraucherschutzes einen großzügigen Gestaltungsspielraum "nach oben" einräumte.

§ 2: Das neue Verbraucherkreditgesetz:

A: Bemerkungen zur Gesetzgebungstechnik:

Die EG-Richtlinie vom 22. Dezember 1986 (87/102/EWG) verpflichtete gem. Art. 16 VKG-Richtlinie i.V.m. Art. 100, 189 EWGV den nationalen Gesetzgeber zu ihrer Umsetzung in nationales Recht. Diese Verpflichtung bedeutete allerdings nicht, daß die Richtlinie so, wie sie erlassen worden war, in bundesdeutsches Recht hätte transformiert werden müssen. Nach Art. 189 Abs. 3 EWGV war sie nur hinsichtlich der mit ihr verfolgten Ziele verbindlich, nicht aber bezüglich der Wahl von Form und Mittel. Den Mitgliedsstaaten bleiben diese grundsätzlich freigestellt.[104] Auch der bundesdeutsche Gesetzgeber hatte daher im Rahmen der Umsetzung freie Hand über die Frage des "Wie".

Mit dem Erlaß des Verbraucherkreditgesetzes hatte er sich für ein eigenständiges Gesetz entschieden, eine Tendenz der Gesetzgebungstechnik, wie sie in letzter Zeit wieder häufiger zu beobachten ist. In konzeptioneller Hinsicht besitzt dies den Vorteil, eine einheitliche Rechtsmaterie im Gesetzeszusammenhang regeln zu können, was einer besseren Übersichtlichkeit und einem größeren Verständnis des betroffenen Regelungsgegenstands zugute kommt.[105] Das gilt umso mehr, als die Wertungen des Bürgerlichen Gesetzbuchs von anderer Art sind als die, die dem Verbraucherschutzrecht im allgemeinen und somit auch dem neuen Verbraucherkreditgesetz im besonderen - jedenfalls vom

---

104 Groeben/Boeckh/Thiesing/Ehlermann, Art. 100 EWGV, Rdnr. 30; Grabitz, Art. 100 EWGV, Rdnr. 6.

105 Vgl. zum selben Problem beim Gesetz über den Widerruf von Haustürgeschäften und ähnlichen Geschäften (HTWG): Gilles, NJW 1986, 1131 (1137 f.).

Ansatz her - zugrunde liegen.[106] Während das Bürgerliche Gesetzbuch - ausgehend von der These formal-abstrakter Gleichheit aller Rechtssubjekte - der Eigenverantwortlichkeit und der Privatautonomie größtmöglichen Freiraum einräumen möchte, indem es sich weitestgehend von restriktiven Regelungen freihält,[107] tendieren die Verbraucherschutzbestrebungen ganz allgemein zur Schaffung eigener sondergesetzlicher Regelungen unter bewußter Abweichung von eben diesen allgemein-gesetzlichen Zielsetzungen. Der sie prägende Schutzgedanke hat schließlich ganz zwangsläufig eine Einschränkung der Privatautonomie zur Folge. Insbesondere werden die Gestaltungsmöglichkeiten der als wirtschaftlich, sozial, finanziell und organisatorisch überlegen angesehenen Anbieterseite beschnitten. Bekannteste Beispiele aus einer hierzu ergangenen Reihe gesetzlicher Regelungen stellen - wie bereits dargestellt - das Abzahlungsgesetz und das Gesetz zur Regelung der Allgemeinen Geschäftsbedingungen dar.

Der Nachteil, der sich aus der Schaffung zahlreicher Nebengesetze ergibt, liegt allerdings klar auf der Hand: Mit der Vielzahl von Sondergesetzen droht eine zunehmende Zersplitterung des Rechts, die dem kodifikatorischen Gedanken des Bürgerlichen Gesetzbuchs zuwiderläuft. Wegen der wachsenden Zahl von Sondergesetzen kommt die Leitbildfunktion des Bürgerlichen Gesetzbuchs als *das* zivilrechtliche Regelgesetzwerk schlechthin immer weniger zum Tragen. Das Regel-Ausnahme-Verhältnis droht sich umzukehren, was die Konsequenz hätte, daß nicht mehr das eigenverantwortliche und privatautonome Handeln, sondern eine

---

106 Allgemein zum Verbraucherschutzrecht als Sonderprivatrecht: Damm, JZ 1978, 173 ff.; Gilles, JA 1980, 1.

107 Wieacker, S. 482; Dauner-Lieb, S. 51 ff.; Dauner-Lieb, BuM, S. 8 ff.; Gilles, JA 1980, 1 (5).

den sondergesetzlichen Restriktionen unterworfene, nur noch eingeschränkt ausübbare Handlungsfreiheit den Normalfall bilden würde. Allerdings läßt sich hiergegen einwenden, daß sich die sozialen Konstellationen, an welche das Verbraucherschutzrecht anknüpft, von den gesellschaftlichen Strukturen unterscheiden, die dem Bürgerlichen Gesetzbuch als Leitbild zugrunde liegen, und diese daher den Erlaß eines Sondergesetzes rechtfertigen.

Außerdem kann dem Vorwurf der Rechtszersplitterung - jedenfalls für den Bereich des Konsumentenkredits - entgegengehalten werden, daß sich schon das bisherige Recht auf eine Vielzahl von Einzelgesetzen verteilte.[108] Insoweit verdient der gesetzgeberische Versuch, ein problemübergreifendes Sondergesetz zum Verbraucherkredit zu verabschieden, trotz der grundsätzlich geäußerten Vorbehalte für diesen speziellen Fall prinzipielle Zustimmung. Dies gilt allerdings nur, soweit dadurch wenigstens eine praktikable Vereinheitlichung auf dem *gesamten* Gebiet des Konsumentenkreditrechts gelingt. Dazu müßten aber nicht nur die rein zivilrechtlichen Bestimmungen, sondern auch - soweit erforderlich - die verwaltungsrechtlichen Vorschriften, gegebenenfalls mit Sanktionsnormen des Ordnungswidrigkeiten- und Strafrechts, quasi als "integriertes Gesamtpaket" zusammengefaßt werden. Zu denken ist in diesem Zusammenhang vor allen an gewerberechtliche Bestimmungen bezüglich der Ausübung der Kreditvermittlungstätigkeit. Als Preis dafür wäre allerdings eine weitere Zergliederung des Rechts insgesamt in Kauf zu nehmen.

Die Ausgliederung hat i.ü. auch eine wohl politisch einzustufende Komponente. Das Bürgerliche Gesetzbuch geht - wie eingangs ausgeführt - vor dem Hintergrund seines li-

---

108 Siehe oben 1. Kapitel, § 2 A II 1 - 4.

beralen Sozialmodells von der Selbstverantwortlichkeit wirtschaftlich und sozial gleich starker Partner aus.[109] Als Kodifikation erhebt es dabei den Anspruch, die für das gesamte Zivilrechtssystem grundsätzliche Entscheidung zu repräsentieren.[110] Die Aufnahme von Sozialnormen, wie etwa einer bis ins Detail ausdifferenzierten Verbraucherschutzregelung, müßte als Signal für einen Bruch mit der bisherigen bürgerlich-liberalen Grundkonzeption, durch die sich das Bürgerliche Gesetzbuch bis heute noch auszeichnet, verstanden werden.[111] Ein solches Zeichen hätte der derzeitige Gesetzgeber jedoch mit Sicherheit auch nicht setzen wollen.

Auf ein mehr psychologisches Moment weist das "Argument leichterer Reformierbarkeit von Sondergesetzen" hin.[112] Gesetzgebungsrechtlich bedeutet es schließlich keinen Unterschied, eine einfach-rechtliche Kodifikation oder ein einfach-rechtliches Sondergesetz zu ändern. Die Änderung des Bürgerlichen Gesetzbuchs erfordert keine qualifizierteren Mehrheitsverhältnisse als die eines sondergesetzlichen Verbraucherkreditgesetzes. Dennoch scheint der Gesetzgeber der alten Kodifikation einen größeren Respekt zu zollen als den neueren Sondergesetzen. Dies mag möglicherweise mit dem höherer Gesetzgebungsniveau des Bürgerlichen Gesetzbuchs in Zusammenhang stehen, das von jüngeren gesetzgeberischen Akten nur selten noch erreicht wird.

---

[109] Wieacker, S. 482; Dauner-Lieb, S. 51 ff.; Dauner-Lieb, BuM, S. 8 ff.; Gilles, JA 1980, 1 (5).

[110] Wieacker, S. 475; Larenz, Allgemeiner Teil des Bürgerlichen Gesetzbuchs, § 1 I b.

[111] Gilles, JA 1980, 1 (5) spricht in diesem Zusammenhang von der "*Sozialisierung*" des Bürgerlichen Gesetzbuchs.

[112] Gilles, JA 1980, 1 (5); Damm, JZ 1978, 173 (176).

B: Die Umsetzung der VKG-Richtlinie in nationales Recht:

Dem neuen Verbraucherkreditgesetz ging eine Reihe von mehrjährigen Diskussionen über die Notwendigkeit einer Reform des Verbraucherkreditrechts voraus.[113] Der bundesdeutsche Gesetzgeber selbst konnte sich zu keiner umfassenden gesetzlichen Lösung durchringen,[114] sieht man einmal von kleineren "Reparaturmaßnahmen" ab, wie z.B. der des 1987 in das Bürgerliche Gesetzbuch eingefügten § 609 a BGB.[115]

Der Gesetzgeber entschloß sich erst zum Handeln, als er hierzu durch die EG-Richtlinie vom 22. Dezember 1986 (87/102/EWG)[116] bzw. der hierzu im nachhinein erlassenen Änderungsrichtlinie[117] in die Pflicht genommen wurde. Daraufhin ergingen im Juni 1988 sowie im März und April 1989 drei Referentenentwürfe, denen sich im August 1989 ein Entwurf der Bundesregierung unter Federführung des

---

113 Vgl. etwa Hadding, Gutachten zum 53. Deutschen Juristentag Berlin 1980, Welche Maßnahmen empfehlen sich zum Schutz des Verbrauchers auf dem Gebiet des Konsumentenkredits?; v. Marschall, Gutachten zur Reform des finanzierten Abzahlungskaufs, Untersuchung von Möglichkeiten einer künftigen gesetzlichen Regelung des finanzierten Abzahlungskauf und anderer Formen des Konsumentenkredits; die verschiedenen (internationalen) Beiträge in Hörmann, Verbraucherkredit und Verbraucherverschuldung; Holzscheck/Hörmann/Daviter, Die Praxis des Konsumentenkredits; Hörmann, Verbraucher und Schulden; Reifner, Verbraucherverschuldung; Schmelz/Klute, ZIP 1989, 1509 (1510) u.a.m.

114 Gilles, ZRP 1989, 299.

115 BGBl. I 1986, S. 1169.

116 ABl. EG Nr. L 42 v. 12.02.1987 , S. 48.

117 Änderungsrichtlinie vom 22.02.1990 (90/88/EWG), ABl. EG Nr. L 61 v. 10.03.1990, S. 14.

Bundesministers der Justiz anschloß[118]. Der Bundesrat versuchte hiergegen zwar noch mit einer Reihe von Änderungsanträgen durchzudringen, was jedoch überwiegend mißlang.[119] Am 30. Oktober 1990 wurde schließlich die endgültige Fassung vom Deutschen Bundestag in seiner 233. Sitzung aufgrund der Beschlußfassung und des Berichts des Rechtsausschusses (6. Ausschuß)[120] in zweiter und dritter Lesung verabschiedet[121] und vom Bundesrat am 14. Dezember 1990 gebilligt.

I. Die Referentenentwürfe:

1.) Der erste Referentenentwurf vom Juni 1988:

Der erste Referentenentwurf vom Juni 1988 verweist in seiner amtlichen Begründung auf seine Umsetzungsverpflichtung aufgrund der EG-Richtlinie vom 22. Dezember 1986 (87/102/EWG), räumt aber gleichzeitig unter Hinweis auf ein diesbezügliches Anliegen der Länder einen eigenen gesetzgeberischen Handlungsbedarf ein.[122] Die Reaktionen auf diesen ersten Entwurf waren zwiespältig, weil er aus Verbrauchersicht nicht nur Verbesserungen, sondern auch

---

[118] BR-Ds 427/89.

[119] BT-Ds 11/5462 nebst Stellungnahmen in Anlage.

[120] BT-Ds 11/8274.

[121] "Süddeutsche Zeitung" vom 02.11.1990, Nr. 252, S. 34; Bülow, NJW 1991, 129 (130); BR-Ds 833/90.

[122] Amtliche Begründung zum Referentenentwurf vom Juni 1988, S. 1.

eine Fülle von Nachteilen mit sich brachte.[123] Hierauf wird nachfolgend im einzelnen noch einzugehen sein.[124]

2.) Der zweite und dritte Referentenentwurf vom März bzw. April 1989:

Nach fast dreivierteljährigen erneuten Beratungen wurden in kurzer Folge zwei weitere Referentenentwürfe in die Diskussion eingebracht: der zweite Referentenentwurf vom März 1989 und der dritte Referentenentwurf vom April 1989. Inhaltlich wichen die beiden letzten Referentenentwürfe nur wenig voneinander ab. Umso deutlicher zeigten sich dagegen Unterschiede zum ersten Referentenentwurf vom Juni 1988. Trotz der schon am ersten Referentenentwurf - teilweise heftig - geübten Kritik mußte der Verbraucherschutz mit dem zweiten und dritten Referentenentwurf noch weitere Verschlechterungen hinnehmen, die nicht zuletzt auf den Einfluß interessierter Verbände der Kreditwirtschaft zurückgingen.[125]

II. Der Entwurf der Bundesregierung:

Der dritte Referentenentwurf vom April 1989 bildete schließlich die Schlußvorlage für den Entwurf der Bundesregierung vom 07. Juni 1989, der als BR-Ds 427/89 vom August 1990 dem Bundesrat zugeleitet wurde. Eine entschei-

---

123 Vgl. z.B. Verbraucherpolitische Korrespondenz, Nr. 27 vom 5. Juli 1988, S. 7 ff.; Stellungnahme der AgV zum ersten Referentenentwurf vom Juni 1988, S. 1 ff.; Reifner, VuR 1988, 183 ff.

124 Vgl. die sich anschließende Untersuchung im 3. Kapitel.

125 Schmelz/Klute, ZIP 1989, 1509.

dende Wendung hin zu mehr Verbraucherschutz war nicht zu verzeichnen, so daß sich der Bundesrat zu einer Reihe von Änderungsvorschlägen veranlaßt sah.

III. Der endgültige Gesetzentwurf:

Diesen, aus Verbrauchersicht günstigen Änderungsvorschlägen des Bundesrates wurde jedoch seitens der Bundesregierung widersprochen.[126] Nach verschiedenen Anhörungen, die das Gesetzgebungsverfahren noch weiter zu verzögern drohten - das neue Verbraucherkreditgesetz hätte eigentlich bis spätestens zum 01. Januar 1990 umgesetzt werden müssen -, gelang es aber doch noch, das Gesetz zum Ende der Legislaturperiode des 11. Deutschen Bundestages zu verabschieden.[127]

IV. Resümée:

Die Verbesserung des Verbraucherkreditrechts erwies sich rückblickend betrachtet, angefangen von den ersten Anregungen aus der Literatur, weiter über das Zustandekommen der EG-Richtlinie vom 22. Dezember 1986 (87/102/EWG) bis hin zum Erlaß des neuen Verbraucherkreditgesetzes als langer und dornenreicher Weg. Die widerstreitenden Interessen zwischen Verbraucherschützern und Kreditwirtschaft konnten nur schwer zum Ausgleich gebracht werden.

Welche Änderungen im einzelnen zukünftig auf alle beteiligten Verkehrskreise auf dem Gebiet des Verbraucherkre-

---

[126] BT-Ds 11/5462, Anlage 3 (S. 41 ff.).

[127] Vgl. Gesetz über Verbraucherkredite, zur Änderung der Zivilprozeßordnung und anderer Gesetze vom 17. Dezember 1990, BGBl. I, S. 2840.

ditrechts zukommen, soll im sich anschließenden 3. Kapitel, das den eigentlichen Schwerpunkt der vorliegenden Arbeit bildet, dargestellt werden. Die berührten Problemkreise sind dabei allerdings derart zahlreich und vielschichtig, daß jede fundiertere Auseinandersetzung mit Einzelproblemen den Raum von Kommentaren und Monographien füllen würde. Daraus ergibt sich fast zwangsläufig die Beschränkung der Untersuchung auf die wesentlichen Grundstrukturen des neuen Verbraucherkreditrechts unter Kennzeichnung der Veränderungen im Vergleich zur bisherigen Rechtslage.

3. Kapitel: Das neue Verbraucherkreditgesetz:

§ 1: Überblick über das Gesetz über Verbraucherkredite, zur Änderung der Zivilprozeßordnung und anderer Gesetze:

A: Aufbau und Inhalt des Gesetzes über Verbraucherkredite, zur Änderung der Zivilprozeßordnung und anderer Gesetze im Überblick:

Beim Gesetz über Verbraucherkredite, zur Änderung der Zivilprozeßordnung und anderer Gesetze[1] handelt es sich um ein Artikelgesetz im Rahmen eines Bündels von Einzelgesetzen. Es setzt sich zusammen aus zehn einzelnen Artikeln, wobei Artikel 1 mit dem eigentlichen Verbraucherkreditgesetz den umfangreichsten Teil zum Inhalt hat. Die Artikel 2 bis 8 des Artikelgesetzes betreffen Änderungen bereits bestehender Gesetze. Die Änderungen sind teils formaler, teils materieller Natur. Die formellen Änderungen ergeben sich aus der Notwendigkeit einer Angleichung der Verweisungsnormen aus Anlaß des neuen Verbraucherkreditgesetzes. Zu den materiell-rechtlichen Neuerungen zählen vor allem die Artikel 2 (Änderung des Bürgerlichen Gesetzbuchs), Artikel 6 (Änderung der Zivilprozeßordnung) sowie Artikel 8 (Änderung der Gewerbeordnung) des Artikelgesetzes.

Artikel 9 des Artikelgesetzes beinhaltet einige Übergangsvorschriften hinsichtlich laufender Kreditverträge, während Artikel 10 das (verspätete) Inkrafttreten der einzelnen Artikel sowie die Aufhebung des alten Abzahlungsgesetzes zum Gegenstand hat.

---

[1] Im weiteren "*Artikelgesetz*" genannt.

B: Aufbau und Inhalt des neuen Verbraucherkreditgesetzes:

Das neue Verbraucherkreditgesetz gliedert sich inhaltlich-thematisch in vier Abschnitte:

Der erste Abschnitt regelt mit seinen §§ 1 bis 3 VKG den Anwendungsbereich des Gesetzes.

Der zweite Abschnitt (§§ 4 bis 14 VKG) behandelt alle Probleme, die im Zusammenhang mit dem Kreditvertrag (i.e.S.) stehen. Unterteilt wird dieser zweite Abschnitt wiederum in einen Unterabschnitt Formvorschriften (§§ 4, 5 VKG) und Sanktionsnormen (§ 6 VKG) einerseits sowie einen Unterabschnitt mit materiell-rechtlichen Regelungen (§§ 7 bis 14 VKG) andererseits.

Der dritte Abschnitt (§§ 15 - 17 VKG) befaßt sich schließlich mit der bislang noch nirgends geregelten Materie des Kreditvermittlungsvertrages.

§ 18 VKG beinhaltet als nunmehr einziger Paragraph des vierten und letzten Abschnittes Regelungen, die eine Umgehung der Schutzbestimmungen des Verbraucherkreditgesetzes verhindern sollen. Die in den Entwurfsfassungen bis dato allgemein übliche Berlin-Klausel ist durch die jüngste Entwicklung obsolet geworden und erscheint infolgedessen auch nicht mehr in der endgültigen Fassung des Gesetzes.

§ 2: Änderungen aufgrund des neuen Verbraucherkreditgesetzes:

Das neue Verbraucherkreditgesetz bildet das Kernstück der Verbraucherkreditreform. Nicht nur, daß es das alte Abzahlungsgesetz ablöst (vgl. Art. 10 Abs. 1 S. 1 Artikelgesetz), es erfaßt auch über dessen bisherigen Anwendungsbereich hinaus Fälle, die bislang keiner (ausdrücklichen) gesetzlichen Regelung unterlagen. Aufgabe des sich anschließenden Teils der vorliegenden Arbeit wird es daher neben der Darstellung der neuen Gesetzeslage sein, einen Überblick über die sich daraus für den Verbraucher ergebenden Konsequenzen zu verschaffen.

A: Erster Abschnitt: Anwendungsbereich des Verbraucherkreditgesetzes:

Die §§ 1 bis 3 VKG regeln den Anwendungsbereich des neuen Verbraucherkreditgesetzes. § 1 VKG beinhaltet eine positive Beschreibung des Regelungsgegenstandes, wohingegen § 3 VKG mit einer Reihe von Ausnahmen eine negative Grenze der Anwendung zieht. § 2 VKG dieser Bestimmung ist erst im letzten Moment des Gesetzgebungsverfahrens eingefügt worden[2] und dehnt die Vorschriften des Verbraucherkreditgesetzes auf andere Rechtsgeschäfte aus, die zwar nicht unbedingt als Kreditgeschäfte im gesetzestechnischen Sinne angesehen werden können, denen aber eine vergleichbare Problematik zugrunde liegt.

I. Regelungsgegenstand (§ 1 VKG):

§ 1 VKG, der - wie gerade festgestellt - den Anwendungsbereich des neuen Verbraucherkreditgesetzes regelt, bedient sich dabei einer Kombination von sachlichen und persönlichen Merkmalen, die kennzeichnend für den Begriff des Verbraucherkredits sein sollen.[3] Die Absätze 2 und 3

---

[2] Vgl. BT-Ds 11/8274 und dagegen noch BT-Ds 11/5462.

[3] Es darf hierbei nicht übersehen werden, daß das Verbraucherkreditgesetz zwar den "*Verbraucherkredit*" zum Ausgangspunkt hat, daß aber sein gesamter

versuchen in sachlicher Hinsicht die beiden Vertragstypen, zwischen denen das Verbraucherkreditgesetz grundsätzlich unterscheidet, dem *Kreditvertrag* und dem *Kreditvermittlungsvertrag*, näher zu konkretisieren. Das Gesetz bemüht sich hierbei um eine definitorische Eingrenzung beider Vertragsarten.

Mit dem Verbraucherkreditgesetz wurde allerdings nicht der erste Versuch einer Definition des Begriffs des Verbraucherkredits unternommen. Er fand seine erstmalige gesetzliche Normierung bereits in der am 1. Januar 1987 neu in das Bürgerliche Gesetzbuch aufgenommenen Regelung des § 609 a Abs. 1 Nr. 2 BGB,[4] einer Vorschrift, die angesichts der Zinsentwicklung den zunehmend als unausgewogen empfundenen § 247 BGB ablöste.[5] Im Hinblick auf den in § 1 Abs. 1 VKG geregelten Anwendungsbereich läßt sich die

---

Regelungsbereich, wie sich insbesondere aus § 2 VKG ergibt, darüber hinausgeht (Hadding in Hadding/Hopt, Das neue Verbraucherkreditgesetz, S. 6; Emmerich/Münstermann/Wagner-Wieduwilt, S. 7; Bruchner/Ott/Wagner-Wieduwilt, § 1 VKG, Rdnr. 11). Ziel dieser zunächst weit gefaßten Definition soll nach Bruchner/Ott/Wagner-Wieduwilt, § 1 VKG, Rdnr. 13, die Erfassung <u>aller</u> "*kommerziellen*" Kredite sein, von denen nur die "*private*" Kreditvergabe ausgenommen wird. Aus den gesetzgeberischen Materialien geht eine solche weitreichende Intention nicht hervor. Vielmehr deutet der Verlauf des Gesetzgebungsverfahrens darauf hin, daß Regelungsgegenstand zunächst wirklich nur der *Konsumenten*kredit als solcher hätte sein sollen. Erst im späteren wurden *punktuell* verwandte Problembereiche, zum Beispiel die Geschäfte nach § 2 VKG oder die (echten) Finanzierungsleasingverträge, mit aufgegriffen (vgl. zum Gang des Gesetzgebungsverfahrens oben 2. Kapitel § 2 B I - IV).

4 Gesetz zur Änderung wirtschafts-, verbraucher-, arbeits- und sozialrechtlicher Vorschriften vom 25.07.1986, BGBl. I, S. 1169.

5 Z.B. Münchener Kommentar, § 609 a BGB, Rdnr. 1 ff. m.w.N.

inhaltliche Verwandtschaft der Definitionen nicht leugnen.[6] Nach § 609 a Abs. 1 Nr. 2 BGB muß das

> *Darlehen an eine natürliche Person vergeben worden sein. Es darf nicht durch ein Grund- oder Schiffspfandrecht gesichert sein*[7] *und nicht - ganz oder überwiegend - gewerblichen oder beruflichen Zwecken dienen (Halbsatz 2).*

Das Verbraucherkreditgesetz liefert demgegenüber eine *formal* eigenständige Definition, die sich von der des § 609 a Abs. 1 Nr. 2 BGB zudem *inhaltlich* geringfügig unterscheidet.

1.) Der sachliche Anwendungsbereich:

Der sachliche Anwendungsbereich des Verbraucherkreditgesetzes ergibt sich zunächst aus § 1 Abs. 1 VKG:

> *Das Verbraucherkreditgesetz gilt für Kreditverträge und Kreditvermittlungsverträge.*

Kreditvertrag und Kreditvermittlungsvertrag werden in den Absätzen 2 bzw. 3 des § 1 VKG eigens definiert.

a) Kreditverträge:

§ 1 Abs. 2 S. 1 VKG versteht unter dem Begriff des

---

6 Zum Begriff des Verbraucherkredits nach § 609 a Abs. 1 Nr. 2 BGB vgl. Häuser/Welter, NJW 1987, 17 (20).

7 Siehe dazu auch unten zu § 3 Abs. 2 Nr. 2 VKG.

> *Kreditvertrages einen Vertrag, durch den ein Kreditgeber einem Verbraucher einen entgeltlichen Kredit in Form eines Darlehens, eines Zahlungsaufschubes oder einer sonstigen Finanzierungshilfe gewährt oder zu gewähren verspricht.*

Der Terminus des "Kreditvertrages" war dem deutschen Recht bislang fremd. Lediglich im geschäftlichen oder umgangssprachlichen Gebrauch galt etwas anderes. Dort hatte sich dieser Begriff bereits als Oberbegriff für alle Arten der Finanzierung bzw. Stundung durchgesetzt. Seine Übernahme in die deutsche Rechtssprache ist auf Art. 1 Abs. 1 VKG-Richtlinie zurückzuführen, in dem der Anwendungsbereich der EG-Richtlinie vom 22. Dezember 1986 (87/102/EWG) beschrieben wird.

Als Vorbild für diese Terminologie dürfte der britische *Consumer Credit Act* gedient haben, der alle Formen der Finanzierung (sect. 9 [1] CCA: any other form of financial accomodation)[8] erfaßt sehen wollte.[9] Hintergrund für die Wortwahl bildete das Bedürfnis, einen neuen Oberbegriff für alle Spielarten eines Verbraucherkredits zu finden, nachdem der überkommene Begriff des "Darlehens" bereits in einem anderen, zudem engeren Sinne (vgl. § 607 BGB) belegt war.

"Kreditvertrag" i.S.d. § 1 Abs 1 VKG muß - wie nachfolgend noch zu zeigen sein wird - in einer sehr umfassenden

---

[8] Zitiert aus v. Marschall, S. 93.

[9] v. Marschall, S. 93 und S. 112; Backhaus, S. 117.

Bedeutung des Wortes verstanden werden.[10] Begrifflich wird zwischen Darlehen, Zahlungsaufschub und sonstiger Finanzierungshilfe unterschieden (§ 1 Abs. 2 VKG), die sich wiederum in eine Vielzahl einzelner Kreditarten aufgliedern lassen.[11] Insbesondere von dieser weiteren konkreten Einordnung hängt es ab, welchen gesetzlichen Regelungen der jeweilige Kreditvertrag unterworfen sein wird.[12] Das Verbraucherkreditgesetz sieht für jede Kreditart einen "abgestuften" Regelungsbereich vor.[13]

aa) Darlehen (§ 1 Abs. 2 S. 1 Var. 1 VKG):

Zum Begriff des Darlehens im Sinne des § 1 Abs. 2 S. 1 Var. 1 VKG gehört zunächst das Darlehen in seiner klassischen Bedeutung gem. § 607 BGB,[14] worunter die Hingabe von Geld oder anderen vertretbaren Sachen gegen Eingehung der Verpflichtung zur Rückgabe von Sachen gleicher Art,

---

10 Dazu u.a. auch Ulmer/Habersack, § 1 VKG, Rdnr. 28 ff.; Westphalen/Emmerich/Kessler, § 1 Rdnr. 64 ff.; Hadding in Hadding/Hopt, Verbraucherkredit, AGB-Gesetz und Kreditwirtschaft, S. 22 ff. sowie ders. in Hadding/Hopt, Das neue Verbraucherkreditgesetz, S. 6 f.; Emmerich/Münstermann/Wagner-Wieduwilt, S. 7.

11 Vergleiche hierzu beispielsweise die Aufzählung von Westphalen/Emmerich/Kessler, § 1 Rdnr. 64 ff.; Vortmann, § 1 VKG, Rdnr. 15 ff.; Emmerich, JuS 1991, 705 (706).

12 Allen Krediten im Sinne des Verbraucherkreditgesetzes ist es allerdings gemein, daß sie "*entgeltlich*" vergeben werden müssen (statt vieler Medicus, Jura 1991, 561 [562]),

13 Hadding in Hadding/Hopt, Das neue Verbraucherkreditgesetz, S. 6 ff.

14 So auch Ulmer/Habersack, § 1 VKG, Rdnr. 37.

Güte und Menge zu verstehen ist.[15] In praxi reduziert sich die hier vor allem maßgebliche Bedeutung auf die Hingabe von Geld. Vom weiten Wortlaut erfaßt sind dabei auch Kreditarten wie Ratenkredite[16] oder - dies ergibt sich nicht zuletzt auch aus § 4 VKG - Überziehungskredite wie überhaupt alle diejenigen Kreditformen, die sich erst in neuerer Zeit herausgebildet haben. Rein exemplarisch wären in diesem Zusammenhang der "Dispositionskredit" oder "Vario-" bzw. "Abrufkredit" zu nennen.[17] Letzterer stellt eine Kombination aus Dispositionskredit und Ratenkredit dar, nur mit dem Unterschied, daß neben der zurückzuzahlenden Mindestrate jederzeit auch ein höherer Betrag getilgt werden kann.[18] Klarzustellen ist, daß die einzelnen Bezeichnungen derartiger Kreditformen nicht unbedingt als verbindliche Rechtsbegriffe anzusehen sind, sondern häufig eigene Wortschöpfungen der einzelnen Kreditgeber darstellen.[19]

---

[15] Zum Darlehensbegriff vergleiche zum Beispiel Staudinger/Hopt/Mülbert, § 607 BGB, Rdnr. ff.

[16] Es handelt sich hierbei um ein Darlehen - häufig in Form eines Abzahlungskredits -, das in gleichbleibenden, im voraus festgelegten, meist monatlichen Raten unter Einschluß von Tilgung, Zinsen und Kosten zurückzuzahlen ist (z.B. Palandt-Putzo, Einf. v. § 607 BGB, Anm. 3 r, Rdnr. 20).

[17] Weitere Kreditformen vergleiche Westphalen/Emmerich/Kessler, § 1 Rdnr. 64 bis 106; Vortmann, § 1 VKG, Rdnr. 15 ff.; Münstermann/Hannes, § 1 VKG, Rdnr. 60 ff.; Seibert, § 1 VKG, Rdnr. 5 f.; Seibert in Hadding/Hopt, Das neue Verbraucherkreditgesetz, S. 18; Scholz, Rdnr. 120 ff., S. 62 ff.

[18] Verbraucherpolitische Korrespondenz, Nr. 43 vom 27. Oktober 1987, S. 2.

[19] Verbraucherpolitische Korrespondenz, Nr. 43 vom 27. Oktober 1987, S. 2 (3).

bb) Zahlungsaufschub (§ 1 Abs. 2 S. 1 Var. 2 VKG):

i) Abgrenzung des Begriffs:

"Zahlungsaufschub" bedeutet Stundung des Kaufpreises oder sonstigen Entgelts. Damit sind zunächst alle sonstigen Abzahlungsgeschäfte miteinbezogen, wie sie schon vom Abzahlungsgesetz her bekannt waren.[20] Die unpräzise Formulierung des Gesetzes läßt offen, ob darüber hinaus auch jede andere Stundung, gleichgültig welcher Vertragstyp zugrunde liegt, erfaßt sein soll.[21] Beispielsweise wird es der richterlichen Rechtsfortbildung überlassen bleiben, die Frage der Einbeziehung gestundeter Mietzinsforderungen zu klären. Eine historische bzw. teleologische Interpretation legt die Begrenzung auf Warenumsatzgeschäfte und Dienstleistungen nahe, was die *Stundung* von Nutzungs- und Gebrauchsüberlassungsverträgen ausschlösse. Aus der amtlichen Begründung zum 1. Referentenentwurf vom Juni 1988[22] geht zudem hervor, daß der Gesetzgeber, der selbst grundsätzlich nur die Abzahlungskäufe im Sinne des Abzahlungsgesetzes vor Augen hatte, den Anwendungsbereich darüber hinaus lediglich auf Dienstleistungen ausgedehnt wissen wollte, nicht jedoch eine uferlose Einbeziehung jedweden Vertragtyps zum Ziel hatte. Die Erstreckung auf Gebrauchsüberlassungsverträge u.ä. würde der bisher vor-

---

20 BR-DS 427/89, S. 39; BT-Ds 11/5462, S. 17.

Vgl. ferner Bülow, NJW 1991, 129 (130); Seibert, WM 1991, 1445 (1446); Ulmer/Habersack, § 1 VKG, Rdnr. 57; Bruchner/Ott/Wagner-Wieduwilt, § 1 VKG, Rdnr. 48; Emmerich/Münstermann/Wagner-Wieduwilt, S. 8; Seibert, § 1 VKG, Rdnr. 7 ff.; Medicus, Jura 1991, 561 (562); Seibert in Hadding/Hopt, Das neue Verbraucherkreditgesetz, S. 18 f.

21 So auch Gilles, ZRP 1989, 299 (305).

22 Vgl. auch amtliche Begründung zum 1. Referentenentwurf vom Juni 1988, S. 18; BT-Ds 11/5462, S. 17.

herrschenden Vorstellung von Stundungsvereinbarungen widersprechen.[23]

Die Ausdehnung des sachlichen Anwendungsbereichs auf alle Varianten von Teilzahlungsvereinbarungen hat vor allem auch Konsequenzen für das immer mehr an Bedeutung gewinnende Kreditkartengeschäft.[24] Allerdings ist schon an dieser Stelle darauf hinzuweisen, daß sich die Anwendbarkeit des Verbraucherkreditgesetzes auf Kreditkartenkredite nicht schrankenlos erstreckt. Im übrigen gilt auch hier die Voraussetzung, daß die Teilzahlungsabrede gegenüber der Barzahlungsvereinbarung zu einer höheren Belastung des Verbrauchers führen muß.[25]

Für die meisten dieser Stundungsvereinbarungen fehlte bislang eine - zumindest explizite - gesetzliche Regelung, wenn man einmal von einer Reihe von Durchbrechungen

---

23 Vgl. auch Bülow, NJW 1991, 129 (130); Seibert, WM 1991, 1445 (1447).

Andererseits sieht Bülow, § 1 VKG, Rdnr. 44, bei Vereinbarungen über die Fälligkeit - allerdings nur insoweit - prinzipiell auch Raum für die Anwendbarkeit des Verbraucherkreditgesetzes auf Miet- und Gebrauchsüberlassungsverträge.

24 Aus der amtliche Begründung BR-Ds 427/89, S. 40) ergibt sich, daß der Gesetzgeber den Kreditkartenkredit als Zahlungsaufschub qualifiziert sehen will.

Zum Problem der Kreditkartenkredite siehe Metz, NJW 1992, 2804.

25 BR-Ds 427/89, S. 39; BT-Ds 11/5462, S. 17; Reinking/Nießen, ZIP 1991, 79 (80).

bei Warenkrediten im Rahmen des § 6 AbzG absieht.[26] Es handelte sich hierbei jedoch stets um einen engen Ausnahmebereich, der hauptsächlich auf die Ausdehnung des Einwendungsdurchgriffes auf Dienstleistungen beschränkt war.[27]

ii) Stundungsvereinbarung im Sinne des Verbraucherkreditgesetzes:

Im Verbraucherkreditgesetz wird nicht speziell definiert, wann von einer Stundungsvereinbarung gesprochen werden kann. Nach allgemeiner Ansicht bedeutet die Stundung das Hinausschieben der Fälligkeit einer Forderung bei Bestehenbleiben ihrer Erfüllbarkeit.[28] Hiernach ist jede Vereinbarung über eine spätere als die ursprüngliche Fälligkeit einer Forderung als Zahlungsaufschub anzusehen. Dies gilt daher prinzipiell auch für gestundete Werklohn- oder

---

26 Z.B. BGH NJW 1986, 3199; BGH WM 1987, 401 = BGH NJW 1987, 1813; Münchener Kommentar, § 609 a BGB, Rdnr. 75 ff.; Palandt-Putzo, Anhang zu § 6 AbzG, Anm. 1 c), Rdnr. 8; Canaris, Rdnr. 1385 ff.; Staudinger/Hopt/Mülbert, Vorbemerkung zu §§ 607 ff. BGB, Rdnr. 389 ff.

27 Siehe oben 1. Kapitel, § 2 B VII sowie unten 3. Kapitel, § 2 B II 3.).

BGHZ 47, 249; BGHZ 47, 253 (254 ff.); BGH LM AGBG § 7 Nr. 1 = NJW 1984, 2816; BGH NJW 1986, 3199 (3200); BGH WM 1987, 401 = NJW 1987, 1813; BGH LM BGB § 242, Nr. 211 = NJW 1978, 1427; BGH LM BGB § 651 a Nr. 1 = ZIP 1982, 155; KG NJW-RR 1986, 476; BGH LM BGB § 242 Nr. 215 = NJW 1979,868; BGH LM BGB 134, 92 = NJW 1980, 1514 (Organisationsleitervertrag); BGH LM BGB § 107 Nr. 39 = NJW 1979,2092 (2095); OLG Schleswig, NJW 1974, 648; LG Augsburg, NJW 1973, 1704.

28 Münchener Kommentar/Keller, § 271 BGB, Rdnr. 15; Palandt-Heinrichs, § 271 BGB, Rdnr. 12.

Honorarforderungen.[29] Eine Stundung im Sinne des Verbraucherkreditgesetzes verlangt gem. § 1 Abs. 2 VKG aber darüber hinaus, daß sie "*entgeltlich*" erfolgt.[30] Dies ist immer der Fall, wenn sich der "gestundete Preis" (also zum Beispiel der Teilzahlungspreis) gegenüber dem "Barzahlungspreis" verteuert.[31]

Ein Zahlungsaufschub im Sinne des § 1 Abs. 2 Var. 2 VKG ist immer gegeben, wenn eine Ratenzahlungsvereinbarung getroffen wurde.[32] Andererseits beschränkt sich der Begriff des Zahlungsaufschubs, wie sich aus dem oben Gesagten ergibt, nicht hierauf. Wichtigstes Kriterium für eine Ratenzahlungsvereinbarung dürfte - vergleichbar der Rechtslage nach dem alten Abzahlungsgesetz - sein, daß

---

29 Zum Beispiel Bülow, NJW 1991, 129 (130); Seibert, § 1 VKG, Rdnr. 1; a.A. wohl Bruchner/Ott/Wagner-Wieduwilt, § 1 VKG, Rdnr. 16.

30 So auch Westphalen/Emmerich/Kessler, § 1 VKG, Rdnr. 107 f. und 116; Ulmer/Habersack, § 1 VKG, Rdnr. 32 und 55; Münstermann/Hannes, § 1 VKG, Rdnr. 103; Medicus, Jura 1991, 561 (562).

31 Westphalen/Emmerich/Kessler, § 1 VKG, Rdnr. 122.

Demgegenüber wird man die Anwendbarkeit des Verbraucherkreditgesetzes bei einer Stundungsvereinbarung zu verneinen haben, selbst wenn der Vergleich unter Mitwirkung eines Rechtsanwalts zustande kommt. Die anwaltliche Vergleichsgebühr nach § 23 BRAGO stellt *kein Entgelt* für die vereinbarte Stundung dar, sondern ist Teil der Rechtsverfolgungskosten (Bandisch, AnwBl 1992, 317 [318]; a.A. Reinking/Nießen, ZIP 1991, 634 [635]).

Ganz allgemein dürfte sich sagen lassen, daß Entgeltlichkeit immer die Vergütung für die vorübergehende Kapitalüberlassung bedeutet. D.h. (Bearbeitungs-)Gebühren u.ä., die die Gegenleistung für *andere* Leistungen als die Kapitalüberlassung darstellen, können im allgemeinen nicht allein zur Begründung der Entgeltlichkeit herangezogen werden (Münstermann/Hannes, § 1 VKG, Rdnr. 104).

32 Westphalen/Emmerich/Kessler, § 1 VKG, Rdnr. 122.

die Parteien vereinbart haben, daß das Entgelt in wenigstens zwei Raten nach Übergabe der Kaufsache zu leisten ist.[33] Ferner kann davon ausgegangen werden, daß sich gegenüber der bisherigen Rechtslage des Abzahlungsgesetzes auch die übrigen Voraussetzungen, unter denen eine Teilzahlungsabrede anzunehmen war, nicht geändert haben. Danach besteht unter dem Geltungsbereich des Verbraucherkreditgesetzes die Möglichkeit fort, eine Teilzahlung sowohl von Anfang an, als auch erst im nachhinein zu vereinbaren,[34] z.B. weil sich der säumige Schuldner außer Stande sieht, den Kaufpreis in *einem* Betrag zurückzuzahlen. Auch im Rahmen der neuen Rechtslage ist in bezug auf die anfängliche oder nachträgliche Vereinbarung von Teilzahlungen von Wichtigkeit, daß sich dadurch der Teilzahlungspreis gegenüber dem ursprünglichen Barzahlungspreis erhöhen muß.[35] Andernfalls findet das Verbraucherkreditgesetz keine Anwendung. Der "unentgeltliche" Zahlungsaufschub wird hiernach nicht erfaßt, weil er im Vergleich zur ursprünglichen Barzahlungsabrede für den Verbraucher keine zusätzlichen Belastungen enthält, sondern ihm aus-

---

33 BGHZ 70, 378 (380 ff.); Palandt-Putzo, Einführung Abzahlungsgesetz (bis 50. Auflage), Anm. 2 b) cc), Rdnr. 9 bzw. dies., § 1 VKG, Rdnr. 6 (ab 51. Auflage); Münchener Kommentar/Westermann, § 1 AbzG, Rdnr. 16.

Nach BGHZ 70, 378 (380) waren schon im Rahmen des alten Abzahlungsgesetzes für die Annahme eines Abzahlungskaufes nicht drei Raten Mindestvoraussetzung. Dies wurde nur von § 4 Abs. 2 AbzG für die Möglichkeit zur Gesamtfälligkeitsstellung vorausgesetzt, stellte aber im übrigen kein Wesensmerkmal des Abzahlungskaufes dar.

34 BGHZ 70, 378 (383); Münchener Kommentar/Westermann, § 1 AbzG, Rdnr. 18; BR-Ds 427/89, S. 39; Vortmann, § 1 VKG, Rdnr. 50.

35 Münchener Kommentar/Westermann, § 1 AbzG, Rdnr. 18; BR-Ds 427/89, S. 39; BT-Ds 11/5462, S. 17; Reinking/Nießen, ZIP 1991, 79 (80).

schließlich zum Vorteil gereicht. Ebenso sind nach dem Willen des Gesetzgebers Prämienzahlungen für Versicherungen ausgenommen.[36]

cc) Sonstige Finanzierungshilfen (§ 1 Abs. 2 S. 1 Var. 3 VKG):

i) Sonstige Finanzierungshilfen im allgemeinen:

Unter den sachlichen Anwendungsbereich des Verbraucherkreditgesetzes fällt schließlich auch *jede sonstige Finanzierungshilfe*. Eine Definition dessen, was unter sonstiger Finanzierungshilfe zu verstehen ist, enthält das Gesetz nicht. Lediglich das Leasing war noch in den vorausgegangenen Entwurfsfassungen bis zum Entwurf der Bundesregierung vom 11. August 1989, wie er dem Bundesrat zugeleitet wurde, in diesem Zusammenhang gesondert erwähnt worden.[37] Daraus lassen sich für die vorliegende Endfassung des Gesetzes einige Interpretationshilfen entnehmen.

Unter Heranziehung allein grammatikalischer Auslegungsgrundsätze ist der Begriff der sonstigen Finanzierungshilfe in einem sehr weiten Sinne zu verstehen.[38] Nahezu jedes beliebige Rechtsgeschäft, das den Verbraucher zum Erwerb oder zur Benutzung berechtigt und nicht schon unter den Begriff des Darlehens oder Zahlungsaufschubs sub-

---

[36] BT-Ds 11/5462, S. 17; vgl. auch amtliche Begründung zum 1. Referentenentwurf vom Juni 1988, S. 18.

[37] BR-Ds 427/89, § 1 Abs. 2 S. 2 VKG (Regierungsentwurf); BT-Ds 11/5462.

[38] Für eine weite Auslegung auch Emmerich/Münstermann /Wagner-Wieduwilt, S. 9.

sumiert werden kann, könnte demzufolge als sonstige Finanzierungshilfe zu qualifizieren sein.[39]

Das Abgrenzungsproblem gewinnt bezüglich Mietverträgen und sonstiger Gebrauchsüberlassungs- / Nutzungseinräumungsverträgen besondere praktische Relevanz. Der Wortlaut des § 1 Abs. 2 VKG an sich würde einer Einbeziehung dieser Vertragsarten unter den Geltungsbereich des Verbraucherkreditgesetzes nicht entgegenstehen. Diese Auffassung könnte sich auf die Ausnahmevorschrift des § 3 Abs. 2 Nr. 1 VKG stützen, wonach das Verbraucherkreditgesetz partielle Anwendung selbst auf Finanzierungsleasingverträge findet. Echte Finanzierungsleasingverträge zählen zu denjenigen Vertragsformen, bei denen die Einräumung der bloßen Nutzungsmöglichkeit, nicht aber die Übertragung der Sachsubstanz im Vordergrund steht. Demzufolge läge der Schluß nahe, alle Vertragsformen, die eine Nutzungs- und Gebrauchsüberlassung finanzieren, unterstünden gleichfalls dem Geltungsbereich des Gesetzes, und zwar anders als die *echten* Finanzierungsleasingverträge uneingeschränkt. Welche zusätzlichen Probleme hier z.B. im Rahmen von Mietzinsstundungen entstehen würden, läßt sich leicht ermessen.[40]

---

39 Seibert in Hadding/Hopt, Das neue Verbraucherkreditgesetz, S. 19, sieht als Abrenzungskriterium zu anderen Vertragsarten den spezifischen "*Kreditgewährungscharakter*" der sonstigen Finanzierungshilfe.

40 Unterlägen Mietzinsstundungen über drei Monate (§ 3 Abs. 1 Nr 3 VKG) beispielsweise der Formvorschrift des § 4 Abs. 1 S. 2 VKG? Bestünde zwischen § 554 BGB und § 13 VKG möglicherweise ein Konkurrenzverhältnis, wenn der Mieter mit mehreren gestundeten und ratenweise zu tilgenden Mietzinsforderungen in Zahlungsverzug geraten ist?

Demgegenüber ergibt sich für das Verbraucherkreditgesetz bereits aus Art. 2 Abs. 1 lit. b VKG-Richtlinie als EG-rechtliche Vorgabe, daß *echte* Mietverträge nicht erfaßt sein sollen.[41] Wegen Art. 15 VKG-Richtlinie, der zum Schutze der Verbraucher die Möglichkeit weiterreichender Regelungen einräumt, stellt dies aber noch keine unbedingt zwingende Schlußfolgerung dar.

Eine sinnvolle Begrenzung des Regelungsgegenstandes läßt sich von daher nur im Wege einer teleologischen Reduktion des weiten Wortlautes des § 1 Abs. 2 VKG erreichen. Der Gesetzeszweck[42] des neuen Verbraucherkreditgesetzes liegt in der Regelung der besonderen Probleme des Konsumentenkredites begründet. *Konsum* ist dabei als ein auf die Anschaffung und den *Erwerb*, jedoch weniger ein auf die schlichte Nutzung von Gütern und Dienstleistungen ausgerichtetes Verhalten zu verstehen. Finanzierung bedeutet insoweit letztlich die finanzielle Ausstattung zum Zwecke des "endgültigen Behaltendürfens". Andererseits steht bei vielen neuen Finanzierungsformen, wie eben auch beim Leasing, die Gebrauchsverschaffung im Vordergrund.

Aufgrund des rechtlichen und tatsächlichen Ungleichgewichts zwischen der Seite der Kreditwirtschaft und der Seite der kreditnehmenden Verbraucher bedürfen die Letztgenannten im Rahmen der aufgestellten Prämissen eines besonderen Schutzes. Diese rechtliche und tatsächliche Son-

---

Derartige Abgrenzungsfragen dürften zwar in der Praxis eher selten zutage treten. Gleichwohl lassen sich die damit verbundenen Probleme aber schon vom Ansatz her vermeiden, wenn man Gebrauchsüberlassungs- und Nutzungsverträge bereits aus dem Geltungsbereich des Verbraucherkreditgesetzes ausscheidet.

41 Siehe auch Mülbert, WM 1990, 1357 (1358).

42 Siehe hierzu auch Ulmer/Habersack, Vorbemerkung, Rdnr. 1.

derlage ist in den meisten Mietrechtsverhältnissen - die den Hauptanwendungsfall von schlichten Nutzungsüberlassungsverträgen darstellen - entweder nicht gegeben oder durch entsprechende Schutznormen[43] bereits geregelt. Eine (weitere) Regelung durch das Verbraucherkreditgesetz würde sich als überflüssig und systemwidrig erweisen. Der Gesetzeszweck des Verbraucherkreditgesetzes gebietet da-

---

[43] Im Unterschied zum Recht des Leasingvertrages ist das Mietrecht - insbesondere die Wohnraummiete - bereits umfassend normiert:

In den §§ 537 ff. BGB sind beispielsweise die Rechtsfolgen bei Mangelhaftigkeit der Mietsache im Detail geregelt. Demgegenüber fehlen für das Leasing nicht nur äquivalente Regelungen völlig, eine analoge Anwendung der mietrechtlichen Gewährleistungsvorschriften wird meistens durch Allgemeine Geschäftsbedingungen des Leasinggebers abbedungen. Die Rechtsprechung hat derartige Leasingbedingungen als zulässig bestätigt (BGHZ 81, 291; BGHZ 91, 382; BGH NJW 1985, 129). Ungeachtet des Streits darüber, ob die Mietgewährleistungsvorschriften auch bei Mietverträgen im Wege Allgemeiner Geschäftsbedingungen ausgeschlossen werden können (zumindest strittig), erwächst für den privaten Verbraucher beim Leasing ein höheres Maß an Schutzbedürftigkeit. Nach § 537 Abs. 3 BGB kann eine solche Klausel bei der Wohnraummiete nicht wirksam vereinbart werden; die Miete beweglicher Sachen spielt hingegen im Vergleich zum Privatleasing in vielen Bereichen eine - verhältnismäßig - untergeordnete Rolle (vgl. zum Beispiel das Kfz.-Leasing).

Der Kündigungsschutz ist im Bürgerlichen Gesetzbuch - insbesondere bei der Wohnraummiete - sehr mieterfreundlich ausgestaltet (z.B. §§ 556 a ff., 564 a ff.). Umgekehrt definiert das Gesetz eigens die Voraussetzungen, unter denen der Mieter das Vertragsverhältnis selbst durch Kündigung lösen kann (§§ 542. ff.). Allerdings ist zuzugeben, daß beim Finanzierungsleasing nicht die Wohnraummiete, sondern die Miete beweglicher Gegenstände im Vordergrund steht. Dessen ungeachtet kann aber daran festgehalten werden, daß die Problembereiche des Mietrechts bereits umfassend normiert sind und somit grundsätzlich nicht mehr einer ergänzenden Regelung durch das Verbraucherkreditgesetz bedürfen.

her die prinzipielle Ausklammerung von Mietrechts- und sonstigen Gebrauchsüberlassungsverhältnissen.[44]

Zum gleichen Ergebnis führt auch die Auslegung des § 1 Abs. 2 S. 2 VKG, wie er noch im Entwurf der Bundesregierung vorgesehen war, und zwar unter Zugrundelegung der Rechtsprechung zum Leasing als verdecktes Abzahlungsgeschäft.[45]

Danach war

> *ein Leasingvertrag auch als Kreditvertrag anzusehen, wenn die Leasingsache ihrer Substanz nach endgültig auf den Verbraucher übertragen werden sollte.*

Das Verbraucherkreditgesetz wollte in dieser Entwurfsfassung nur dann Leasinggeschäfte erfaßt sehen, wenn dadurch der Verbraucher zu dem substantiellen Erhalt des Gegenstandes befähigt wurde. Zugrunde lag dem die bisherige Rechtsprechung zum Leasinggeschäft als Umgehungsgeschäft im Sinne des § 6 AbzG, wonach aufgrund einer wirtschaftlichen Betrachtungsweise das Leasinggeschäft dann als Kreditgeschäft einzustufen gewesen war, wenn der Leasingnehmer mehr erhielt als die bloße Gebrauchsüberlassung bzw. Einräumung der Nutzungsmöglichkeit. Ziel eines solchen Vertrages mußte insoweit die Herbeiführung der Wir-

---

44 Die Stellungnahme, die der Gesetzgeber in BT-Ds 11/5462, S. 17 f. in bezug auf die Einbeziehung echter Leasingverträge abgibt, spricht gleichermaßen für das Ergebnis der Auslegung.

45 Vgl. z.B. BGHZ 62, 42 (45); BGHZ 68, 118; BGHZ 94, 180; BGH NJW 1980, 234; BGH NJW 1986, 228 (229); Zahn, DB 1991, 81 (v.a. 82); Staudinger/Hopt/Mülbert, Vor §§ 607 ff. BGB, Rdnr. 602; zur Definition des Finanzierungsleasingsvertrages vergleiche auch Scholz, Rdnr. 157, S. 80.

kungen eines (kreditierten) Kaufvertrages gewesen sein.[46] D.h. nur Verträge, die vom wirtschaftlichen Ergebnis aus betrachtet die Übertragung der Sachsubstanz zum Gegenstand hatten, sollten den Begriff des Kreditvertrages erfüllen. Unter das Verbraucherkreditgesetz fallen demnach gleichfalls nur Verträge, die die Finanzierung des Erwerbs oder der Übertragung der Sachsubstanz zum Gegenstand haben,[47] sieht man einmal von den ausdrücklich einbezogenen Finanzierungsleasingverträgen ab (siehe nachfolgend).

ii) Finanzierungsleasingverträge im besonderen:

In der Gesetz gewordenen Fassung wurde der oben zitierte Passus gestrichen und die Ausnahmevorschrift des § 3 Abs. 2 Nr. 1 VKG eingefügt, welche die Anwendung der §§ 4 Abs. 1 S. 2 und 3 (Mindestangaben bei Kreditverträgen im allgemeinen und Sondervorschriften bei Teilzahlungsabreden), 6 (Formmängel), 13 Abs. 3 (Rücktrittsfiktion beim Kreditgeber) sowie 14 VKG (vorzeitige Zahlung) auf Finanzierungsleasingverträge ausschließt. Im Umkehrschluß dazu ist von der Geltung aller übrigen Vorschriften für Finanzierungsleasingverträge auszugehen. Nach der bisherigen Rechtsprechung und Lehre verstand man unter Finanzierungsleasingverträge Verträge, bei denen der Leasinggeber

---

46 BGH NJW 1986, 228 (229); Staudinger/Hopt/Mülbert, Vor §§ 607 ff. BGB, Rdnr. 601; Zahn, DB 1991, 81 (82).

47 Ebenso Bülow, § 1 VKG, Rdnr. 46 f.; Vortmann, § 1 VKG, Rdnr. 48 für den Mietkauf; Westphalen/Emmerich/Kessler, § 1 VKG, Rdnr. 172, wonach Mietverträgen die den Kreditverträgen typische "*Vorfinanzierungsfunktion*" fehle. Vergleiche ferner Seibert, § 1 VKG, Rdnr. 11; Münstermann/Hannes, § 1 VKG, Rdnr. 73 ff.; Scholz, Rdnr. 159, S. 81; Kalt, BB Beilage 9 zu Heft 13/1992, S. 8.

eine Sache oder Sachgesamtheit dem Leasingnehmer gegen ein in Raten gezahltes Entgelt zum Gebrauch überläßt, wobei Gefahr oder Haftung für Instandhaltung, Sachmängel, Untergang und Beschädigung der Sache allein den Leasingnehmer trifft, der Leasinggeber dafür seine Ansprüche hieraus gegen Dritte, insbesondere den Lieferanten, dem Leasingnehmer überträgt.[48] Das Finanzierungsleasing bildet hiervon nur einen, wenngleich den für den privaten Verbraucher häufigsten Unterfall.[49] Andere bekannte Formen stellen das Operating-Leasing,[50] das Immobilienleasing, Herstellerleasing und Null-Leasing dar.[51] § 3 Abs. 2 Nr. 1 VKG beschränkt sich dem Wortlaut nach auf Finanzierungsleasingverträge. Für die Anwendung des Verbraucherkreditgesetzes lassen sich daraus drei Schlußfolgerungen ziehen: Das Verbraucherkreditgesetz gilt erstens grundsätzlich auch für Finanzierungsleasingverträge.[52] Zweitens sind Formen des Leasings nicht erfaßt, die sich auf die bloße Finanzierung der Gebrauchs- bzw. Nutzungs-

---

48 Statt vieler Palandt-Putzo, Einf. v. § 535 BGB, Rdnr. 28; zum Verbraucherkreditgesetz vergleiche Westphalen/Emmerich/Kessler, § 1 VKG, Rdnr. 135 ff. und § 3 VKG, Rdnr. 39 ff., 125; Vortmann, § 1 VKG, Rdnr. 53 ff.; Münstermann/Hannes, § 1 VKG, Rdnr. 78 ff. (insbesondere Rdnr. 80).

49 Palandt-Putzo, Einf. v. § 535 BGB, Rdnr. 30.

50 Ulmer/Habersack, § 1 VKG, Rdnr. 69; Scholz, Rdnr. 159, S. 81.

51 Palandt-Putzo, Einf. v. § 535 BGB, Rdnr. 31 ff.

52 Ebenso Emmerich/Münstermann/Wagner-Wieduwilt, S. 10; Bruchner/Ott/Wagner-Wieduwilt, § 1 VKG, Rdnr. 68, 74 und 91; Münstermann/Hannes, § 1 VKG, Rdnr. 10 und 38; Seibert, § 3 VKG, Rdnr. 10; Kalt, BB Beilage 9 zu Heft 13/1992, S. 8; Reinking/Nießen, ZIP 1991, 634 (637).

überlassung beschränken (so das Operating-Leasing).[53] Drittens erstreckt sich der Anwendungsbereich des Gesetzes uneingeschränkt auf alle übrigen Leasingformen, die nach der bisherigen Rechtsprechung zu § 6 AbzG als (unechte) Leasingverträge eine Übertragung der Sachsubstanz oder wirtschaftlich gleichwertige Ergebnisse zum Ziel hatten.[54] Materiell-rechtlich ändert sich *insoweit* im Vergleich zur bisherigen Rechtslage also wenig.

Demgegenüber wird teilweise die Auffassung vertreten, daß es für nach dem 31.12.1990 geschlossene Leasingverträge

---

53 Zahn, DB 1991, 81 (85); ders. DB 1991, 2171; Seibert, WM 1991, 1445 (1447); Ulmer/Habersack, § 1 VKG, Rdnr. 69; ders. § 3 VKG, Rdnr. 22; Reinicke/Tiedtke, ZIP 1992, 217 (227); Seibert in Hadding/Hopt, Das neue Verbraucherkreditgesetz, S. 20; Bruchner/Ott/Wagner-Wieduwilt, § 1 VKG, Rdnr. 121; Münstermann/Hannes, § 1 VKG, Rdnr. 79; Scholz, Rdnr. 159, S. 81; Kalt, BB Beilage 9 zu Heft 13/1992, S. 8; zur Frage, ob noch andere Leasingformen unter das Verbraucherkreditgesetz fallen, vergleiche v. Westphalen, ZIP 1991, 639; Staudinger/Hopt/Mülbert, Vor §§ 607 ff. BGB, Rdnr. 602 a.E.

54 Slama, WM 1991, 569; Bruchner/Ott/Wagner-Wieduwilt, § 1 VKG, Rdnr. 74; Zahn, DB 1991, 2171 f.

Gemeint sind damit alle (unechten) Leasingverträge, die beispielsweise ein Erwerbsrecht vorsehen oder deren Dauer zum vollständigen Wertverzehr der Sachsubstanz - nicht des bloßen Marktwertes - führen. Dies ist immer der Fall, wenn die Sache dem Leasingnehmer "auf Dauer überlassen" wurde [BGH WM 1986, 228 (229); Staudinger/Hopt/Mülbert, Vor §§ 607 ff. BGB, Rdnr. 601].

Umgekehrt liegt ein echtes Leasinggeschäft und kein Umgehungsgeschäft vor, wenn die Laufzeit des Vertrages begrenzt ist, dem Leasingnehmer kein Erwerbsrecht eingeräumt wurde bzw. sich der Leasinggeber die Rücknahme und weitere Verwendung des Leasinggutes vorbehalten hat (BGH NJW 1980, 234; Staudinger/Hopt/Mülbert, Vor §§ 607 ff. BGB, Rdnr. 602).

auf diese Unterscheidung nicht mehr ankomme.[55] Dies hätte zur Folge, daß das Verbraucherkreditgesetz für *alle* neu geschlossenen Leasingverträge eine nur eingeschränkte Anwendung nach Maßgabe des § 3 Abs. 2 Nr. 1 VKG finden würde. Im Interesse eines umfassenden Verbraucherschutzes ist eine solche Einordnung abzulehnen.

Dieser Ansicht steht im übrigen auch schon der reine Wortlaut § 3 Abs. 2 Nr. 1 VKG entgegen, der nur von einer Beschränkung auf *Finanzierungsleasingverträge* spricht. Daß der Begriff des Finanzierungsleasingvertrages im Unterschied zur bisherigen Rechtsprechung und Lehre als Oberbegriff für alle Formen des Leasings dienen soll, läßt sich anhand der Gesetzesmaterialien nicht erkennen.[56] Die Unrichtigkeit dieser Auffassung zeigt sich auch am Gang des Gesetzgebungsverfahrens. Die ursprünglichen Gesetzesentwürfe sahen anknüpfend an die bisherige Rechtsprechung zu § 6 AbzG vor, alle (unechten) Leasingverträge als Abzahlungsgeschäfte einzuordnen.[57] Aufgrund der Beschlußempfehlung des Rechtsausschusses des Deutschen Bundestages vom 25.10.1990[58] wurde der Anwendungsbereich des Verbraucherkreditgesetzes - auch -[59] auf (echte) Finanzierungsleasingverträge ausgedehnt, allerdings mit der Einschränkung, daß die Einbeziehung nur erfolgen sollte, soweit nicht kreditvertragsspezifische Re-

---

[55] Seibert, § 3 VKG, Rdnr. 10; Zahn, DB 1991, 81; Schmid-Burgk/Schölermann, BB 1991, 566 (567).

[56] BT-DS 11/8274, S.20 f.

[57] So noch § 1 Abs. 2 S. 2 des Entwurfes der Bundesregierung vom 11. August 1990.

[58] BT-Ds 11/8274, S. 21.

[59] BT-DS 11/8274, S.20 f. will letztlich die Unterscheidung zwischen Leasingverträgen, die zur Übertragung der Sachsubstanz führen, und Finanzierungsleasingverträgen nicht aufgeben.

gelungen entgegenstünden. Diese entgegenstehenden Regelungen waren ursprünglich noch Anlaß gewesen, die echten Finanzierungsleasingverträge in ihrer Gesamtheit aus dem Verbraucherkreditgesetz auszuklammern.[60] Weil das Verbraucherkreditgesetz den Schutz des Verbrauchers in bezug auf (unechte) Leasingverträge nicht einschränken, sondern hinsichtlich der (echten) Finanzierungsleasingverträge erweitern will, trifft es nicht zu, nunmehr alle Leasingverträge nur noch nach Maßgabe des § 3 Abs. 2 Nr. 1 VKG dem Verbraucherkreditgesetz zu unterstellen. Die Einbeziehung der reinen Finanzierungsleasingverträge unter wenigstens einen Teil der Schutzbestimmungen des Verbraucherkreditgesetzes ist daher als echte (zusätzliche) Neuerung zu begreifen.[61]

Im übrigen würde die gegenteilige Auffassung möglicherweise gegen Art. 2 Abs. 1 lit. b VKG-Richtlinie verstoßen. Die Richtlinie sieht insoweit die uneingeschränkte Anwendung auf Mietverträge mit Kreditierungsfunktion (Mietkauf) vor, wozu man auch einen (unechten) Leasingvertrag mit Kaufoption des Leasingnehmer wird zählen müssen.[62]

Finanzierungsleasingverträge bedürfen danach nunmehr künftig der Schriftform (§ 4 Abs. 1 S. 1 VKG), was aber im Hinblick auf die gängige Praxis ohnehin schon zum rechtlichen Standard gehört.[63] Die Pflicht zur Aufnahme

---

60 Vgl. noch BR-Ds 427/89, S. 39.

61 Im Ergebnis wohl ebenso Slama, WM 1991, 569; Reinking/Nießen, ZIP 1991, 79 (86); Zahn, DB 1991, 2171 f.; vgl. ferner Ulmer/Habersack, § 1 VKG, Rdnr. 68 ff., insbesondere auch Rdnr. 70; Kalt, BB Beilage 9 zu Heft 13/1992, S. 8.

62 So Ulmer/Habersack, § 3 VKG, Rdnr. 22.

63 Zahn, DB 1991, 81 (82); Kalt, BB Beilage 9 zu Heft 13/1992, S. 8 (10).

bestimmter inhaltlicher Mindestangaben gem. § 4 Abs. 1 S. 2 VKG ist auf Finanzierungsleasingverträge hingegen nicht zu erstrecken.[64] Als demgegenüber anwendbar erweisen sich das Widerrufsrecht des § 7 Abs. 1 VKG, aufgrund dessen der Leasingnehmer den Leasingvertrag künftig binnen Wochenfrist widerrufen kann, und die Anknüpfung der Kündigung an die Voraussetzungen der §§ 12 Abs. 1 bzw. 13 Abs. 1 VKG.[65] Nach § 18 S. 1 VKG kann von diesen und den sonst noch anzuwendenden Vorschriften des Verbraucherkreditgesetzes nicht zu Lasten des Verbrauchers abgewichen werden.

Im Hinblick auf den Bedeutungszuwachs, den das private Leasing für den Verbraucher nicht zuletzt im Rahmen des Kfz.-Leasing erlangt hat, erscheint die umfassende Einbeziehung unter den Schutzbereich des Verbraucherkreditgesetzes angemessen. Allerdings gereichen die auf das Fi-

---

64 Eine Pflicht zur Angabe des effektiven Jahreszinses würde damit nicht bestehen (vgl. § 4 Abs. 1 S. 2 Nr. 2 lit. d VKG). Zu Unklarheiten führt in diesem Zusammenhang allerdings Absatz 2 derselben Vorschrift, die nach § 3 Abs. 2 Nr. 1 VKG nicht ausgeschlossen ist. Palandt-Putzo, § 3 VKG, Rdnr. 7, folgert hieraus die zwingende gesetzliche Pflicht zur Angabe des effektiven Jahreszinses auch bei Finanzierungsleasingverträgen. § 4 Abs. 2 VKG enthält aber nur eine Definition bezüglich der Vorschrift des § 4 Abs. 1 S. 2 Nr. 2 lit. d VKG. Ohne die Pflicht, den effektiven Jahreszins anzugeben, läuft Absatz 2 nach richtiger Auffassung leer. D.h. wenn auch in der Praxis üblich - für kaum einen (Finanzierungs-)Leasingvertrag wird im Geschäftsverkehr nicht mit einem besonders günstigen effektiven Jahreszins geworben -, besteht für (echte) Finanzierungsleasingverträge keine Pflicht zur Angabe des effektiven Jahreszinses. Immerhin zeigt die von Palandt-Putzo a.a.O. geäußerte Ansicht ein weiteres Mal, daß das Verbraucherkreditgesetz durch seine unzureichende Abstimmung noch viele Streitfragen aufwerfen wird.

nanzierungsleasing anzuwendenden Vorschriften - neben deren unbestreitbaren Verbesserungen - dem Leasingnehmer im Vergleich zur bisherigen Rechtslage nicht immer unbedingt zum Vorteil. Beispielsweise braucht der Leasinggeber nach § 11 Abs. 1 VKG künftig seinen Verzugszinsschaden nicht mehr konkret darzulegen, sondern kann ohne jeglichen weiteren Nachweis den pauschalen Verzugszins von 5 % über dem jeweiligen Diskontsatz der Deutschen Bundesbank fordern.[66]

b) Kreditvermittlungsverträge:

Der zweite Grundtypus von Verträgen, auf die das Verbraucherkreditgesetz anzuwenden ist, sind die sog. Kredit*vermittlungs*verträge i.S.d § 1 Abs. 3 VKG. Nach der gesetzlichen Definition handelt es sich hierbei um Verträge, bei denen es ein

> *Kreditvermittler unternimmt, einem Verbraucher gegen Entgelt einen Kredit zu vermitteln oder ihm die Gelegenheit zum Abschluß eines Kreditvertrages nachzuweisen.*

§ 1 Abs. 3 VKG enthält für das bundesdeutsche Kreditrecht ein Novum. Erstmals ausdrücklich normiert werden Bestimmungen über die sog. "*Kreditvermittlungsverträge*". Die Vorschrift begnügt sich insoweit allerdings mit einer bloßen Beschreibung der Tätigkeit eines Kreditvermittlers. Wie ein solcher Kreditvermittlungsvertrag im Hinblick auf die im Bürgerlichen Gesetzbuch bzw. Handelsgesetzbuch durchnormierten Vertragstypen einzuordnen ist,

[65] Zahn, DB 1991, 81 (84); Kalt, BB Beilage 9 zu Heft 13/1992, S. 8 (11); Reinking/Nießen, ZIP 1991, 634 (637 ff.).

bleibt offen. In Frage kommen Dienstvertrag gem. §§ 611 ff. BGB, Maklervertrag gem. §§ 652 ff. BGB, 93 ff. HGB oder Geschäftsbesorgungsvertrag gem. § 675 BGB.[67]

Die Aufgabenbestimmung des Kreditvermittlers "einen Kredit zu vermitteln oder die Gelegenheit zum Abschluß eines Kreditvertrages nachzuweisen", deutet darauf hin, daß als Vorbild der Maklervertrag im Sinne der §§ 652 ff. BGB gedient hat.[68]

Derjenige, der zu Zwecken der Kreditvermittlung tätig wird, tritt in aller Regel für Dritte auf, was vom Erscheinungsbild her für die Einstufung als Maklervertrag spricht. Solange die §§ 14 ff. VKG keine abschließenden Sonderregeln beinhalten, kann in Konsequenz dessen bei Bedarf auf die Vorschriften des Bürgerlichen Gesetzbuchs zurückgegriffen werden.[69]

Eine Kreditvermittlung im Sinne des Gesetzes ist in folgenden zwei Fällen anzunehmen:

Die eine Möglichkeit besteht in der *Vermittlung* eines Kreditvertrages. Unter Vermittlung ist die bewußte, finale Herbeiführung der Abschlußbereitschaft des Ver-

---

66 Zahn, DB 1991, 81 (84).

67 Gilles, ZRP 1989, 299 (305); Bülow, NJW 1991, 129 (133); Ulmer/Habersack, § 1 VKG, Rdnr. 72 ff.; Westphalen/Emmerich/Kessler, § 1 VKG, Rdnr. 179 f.; Bruchner/Ott/Wagner-Wieduwilt, § 1 VKG, Rdnr. 136 ff.; Münstermann/Hannes, § 15 VKG, Rdnr. 793; Seibert, § 1 VKG, Rdnr. 12 f.; Simon, S. 33.

68 BT-Ds 11/5462, S. 18; Bülow, NJW 1991, 129 (133).

69 Auch Gilles, ZRP 1989, 299 (303) sieht in den Vorschriften des Verbraucherkreditgesetzes über Kreditvermittlungsverträge letztlich nur *spezielles Maklerrecht*.

tragspartners zu verstehen.[70] Der Kreditvermittler wird dabei im Auftrage des um einen Kredit bemühten Verbrauchers (Auftraggeber) tätig und tritt in Verhandlungen mit potentiellen Kreditgebern ein. Wichtig erscheint, daß der Vermittler mit beiden Vertragsparteien verhandeln muß und dadurch zum Vertragsschluß beiträgt.[71]

Demgegenüber beschränkt sich der *Nachweis* der Gelegenheit zum Abschluß eines Kreditvertrages darauf, dem Verbraucher einen Kreditgeber zu benennen, der unter Umständen zum Abschluß des eines Kreditvertrages bereit ist. Es genügt, wenn der Kreditnehmer durch die Tätigkeit des Kreditvermittlers Kenntnis von der Möglichkeit zu einem Vertragsschluß erhält.[72] Eine Pflicht zur Übernahme weitergehender Vertragsverhandlungen mit dem Kreditgeber besteht für den Kreditvermittler insoweit nicht.

Behandelt man den Kreditvermittlungsvertrag als *echten* Maklervertrag i.S.d. §§ 652 ff. BGB, so schließt dies die Vermittlung eigener Kredite durch die Banken aus. Ein Makler kann nach dem geltenden Recht nicht in eigener Sache tätig werden.[73] Anhaltspunkte dafür, daß die Tätig-

---

[70] BGH NJW 1976, 1844; Münchener Kommentar/Schwerdtner, § 652 BGB, Rdnr. 57; Palandt-Thomas, § 652 BGB, Anm. 3 b), Rdnr. 13; Vortmann, § 16 VKG, Rdnr. 5; Münstermann/Hannes, § 15 VKG, Rdnr. 788; Seibert, § 1 VKG, Rdnr. 13.

[71] Baumbach/Duden/Hopt, § 93 HGB, Anm. 2 B.

[72] Münchener Kommentar/Schwerdtner, § 652 BGB, Rdnr. 62; Palandt-Thomas, § 652 BGB, Anm. 3 a), Rdnr. 11; Baumbach/Duden/Hopt, § 93 HGB, Anm. 2 B; Vortmann, § 16 VKG, Rdnr. 4; Seibert, § 1 VKG, Rdnr. 13; Münstermann/Hannes, § 15 VKG, Rdnr. 788.

[73] Palandt-Thomas, § 652 BGB, Anm. 4 A, Rdnr. 16.

Nach BGH WM 1976, 1158 genügt es sogar, wenn das Unternehmen, mit welchem der Vertrag zustande kommen soll, vom Makler beherrscht wird.

keit als Kreditmakler in einem anderen, vom Grundtyp des Bürgerlichen Gesetzbuchs abweichenden Sinne zu verstehen sei, gehen weder aus dem Gesetz noch aus den ihm zugrunde liegenden Materialien hervor. Die Äußerungen des Gesetzgebers deuten sogar vielmehr auf das Gegenteil hin. Der amtlichen Begründung zum Entwurf der Bundesregierung vom 11. August 1989 zufolge[74] soll die Tätigkeit des Kreditvermittlers als echte Maklertätigkeit eingestuft werden.

Für den Verbraucher hat dies - zumindest die theoretische - Konsequenz, daß er bei einem von einem Kreditgeber für sich selbst vermittelten Kredit, zum Beispiel einem Umschuldungskredit, im Hinblick auf den Kreditvermittlungsvertrag außerhalb des Schutzes des Verbraucherkreditgesetzes stehen würde.[75]

2.) Der persönliche Anwendungsbereich:

Der persönliche Anwendungsbereich ist allein in § 1 Abs. 1 VKG geregelt.

> *Das Verbraucherkreditgesetz findet danach Anwendung auf Kreditverträge und Kreditvermittlungsverträge zwischen Kreditgebern oder Kreditvermittlern und Verbrauchern.*

---

74 BR-Ds 427/89, S. 40.

75 Die Mehrzahl der Kredite werden allerdings über *Kreditvermittler*, die *im Auftrage* der Bank handeln, abgeschlossen. Die praktischen Auswirkungen dieses gesetzgeberischen "Versäumnisses" dürften sich danach in Grenzen halten, so daß von einer schwerwiegenden Lücke für den Verbraucherschutz insoweit wohl nicht gesprochen werden kann. Die Kritik sei aber der Vollständigkeit halber vorgetragen.

Der Umfang des persönlichen Anwendungsbereichs ist die Antwort auf die Frage nach dem schutzwürdigen Personenkreis.[76] Welche Kriterien hierfür anzusetzen sind, ist, wie oben im 1. Kapitel[77] dargestellt, lebhaft umstritten, da sie je nach Standpunkt und Interessenlage erfahrungsgemäß verschieden ausfallen. Um es kurz zu rekapitulieren, werden für die Notwendigkeit eines Verbraucherschutzes an erster Stelle die rechtsgeschäftliche und wirtschaftliche Unerfahrenheit der Verbraucher genannt.[78] Zuzugeben ist andererseits, daß sich das Maß der individuellen Schutzbedürftigkeit nicht für alle Problembereiche des Konsumentenkredits einheitlich und gleich feststellen läßt.[79] Schon zwischen der *persönlichen* Schutzbedürftigkeit der einzelnen Verbraucher(kreise) bestehen erhebliche Diskrepanzen. In *sachlicher* Hinsicht müssen zudem die Einzelprobleme entsprechend ihrer Bedeutung unterschiedlich gewichtet werden. So vermag die Verzugszinsenproblematik für den durchschnittlichen Verbraucher mehr an Risiken zu beinhalten als die Frage der erforderlichen Mindestangaben, bei der noch eher mit der Verständnis- und Umsetzungsfähigkeit des Kreditnehmers gerechnet werden kann. Es ist jedoch als unmöglich anzusehen, für jeden einzelnen in einer Norm behandelten Risikogesichtspunkt - womöglich noch abgestuft nach dem Grad der Schutzbedürftigkeit der jeweils betroffenen Personenkreise - einen besonderen persönli-

---

[76] v. Marschall, S. 120 und S. 147; siehe auch 1. Kapitel, § 2 B I 1.).

[77] Dort § 2 B I 1.).

[78] Hadding, S. 118 ff.; v. Hippel, S. 3 f.; v. Marschall, S. 148.

[79] Hierauf eingehend v. Marschall, S. 148 ff.; Hadding, S. 118 ff.

chen Anwendungsbereich festzuschreiben.[80] Für den Bereich des Verbraucherkredits konnte es daher nur bei der Schaffung eines einheitlich definierten persönlichen Anwendungsbereichs bleiben.

Der Gesetzgeber versuchte den persönlichen Anwendungsbereich von zwei Seiten her einzugrenzen. Einmal nach der Person des Kreditgebers respektive Kreditvermittlers, das andere Mal nach der des Kreditnehmers.

a) Kreditgeber/Kreditvermittler:

De lege lata ist nunmehr gem. § 1 Abs. 1 VKG

> *Kreditgeber, wer einen Kredit in Ausübung seiner gewerblichen Tätigkeit gewährt, vermittelt oder nachweist.*

Bei der kreditgewährenden Person kann es sich folglich sowohl um eine natürliche als auch juristische Person handeln.[81] Eine Beschränkung auf das Privatrecht erfolgt nicht, d.h. Kreditgeber kann auch eine (juristische) Person des Öffentlichen Rechts sein.[82] Für die Person des Kreditgebers ist nur Voraussetzung, daß sie die Kredite im Rahmen ihrer gewerblichen oder beruflichen Tätigkeit

---

80 v. Marschall, S. 148.

81 Eine Beschränkung auf "*Kreditinstitute*" enthält nur § 5 VKG (vergleiche Seibert in Hadding/Hopt, Das neue Verbraucherkreditgesetz, S. 12; ferner Münstermann/Hannes, § 1 VKG, Rdnr. 12 ff.).

82 Ebenso Ulmer/Habersack, § 1 VKG, Rdnr. 8 und 13; Münstermann/Hannes, § 1 VKG, Rdnr. 12 (nicht jedoch die Deutsche Bundespost/Postbank, die Sondervermögen des Bundes sei [Münstermann/Hannes, a.a.O.]).

vergibt.[83] Die Tätigkeit braucht nicht den Charakter einer Haupttätigkeit zu haben; es genügt, wenn sie nebengeschäftlich innerhalb einer ganz anders gearteten gewerblichen oder beruflichen Tätigkeit erfolgt. Zu den insoweit betroffenen Personenkreisen zählen daher beispielsweise nicht nur Banken oder sonstige Finanzierungsinstitute, sondern auch Handwerker und Freiberufler, die ihre Werklohn- bzw. Honorarforderungen stunden, wenn sich dadurch eine Verteuerung zu Lasten des Verbrauchers ergibt (z.B. Verzinsung der noch offenen Restforderung).[84] Dies hat Konsequenzen, deren Tragweite in der Praxis mitunter anfangs noch verkannt werden wird. Von den gesetzlichen Restriktionen des Verbraucherkreditgesetzes sollte aber lediglich die rein private Kreditvergabe ausgeschlossen werden,[85] wobei sich die jeweilige Zweckbestimmung (entweder gewerblich/beruflich selbständig oder privat) nicht ausdrücklich aus dem Vertrag ergeben muß; es genügt, wenn sich diese aufgrund anderer Umstände - unzwei-

---

83 Das Verbraucherkreditgesetz erfaßt daher nicht die Kreditvergabe im Privatbereich, zum Beispiel unter Verwandten, gleichgültig, ob sie entgeltlich oder unentgeltlich erfolgt (Bülow, § 1 VKG, Rdnr. 16; vergleiche auch Westphalen/Emmerich/Kessler, § 1 Rdnr. 12).

Ebensowenig erfaßt zu sein scheint die Vergabe öffentlich geförderter Darlehen, weil es hierbei am Merkmal der "*Gewerblichkeit*" des Handelns fehlen würde (vgl. Seibert in Hadding/Hopt, Das neue Verbraucherkreditgesetz, S. 13; Seibert, § 1 VKG, Rdnr. 1).

84 Bülow, NJW 1991, 129 (130); Scholz, DB 1991, 215; Seibert, WM 1991, 1445; Scholz, Rdnr. 83, S. 48.

85 BR-Ds 427/89, S. 37; BT-Ds 11/5462, S. 17.

Zum Begriff der gewerblichen Tätigkeit vergleiche ferner Westphalen/Emmerich/Kessler, § 1 Rdnr. 15 ff.; Münstermann/Hannes, § 1 VKG, Rdnr. 15 f.

deutig - im Wege der Auslegung ermitteln läßt.[86] § 1 Abs. 1 VKG orientiert sich insoweit an der Vorgabe des Art. 1 Abs. 2 Nr. 2 und 3 der VKG-Richtlinie vom 22. Dezember 1986.

Im wesentlichen Gleiches gilt für die Person des *Kreditvermittlers*. D.h. die Kreditvermittlung hat ebenfalls im Rahmen einer gewerblichen oder beruflichen Tätigkeit zu erfolgen, wobei es sich beim Kreditvermittler wiederum um eine natürliche oder juristische Person handeln kann.[87]

b) Verbraucher:

Der Verbraucherkredit definiert sich nach § 1 Abs. 1 VKG als ein Kreditvertrag oder Kreditvermittlungsvertrag mit einer

> *natürlichen Person, es sei denn, daß der Kredit für eine bereits ausgeübte gewerbliche oder selbständige berufliche Tätigkeit bestimmt ist.*

Die gesetzliche Formulierung ist als das Ergebnis verschiedener Eingrenzungsversuche zur Definition des persönlichen Anwendungsbereiches zu qualifizieren. Im einzelnen ist auf die folgenden Gesichtspunkte gesondert hinzuweisen:

---

86 BT-Ds 11/5462, S. 17; Scholz, DB 1991, 215.

87 Vergleiche zum Beispiel Münstermann/Hannes, § 1 VKG, Rdnr. 17 ff.

aa) Abgrenzungsschwierigkeiten privat - gewerblich/beruflich:

Die gesetzgeberische Intention bezweckte - ungeachtet des Grundsatzstreits über die Schutzbedürftigkeit - den Schutz des privaten Verbrauchers. Das Gesetz geht von einem weiten Verbraucherbegriff aus, ohne zwischen wirtschaftlichen, sozialen und spezifisch persönlichen Kriterien zu unterscheiden.[88] In einer von § 609 a Abs. 1 Nr. 2 BGB bekannten, nicht jedoch mit ihr völlig identischen Negativ-Abgrenzung wird die private Zwecksetzung des Kredits dadurch umschrieben, daß er nicht für eine "*bereits ausgeübte gewerbliche oder selbständige berufliche Tätigkeit bestimmt*" sein darf.[89]

Kritik verdiente hierbei zunächst noch in der ursprünglichen Fassung des 1. Referentenentwurfs vom Juni 1988 die Formulierung "*nicht-gewerbliche*" oder "*nicht-berufliche* Tätigkeit". Das Maß der wirklich notwendigen persönlichen Schutzbedürftigkeit wurde damit nur unzureichend gekennzeichnet. Das - alleinige - Abgrenzungskriterium "nicht-beruflich" und "nicht-gewerblich" führte in "Mischfällen" zu Unklarheiten, wenn die Kreditierung sowohl beruflichen als auch privaten Zwecken diente, z.B. Kauf eines Pkws zu vornehmlich privaten Fahrten, aber auch zur täglichen Fahrt zur Arbeitsstelle. Eine gewisse Abhilfe gelang mit dem 2. Referentenentwurf vom März 1989, der den Begriff der "beruflichen Tätigkeit" um das Wort "*selbständig*" er-

---

88 Seibert, WM 1991, 1445 spricht in diesem Zusammenhang vom "*klassenlosen*" Verbraucherbegriff (vergleiche auch ders. in Hadding/Hopt, Das neue Verbraucherkreditgesetz, S. 13).

89 Zum von § 609 a Abs. 1 Nr. 2 BGB verwendeten Verbraucherbegriff siehe Staudinger/Hopt/Mülbert, § 609a BGB, Rdnr. 17.

gänzte.[90] Diese nunmehr Gesetz gewordene Fassung bedeutet, daß der persönliche Anwendungsbereich insoweit eine Ausdehnung erfährt, als Kredite, die ein unselbständiger Arbeitnehmer zu beruflichen Zwecken aufnimmt, gleichermaßen erfaßt sind.[91] Bezüglich dieser Personengruppe ist damit ein Teil der Abgrenzungsprobleme beseitigt worden. Bei der Kreditaufnahme eines Freiberuflers bleiben sie hingegen im Einzelfall bestehen. Die *amtliche* Begründung besagt zwar, daß *im Zweifel* das Gesetz anzuwenden sei,[92] eine *gesetzliche* Auslegungsregel oder Fiktion existiert allerdings nicht.[93]

Das Bürgerliche Gesetzbuch nimmt in § 609 a Abs. 1 Nr. 2 BGB eine eigene Abgrenzung vor. Danach soll ein Verbraucherkredit nicht vorliegen,

> *wenn das Darlehen ganz oder überwiegend für Zwecke einer gewerblichen oder beruflichen Tätigkeit bestimmt war.*

Es zeigt sich, daß sich beide Definitionen nicht völlig zur Deckung bringen lassen, so daß ein inhaltliches Aus-

---

90 Bei dem negativen Abgrenzungskriterium der Nicht-Gewerblichkeit geht der Gesetzgeber vom herrschenden Gewerbebegriff aus, dem die Selbständigkeit der Ausübung bereits immanent ist.

91 Ebenso Vortmann, § 1 VKG, Rdnr. 5.

92 BR-Ds 427/89, S. 37; BT-Ds 11/5462, S. 17.

93 Zur Problematik der "Mischfälle" vergleiche ferner Ulmer/Habersack, § 1 VKG, Rdnr. 26; Vortmann, § 1 VKG, Rdnr. 6; Emmerich/Münstermann/Wagner-Wieduwilt, S. 14; Münstermann/Hannes, § 1 VKG, Rdnr. 35 f.

einanderfallen der beidesmal verwendeten Begriffe des Verbraucherkredits zu befürchten ist:[94]

Das *Bürgerliche Gesetzbuch* stellt bei der Feststellung darüber, ob ein Verbraucherkredit vorliegt, zunächst auf die (subjektive) Zweckbestimmung der Darlehensvergabe ab.[95] Dies bereitet keine Schwierigkeiten, wenn die geplante Verwendung ausdrücklich im Vertrag geregelt ist.[96] Schwieriger gestaltet sich die rechtliche Einordnung, wenn hierüber nur eine konkludente Einigung vorliegt, da der Darlehensgeber insoweit in Beweisschwierigkeiten ge-

---

94 Wie im weiteren noch zu zeigen sein wird, handelt es sich hierbei nicht um den einzigen Unterschied. Abweichungen resultieren auch daraus, daß das Verbraucherkreditgesetz im Unterschied zu § 609 a Abs. 1 Nr. 2 BGB nunmehr auch grundpfandrechtlich gesicherte Kredite (teilweise) in seinen Schutzbereich miteinbezieht. Zwar hat dies die vom Gesetzgeber im Hinblick auf die grundpfandrechtlich gesicherten Darlehen den beabsichtigten Effekt, diese auch weiterhin nicht nach § 609 a Abs. 1 Nr. 2 BGB kündigen zu können - die Vorschrift des § 14 VKG gilt nur für Abzahlungsgeschäfte; dieses Ergebnis hätte aber nicht zwingenderweise durch eine unterschiedliche Begriffsdefinition erzielt werden müssen. Die gesetzestechnisch bessere Lösung hätte in einer einheitlichen Definition bei gleichzeitiger Normierung einer entsprechenden Ausnahme gelegen.

95 Staudinger/Hopt/Mülbert, § 609a BGB, Rdnr. 19.

96 Für die Zweckbestimmung nach dem Verbraucherkreditgesetz ist der *Zeitpunkt des Vertragsschlusses* entscheidend; sich danach ergebende Änderungen beeinflussen die vorgenommene Einordnung nicht mehr (Münstermann/Hannes, § 1 VKG, Rdnr. 33; Seibert, § 1 VKG, Rdnr. 3).

raten kann.[97] Läßt sich keine vertraglich festgelegte Zweckverwendung ermitteln, ist die Zuordnung des Darlehens anhand objektiver Kritierien vorzunehmen.[98] In diesem Fall wird es entscheidend darauf ankommen, ob die endgültige Darlehensverwendung einen *überwiegend* privaten Charakter hat.[99] Offen bleibt, wann dieser Grad erreicht ist. Mangels gegenteiliger Angaben wird dies jedenfalls dann anzunehmen sein, wenn die 50-%-Marge zugunsten privater Zweckbestimmung überschritten ist.[100] Als Bemessungsgrundlage ist der ziffernmäßige Darlehensbetrag an-

---

97 Staudinger/Hopt/Mülbert, § 609 a BGB, Rdnr. 19; zur Beweislast im Rahmen des Verbraucherkreditgesetzes siehe auch Ulmer/Habersack, § 1 VKG, Rdnr. 27; Vortmann, § 1 VKG, Rdnr. 12; Münstermann/Hannes, § 1 VKG, Rdnr. 28; Reich in Hadding/Hopt, Das neue Verbraucherkreditgesetz, S. 35 f.; Scholz, Rdnr. 86, S. 48; Reinking/Nießen, ZIP 1991, 634; Reinicke/Tiedtke, ZIP 1992, 217; v. Heymann, WM 1991, 1285 (1286 f.).

98 Staudinger/Hopt/Mülbert, § 609a BGB, Rdnr. 20; Seibert, § 1 VKG, Rdnr. 3.

Soweit § 344 Abs. 1 HGB zur Anwendung gelangt, dürfte sich jedoch die Beweislast zu Lasten des Kreditnehmers umkehren (Reinking/Nießen, ZIP 1991, 634; Scholz, Rdnr. 91, S. 50; ders., DB 1991, 219; a.A. Reinicke/Tiedtke, ZIP 1992, 217: Aus der Formulierung "*es sei denn* ..." in § 1 Abs. 1 VKG folge eine selbständige und abschließende Beweislastregel; so wohl auch Münstermann/Hannes, § 1 VKG, Rdnr. 36).

99 Staudinger/Hopt/Mülbert, § 609a BGB, Rdnr. 20; für das Verbraucherkreditgesetz zum Beispiel Reinicke/Tiedtke, ZIP 1992, 217.

100 Auch Emmerich/Münstermann/Wagner-Wieduwilt, S. 14, und Bruchner/Ott/Wagner-Wieduwilt, § 1 VKG, Rdnr. 36, lassen für die Anwendbarkeit des Verbraucherkreditgesetzes eine mindestens 50-%-ige private Nutzung genügen. Nach Reinking/Nießen, ZIP 1991, 79 (81), ist hingegen zumindest für Minderkaufleute und Freiberufler eine *ausschließliche* private Nutzung erforderlich.

zusetzen.[101] Bei gemischten Nutzungen, wie im obigen Beispiel des sowohl für Privatfahrten als auch für Fahrten zur Arbeitsstätte eingesetzten Pkws, wird auf den Schwerpunkt des Gebrauchs abzustellen sein.[102] Danach ist das Darlehen für einen Pkw, der von einem unselbständigen Arbeitnehmer beispielsweise zu 70 % für die tägliche Fahrt zur Arbeit in Anspruch genommen wird, gem. § 609 a Abs. 1 Nr. 2 BGB nicht als Verbraucherkredit zu bewerten.[103]

Nach dem *Verbraucherkreditgesetz* kommt es hingegen auf die *überwiegende* (unselbständige) berufliche Nutzung gerade nicht an. Vielmehr genügt es, um dem Anwendungsbereich des § 1 Abs. 1 VKG zu unterliegen, daß das Darlehen nicht zu einer "*selbständigen* beruflichen Tätigkeit bestimmt" ist. Eine Zuordnung nach dem Grad der Nutzung findet nach dem Verbraucherkreditgesetz nicht statt.[104]

Eine inhaltliche Abweichung zwischen § 1 Abs. 2 VKG und § 609 a Abs. 1 Nr. 2 BGB lag mit Sicherheit nicht in der gesetzgeberischen Intention. Zu ihr dürfte es in den meisten Fällen vermutlich auch nicht kommen. In bestimmten Fallkonstellationen wird sich aber ein abweichendes Er-

---

Vergleiche ferner Scholz, Rdnr. 90, S. 49.

[101] Palandt-Putzo, § 609 a BGB, Anm. 2 a) bb), Rdnr. 8.

[102] Im Ergebnis so wohl auch Häuser/Welter, NJW 1987, 17 (20).

[103] Wie der Umfang der beruflichen/privaten Nutzung im Zeitpunkt der Kreditaufnahme allerdings *zuverlässig* festgestellt werden kann, stellt ein für die Praxis kaum lösbares Problem dar.

gebnis in letzter Konsequenz nicht vermeiden lassen, was bei sorgfältigerer Abstimmung nicht notwendig gewesen wäre, wie es sich überhaupt fragt, warum die im Bürgerlichen Gesetzbuch geregelte Bestimmung über Verbraucherkredite keine Aufnahme in das Verbraucherkreditgesetz gefunden hat. Hierauf wird im späteren noch einzugehen sein.[105]

Immerhin führt die so formulierte Negativabgrenzung zu einem weiteren Anwendungsbereich als es mit einer Positivabgrenzung jemals möglich gewesen wäre,[106] vorausgesetzt es bleibt zugunsten eines weitreichenden Verbrau-

---

104 Im Rahmen des obigen Beispiels würde ein Arbeitnehmer mit einem zu 70 % beruflich genutzten Pkw nach § 609 a Abs. 1 Nr. 2 BGB sein hierfür bei einer Bank aufgenommenes Darlehen nicht, sein Kollege, der eine entsprechende Teilzahlungsvereinbarung mit seinem Kfz-Unternehmen getroffen hat, nach § 14 VKG hingegen sehr wohl kündigen können.

105 Daß das Abstellen auf die "*überwiegende*" Art der Nutzung nicht unbedingt zu sinnvolleren Ergebnissen führt, zeigt sich, um bei obigem Beispiel zu bleiben, daran, daß, wenn man bei zwei Arbeitnehmern die gleiche Wegstrecke zum Arbeitsplatz annimmt und der eine sein Auto zur Freizeitgestaltung kaum, der andere in einem über die berufliche Nutzung weit hinausgehenden Rahmen gebraucht, bei jenem der beruflich bedingte Einsatz *prozentual* sehr hoch, bei diesem sehr niedrig liegt. Daran anknüpfend würde dem ersteren das Recht zur Kreditkündigung unter den Voraussetzungen des § 609 a Abs. 1 Nr. 2 BGB verweigert, dem letzteren hingegen gewährt werden, ohne daß dies sachlich gerechtfertigt wäre. Im Gegenteil könnte argumentiert werden, daß derjenige, welcher sich zur berufsbedingten Kreditfinanzierung gezwungen sieht, als schutzwürdiger anzusehen ist als der, bei welchem der Freizeitaspekt im Vordergrund steht. Eine diesbezüglich überzeugendere Abgrenzung aus Anlaß des Verbraucherkreditgesetzes ist nicht erfolgt.

106 Häuser/Welter, NJW 1987, 17 (20).

cherschutzes - insbesondere auch in Zweifelsfällen - bei einer großzügigen Anwendung des Gesetzes.[107]

bb) Kein Schutz für Minderkaufleute:

Gegenüber der Vorschrift des § 8 AbzG fällt auf, daß nunmehr Minderkaufleute aus dem Schutzbereich des Gesetzes herausfallen.[108] Der Gesetzgeber unterstellt insoweit, daß die selbständige Berufsausübung als Anknüpfungspunkt für die Schutzbedürftigkeit genüge.[109] Dies ist allenfalls insoweit richtig, als er sich auf die durch besondere Ausbildung und Berufserfahrung von Handwerkern, Landwirten und Angehörigen freier Berufe erworbenen Sachkenntnisse bezieht. Wie oben bereits dargelegt,[110] resultiert daraus aber häufig eine geringere Schutzwürdigkeit nur für partielle Bereiche. Das Abgrenzungskriterium der "Nicht-Beruflichkeit" oder "Nicht-Gewerblichkeit" erscheint jedoch für Personenkreise wenig sachgerecht, denen es trotz formaler Selbständigkeit gerade an den unterstellten Kenntnissen und Erfahrungen fehlt. So besitzt

---

107 Nach Medicus, Jura 1991, 561 (562), soll das Verbraucherkreditgesetz stets zur Anwendung gelangen, wenn kein Verwendungszweck bestimmt ist. Ähnlich Reich in Hadding/Hopt, Das neue Verbraucherkreditgesetz, S. 35 f. ("*in dubio pro consumatore*") sowie Münstermann/Hannes, § 1 VKG, Rdnr. 37; Scholz, Rdnr. 90, S. 49.

Vergleiche ferner Seibert, § 1 VKG, Rdnr. 3, wonach die Anwendung des Verbraucherkreditgesetzes bei Krediten an natürliche Personen aufgrund der Formulierung in § 1 Abs. 1 VKG der Regelfall und die Nichtanwendbarkeit die Ausnahme sein soll.

108 Gilles, ZRP 299 (305); Bülow, § 1 VKG, Rdnr. 20 ff.; kritisch: Bender, VuR 1991, 197 (199).

109 BR-Ds 427/89, S. 37 f.; BT-Ds 11/5462, S. 17.

110 Siehe oben Kapitel 1, § 1 B I m.w.N.

der Inhaber eines Kleinstbetriebes, z.B. des berühmten "Tante-Emma-Ladens" oder einer "Würstchenbude", in aller Regel nicht entscheidend mehr an geschäftlicher Erfahrung als der typische Durchschnittsverbraucher,[111] den es hier zu schützen gilt. Allein die Tatsache, daß der Kredit dem Geschäftsbetrieb dient, rechtfertigt die Ausgrenzung nicht, zumal es sich bei der Aufnahme von Krediten durch Klein(st)gewerbetreibende überwiegend um Ratenkredite und nicht um die ganz anders kalkulierten Geschäftskredite handelt.[112] Hinzutritt die Schwierigkeit nachzuweisen, wofür ein - zumeist nicht zweckgebundener - Ratenkredit vom Inhaber eines derartigen Kleingewerbebetriebes tatsächlich aufgenommen und verwendet wird.[113]

Im Unterschied zur bisherigen Rechtslage scheiden mit der vorgenommenen Abgrenzung auf Verbraucherseite auch alle juristische Personen aus dem Anwendungsbereich aus. Bislang war es möglich, daß eine juristische Person aus-

---

111 v. Marschall, S. 149.

112 v. Marschall, S. 150; Bender, VuR 1991, 197 (199).

113 Gilles, ZRP 299 (305); Lwowski in Hadding/Hopt, Das neue Verbraucherkreditgesetz, S. 50.

Dem Argument des Gesetzgebers, daß es bei der Einbeziehung von Kleingewerbetreibenden in den Schutzbereich des Verbraucherkreditgesetzes zu Abgrenzungsschwierigkeiten gekommen wäre (BT-Ds 11/5462, S. 17), kann dabei nicht gefolgt werden. Über § 8 AbzG i.V.m. §§ 1 ff. HGB konnte regelmäßig sehr wohl eine befriedigende Abgrenzung gegenüber Vollkaufleuten vorgenommen werden. Aufgrund der aufgezeigten prinzipiellen Schutzbedürftigkeit der Kleingewerbetreibenden hätten Abgrenzungsschwierigkeiten im Einzelfall nicht den Ausschlag geben dürfen, diese Gruppe vollständig aus dem Anwendungsbereich auszuklammern.

nahmsweise unter den Geltungsbereich des Abzahlungsgesetzes fiel, wenn sie keine Kaufmannseigenschaft besaß.[114]

cc) Existenzgründungsdarlehen:

In bezug auf die geschützten Personenkreise bedeutet das Verbraucherkreditgesetz gegenüber dem alten Abzahlungsgesetz eine Verschlechterung, die auch nicht durch die Aufnahme der Existenzgründungsdarlehen kompensiert werden kann.[115] Deren Einbeziehung in den Geltungsbereich des Verbraucherkreditgesetzes ist erst kurzfristig gegen Ende der Gesetzgebungsarbeiten vorgenommen worden.[116]

(Existenzgründungs-)Darlehen[117] unterliegen hiernach ausnahmsweise dem Geltungsbereich des Verbraucherkreditgesetzes,

---

114 Dies ergibt sich zumindest mittelbar aus den Entscheidungsgründen von BGH WM 1986, 228 (229), worauf Scholz, DB 1991, 215 mit Recht hinweist. Im zugrunde liegenden Sachverhalt war ein Bundesland auf Zahlung verklagt worden, nachdem die "fototechnische Zentralstelle einer Universität" eine entsprechende Vereinbarung eingegangen war.

Vergleiche ferner: Bülow, § 1 VKG, Rdnr. 20.

115 So aber die gesetzgeberische Motivation (BT-Ds 11/8274, S. 20; vgl. auch Lwowski in Hadding/Hopt, Das neue Verbraucherkreditgesetz, S. 50).

116 Vgl. noch § 1 Abs. 1 VKG auf Grundlage von BT-Ds 11/8274.

Siehe auch Seibert, WM 1991, 1445 (1446).

117 Insbesondere auch diejenigen mit (gewerblich/freiberuflich) selbständigem Charakter.

wenn sie nicht nach dem Inhalt des Vertrages für eine bereits ausgeübte gewerbliche oder selbständige berufliche Tätigkeit bestimmt sind.

Der Gesetzgeber gesteht damit all denjenigen Kreditnehmern, die sich um den Aufbau einer eigenen gewerblichen oder beruflich selbständigenen Existenz bemühen, ein dem Verbraucher vergleichbares Schutzbedürfnis zu.[118] Diese Maßnahme mit durchaus auch investitionspolitischem Charakter verdient insoweit Zustimmung, als sie eine Gruppe einbezieht, die in der Phase der Existenzgründung ebenfalls eines gesteigerten Schutzes angesichts ihrer zumeist angespannten finanziellen Ertragslage bedarf. Innerhalb eines Gesetzes zum Schutze *verbraucher*politischer Belange mutet eine derartige Einbeziehung aber dennoch wie ein Fremdkörper an.[119]

Nicht zu erklären vermag der Gesetzgeber damit auch, warum er die sonstigen Kleingewerbetreibenden ausklammert. Zwar dürfte sich diese Gruppe in ihrem Gewerbe- und Berufszweig in aller Regel weitgehend etabliert haben; dies muß aber nicht automatisch die Unabhängigkeit von Krediten bedeuten. Ebensowenig kann hier allgemein von einer stets ausreichenden Kenntnis der Kredit(vergabe)praxis ausgegangen werden.

---

118 BT-DS 11/8274, S. 20.

Zum Existenzgründungsdarlehen vergleiche auch den Beitrag von Lwowski in Hadding/Hopt, Das neue Verbraucherkreditgesetz, S. 49 ff.; ferner Scholz, Rdnr. 87, S. 49.

119 Vergleiche hierzu etwa die von Bülow, § 1 VKG, Rdnr. 26, gebildeten Beispiele.

Weiter ergeben sich Probleme, wie die Phase der Existenzgründung von der ausgeübten Tätigkeit abzugrenzen ist.[120] Das Gesetz selbst spricht nur von der "*bereits ausgeübten*" Tätigkeit (§ 1 Abs. 1 VKG) bzw. der "*Aufnahme einer gewerblichen oder selbständigen beruflichen Tätigkeit*" (§ 3 Abs. 1 Nr. 2 VKG. Eine eindeutige Grenzziehung ist damit nicht erfolgt. Der Gesetzeszweck unterstellt, daß der Gewerbetreibende und der beruflich Selbständige aufgrund ihrer Berufserfahrung die Tragweite der Kreditaufnahme übersehen.[121] Es erscheint deshalb angezeigt, noch die gesamte Vorbereitungsphase bis hin zur eigentlichen Geschäftseröffnung der Existenzgründung hinzuzurechnen.[122] Als letztendlich maßgeblich dürfte sich die Verkehrsanschauung erweisen, wonach aufgrund der Dauer und Intensität der Tätigkeit der Schluß gezogen werden kann, daß eine "*bereits ausgeübte*" gewerbliche oder selbständige berufliche Tätigkeit des Kreditnehmers vorliegt.[123]

Im Vergleich zu § 609 a Abs. 1 Nr. 2 BGB fällt auf, daß von dieser Vorschrift Existenzgründungsdarlehen nicht er-

---

[120] Vergleiche hierzu Lwowski in Hadding/Hopt, Das neue Verbraucherkreditgesetz, S. 54 ff.; Bruchner/Ott/Wagner-Wieduwilt, § 3 VKG, Rdnr. 16; Scholz, Rdnr. 87, S. 48 f.; Bender, VuR 1991, 197 (208); Vortmann, ZIP 1992, 229.

[121] Lwowski in Hadding/Hopt, Das neue Verbraucherkreditgesetz, S. 59; Bender, VuR 1991, 197 (208).

[122] Lwowski in Hadding/Hopt, Das neue Verbraucherkreditgesetz, S. 54 ff. (insbesondere S. 59).

Vergleiche ferner Ulmer/Habersack, § 1 VKG, Rdnr. 23; Westphalen/Emmerich/Kessler, § 1 VKG, Rdnr. 37 ff.; Emmerich/Münstermann/Wagner-Wieduwilt, S. 16 f.; Vortmann, ZIP 1992, 229 und 231; Scholz, Rdnr. 87, S. 49.

[123] Westphalen/Emmerich/Kessler, § 1 VKG, Rdnr. 42.

faßt sind.[124] D.h. der Existenzgründer gelangt zwar in den Schutzbereich des Verbraucherkreditgesetzes, vermag aber andererseits ein Darlehen nicht nach Maßgabe des § 609 a Abs. 1 Nr. 2 BGB vorzeitig zu kündigen.[125]

II. Teilleistungen und wiederkehrende Leistungen (§ 2 VKG):

An den ersten Entwürfen zum Verbraucherkreditgesetz war u.a. kritisiert worden, daß für Teilleistungen und wiederkehrende Leistungen eine dem § 1 c AbzG entsprechende Vorschrift fehlte.[126] Der seinerzeitige § 1 c AbzG erstreckte die wichtigen Vorschriften der §§ 1 a Abs. 1 S. 1, Abs. 2 und 1 b AbzG insbesondere auf Lexika-Verträge und Zeitungsabonnements. Neben erhöhten Anforderungen an die inhaltliche Ausgestaltung derartiger Verträge gelangte vor allem das Widerrufsrecht des § 1 b AbzG zu herausragender Bedeutung.

Zurückgehend auf eine Initiative des Bundesrates[127] konnte sich der Gesetzgeber zuletzt aber doch nicht mehr davor verschließen, eine entsprechende Regelung in das Verbraucherkreditgesetz als § 2 VKG (neu) aufzunehmen. Danach wird zumindest ein Teil der Vorschriften des Verbraucherkreditgesetzes auf die in den Nr. 1 bis 3 aufgeführten Verträge für anwendbar erklärt. Im Hinblick auf den persönlichen Anwendungsbereich verbleibt es bei § 1

---

124 Staudinger/Hopt/Mülbert, § 609a BGB, Rdnr. 30.

125 Staudinger/Hopt/Mülbert, § 609a BGB, Rdnr. 30.

126 Zum Beispiel Reifner, VuR 1988, 183 (184); Stellungnahme der AgV vom 16.02.1989 zum 1. Referentenentwurf vom Juni 1988, S. 3.

127 Vgl. BT-Ds 11/5462, S. 35 (Anlage 2) und S. 41 (Anlage 3); BT-DS 11/8274, S.21.

Abs. 1 VKG.[128] D.h. die nach § 2 VKG an sich (sachlich) einbezogenen Vertragsarten unterliegen nur dem Schutzbereich des Verbraucherkreditgesetzes, wenn der Kreditnehmer Verbraucher ist, der abgeschlossene Vertrag also nicht für eine bereits ausgeübte gewerbliche oder selbständige berufliche Tätigkeit bestimmt ist.[129]

1.) Einbezogene Vertragsarten:

Die mit § 2 Nr. 1 bis 3 VKG erfaßten Vertragsarten sind bereits von § 1 c Nr. 1 bis 3 AbzG her bekannt. Überhaupt stellt sich die Vorschrift des § 2 VKG als wörtliche Übernahme dieser Norm des (mittlerweile aufgehobenen) Abzahlungsgesetzes dar, sieht man einmal von den durch die Neuregelung bedingten abweichenden Gesetzesverweisungen ab. In den ersten Entwürfen war eine entsprechende Vorschrift noch nicht vorgesehen worden. Aus den gesetzgeberischen Vorarbeiten ließ sich andererseits jedoch nicht entnehmen, daß die durch § 1 c AbzG geschaffene Gesetzeslage bewußt beseitigt werden sollte. Vielmehr deuteten die bekannt gewordenen Umstände auf ein "einfaches Außerachtlassen" der gesamten Problematik durch den Gesetzgeber hin. Mit dem Erlaß des Verbraucherkreditgesetzes konnte dieses anfängliche gesetzgeberische Versäumnis allerdings noch rechtzeitig berichtigt werden.

---

[128] Westphalen/Emmerich/Kessler, § 2 VKG, Rdnr. 4; Vortmann, § 2 VKG, Rdnr. 3.

[129] Ein sachlicher Unterschied zu § 1 c AbzG läßt sich nicht erkennen (Bruchner/Ott/Wagner-Wiedu-wilt, § 2 VKG, Rdnr. 7; Seibert, § 2 VKG).

a) Sukzessivlieferungsverträge (§ 2 Nr. 1 VKG):

Bezieht sich die maßgebliche Willenserklärung auf das Zustandekommen eines Vertrages,

> *der die Lieferung mehrerer als zusammengehörig verkaufter Sachen in Teilleistungen zum Gegenstand hat und bei dem das Entgelt für die Gesamtheit der Sachen in Teilleistungen zu entrichten ist,*

so gelten die im einzelnen näher bezeichneten Vorschriften für solche Verträge gleichermaßen. Charakteristisch für diese *Sukzessivlieferungsverträge* ist, daß sich der Vertrag selbst auf den Erwerb einer Sachgesamtheit bezieht, deren einzelne Bestandteile aber nur in Teillieferungen geliefert werden.[130] Als wichtigste Beispiele lassen sich die oben bereits zitierten Lexikaverträge oder sonstigen Verträge über den Bezug von Buchreihen nennen.[131] Der Käufer erwirbt hier zwar das Recht auf

---

130 Palandt-Putzo, § 1 c AbzG, Anm. 2 a), Rdnr. 4.

"*Lieferung*" bedeutet, daß es sich bei dem Teillieferungsvertrag gemäß § 2 Nr. 1 VKG regelmäßig um einen Kaufvertrag (§§ 433 ff. BGB) oder um einen Werklieferungsvertrag (§ 651 BGB) handeln muß. Ein reiner Werkvertrag im Sinne der §§ 633 ff. BGB scheidet demgemäß aus (Westphalen/Emmerich/Kessler, § 2 VKG, Rdnr. 13).

Gleiches gilt im übrigen zumindest für die Nr. 2 (Westphalen/Emmerich/Kessler, § 2 VKG, Rdnr. 18).

131 Vgl. z.B. BGH NJW 1976, 1354.

Lieferung der vollständigen Buchreihe, die Auslieferung der einzelnen Exemplare erfolgt jedoch peu à peu.

Auch wenn der Begriff des Kreditvertrages durch das Verbraucherkreditgesetz weit gefaßt ist, läßt sich ein Sukzessivlieferungsvertrag hierunter nicht einordnen. Für den Verbraucher entspringt aber aus dieser Konstellation eine ähnlich problematische Lage wie bei den "echten" Kreditverträgen. Die Verpflichtung, das Entgelt für den jeweils gelieferten Teil der Gesamtlieferung entrichten zu müssen, kommt einer ratenweise Zahlungsverpflichtung recht nahe.[132] Im Unterschied zum Abzahlungskauf erhält der Verbraucher am Anfang zudem nicht einmal die gesamte Ware, sondern muß eine bestimmte Zeit warten, ehe er von dieser im vollen Umfang Gebrauch machen kann.

Die wenigstens teilweise Einbeziehung der Sukzessivlieferungsverträge in den Schutzbereich des Verbraucherkreditgesetzes erwies sich für die Lösung dieses bekannten und bisher auch schon geregelten Problems als dringend erforderlich. Es wäre unverständlich gewesen, wenn der Gesetzgeber, der ein *Verbraucherschutz*gesetz erlassen wollte, insoweit hinter den bereits erreichten Standard zurückgefallen wäre, obwohl die Schutzwürdigkeit des Verbrauchers

---

Die Lieferung eines jeden Teilbandes steht nach Auffassung des Bundesgerichtshofs in einem synallagmatischen Zusammenhang mit dem entsprechenden Rechnungsbetrag. Ein Schutz nach dem Abzahlungsgesetz sei geboten, weil der Abzahlungskäufer bei Abschluß des Kaufvertrages oftmals gar nicht in der Lage ist, daß Ausmaß seiner Bestellung zu überblicken und erst nach Vertragsschluß erkennt, daß ihm insoweit ein echtes Bedürfnis fehlt.

Weitere Beispiele vergleiche Vortmann, § 2 VKG, Rdnr. 8.

132 BGH NJW 1976, 1354; Bülow, § 2 VKG, Rdnr. 2; Vortmann, § 2 VKG, Rdnr. 1.

bei derartigen Verträgen in keinem Fall derjenigen in bezug auf echte Kreditverträge nachsteht.

b) Wiederkehrende Leistungen von Waren in bestimmter (Mindest-)Menge (Nr. 2):

Unter den (teilweisen) Anwendungsbereich des Verbraucherkreditgesetzes fallen im weiteren auch

> *Verträge, die die regelmäßige Lieferung von Sachen gleicher Art zum Gegenstand haben.*

Im Rahmen derartiger Verträge wird eine Bezugsverpflichtung des Verbrauchers begründet, aufgrund derer er zur Abnahme bestimmter, sich innerhalb eines Zeitraums wiederholender Leistungen gezwungen sieht. Die insoweit zu beziehenden Leistungen können vielerlei Gestalt annehmen. Festgelegt ist lediglich die abzunehmende (Mindest-)Menge.[133] Praktische Relevanz besitzen in diesem Zusammenhang die Zeitungs- und Zeitschriftenabonnements.[134] Die Verträge müssen hierauf aber nicht be-

---

133 Palandt-Putzo, § 1 c AbzG, Anm. 2 b), Rdnr. 5.

134 BGH NJW 1987, 124; Palandt-Putzo, § 1 c AbzG, Anm. 2 b), Rdnr. 5; Bülow, § 2 VKG, Rdnr. 15; Vortmann, § 2 VKG, Rdnr. 11; Bruchner/Ott/Wagner-Wieduwilt, § 2 VKG, Rdnr. 24; Münstermann/Hannes, § 2 VKG, Rdnr. 129.

schränkt sein, wie Beispiele aus der Rechtsprechung belegen.[135]

c) Wiederkehrende Leistungen von Waren in unbestimmter Menge (Nr. 3):

Schließlich erstreckt das Verbraucherkreditgesetz die nachfolgend noch zu behandelnden Paragraphen auch auf

> *Verträge, die die Verpflichtung zum wiederkehrenden Erwerb oder Bezug von Sachen zum Gegenstand haben.*

Im Unterschied zu den Verträgen im Sinne des § 2 Nr. 2 VKG handelt es sich hierbei um Verträge, die sich am ehesten noch als eine Art Rahmenverträge verstehen lassen, die den Verbraucher zum Erwerb von Gegenständen verpflichten, welche allerdings gerade nicht von vorneherein bestimmt sind.[136] Als Hauptbeispiele sind v.a. Buchclubs und Schallplattenringe zu erwähnen, bei denen das Mitglied in regelmäßigen Abständen Waren aus dem Angebot des

---

In BGHZ 67, 389 (394 f.) wird in einem obiter dictum festgestellt, daß derartige Zeitungs- und Kaffeelieferungsverträge nach § 1 c Nr. 2 AbzG zu behandeln seien. Der Bundesgerichtshof hatte im Rahmen dieser Entscheidung darüber zu entscheiden, ob auch Aussteuersortimente, die ähnlich einem Abonnement zu ordern waren, unter § 1 c Nr. 2 AbzG fallen würden, was mit dem Argument bejaht wurde, daß "Sachen gleicher Art" nicht "gleiche Sachen" bedeute, sofern diese i.ü. nur annähernd vergleichbar seien.

135 Palandt-Putzo, § 1 c AbzG, Anm. 2 b), Rdnr. 5 m.w.N.

136 Nach Bruchner/Ott/Wagner-Wieduwilt, § 2 VKG, Rdnr. 25, kommt § 2 Nr. 3 VKG eine Auffangfunktion zu.

anderen Teils zu beziehen hat.[137] Daneben soll die Bierbezugsverpflichtung des (minderkaufmännischen)[138] Gastwirtes aufgrund eines sog. "Bierlieferungsvertrages"

---

137 Statt vieler Palandt-Putzo, § 1 c AbzG, Anm. 2 c), Rdnr. 6; Bruchner/Ott/Wagner-Wieduwilt, § 2 VKG, Rdnr. 27.

Weder von Nr. 3 noch von den Nr. 1 und 2 des § 2 VKG umfaßt sein sollen der regelmäßige Bezug von Wasser, Gas, Fernwärme sowie Strom (Löwe, NJW 1974, 2257 [2262]; strittig).

Fernwärme und Strom sind als Energie und nicht als Sachen im Sinne des § 90 BGB zu betrachten (Westphalen/Emmerich/Kessler, § 2 VKG, Rdnr. 27 m.w.N.) und scheiden schon deshalb aus dem Anwendungsbereich aus. Gleiches dürfte für Gas zu gelten haben, weil es sich körperlich nicht fassen läßt (Westphalen/Emmerich/Kessler, a.a.O.). Zweifelhaft erscheint dies in bezug auf Wasser und Flüssiggas, soweit diese in Behältnissen bzw. Leitungen geliefert werden (Westphalen/Emmerich/Kessler, a.a.O.; BGH WM 1988, 1562 [1563], wonach bei in Behältnissen angeliefertem Flüssiggas § 1 c Nr. 3 AbzG anwendbar sein solle.).

Eine analoge Anwendung der Vorschrift wird von Bülow, § 2 VKG, Rdnr. 16, mit dem - *dogmatisch* allerdings wenig überzeugenden - Argument abgelehnt, daß es sich hierbei um typische Massenschuldverhältnisse handelt, die einen Grundbedarf sichern und die Anwendbarkeit des Verbraucherkreditgesetzes insoweit nicht erforderlich wäre.

Die Ausklammerung dieser Verträge ist letztlich nur historisch zu erklären (Ulmer/Habersack, § 2 VKG, Rdnr. 25 a.E.).

Vergleiche hierzu ferner BGH WM 1988, 1562; Münstermann/Hannes, § 2 VKG, Rdnr. 130; Löwe NJW 1974, 2257 [2262]; Scherer, S. 91 ff. m.w.N.

138 Vom Verbraucherkreditgesetz ist nur noch der im Stadium der Existenzgründung befindliche Gastwirt erfaßt.

Zum Problem siehe auch Reiter, BB 1991, 2322 (2323).

nicht unerwähnt bleiben,[139] woran sich beiläufig zeigt, daß dieser Personenkreis künftig aus dem Anwendungsbereich fallen wird, so er sich nicht mehr im Stadium der Existenzgründung befindet.

Der ständige Zwang zur Vornahme von Bestellungen hat oftmals den Erwerb unnötiger Waren zur Konsequenz. Die Bestellungen erfolgen häufig nicht deshalb, weil ein entsprechender Bedarf entstanden ist, sondern weil sich gerade wieder eine entsprechende Verpflichtung aus dem Vertrag aktualisiert hat. Der Kunde wird auf diese Weise ähnlich unter Zugzwang gesetzt wie ein Kreditratenschuldner.

2.) Anwendbare Vorschriften des Verbraucherkreditgesetzes:

Im Hinblick auf die oben genannten Vertragsarten erklärt das Verbraucherkreditgesetz in § 2 VKG die Vorschriften der §§ 4 Abs. 1 S. 1 (Schriftformerfordernis; allerdings ohne Pflicht zu Mindestangaben)[140] und Abs. 3 (Pflicht zur Aushändigung einer Vertragsausfertigung), 7 Abs. 1 (einwöchige Widerrufsfrist), Abs. 2 (Modalitäten der Widerrufserklärung) und 4 (Verweisung auf das Gesetz über den Widerruf von Haustürgeschäften und ähnlichen

---

139 Münchener Kommentar/Ulmer, § 1 c AbzG, Rdnr. 24; Reiter, BB 1991, 2322; BGHZ 78, 248 (249 ff.).

140 Nicht für anwendbar erklärt wird § 6 VKG. Dies bedeutet, daß ein Vertrag i.S.d. § 2 VKG bei Nichteinhaltung der Schriftform nach § 125 BGB als unheilbar nichtig zu behandeln ist (Bülow, § 2 VKG, Rdnr. 8; Ulmer/Habersack, § 2 VKG, Rdnr. 31).

Für den Fall der beiderseitigen vollständigen Leistungserbringung plädiert Ulmer/Habersack, § 2 VKG, Rdnr. 31, aber für eine *analoge* Anwendung des § 7 Abs. 2 S. 3 VKG.

Geschäften) sowie 8 (Sondervorschriften für den Versandhandel) für anwendbar.[141] Im wesentlichen enthalten die Bestimmungen, auf die sich die Verweisung erstreckt, nichts anderes als schon mit der Verweisung auf §§ 1 a Abs. 1 S. 1 und Abs. 2 sowie 1 b AbzG geregelt war. Lediglich die Bezugnahme auf das Gesetz über den Widerruf von Haustürgeschäften und ähnlichen Geschäften hat gegenüber der bisherigen Rechtslage eine gewisse Modifizierung der Abwicklungsmodalitäten zum Gegenstand, auf deren Einzelheiten weiter unten noch in anderem Zusammenhang einzugehen sein wird.

Wie schon beim alten Abzahlungsgesetz[142] finden die genannten Vorschriften selbst aber nur Anwendung, sofern deren Voraussetzungen vorliegen. Es handelt sich insoweit um eine Rechtsgrund- und nicht nur um eine Rechtsfolgenverweisung. Jedenfalls liegen keine Anhaltspunkte für eine gegenteilige Auffassung vor.

III. Ausnahmen (§ 3 VKG):

Der nach § 1 VKG augenscheinlich weite Anwendungsbereich erfährt durch die Vorschrift des § 3 VKG einige nicht unerhebliche Einschränkungen. Aufgrund der dort geregelten Ausnahmevorschriften wird die Anwendung des Verbraucherkreditgesetzes für bestimmte Kreditformen ausgeschlossen.

> *Das Verbraucherkreditgesetz findet nach § 3 Abs. 1 VKG insgesamt keine Anwendung auf*

---

[141] Nach Vortmann, § 2 VKG, Rdnr. 15, ist die Verweisung nicht abschließender Natur. Danach soll nicht nur die Umgehungsvorschrift des § 18 VKG, sondern auch die §§ 4 (insgesamt), 5 und 9 VKG Anwendung finden.

[142] Palandt-Putzo, § 1 c AbzG, Anm. 1 a), Rdnr. 1.

(1) Bagatellkredite von unter 400.-- DM (Nr. 1),

(2) Existenzgründungsdarlehen über 100.000.-- DM (Nr. 2),

(3) kurzfristige Zahlungsaufschübe von weniger als drei Monaten (Nr. 3),

(4) zinsgünstige Arbeitgeberdarlehen (Nr. 4)

sowie teilweise keine Anwendung nach Abs. 2 auf

(6) Finanzierungsleasingverträge (Nr. 1),

(7) grundpfandrechtlich gesicherte Kredite (Nr. 2)

und

(8) gerichtlich oder notariell beurkundete Kredite, bei denen der Jahreszins, die Kosten und deren Änderungsbedingungen festgehalten sind (Nr. 3).

Nach Auffassung des Gesetzgebers *soll* es sich hierbei im wesentlichen um Kredite handeln, die eine Gefährdung der Interessen der Verbraucher nicht befürchten lassen.[143]. Die Vorgabe für diese Ausnahmeregelung lieferte Art. 2 Abs. 1 VKG-Richtlinie.[144]

Die Ausnahmen des Absatzes 1 gelten für Kreditverträge (§ 1 Abs. 2 VKG) *und* Kreditvermittlungsverträge (§ 1 Abs. 3

---

143 BR-Ds 427/89, S. 40; BT-Ds 11/5462, S. 18.

Die Schutzbedürftigkeit der Verbraucher wird in den Absätzen 1 und 2 allerdings unterschiedlich bewertet. Die Ausnahmen des Absatzes 2 unterstellen bereits von ihrem Ansatz her nicht dieselbe *grundsätzliche* Schutzbedürftigkeit wie die des Absatzes 1 (Ulmer/Habersack, § 3 VKG, Rdnr. 2).

144 Vgl. oben 2. Kapitel, § 1 B III 3.

VKG). Der Anwendungsbereich des Absatzes 2 beschränkt sich hingegen auf Kreditverträge.[145]

1.) Bagatellkredite (§ 3 Abs. 1 Nr. 1 VKG):

a) Untergrenze von 400.-- DM:

§ 3 Abs. 1 Nr. 1 VKG erklärt die Bestimmungen des Verbraucherkreditgesetzes für Bagatellkredite bei einer Nettokreditsumme[146] von bis zu 400.-- DM für unanwendbar. Die Bestimmung entspricht insoweit Art. 2 Abs. 1 lit. f VKG-Richtlinie, der eine Untergrenze von 200 ECU festschreibt. Die Herausnahme aus dem Anwendungsbereich des Verbraucherkreditgesetzes rechtfertigt sich nach Ansicht des Gesetzgebers aus dem Verhältnismäßigkeitsprinzip.[147] Die Vorschriften des neuen Verbraucherkreditgesetzes wirken sich restriktiv auf die durch Art. 2 Abs. 1 GG gewährleistete Vertragsfreiheit der Kreditgeber aus. Im Rahmen der vorzunehmenden Güterabwägung bestehe bei Bagatellbeträgen zugunsten der Verbraucher eine geringere Schutzwürdigkeit als bei höheren Summen, zumal angesichts der gestiegenen Kaufpreise und der regelmäßig höheren Kreditbeträge ohnehin nur ein geringer Prozentsatz an Verbrauchern betroffen sei.[148] Demgegenüber verhalte sich

---

[145] Ulmer/Habersack, § 3 VKG, Rdnr. 2.

[146] Maßgeblich ist daher nicht die Gesamtbelastung, sondern der zur Auszahlung gelangende Betrag. Dies hat zur Folge, daß je höher sich bei Bagatellkrediten die Kosten, Spesen, Gebühren etc. belaufen, desto mehr die Wahrscheinlichkeit abnimmt, daß das Verbraucherkreditgesetz Anwendung findet (Bülow, § 3 VKG, Rdnr. 19).

[147] BR-Ds 427/89, S. 40; BT-DS 11/8274, S. 21.

[148] Für den gleichlautenden Art. 2 Abs. 1 lit. f VKG-Richtlinie vgl. Scholz, MDR 1988, 730 (735).

der Verwaltungsaufwand der Kreditinstitute und die damit verbundenen Kosten nicht direkt proportional zur Kredithöhe,[149] d.h. diese Kosten können im Verhältnis zur Kredithöhe nicht beliebig klein gehalten werden.

Unter Zugrundelegung dieser Annahmen erscheint es vom Ergebnis her tragbar, Bagatellkredite bis zu einer Höhe von 400.-- DM vom Schutz des Verbraucherkreditgesetzes auszunehmen. Andererseits ist zu bedenken, daß gerade die Gruppe der Verbraucher, die bereits Schwierigkeiten hat, derart geringe Kreditbeträge zurückzuzahlen, als umso schutzbedürftiger anzusehen ist.[150] Im Interesse dieses Personenkreises hätte auf die Ausnahme des § 3 Abs. 1 Nr. 1 VKG selbst dann verzichtet werden müssen, wenn die Einhaltung der Schutzvorschriften des Verbraucherkreditgesetzes einen unwirtschaftlichen Verwaltungsaufwand für die Kreditwirtschaft bedeutet hätte. Dies gilt umso mehr, als nach Auffassung des Gesetzgebers die absolute Zahl der Bagatellkredite für gering erachtet werden muß,[151] so daß der insoweit anfallende Verwaltungsaufwand, bei welchem die Kreditgeber finanziell zulegten, als vernachlässigenswert zu behandeln ist und kein Argument für die Schlechterstellung der Verbraucher liefert.

Hinzutritt noch ein weiterer Gefährdungsaspekt. Durch Aufspalten einer größeren Kreditsumme in mehrere kleinere Beträge kann eine Reihe verschiedener Kreditverträge zustande kommen, die alle unterhalb der Bagatellgrenze liegen, mit der Folge der Aushebelung der verbraucherschutzrechtlichen Vorschriften des Verbraucherkreditgesetzes. Zwar würde dem nach Ansicht des Gesetzgebers das Umge-

---

[149] Steiner, S. 35 ff. (38).

[150] Ebenso v. Marschall, S. 144; Medicus, Jura 1991, 561 (563).

[151] BR-Ds 427/89, S. 40; BT-DS 11/8274, S. 21.

hungsverbot des § 18 S. 2 VKG entgegenstehen,[152] doch läßt die praktische Erfahrung im Umgang mit Durchschnittsverbrauchern eher daran zweifeln, daß sich eine Mehrheit gegen die Umgehung des Verbraucherkreditgesetzes tatsächlich zur Wehr setzen würde. Ein gesetzlicher Schutz Schwacher gelangt erst zur Geltung, wenn die ihm zugrunde liegenden Vorschriften in klarer Eindeutigkeit aus sich selbst heraus wirken und nicht erst differenzierender Abwägungs- und Bewertungsvorgänge bedürfen. Das Gegenteil wäre aber trotz der Vorschrift des § 18 S. 2 VKG der Fall, denn der Verbraucher trüge die volle Darlegungs- und Beweislast dafür, daß die Aufspaltung in mehrere Verträge nicht aus organisatorischen und buchungstechnischen Gründen notwendig war.

Sollte der Nachweis jedoch tatsächlich gelingen, daß ein Umgehungsgeschäft vorliegt, finden die Vorschriften des Verbraucherkreditgesetzes freilich im vollen Umfang Anwendung.

b) Keine allgemeine Obergrenze der Schutzbedürftigkeit:

Im Unterschied zu Art. 2 Abs. 1 Nr. f VKG-Richtlinie sieht der Ausnahmekatalog des § 3 VKG nicht vor, *allgemein* alle Konsumentenkredite aus dem Schutzbereich des Verbraucherkreditgesetzes herauszunehmen, die die Obergrenze von 20.000 ECU überschreiten, was in etwa mit 40.000.-- DM anzusetzen ist.[153] Eine Rechtfertigung wäre dafür auch kaum zu finden gewesen. Denn allein schon in Anbetracht der absoluten Höhe eines derartigen Konsumen-

---

152 BT-DS 11/8274, S. 21; Westphalen/Emmerich/Kessler, § 3 VKG, Rdnr. 11; Reinicke/Tiedtke, ZIP 1992, 217; Seibert, § 3 VKG, Rdnr. 2.

tenkredits bedarf der Kreditnehmer insofern im allgemeinen eines erhöhten Schutzes, und sei es nur bezüglich eines gesteigerten Informationsbedürfnisses. Als problematisch hätte sich zudem erwiesen, daß ein so hoher Kreditbetrag in nicht wenigen Fällen erst durch mehrmalige Umschuldungen zustande kommt,[154] also einen Personenkreis betrifft, der schon deshalb als besonders schutzwürdig zu gelten hat. Der Grund für diese von der EG-Richtlinie eingeräumten Möglichkeit einer Ausnahmebestimmung läßt sich höchstens damit erklären, daß die auf dem Verbraucherkreditmarkt üblichen Summen die Grenze von 40.000,-- DM in aller Regel nicht übersteigen. Bei Krediten in dieser Höhe handelt sich es vielmehr regelmäßig um grundpfandrechtlich gesicherte Realkredite,[155] also gerade nicht um Konsumentenkredite. Dennoch hätte eine derartige Begrenzung wie jede Festlegung einer Obergrenze etwas Willkürliches an sich gehabt,[156] so daß der Verzicht des bundesdeutschen Gesetzgebers auf die Festsetzung einer Obergrenze zu begrüßen ist.[157] Seine diesbezügliche Befugnis, eine solche Obergrenze nicht zu bestimmen, ergibt sich aus Art. 15 VKG-Richtlinie.

---

153 Einzelheiten zur Umrechnung vgl. Scholz, MDR 1988, 730 (735); s.a. Art. 13 VKG-Richtlinie.

154 Scholz, MDR 1988, 730 (735).

155 Scholz, MDR 1988, 730 (735).

156 v. Marschall, S. 144.

157 Seibert in Hadding/Hopt, Das neue Verbraucherkreditgesetz, S. 14, hält die Festlegung einer Obergrenze gleichfalls für fragwürdig.

2.) Obergrenze der Schutzbedürftigkeit bei Existenzgründungsdarlehen (§ 3 Abs. 1 Nr.2 VKG):

Anders als in den soeben beschriebenen Fällen eines "allgemeinen Verbraucherkredits" hat der Gesetzgeber für den besonderen Fall des Existenzgründungsdarlehens die Schutzwürdigkeit der Höhe nach auf 100.000,-- DM[158] begrenzt.

Abgesehen von den Zweifeln, die an einer jeden derartigen Grenzziehung schon aus grundsätzlichen Erwägungen heraus bestehen - warum soll ein Kreditnehmer eines Kredits von 100.001,-- DM weniger schutzwürdig sein, als der, der einen solchen von lediglich 100.000,-- DM aufnimmt? -, erhebt sich auch hier die Frage, ob nicht ein Existenzgründer, der einen noch höheren Bedarf an Fremdkapital hat, erst recht in den Schutz des Verbraucherkreditgesetzes kommen sollte?

Die Limitierung des Schutzbereiches durch eine Obergrenze findet ihre Rechtfertigung nach Auffassung des Gesetzgebers darin, daß die Ausdehnung des Verbraucherkreditgesetzes auf Kredite zur Gründung von Handelsgesellschaften verhindert werden sollte.[159] Zuzugestehen ist, daß der gesetzespolitische Zweck des neuen Gesetzes vollends verfehlt worden wäre, wenn das Verbraucherkreditgesetz auch insoweit zur Anwendung gelangt wäre. Dennoch vermag diese Begründung nicht zu überzeugen. Der Gesetzgeber verkennt,

---

158 Einzelheiten zur Berechnung der Höchstgrenze vergleiche Lwowski in Hadding/Hopt, Das neue Verbraucherkreditgesetz, S. 52 ff. m.w.N.

159 BT-Ds 11/8274, S. 20.

Zum Problem der Finanzierung von Gesellschaftsanteilen und zur Kreditaufnahme von Gesellschaften siehe Lwowski in Hadding/Hopt, Das neue Verbraucherkreditgesetz, S. 60 ff.; siehe auch Emmerich/Münstermann/Wagner-Wieduwilt, S. 15.

daß die Schutzbedürftigkeit kein quantitatives, sondern ein qualitatives Problem darstellt.[160] Eine sinnvolle Beschreibung des Schutzbereiches kann nicht durch die Festlegung einer Mindest- oder Höchstgrenze erzielt werden. Beim Verbraucherkreditgesetz sah sich der Gesetzgeber nur deshalb zur Festlegung einer Obergrenze genötigt, weil mit der Einbeziehung der Existenzgründungsdarlehen ein gesetzessystematischer Fremdkörper "eingeschleust" wurde.[161] Dieses ist aber nur erfolgt, nachdem durch die Entscheidung des Gesetzgebers, keine dem § 8 AbzG vergleichbare Regelung zu schaffen, eine wesentliche Gruppe von Schutzbedürftigen aus den Schutzbereich herausgefallen ist. Als der Gesetzgeber dies erkannt hatte, versuchte er das Versäumnis dadurch auszugleichen, daß er einen Teil der soeben ausgeschlossenen Verkehrskreise wieder in den Schutzbereich des Verbraucherkreditgesetzes einbezog. Dabei ließ er - bewußt - außer acht, daß das Verbraucherkreditgesetz ursprünglich nur den Schutz der Verbraucher, nicht aber den der Existenzgründer zum Gesetzeszweck haben sollte. In seiner endgültigen Fassung finden sich hingegen nunmehr auch einige sonstige wirtschaftlich schwache und unerfahrene Personenkreise einbezogen, ohne daß das Gesetz dadurch einen ebenso umfassen-

---

160 Unterhalb der Wertgrenze von 100.000,-- DM können sich alle natürlichen Personen auf den Schutz des Verbraucherkreditgesetzes berufen, die im Stadium der Existenzgründung einen Kredit aufnehmen. Insbesondere wäre insoweit auch nicht ein Existenzgründungsdarlehen für Handelsgesellschaften ausgeschlossen (Westphalen/Emmerich/Kessler, § 3 VKG, Rdnr. 16; Emmerich/Münstermann/Wagner-Wieduwilt, S. 15; Münstermann/Hannes, § 1 VKG, Rdnr. 25).

161 Ähnlich Lwowski in Hadding/Hopt, Das neue Verbraucherkreditgesetz, S. 51.

den Schutz der nicht weniger schutzbedürftigen Minderkaufleute wie in § 8 AbzG erreichen würde.[162]

<u>3.) Kurzfristige Zahlungsaufschübe (§ 3 Abs. 1 Nr. 3 VKG):</u>

Vom Anwendungsbereich des Verbraucherkreditgesetzes sind im weiteren Zahlungsaufschübe von nicht mehr als drei Monaten ausgenommen (§ 2 Abs. 1 Nr. 2 VKG), weil die damit zusammenhängenden Belastungen aufgrund der geringen Dauer als hinnehmbar zu erachten seien.[163] Diese Ausnahmeregelung findet ihre EG-rechtliche Entsprechung in Art. 2 Abs. 1 lit. g Alt. 1 VKG-Richtlinie.

Dem Wortlaut des Verbraucherkreditgesetzes nach bezieht sich die Ausnahme nur auf "*Zahlungsaufschübe*", nicht auf Darlehensverträge bzw. sonstige Finanzierungshilfen i.S.d. § 1 Abs. 2 Var. 1 und 3 VKG. D.h. kurzzeitige Darlehen und sonstige Finanzierungshilfen unter drei Monaten unterliegen im Unterschied zu den Stundungsvereinbarungen

---

[162] Der Schutz der Kleingewerbetreibenden war vom Gesetzgeber wegen angeblicher Abgrenzungsschwierigkeiten ohnehin nicht bezweckt (BR-Ds 427/89, S. 40; BT-Ds 11/5462, S. 17).

[163] BR-Ds 427/89, S. 40; BT-Ds 11/5462, S. 18.

Siehe auch Emmerich/Münstermann/Wagner-Wieduwilt, S. 30 f.

sehr wohl den Bestimmungen des Verbraucherkreditgesetzes.[164]

Aber selbst die Herausnahme der Abzahlungskäufe und der Finanzierung sonstiger Leistungen aus dem Schutzbereich bedeutet bereits einen Rückfall hinter den gesetzlichen Standard, wie er durch das Abzahlungsgesetz erreicht worden war. Dieses gelangte zur Anwendung, sobald der Kaufpreis in wenigstens zwei Raten zu leisten war.[165] Auf eine bestimmte Dauer des Zahlungsaufschubes kam es hingegen nicht an.

Eine erhebliche Lücke für den Verbraucherschutz entsteht, soweit zu ersehen, zudem dadurch, daß bei kurzfristigen Zahlungsaufschüben mit hohen Tilgungsleistungen pro Rate das Verbraucherkreditgesetz keine Anwendung findet, obwohl auch hierin eine hohe Belastung für den Schuldner liegen kann. Zwar dürfte ein solcher Zahlungsaufschub die

---

164 Andererseits war noch der amtlichen Begründung zum Entwurf der Bundesregierung vom 11. August 1989 zu entnehmen (vgl. BR-Ds 427/89, S. 21), daß das Gesetz ausnahmsweise auf "kurzfristige *Kredite*" keine Anwendung finden sollte, was wiederum auf einen allgemeinen Ausschluß *aller* Kreditverträge von weniger als drei Monaten und nicht bloß der Zahlungsaufschübe im Sinne des § 1 Abs. 1 Var. 2 VKG schließen ließ. Den Darlegungen des Gesetzgebers in BT-Ds 11/5462, S. 18 und dem von ihm verfolgten Zweck sowie dem Grundsatz folgend, Ausnahmen eng auszulegen, sprechen die besseren Gründe jedoch für die Auffassung, daß lediglich die kurzfristigen Zahlungsaufschübe ausgenommen sein sollen, worunter primär alle Formen der Abzahlungsgeschäfte zu verstehen sind [im Ergebnis ebenso Emmerich/Münstermann/Wagner-Wieduwilt, S. 30 und Reinking/Nießen, ZIP 1991, 79 (81), wobei letztere annehmen, daß eine endgültige Klärung der Frage letztlich der Rechtsprechung überlassen bleiben wird].

165 BGHZ 70, 378 (380); Palandt-Putzo, Einleitung Abzahlungsgesetz (50. Auflage), Anm. 2 b) cc), Rdnr. 9.

Bagatellgrenze des § 3 Abs. 1 Nr. 1 VKG in der Regel übersteigen und - danach - dem Anwendungsbereich des Verbraucherkreditgesetzes unterliegen; Nr. 3 der Vorschrift würde sich aber als überflüssig erweisen, wenn sich diese Ausnahmeregelung gleichermaßen nur auf Bagatellkredite bezöge. Die einzelnen Ausnahmetatbestände des § 3 Abs. 1 VKG stehen zueinander im Verhältnis der Alternativität, nicht aber der Kumulativität.[166] D.h. ein Kreditvertrag fällt nicht erst beim kumulativen Zusammenwirken der Ausnahmevoraussetzungen der Nr. 1 bis 4 aus dem Anwendungsbereich des Verbraucherkreditgesetzes heraus, sondern bereits dann, wenn die Voraussetzungen einer einzigen Nummer erfüllt sind.

Folglich und absehbar dürften kurzfristige Kreditverträge mit einer Laufzeit von weniger als drei Monaten im Zunehmen begriffen sein.

Der Gesetzgeber hatte bei den auszuklammernden Zahlungsaufschüben vornehmlich *Kreditkartenkredite* im Auge, bei denen die Kreditkarte lediglich als Zahlungs- und nicht als Kreditmittel eingesetzt wird und der Rechnungsbetrag vom Karteninhaber sofort nach der Belastung durch das Kartenunternehmen zu begleichen ist.[167] Etwas anderes

---

166 Zwar wird dies z.T. noch anders gesehen (vgl. etwa Bülow, NJW 1991, 129 [130]; Scholz, DB 1991, 215), der Gesetzgeber geht jedoch z.B. in BT-Ds 11/5462, S. 18) selbst von strikter Alternativität aus. Zwar ist dies nicht mit letzter Sicherheit und unmittelbar aus dem Wortlaut des § 3 Abs. 1 Nr. 3 VKG zu entnehmen. Die systematische Stellung der Nummern 1 und 3 zueinander wie auch die Systematik zwischen der Nr. 3 und den übrigen Ziffern läßt aber den Schluß, daß die Voraussetzungen kumulativ vorliegen müßten, wenig wahrscheinlich wirken.

167 BR-Ds 427/89, S. 40.

gilt aufgrund dessen im Umkehrschluß nur für Kreditkartenverträge mit einem Zahlungsziel von mehr als drei Monaten und einer Verzinsung der kreditierten Summe. Diese unterliegen dem uneingeschränkten Anwendungsbereich des Verbraucherkreditgesetzes.[168]

4.) Arbeitgeberdarlehen (§ 3 Abs. 1 Nr. 4 VKG):

Das Arbeitgeberdarlehen definiert sich als ein Darlehen, das ein Arbeitgeber[169] einem Arbeitnehmer mit Rücksicht auf das zwischen ihnen bestehende Arbeitsverhältnis gewährt.[170] Das Arbeitgeberdarlehen ist von einem Vorschuß auf die Entgeltzahlung abzugrenzen. Danach ist ein Ar-

---

Vgl. ferner Emmerich/Münstermann/Wagner-Wieduwilt, S. 30; Bruchner/Ott/Wagner-Wieduwilt, § 3 VKG, Rdnr. 23 bis 39; Seibert, § 3 VKG, Rdnr. 4; ders., DB 1991, 429; Metz, NJW 1992, 2804 (2811).

168 Seibert DB 1991, 429 f., hält die Ausnahme des § 3 Abs. 1 Nr. 3 VKG für überflüssig. Soweit Kreditkarten verwendet werden, fehle es hierbei am Merkmal der "*Entgeltlichkeit*". Das vom Kreditkartenkunden entrichtete Disagio stelle kein Entgelt für den Zahlungsaufschub, sondern nur eine Vergütung für die Dienstleistung des Kreditkartenunternehmens dar (ebenso Seibert, § 3 VKG, Rdnr. 4).

Das Verbraucherkreditgesetz könne daher allenfalls dort einschlägig sein, wo dem Kreditkarteninhaber über die Verwendung der Kreditkarte hinaus die Möglichkeit eingeräumt wird, den Monatssaldo nicht sofort, sondern in Raten auszugleichen (Seibert, DB 1991, 429 [430]).

169 Statt des Arbeitgegebers gegebenenfalls aber auch ein Dritter (Palandt-Putzo, Einf. vor § 607 BGB, Anm. 3 o, Rdnr. 17; Westphalen/ Emmerich/Kessler, § 3 VKG, Rdnr. 33).

beitgeber*darlehen* und kein Gehalts*vorschuß* anzunehmen, "wenn ein die jeweilige Entgeltzahlung erheblich übersteigender Betrag zur Erreichung eines Zweckes gegeben wird, der mit den normalen Bezügen nicht oder nicht sofort erreicht werden kann und zu dessen Befriedigung auch sonst üblicherweise Kreditmittel in Anspruch genommen werden."[171]

Die Ausnahmeregelungen des § 3 Abs. 1 VKG sind vor dem Hintergrund einer beschränkten Schutzwürdigkeit des Kreditnehmers bei manchen Formen der Kreditvergabe zu sehen. Dies erklärt auch die Herausnahme von Arbeitgeberkrediten an Arbeitnehmer (§ 3 Abs. 1 Nr. 4 VKG), sofern sie zu günstigeren als den marktüblichen[172] Zinsen vergeben werden. Die Zulässigkeit dieser Ausnahmeregelung ergibt sich aus Art. 2 Abs. 2 VKG-Richtlinie. Danach können die nationalen Gesetzgeber vorsehen, daß bestimmte Kredite, die unter den marktüblichen Zinsen liegen und nicht öffentlich vergeben werden, nicht den Anforderungen der EG-Richtlinie entsprechen müssen. Für Arbeitgeberkredite trifft dies grundsätzlich deshalb zu, da sie nicht auf

---

170 Staudinger/Hopt/Mülbert, § 607 BGB, Rdnr. 207; Palandt-Putzo, Einf. vor § 607 BGB, Anm. 3 o, Rdnr. 17; Westphalen/Emmerich/Kessler, § 3 VKG, Rdnr. 33.; Bruchner/Ott/Wagner-Wieduwilt, § 3 VKG, Rdnr. 51; Seibert, § 3 VKG, Rdnr. 9.

171 Schaub, § 70 III 5 m.w.N.; zum Verbraucherkreditgesetz siehe Münstermann/Hannes, § 3 VKG, Rdnr. 155.

172 Siehe Münstermann/Hannes, § 3 VKG, Rdnr. 156; Seibert, § 3 VKG, Rdnr. 8.

Ein Kriterium für ein in seinen Konditionen günstiges Darlehen i.S.d. § 3 Abs. 1 Nr. 4 VKG dürfte zumeist darin zu sehen sein, ob bei dem das Darlehen gewährenden Arbeitgeber eine Gewinnerzielungsabsicht zu verzeichnen ist oder nicht (Seibert, a.a.O).

dem freien Kreditmarkt gehandelt, sondern in aller Regel ausschließlich an Mitarbeiter vergeben werden.

Hinzukommt, daß Arbeitnehmer aufgrund des Arbeitsverhältnisses eine gewisse soziale Einbindung in den Rechtskreis ihres Arbeitgebers/Kreditgebers genießen. Die aus dem Arbeitsverhältnis resultierenden Schutzwirkungen bestimmen rechtlich zwar nicht unmittelbar das Kreditverhältnis, eine gewisse Überlagerung der Interessensphären findet aber in rein tatsächlicher Hinsicht dennoch statt. Ein Arbeitgeber wird aufgrund dessen seinem Arbeitnehmer gegenüber in aller Regel eher zu Zugeständnissen bereit sein als ein sonstiger Kreditgeber. Dies dürfte sich insbesondere bei der Abwicklung des Kreditvertrages und der Behandlung von etwaigen Zahlungsschwierigkeiten äußern.

Allerdings besteht als Kehrseite insoweit die Gefahr einer *doppelten* Abhängigkeit des Arbeitnehmers von Arbeitsplatz und Kredit. Unterhalb der Grenze des Rechtsmißbrauchs (§§ 226, 242 BGB) und der Verletzung von Schutzpflichten aus dem Arbeitsverhältnis (mit der Folge der Geltendmachung von Schadensersatzansprüchen aus positiver Vertragsverletzung) ist daher nach wie vor eine rechtliche Lücke zu bemängeln, die vom Verbraucherkreditgesetz nicht beseitigt wird.

Probleme ergeben sich mitunter auch bei Beendigung eines Arbeitsverhältnisses, soweit nicht im Arbeits- oder Darlehensvertrag geregelt ist, wie weiter mit dem Darlehen zu verfahren ist.[173] Zwar entfällt ohne eine entsprechende Junktimklausel grundsätzlich nicht die Geschäfts-

---

173 Hierin liegt die Hauptproblematik des Arbeitgeberdarlehens begründet (Staudinger/Hopt/Mülbert, § 607 BGB, Rdnr. 207).

grundlage des Darlehensvertrages.[174] Bei Vorliegen eines wichtigen Grundes kann das Darlehen aber dennoch gekündigt werden.[175]

Ein vergleichsweise günstigerer Zinssatz vermag die aus der Nichtanwendbarkeit des Verbraucherkreditgesetzes resultierenden Nachteile nur höchst unvollständig zu kompensieren, zumal die Feststellung der "Marktüblichkeit" der Zinsen in der Praxis mit gewissen Schwierigkeiten verbunden sein dürfte. Das Gesetz selbst erläutert den insoweit anzuwendenden Maßstab nicht. So kann es sich beispielsweise um den Durchschnittszinssatz aller eines Kreditinstituts vergebenen Kredite, aber auch allein um den der im allgemeinen deutlich höher liegenden Teilzahlungskredite handeln. Letzte Klarheit wird erst durch die Rechtsprechung zu gewinnen sein.

---

174 LAG Baden-Württemberg, DB 1969, 1850 (1851); Staudinger/Hopt/Mülbert, § 607 BGB, Rdnr. 207; Schaub, § 70 III 5.

175 Nach LAG Düsseldorf, ZIP 1986, 1343 (1344) handelt es sich beim Arbeitgeberdarlehen aufgrund seiner günstigeren Konditionen um ein Gefälligkeitsdarlehen. Dieses kann bei Vorliegen eines wichtigen Grundes fristlos gekündigt werden. Ein solcher wichtiger Grund wurde in der zitierten Entscheidung bei dringendem Eigenbedarf wegen Konkurses bejaht, weil die Weiterbelassung des Darlehens dem Darlehensgläubiger nicht zuzumuten war.

Hat der Arbeitnehmer Anlaß zur fristlosen Kündigung des *Arbeitsverhältnisses* gegeben, kann dies auch Konsequenzen für die weitere Darlehensgewährung bzw. die Kündigung des Darlehensvertrages haben (Staudinger/Hopt/Mülbert, § 607 BGB, Rdnr. 207). Umgekehrt wird eine sofortige Rückzahlungspflicht zu verneinen sein, wenn der Arbeitgeber die Kündigung zu vertreten hat (so Schaub, § 70 III 5, für Rückzahlungsklauseln bei einem Arbeitgeberdarlehensvertrag). Dies dürfte nicht nur für die fristlose, vom Arbeitgeber zu vertretende Kündigung, sondern auch für die ordentliche *betriebsbedingte* Kündigung gelten (Schaub, § 70 III 5).

5.) Finanzierungsleasingverträge (§ 3 Abs. 2 Nr. 1 VKG):

Wie bereits im Rahmen des § 1 Abs. 2 VKG angesprochen,[176] erfaßt das Verbraucherkreditgesetz in seiner endgültigen Fassung nunmehr auch (echte) Finanzierungsleasingverträge. Dies ergab sich aus der Auslegung des Begriffs der "sonstigen Finanzierungshilfe" und der dazu ausgeführten amtliche Begründung.[177] Allerdings handelt es sich hierbei nur um eine beschränkte Anwendbarkeit, nachdem aufgrund der Ausnahmevorschrift des § 3 Abs. 2 Nr. 1 VKG wesentliche Bestimmungen des Verbraucherkreditgesetzes ausgeschlossen bleiben.[178]

a) Mindestangaben (§ 4 Abs. 1 S. 2 VKG):

Der Katalog von Mindestangaben des § 4 Abs. 1 S. 2 und 3 VKG, auf dem noch im einzelnen einzugehen sein wird, gehört nicht zu den Formerfordernissen beim Finanzierungsleasingvertrag. Wichtig ist vor allem, daß der Leasinggeber insbesondere nicht gehalten ist, den insgesamt zu entrichtenden Mietzins oder den effektiven Jahreszins anzugeben [§ 4 Abs. 1 S. 2 Nr. 1 b) bzw. 2 b) VKG]. [179]

---

176 Vgl. oben 3. Kapitel § 2 A I 1 a) cc) ii).

177 BT-DS 11/8274, S.20 f.

178 Etwas anderes gilt nach der hier vertretenen Auffasssung für die (unechten) Leasinggeschäfte im Sinne eines Umgehungsgeschäfts gemäß dem bisherigen § 6 AbzG [siehe dazu bereits oben 3. Kapitel § 2 A I 1 a) cc); ebenso Zahn, DB 1991, 2171 f.].

179 Ebenso Reinicke/Tiedtke, ZIP 1992, 217 (227); a.A. Palandt-Putzo, § 4 VKG, Rdnr. 7.

Soweit die Ausklammerung der Mindestangabepflichten darauf gestützt wird, sie würden auf das Leasinggeschäft nicht passen,[180] ist dies nur bedingt richtig. In vielen Bereichen, vor allem auf dem Gebiet des eminent wichtigen Kfz-Leasings, bestünden zum Beispiel keine größeren Schwierigkeiten, den Barzahlungspreis anzugeben. Denn gerade hier hat sich - zumindest das private - Leasing durchaus als Alternative zum finanzierten Kauf etabliert.[181] Die Gegenüberstellung der unterschiedlichen Gesamtkosten gehört zum "täglichen Brot" dieser Branche. In nahezu jeder Tageszeitung wird mit der Günstigkeit eines bestimmten effektiven Jahreszinses geworben. Die Angabe wenigstens einiger Mindestinhaltsinformationen - insbesondere der des effektiven Jahreszinses oder der Gesamtsumme aller Zahlungen - zeigt sich demzufolge durchaus als praktikabel und durchführbar. Werden bestimmte Produkte, wie z.B. Kraftfahrzeuge, sowohl im Wege des Leasings als auch des Kaufs offeriert, stünde dem Kunden eine Vergleichsmöglichkeit zur Verfügung, die er zur Grundlage seiner Entscheidung machen könnte. Offenbar wollte der Gesetzgeber der Leasingwirtschaft, die einen zunehmend bedeutsameren Wirtschaftsfaktor darstellt, einen zwingenden Preisvergleich gesetzlich jedoch nicht vorschreiben.

---

180 BT-DS 11/8274, S. 21, Zahn, DB 1991, 81 (83).

181 Ebenso Seibert in Hadding/Hopt, Das neue Verbraucherkreditgesetz, S. 19; Scholz, Rdnr. 156, S. 79.

Im - hier im Zusammenhang weniger interessierenden - Bereich des gewerblichen Kfz-Leasings wird man die Alternative allerdings auch in andererm Vertragsarten, zum Beispiel in der Miete, suchen müssen.

Zu begrüßen ist die Einbeziehung des Schriftformerfordernisses des § 4 Abs. 1 VKG, wobei sich dieses auch auf Nebenabreden erstreckt.[182]

Nicht zur Anwendung gelangt ferner § 4 Abs. 1 S. 3 VKG.

b) Formmängel (§ 6 VKG):

Die Nichtanwendbarkeit[183] der Sanktionsnorm des § 6 VKG für Formverstöße gegen die Informationspflichten gemäß § 4 Abs. 1 S. 2 und 3 VKG ergibt sich als Konsequenz daraus, daß keine verbindliche Verpflichtung zur Angabe von Mindestinformationen besteht. § 6 VKG liefe insofern leer.

Für das Schriftformerfordernis und die Folgen eines Verstoßes hiergegen sind statt dessen die §§ 126, 125 BGB maßgeblich.[184]

c) Rücktrittsfiktion beim Leasinggeber (§ 13 Abs. 3 VKG):

Die Voraussetzungen, unter denen der Leasinggeber vom Vertrag zurücktreten kann, sind dieselben wie bei den übrigen Kreditverträgen (vgl. §§ 12, 13 Abs. 1 und 2 VKG).[185] Eine Ausnahme hiervon bildet die Rücktrittsfiktion des § 13 Abs. 3 VKG. Der Leasinggeber kann danach

---

182 Zahn, DB 1991, 81 (82).

183 Zahn, DB 1991, 81 (82).

184 Westphalen/Emmerich/Kessler, § 3 VKG, Rdnr. 43 und Rdnr. 47.

185 Siehe dazu auch schon oben 3. Kapitel, § 2 A I 1 a) ii).

das Leasinggut an sich nehmen o.ä., ohne daß dadurch sein Rücktritt vom Vertrag fingiert würde.

Da bei den meisten Abzahlungskäufen das Eigentum bis zur endgültigen Zahlung des Kaufpreises ohnehin vorbehalten bleibt, kann das Eigentum des Leasinggebers nicht als das entscheidende Argument für die Nichtanwendbarkeit der Rücktrittsfiktion beim Finanzierungsleasing herangezogen werden. Ein anderes Argument, das sich etwa auf Gründe der Praktikabilität berufen würde, ist konkret nicht ersichtlich. Der Gesetzgeber stützt seine Begründung lediglich darauf, daß die Vorschrift des § 13 Abs. 3 VKG "nicht auf Finanzierungsleasingverträge zugeschnitten" sei,[186] was angesichts deren ständig zunehmenden Bedeutung nicht zu überzeugen vermag. Dem (Finanzierungs-)Leasing kommt in weiten Bereichen bereits Kaufersatzfunktion zu. Der Leasingnehmer steht damit in bezug auf die Verfügbarkeit des Leasinggutes in keiner geringeren Abhängigkeit als bei einer im Wege eines Abzahlungskaufes erworbenen Ware.

d) Vorzeitige Zahlung (§ 14 VKG):

Der Leasingnehmer kann nicht gem. § 14 VKG den Gesamtbetrag der noch ausstehenden Leasingraten unter Abzug bestimmter, dadurch ersparter Kosten des Leasinggebers vor Ablauf der Leasingdauer begleichen. Die dem zugrunde liegenden wirtschaftlichen Erwägungen erscheinen billigenswert, da bei der Berechnung der Leasingraten häufig auch ein erst noch zu liquidierender Restwert der Leasingsache mitherangezogen wird. Dies würde im Falle einer vorzeitigen Zahlung der Restforderung zu erheblichen kalkulatorischen Problemen und Abwicklungsschwierigkeiten führen.

---

[186] BT-DS 11/8274, S. 21.

e) Anzuwendende Vorschriften:

Im übrigen finden die Vorschriften des Verbraucherkreditgesetzes uneingeschränkte Anwendung, soweit sie nicht durch den Wegfall einzelner Vorschriften leerlaufen (vgl. nach diesseitiger Ansicht zum Beispiel § 4 Abs. 2 VKG). Da § 3 Abs. 2 Nr. 1 VKG erst gegen Ende des Gesetzgebungsverfahrens quasi "über Nacht" eingefügt wurde, bleiben Abstimmungsschwierigkeiten unausweichlich.[187] Letzte Klärung mag nur durch die Rechtsprechung zu erreichen sein. Als Beispiel sei die Frage angeführt, ob Finanzierungsleasingverträge als ein "*entsprechendes verbundenes Geschäft*" im Sinne des § 9 Abs. 4 VKG zu qualifizieren sind: Auch beim Finanzierungsleasing besteht eine dem Abzahlungsgeschäft ähnliche Dreieckskonstellation zwischen Leasingnehmer-Leasinggeber-Hersteller/Lieferant. Im Unterschied dazu beschränken sich die *vertraglichen* Beziehungen des Leasingnehmers einzig auf die zum Leasinggeber. Die rein faktische Auslieferung des Leasinggutes ändert hieran nichts; ebensowenig dürfte die - formularmäßig übliche - Abtretung der Mängelgewährleistungsansprüche des Leasinggebers an den Leasingnehmer von entscheidender Bedeutung sein. Demgegenüber bestehen beim finanzierten Abzahlungsgeschäft auf seiten des Kreditnehmers sowohl vertragliche Beziehungen zum Verkäufer als auch aufgrund des Kreditvertragsverhältnisses zum Kreditgeber. Die Vorschriften des § 9 VKG sind daher auf Finanzierungsleasingverträge nicht übertragbar.[188]

---

[187] Ebenso Lieb, WM 1991, 1533.

[188] Zahn, DB 1991, 687; Lieb, WM 1991, 1533; a.A. wohl noch Reinking/Nießen, ZIP 1991, 79 (83); differenzierend dies. Reinking/Nießen, ZIP 1991, 634 (637 bis 639); Westphalen/Emmerich/Kessler, § 3 VKG, Rdnr. 55 bis 80; Münstermann/ Hannes, § 1

6.) Grundpfandrechtlich gesicherte Kredite (§ 3 Abs. 2 Nr. 2 VKG)

Von der Anwendung - nunmehr aber nur noch teilweise - ausgeschlossen bleibt das Verbraucherkreditgesetz auf "*durch Grundpfandrechte gesicherte Kredite*" (§ 3 Abs. 2 Nr. 2 VKG). In den ursprünglichen Entwürfen einschließlich des Entwurfs der Bundesregierung vom 11. August 1989

VKG, Rdnr. 86 und § 9 VKG, Rdnr. 470; Emmerich in Hadding/Hopt, Das neue Verbraucherkreditgesetz, S. 84 ff., ferner Lieb, ebenda S. 91 ff. und S. 115 ff.; Bruchner/Ott/Wagner-Wieduwilt, § 9 VKG, Rdnr. 148 ff.; Scholz, Rdnr. 300 ff., S. 146 ff.; Reinicke/Tiedtke, ZIP 1992, 217 (227).

Nach Lieb, WM 1991, 1533 (1534 ff. und 1542) scheitert eine *unmittelbare* Anwendung des § 9 VKG bereits daran, daß dem Finanzierungsleasing im Unterschied zum Abzahlungskauf eine *andere* Dreieckskonstellation zugrunde liege. Beim Finanzierungsleasingvertrag wird der Kaufvertrag vom Leasinggeber und nicht vom Leasingnehmer/Verbraucher geschlossen. § 9 VKG mußte deshalb in § 3 Abs. 2 Nr. 1 VKG nicht ausdrücklich ausgeschlossen werden [Lieb, WM 1991, 1533 (1534 und 1542)]. Auch beziehe sich § 9 VKG lediglich auf Kreditverträge, welche der Finanzierung des Kaufpreises o.ä. dienen. Pate habe hier insoweit der finanzierte Abzahlungskauf und nicht jede Kredithilfe gestanden. Methodisch sei es daher falsch, aus § 3 Abs. 2 Nr. 1 VKG zu folgern, daß alle von dieser Ausnahmevorschrift nicht ausgeschlossenen Regelungen des Verbraucherkreditgesetzes automatisch anwendbar seien [Lieb, WM 1991, 1533 (1534)].

Ebensowenig komme eine *analoge* Anwendung in Betracht, weil selbst in Fällen einer vergleichbaren Schutzbedürftigkeit § 9 VKG dem Verbraucher im Vergleich zum geltenden Leasingrecht keinen Vorteil verschaffe [Lieb, WM 1991, 1533 (1535 ff. und 1542)].

Ähnlich umstritten dürfte die Frage der Anwendbarkeit des § 7 Abs. 3 VKG auf Finanzierungsleasingverträge sein (Westphalen/Emmerich/Kessler, § 3 VKG, Rdnr. 50 ff.).

beinhaltete das Verbraucherkreditgesetz im Einklang mit der bisherigen Definition des Verbraucherkredits[189] noch einen Totalausschluß aller Realkredite. Im Hinblick auf die auch insoweit existierende besondere Schutzbedürftigkeit der Verbraucher wurde dieser Totalausschluß in die endgültige Fassung des Gesetzes nicht mehr übernommen. So sah der Gesetzgeber das Informationsbedürfnis des Verbrauchers auch bei hypothekarisch gesicherten Krediten als gegeben an.[190] Möglicherweise haben hier die in der letzten Zeit ergangenen verbraucherfreundlichen Grundsatzentscheidungen des Bundesgerichtshofs[191] eine gewisse Wirkung gezeigt.

Der (teilweise) Ausschluß der Bestimmungen des Verbraucherkreditgesetzes gilt allerdings auch nur insoweit, als das Darlehen zu für die durch Grundpfandrechte gesicherten Kredite üblichen Bedingungen vergeben wird. Bei Realkrediten mit für den Verbraucher (besonders) ungünstigen Darlehensbedingungen bleibt das Verbraucherkreditgesetz demnach in seiner Gesamtheit anwendbar. In der Praxis dürfte sich die Grenzziehung allerdings als schwierig erweisen, ob ein grundpfandrechtlich gesicherter Kredit den

---

189 Ebenso die Gesetz gewordene Fassung des § 609 a Abs. 1 Nr. 2 BGB.

190 BT-DS 11/8274, S. 21.

191 Vgl. etwa BGH NJW 1989, 582.

Diese Entscheidung betrifft zwar ein völlig anderes Problem, nämlich das der Unwirksamkeit der Wertstellungsklauseln, was jedoch nicht ausschließt, daß sie - neben anderen - zur Sensibilisierung des Gesetzgebers für die Belange der Verbraucher im Zusammenhang mit Realkrediten beigetragen hat.

Ausnahmetatbestand erfüllt oder nicht.[192] Zinshöhe und Gesamtbelastung sind hierbei nicht allein entscheidend.[193] Abzustellen sein dürfte vielmehr auf das gesamte Erscheinungsbild des Kredits,[194] der in seinen konkreten Bedingungen den *marktüblichen* Konditionen entsprechen muß.[195]

Eine weitere Ausnahme bezieht sich auf Kredite, bei denen im Interesse der Verbraucher von einer grundpfandrechtlichen Sicherung wegen § 7 Abs. 3 bis 5 des Gesetzes über Bausparkassen[196] abgesehen wurde.[197] Wegen der insoweit

---

192 Ebenso Westphalen/Emmerich/Kessler, § 3 VKG, Rdnr. 135; Emmerich/Münstermann/Wagner-Wieduwilt, S. 32 f.

193 Emmerich/Münstermann/Wagner-Wieduwilt, S. 33; v. Westphalen/ Emmerich/Kessler, § 3 VKG, Rdnr. 135 f.; Bruchner/Ott/Wagner-Wieduwilt, § 3 VKG, Rdnr. 84 ff.

194 Emmerich/Münstermann/Wagner-Wieduwilt, S. 33; v. Heymann, WM 1991, 1285 (1287).

Das Gesamterscheinungsbild des Kredits ist nicht lediglich durch die Gesamtbelastung geprägt. Mitzuberücksichtigen sind insbesondere die für grundpfandrechtlich gesicherte Kredite übliche lange Laufzeit und die geringe Anfangstilgung (Westphalen/Emmerich/Kessler, § 3 VKG, Rdnr. 135).

Hinzukommen weitere Einzelheiten der Vertragsgestaltung, insbesondere die seitens des Kreditgebers zugrunde gelegten Allgemeinen Geschäftsbedingungen (Bülow, § 3 VKG, Rdnr. 45).

195 Emmerich/Münstermann/Wagner-Wieduwilt, S. 33; v. Westphalen/ Emmerich/Kessler, § 3 VKG, Rdnr. 135; Münstermann/Hannes, § 3 VKG, Rdnr. 169.

196 Vgl. Gesetz über Bausparkassen in der Neufassung vom 15. Februar 1991 (BGBl. I, S. 454).

vorliegenden Sondersituation[198] mag die Ausnahme für den Verbraucher hinnehmbar erscheinen.[199]

Das Bauspardarlehen unterscheidet sich in vielerlei Hinsicht vom Normalfall des Darlehens (Einzelheiten vergleiche Gesetz über Bausparkassen vom 15. Februar 1991, BGBl. I S. 454; Staudinger/Hopt/Mülbert, § 607 BGB, Rdnr. 172;). Der Bausparer erlangt aufgrund seiner Bauspareinlagen einen Rechtsanspruch auf Gewährung eines Bauspardarlehens (§ 1 Abs. 1 BausparkassenG), was sich insbesondere durch seine Unkündbarkeit seitens der Bausparkasse und seiner in der Regel nachrangig zu bestellenden Sicherheiten auszeichnet (Staudinger/Hopt/Mülbert, § 607 BGB, Rdnr. 172). Das Bauspardarlehen ist zweckgebunden (§ 1 Abs. 1 und 3 BausparkassenG) und kann vom Bausparer neben den tariflichen Raten insbesondere auch durch Sondertilgungen zurückgezahlt werden.

197 BT-Ds 11/5462, S. 18.

198 Der Geschäftsbereich der Bausparkassen ist im Vergleich zu sonstigen Kreditgeschäften strenger reglementiert: So müssen Bausparkassen beispielsweise, wenn es sich bei ihnen nicht um eine öffentlich-rechtliche Rechtsform handelt, in der Rechtsform einer Aktiengesellschaft betrieben werden (§ 2 BausparkassenG). Bausparkassen dürfen nur bestimmte Geschäfte tätigen (§ 3 BausparkassenG). § 5 BausparkassenG legt den Bausparkassen bestimmte Geschäftsgrundsätze auf und schreibt für deren Allgemeine Geschäftsbedingungen einen Mindestinhalt vor (weitere Einzelheiten vergleiche Staudinger/Hopt/Mülbert, § 607 BGB, Rdnr. 172 ff.).

Nach § 7 Abs. 3 und 4 BausparkassenG kann der Bausparer durch eine sog. "*Negativerklärung*", das Pfandobjekt nicht anderweitig zu belasten oder zu veräußern, erreichen, daß eine grundpfandrechtliche Sicherung nicht bestellt werden muß (Ulmer/Habersack, § 3 VKG, Rdnr. 25; Bülow, § 3 VKG, Rdnr. 47).

199 Vgl. auch Ulmer/Habersack, § 3 VKG, Rdnr. 25; Bülow, § 3 VKG, Rdnr. 47; Münstermann/Hannes, § 3 VKG, Rdnr. 168.

Demgegenüber wird von Vertretern der Bausparkassen eine vollständige Herausnahme der Bauspardarlehen aus dem Geltungsbereich des Verbraucherkreditge-

Voraussetzung ist allerdings auch insoweit, daß die Bauspardarlehen zu üblichen Bedingungen vergeben werden.[200]

a) Gründe für die Ausnahme:

aa) Rechtstraditionelle Gründe:

Die ursprünglich vorgesehene vollständige Ausklammerung "hypothekarisch" gesicherter Kredite stellte sich, wie bereits angedeutet, als bloße Festschreibung der bisher vorherrschenden Rechtsauffassung und Gesetzeslage (vgl. § 1 AbzG, § 609 a Abs. 1 Nr. 2 BGB) dar. Die gängigsten Definitionen waren immer davon ausgegangen, daß der Konsumentenkredit gerade nicht durch Grund- oder Schiffspfandrechte gesichert werde,[201] entsprach also einer in gewisser Weise schon Rechtstradition gewordenden Überzeugung, die mit dem Abzahlungsgesetz ihren Anfang genommen hatte.[202]

---

setzes gefordert (siehe hierzu sowie zur Notwendigkeit, das Verbraucherkreditgesetz wenigstens partiell auf Bauspardarlehen Anwendung finden zu lassen: Helmrich, AnwBl. 1992, 103 [105 f.]).

200 Bülow, § 3 VKG, Rdnr. 47; Westphalen/Emmerich/Kessler, § 3 VKG, Rdnr. 138.

201 Häuser/Welter, NJW 1987, 17 (20); Palandt-Putzo, § 609 a BGB, Anm. 2 a) bb), Rdnr. 8; Münchener Kommentar, § 609 a BGB, Rdnr. 27; Hadding, S. 99 f.; vgl. auch § 609 a Abs. 1 Nr. 2 BGB.

Auch nach Auffassung des Gesetzgebers handelt es sich bei grundpfandrechtlich gesicherten Krediten keineswegs um "typische Konsumentenkredite" (BT-Ds 11/5462, S. 18).

202 Hadding, S. 99.

bb) Ausreichender Schutz grundpfandrechtlich gesicherter Kredite:

Eine Einbeziehung der grundpfandrechtlich gesicherten Kredite erschien zunächst deshalb entbehrlich, weil bei diesen im Unterschied zu den Konsumentenkrediten ein Schutz des Kreditkunden vor Übereilung bereits durch Eintragungs- und Beurkundungserfordernisse bewirkt wird,[203] so daß sich lediglich für Verbraucherkredite die Notwendigkeit besonderer Form- und Inhaltsvorschriften ergab. Andererseits bedeutet es keinen Nachteil, wenn grundpfandrechtlich gesicherte Kredite nunmehr zumindest partiell dem Schutzbereich des Verbraucherkreditgesetzes unterstellt werden, zumal auch bei diesen Krediten das Informationsbedürfnis des Verbrauchers - etwa im Hinblick auf die zu erwartende Zinsbelastung -[204] vergleichbar hoch ist.

b) Ausgeschlossene Bestimmungen im einzelnen:

Nach der jetzt Gesetz gewordenen Fassung finden die §§ 7 (Widerrufsrecht), 9 (Verbundene Geschäfte), 11 (Verzugszinsen; Anrechnung von Teilleistungen), 12 (Gesamtfälligkeitsstellung bei Teilzahlungkrediten) und 13 (Rücktritt des Kreditgebers) VKG keine Anwendung. Es handelt sich bei diesen Vorschriften allerdings gerade um die Kernbereiche des neuen Verbraucherkreditrechts,[205] so daß den anzuwendenden Vorschriften eine geringere Bedeutung zukommt. Für Realkredite gelten demnach lediglich die Form-

---

203 BT-Ds 11/5462, S. 18; Ulmer/Habersack, § 3 VKG, Rdnr. 26.

204 BT-Ds 11/8274, S. 21.

205 Einzelheiten vgl. bei der Erörterung der jeweiligen Vorschrift.

und Mindestangabevorschrift des § 4 VKG, die Bestimmungen über die Kreditvermittlung der §§ 15 bis 17 sowie das Unabdingbarkeitsgebot bzw. Umgehungsverbot des 18 VKG. Auch wenn die wesentlichen Normen des Verbraucherkreditgesetzes damit gerade nicht zur Anwendung gelangen, ist immerhin zu berücksichtigen, daß die ausgeschlossenen Vorschriften noch im Entwurf der Bundesregierung vom 11. August 1989 und in den ihm vorausgegangenen Referentenentwürfen als Begründung für den Totalausschluß von Realkrediten dienen mußten.[206] Im Vergleich dazu stellt die gegenwärtige Lösung eine teilweise Verbesserung dar.

aa) Ausschluß des Widerrufsrechts (§ 7 VKG):

Nach den Darlegungen des Gesetzgebers verträgt sich das *Widerrufsrecht* des § 7 VKG nicht mit der Tilgungskalkulation bei Realkrediten, die im Vergleich zu Verbraucherkrediten allein deshalb günstiger gehalten werden kann, weil die Kreditgeber nur ohne ein Widerrufsrecht in die Lage versetzt würden, mit einer tagegenauen Refinanzierungsplanung zu arbeiten.[207] Hätte sich das Recht zum Widerruf auch auf grundpfandrechtlich gesicherte Kredite erstreckt, wäre zu befürchten gewesen, daß zum Nachteil der Verbraucher hohe Zinsbelastungen - wie beim Ratenkredit üblich - mit dem Risiko, aus der dinglichen Sicherung in Anspruch genommen zu werden, kumulierten.

Da das Widerrufsrecht den Verbraucher primär vor übereilten Entschlüssen schützen soll,[208] erleidet der Verbraucherschutz bei grundpfandrechtlich gesicherten Krediten

---

206 BR-Ds 427/89, S. 40 f.; amtliche Begründung zum Referentenentwurf vom Juni 1988, S. 20.

207 BR-Ds 427/89, S. 41; BT-Ds 11/5462, S. 18.

durch den Ausschluß des § 7 VKG keine entscheidende Beeinträchtigung. Die Eintragung grundpfandrechtlicher Sicherheiten sieht nach § 29 GBO die notarielle Beglaubigung vor, was mit entsprechender Überlegungszeit für den Verbraucher und gegebenenfalls fachkundiger Hinweise durch einen Notar verbunden ist.[209]

bb) Ausschluß der Vorschriften über verbundene Geschäfte (§ 9 VKG):

Ausgeschlossen sind zweitens die besonderen Vorschriften bezüglich der sog. "*verbundenen*" Geschäfte des § 9 VKG. Eine zwingende Notwendigkeit zur Einbeziehung dieser Norm in bezug auf grundpfandrechtlich gesicherte Kredite besteht nicht. Die den verbundenen Geschäften zugrunde liegende typische Konstellation, die insbesondere eine "wirtschaftliche Einheit" zwischen Kreditgeber und Warenlieferant/ Erbringer der sonstigen Leistung voraussetzt, spielt bei Immobilienkäufen praktisch keine Rolle. Zwischen kreditgewährender Bank und Veräußerer eines Grundstücks besteht in der Regel keine derartige enge Beziehung.[210]

---

208 Ulmer/Habersack, § 7 VKG, Rdnr. 2.

209 Vergleiche auch Ulmer/Habersack, § 3 VKG, Rdnr. 26.

210 Bruchner/Ott/Wagner-Wieduwilt, § 3 VKG, Rdnr. 97.

cc) Ausschluß der Verzugszinsenregelung und der besonderen Vorschriften über die Anrechnung von Teilleistungen (§ 11 VKG)

Bezüglich der *Verzugszinsenbelastung* und der *Anrechnung von Teilleistungen* wird argumentiert, daß die von § 11 VKG geschaffene Rechtslage im Bereich der Realkredite den Kreditnehmer unnötig begünstigen würde.[211]

Daß sich die Verzugszinsregelung sowie die Modifizierung der Anrechnungsreihenfolge des § 367 BGB für den Kreditnehmer günstiger auswirken, erweist sich vom Ansatz her als richtig. Es stimmt jedoch nicht, wenn im Hinblick auf grundpfandrechtlich gesicherte Kredite im weiteren behauptet wird, insoweit würde eine im Vergleich zum Verbraucherkredit "*zu günstige*"[212] Verzinsungssituation geschaffen. Ratenkredite zählen zwar zu den teuersten Krediten überhaupt. Warum aber die Erstreckung des Verbraucherkreditgesetzes allein auf diese eine Berechtigung haben soll, ist nicht ersichtlich, hängt doch von der Hypothekentilgung häufig auch die (häusliche) Existenz des Betroffenen ab. Abgesehen davon erweist sich - wie noch zu zeigen sein wird - die neue Verzugszinsregelung nicht in dem Maß als günstiger, wie die amtliche Begründung anzunehmen scheint.

dd) Ausschluß der besonderen Voraussetzungen für Gesamtfälligkeitsstellung und Rücktritt (§§ 12 f. VKG):

Mit einem reinen Kostenargument begründet der Gesetzgeber den Ausschluß der *Gesamtfälligkeitsstellung* nach § 12

---

211 BR-Ds 427/89, S. 41.

212 BR-Ds 427/89, S. 41.

VKG.[213] Die vom Verbraucherkreditgesetz aufgestellten Voraussetzungen der Gesamtfälligkeitsstellung sind auf die zumeist langfristigen Realkredite mit ihrer niedrigen Anfangstilung nicht zugeschnitten und würden sich damit für Kreditgeber von Realkrediten als unangemessen hoch erweisen.[214] Die Kreditgeberseite könnte nicht kostendekkend arbeiten, sollte die Kreditkündigung von den zusätzlichen Anforderungen des Verbraucherkreditgesetzes abhängig gemacht werden. Grundpfandrechtlich gesicherte Kredite müssen infolgedessen vom Darlehensgeber leichter gekündigt werden können.

7.) Gerichtlich oder notariell beurkundete Kreditverträge (§ 3 Abs. 2 Nr.3 VKG):

Schließlich bestimmt § 3 Abs. 2 Nr. 3 VKG, daß die Vorschriften der §§ 4 bis 7 und 9 Abs. 2 VKG auf gerichtlich protokollierte oder notariell beurkundete Kreditverträge keine Anwendung finden.[215] Auch insoweit ist die Anwendung des Verbraucherkreditgesetzes nicht völlig ausgeschlossen, sondern lediglich die bestimmter Vorschriften (anders noch der erste Referentenentwurf vom Juni

---

213 BR-Ds 427/89, S. 41.

214 BR-Ds 427/89, S. 41.

215 Für den gerichtlich protokollierten Vergleich ist dabei die Beachtung der diesbezüglichen Verfahrensvorschriften (§§ 160 ff. ZPO) notwendig (Palandt-Heinrichs, § 127 a BGB, Anm. 2, Rdnr. 2). Entsprechendes gilt im Hinblick auf den notariell beurkundeten Vergleich, der unter Einhaltung der sich hierfür aus dem Beurkundungsgesetz (Gesetz vom 28. August 1969, BGBl. I S. 1513) ergebenden Vorschriften zustande gekommen sein muß (Palandt-Heinrichs, § 128 BGB, Anm. 1, Rdnr. 1).

1988[216]). Es handelt sich hierbei um die Form- und Mindestinhaltsvorschriften des § 4 VKG sowie um die besonderen Formvorschriften für Überziehungskredite nach § 5 VKG. In Konsequenz dessen gelangen auch die Sanktionsfolgen des § 6 VKG bei Verstoß gegen diese Formvorschriften nicht zur Anwendung. Das Schriftformerfordernis wird für öffentlich beurkundete Verträge ohnehin gem. §§ 127 a, 126 Abs. 3 BGB ersetzt.[217]

Der partielle Ausschluß nach § 3 Abs. 2 Nr. 3 VKG setzt voraus, daß derartige

> *Verträge den Jahreszins, die Kosten und die Voraussetzungen ihrer nachträglichen Änderung enthalten (vgl. § 3 Abs. 2 Nr. 2 VKG).*

Geschieht das nicht, unterliegen diese Verträge dem uneingeschränkten Anwendungsbereich des Verbraucherkreditgesetzes. Die Streitparteien haben dann u.a. auch vor Gericht die Form- und Inhaltsvorschriften des § 4 VKG zu beachten mit der Konsequenz, daß bei einem Verstoß hiergegen die Sanktionsfolgen des § 6 VKG in vollem Umfang Platz greifen.

Nicht gelten soll für diese Verträge ferner das Widerrufsrecht nach § 7 VKG, was mit einem Interesse an der Aufrechterhaltung der gerichtlich/notariell beurkundeten Übereinkunft zu erklären ist. Diese Zwecksetzung dürfte aber in der Praxis häufig bereits dadurch unterlaufen werden, daß eine Vielzahl gerichtlicher Vergleiche - ins-

---

216 Dieser sah in § 2 S. 1 Nr. 5 E_1-VKG noch einen völligen Ausschluß vom Anwendungsbereich des Verbraucherkreditgesetzes vor.

217 BR-Ds 427/89, S. 42; BT-Ds 11/5462, S. 18.

Statt vieler vergleiche Palandt-Heinrichs, § 127 a BGB, Rdnr. 1.

besondere in Anwaltsprozessen, bei denen das persönliche Erscheinen der Parteien nicht angeordnet ist - unter einen befristeten Widerrufsvorbehalt gestellt wird.[218]

Entsprechendes gilt für notariell beurkundete Kreditverträge: auch hier steht der Aufnahme einer individuell vereinbarten Widerrufsabrede nichts im Wege.

Der gleiche Gedanke findet sich bezüglich des Ausschlusses des § 9 Abs. 2 VKG wieder, der bei verbundenen Geschäften das Zustandekommen des Kaufvertrages davon abhängig macht, daß kein Widerruf des Kreditvertrags erfolgt ist. Das Interesse an der Aufrechterhaltung der gerichtlich protokollierten/notariell beurkundeten Vereinbarung genießt gleichermaßen Vorrang vor dem (potentiellen) Widerrufsinteresse des Schuldners. Aus Sicht des Verbrauchers kann auf § 9 Abs. 2 VKG allerdings meist wohl schon aus rein tatsächlichen Gründen verzichtet werden, weil die Kreditgeber- und Verkäuferseite bei verbundenen Geschäften ihr Verhalten und Vorgehen vor Gericht ohnehin aufeinander abgestimmt haben werden. Die prozessuale Vertretung dürfte dabei häufig durch denselben Prozeßbevollmächtigten erfolgen. Ist der Schuldner in Verfahren vor den Amtsgerichten nicht anwaltlich vertreten, wird das Gericht aufgrund seiner prozessualen Hinweis-

---

218 Der unter Widerrufsvorbehalt gestellte Vergleich ist als aufschiebend bedingt durch das Unterlassen des Widerrufs oder des Verzichts darauf anzusehen [z.B. Thomas-Putzo, § 794 ZPO, Anm. 7 II 4 e)].

Soweit der ("prozessuale") Widerrufsvorbehalt in den gerichtlich protokollierten Vergleich - mit oder ohne Wissen der Partei - aufgenommen wird, darf die daraus resultierende Befugnis zum Widerruf nicht mit der Widerrufsmöglichkeit nach § 7 VKG verwechselt werden. In den praktischen Auswirkungen kommt ihr dieser Vorbehalt jedoch trotzdem recht nahe, da die Frage, ob der Vergleich aufrecht erhalten bleibt oder nicht, zunächst gleichermaßen noch offen ist.

pflicht gemäß § 139 Abs. 1 ZPO auf das Maß der geschäftlichen Verflechtung zwischen Kreditgeber und Hersteller/Erbringer der sonstigen Leistung hinweisen müssen.

B: Kreditverträge:

Der zweite Abschnitt des Verbraucherkreditgesetzes ist mit dem Titel "*Kreditvertrag*" überschrieben und bildet mit den §§ 4 bis 14 VKG den eigentlichen Schwerpunkt des neuen Gesetzes. In den §§ 4 bis 6 VKG werden Formfragen behandelt, in den §§ 7 bis 14 VKG finden sich Bestimmungen mit materiell-rechtlichem Regelungsgehalt.

I. Formvorschriften und Sanktionsnormen (§§ 4 bis 6 VKG):

In den §§ 4 und 5 VKG stellt das Gesetz eine Reihe von Formalien auf, die ein Kreditvertrag nach der neuen Rechtslage erfüllen muß. Ist dies nicht der Fall, greifen die Sanktionsbestimmungen des § 6 VKG ein.

1.) Formvorschriften (§§ 4 und 5 VKG):

Von den Formvorschriften des Verbraucherkreditgesetzes beinhaltet § 4 VKG die Grundnorm, wohingegen § 5 VKG die kontokorrentmäßigen Überziehungskredite zum Inhalt hat und hierfür Sonderregeln aufstellt.

a) Die Grundnorm des § 4 VKG:

§ 4 VKG ist mit dem Titel "*Schriftform und Mindestangaben*" überschrieben und weist damit bereits auf seinen Inhalt hin.[219]

---

219 Schwintowski, JA 1992, 33 (37), spricht in diesem Zusammenhang vom "*Informationsmodell des Verbraucherkreditgesetzes*".

aa) Schriftform (§ 4 Abs. 1 S. 1 VKG):

Art. 2 Abs. 2 S. 1 VKG-Richtlinie schreibt für Kreditverträge die Einhaltung der Schriftform zwingend vor. Dem trägt das Verbraucherkreditgesetz Rechnung:

> *Nach § 4 Abs. 1 S. 1 VKG bedürfen alle Arten von Kreditverträgen der Schriftform.*

Mangels einer spezialgesetzlichen Regelung darüber, was Schriftform i.S.d. Verbraucherkreditgesetzes bedeutet, ist auf die allgemeine Vorschrift des § 126 BGB zurückzugreifen.[220] Danach ist zwischen dem schriftlich zu fixierenden Urkundeninhalt und der eigenhändigen Unterschrift (bzw. dem notariell beglaubigten Handzeichen) zu unterscheiden.[221]

Die schriftliche Fixierung des *Urkundeninhaltes* kann von den Parteien selbst oder von einem Dritten eigenhändig, maschinell oder gedruckt vorgenommen werden.[222] Demgegenüber muß die *Unterschrift*, um dem Erfordernis der Eigenhändigkeit zu genügen, vom Erklärenden selbst oder von

---

220 Ebenso Scholz, DB 1991, 215 (216); Westphalen/Emmerich/Kessler, § 4 VKG, Rdnr. 11; Bruchner/Ott/Wagner-Wieduwilt, § 4 VKG, Rdnr. 9; Emmerich/Münstermann/Wagner-Wieduwilt, S. 35; Münstermann/Hannes, § 4 VKG, Rdnr. 191; Scholz, Rdnr. 192, S. 104.

221 Palandt-Heinrichs, § 126 BGB, Anm. 2 a), Rdnr. 2.

222 Larenz, Allgemeiner Teil des Bürgerlichen Rechts, § 21 I a 1.); Münchener Kommentar/Förschler, § 126 BGB, Rdnr. 22; Palandt-Heinrichs, § 126 BGB, Anm. 2 a), Rdnr. 2.

Nach § 4 Abs. 1 S. 2 VKG dürfte es für die Einbeziehung Allgemeiner Geschäftsbedingungen nicht mehr genügen, auf deren Aushang in den Geschäftsräumen hinzuweisen (Seibert, § 4 VKG, Rdnr. 1; v. Heymann, WM 1991, 1285 [1288]).

einem hierzu bevollmächtigten Vertreter stammen.[223] Obwohl es sich hierbei nicht um höchstpersönliche Rechtsgeschäfte handelt, sondern auf seiten der Kreditgeber vielmehr sogar um Massengeschäfte, wird man dennoch nach allgemeiner Meinung die Verwendung einer Schreibhilfe, z.B. einer Faksimileunterschrift, nicht genügen lassen können.[224] Die Unterschrift hat den Urkundentext räumlich abzuschließen.[225]

---

[223] Larenz, Allgemeiner Teil des Bürgerlichen Rechts, § 21 I a 1.); Münchener Kommentar/Förschler, § 126 BGB, Rdnr. 22 bzw. 21; Palandt-Heinrichs, § 126 BGB, Anm. 3 c), Rdnr. 7 und Anm. 3 d), Rdnr. 8.

[224] RGZ 74, 339 (341); BGH NJW 1981, 1900 (1901); BGHZ 47, 68; Slama, WM 1991, 569 (571); Münchener Kommentar/Förschler, § 126 BGB, Rdnr. 23; Palandt-Heinrichs, § 126 BGB, Anm. 3 c), Rdnr. 7; Larenz, Allgemeiner Teil des Bürgerlichen Rechts, § 21 I a 1.); Westphalen/Emmerich/Kessler, § 4 VKG, Rdnr. 18; Vortmann, § 4 VKG, Rdnr. 4; Seibert, § 4 VKG, Rdnr. 3; Scholz, Rdnr. 192, S. 104.

Dies gilt selbst dort, wo es der Verkehrsüblichkeit entspricht, anstelle einer eigenhändigen Unterschrift ein Faksimile zu verwenden, auch wenn dadurch der Geschäftsablauf im Massenrechtsverkehr behindert wird. Eine Faksimileunterschrift genügt nur dann dem Formerfordernis, wenn dies ausdrücklich durch Gesetz wie in § 793 Abs. 2 BGB, § 8 MHRG, § 13 AktG und §§ 3 Abs. 1, 39 Abs. 1 S. 1 und 43 Nr. 4 VVG zugelassen ist (Münchener Kommentar/Förschler, § 126 BGB, Rdnr. 23). Bei § 4 Abs. 1 S. 1 VKG ist dies nicht der Fall.

Für § 4 Abs. 1 S. 1 VKG sind derzeit allerdings Reformbestrebungen im Gang, wonach es bei maschineller Bearbeitung des Kreditvertrages einer handschriftlichen Unterzeichnung der Erklärungen des Kredit*gebers* künftig nicht mehr bedürfen soll (Funke, AnwBl. 1992, 108 [109]).

[225] Larenz, Allgemeiner Teil des Bürgerlichen Rechts, § 21 I a 1.); Palandt-Heinrichs, § 126 BGB, Anm. 3 a), Rdnr. 5; Westphalen/Emmerich/Kessler, § 4 VKG, Rdnr. 19; Scholz, Rdnr. 192, S. 104.

Mit dem Schriftformerfordernis werden die üblichen Zielsetzungen verbunden. Der Verbraucher soll einerseits vor übereilten Vertragsschlüssen geschützt werden (*Warnfunktion*)[226], andererseits soll - gerade im Hinblick auf die nachstehenden Mindestangaben - sichergestellt werden, was Inhalt des Kreditvertrags geworden ist (*Beweisfunktion*).[227]

Besonderheiten zur bisherigen Rechtslage ergeben sich daraus insoweit nicht, als auch § 1 a Abs. 1 S. 1 AbzG Schriftform erforderte. Allerdings galt dies nur für den Abzahlungskauf und - was noch wichtiger erscheint - allein für die Willenserklärung des Käufers.[228] Bedeutung kann dieser Unterschied nunmehr im Hinblick auf § 126 Abs. 2 BGB erlangen, der im Gegensatz zur bisherigen Rechtslage künftig Anwendung findet.[229] Der Vertrag muß danach von der Unterschrift beider Parteien gedeckt werden, es sei denn, daß das Vertragswerk mehrere gleichlautende Urkunden umfaßt. Insoweit reicht die Unterzeichnung der jeweils für die andere Partei gedachten Urkunde aus

---

226 Palandt-Heinrichs, § 125 BGB, Anm. 1 a), Rdnr. 1; BT-Ds 5462, S. 19.

Daher soll auch die Blankounterschrift *des Verbrauchers* nicht genügen (Westphalen/Emmerich/Kessler, § 4 VKG, Rdnr. 20; Bruchner/Ott/Wagner-Wieduwilt, § 4 VKG, Rdnr. 11; Seibert, § 4 VKG, Rdnr. 1; Bülow, § 4 VKG, Rdnr. 25 [m.w.N.]; Scholz, Rdnr. 196, S. 105).

227 Palandt-Heinrichs, § 125 BGB, Anm. 1 a), Rdnr. 1.

228 Scholz, DB 1986, 215 (216).

229 Palandt-Putzo, § 1 a AbzG, Anm. 3 a, Rdnr. 6.

(§ 126 Abs. 2 S. 2 BGB).[230] Für den Geschäftsverkehr dürften sich die praktischen Auswirkungen dieser gesetzlichen Neuerungen in Grenzen halten, entsprechen sie doch bereits dem derzeitigen rechtlichen Standard.[231]

bb) Mindestinhalt (§ 4 Abs. 1 S. 2 VKG):

Satz 2 derselben Vorschrift regelt in sehr detaillierter Weise die in die Vertragsurkunde aufzunehmenden Mindestangaben, wobei hier noch zusätzlich zwischen *Kreditverträgen im allgemeinen* (§ 4 Abs 1 S. 2 Nr. 1 VKG) und *Kreditverträgen, die die Lieferung einer bestimmten Sache oder die Erbringung einer bestimmten anderen Leistung gegen Teilzahlungen zum Gegenstand haben*[232] (§ 4 Abs. 1 S.

---

[230] Unter dem Geltungsbereich des alten Abzahlungsgesetzes war dies nicht der Fall. Da nach § 1 a Abs. 1 S. 1 AbzG nur die Willenserklärung des Käufers der Schriftform bedurfte, fand § 126 Abs. 2 BGB insoweit keine Anwendung (Palandt-Putzo, § 1 a AbzG, Anm. 3 a, Rdnr. 6).

[231] BT-Ds 5462, S. 19; Gilles, ZRP 1989, 299 (306); Schmelz/Klute, ZIP 1989, 1509 (1512).

[232] Die Formulierung des § 4 Abs. 1 S. 2 Nr. 2 VKG erweist sich zudem als leicht mißverständlich. Mit "*Kreditverträgen, die die Lieferung einer bestimmten Sache oder die Erbringung einer bestimmten anderen Leistung gegen Teilzahlungen zum Gegenstand haben*" ist nicht gemeint, daß die Lieferung bzw. Leistung den *unmittelbaren* Vertragsgegenstand des Kreditvertrages bildet, sondern deren Finanzierung (Emmerich/Münstermann/Wagner-Wieduwilt, S. 42 f.), also zum Beispiel bei Stundung des Kaufpreises durch den Verkäufer.

Zu beachten ist, daß sich der *drittfinanzierte* Abzahlungskauf nach Nr. 1 und nicht nach Nr. 2 des § 4 Abs. 1 S. 2 VKG beurteilt (BR-Ds 427/89, S. 43; BT-Ds 11/5462, S. 19; Münstermann/Hannes, § 4 VKG, Rdnr. 233; Westphalen/Emmerich/Kessler, § 4 VKG, Rdnr. 37; diese Auffassung allerdings sofort bezweifelnd ders. Rdnr. 141 f.).

2 Nr. 2 VKG), unterschieden wird. Gegenüber dem Referentenentwurf vom Juni 1988 wurde die Auflistung der Mindestinhaltserfordernisse auf die Hälfte reduziert, waren dort noch in § 3 Abs. 1 S. 2 E_1-VKG vier verschiedene Kataloge über Mindestangaben vorgesehen: nämlich jeweils einer für Ratenkredite, für in einem Einmalbetrag zurückzuzahlende Kredite, für sonstige Geldkredite und für Abzahlungsgeschäfte.

Was unter einem *Kreditvertrag im allgemeinen* zu verstehen ist, definiert das Verbraucherkreditgesetz an keiner Stelle. Es handelt sich insoweit um eine der zahlreichen, bereits monierten Abstimmungsungenauigkeiten innerhalb des Gesetzes. Letztendlich kann nur durch Auslegung im Wege einer Art "Substraktionsmethode" ermittelt werden, was der Begriff des Kreditvertrages im allgemeinen alles erfassen soll. D.h. von allen im Verbraucherkreditgesetz geregelten Kreditverträgen müssen diejenigen "abgezogen" werden, die in § 4 Abs. 1 S. 2 Nr. 2 VKG als Teilzahlungsvereinbarungen umschrieben sind:[233]

Im Fall der Nr. 1 handelt es sich danach um Gelddarlehen gleich welcher Art mit Ausnahme der gesondert in § 5 VKG geregelten Überziehungskredite.[234] Erfaßt sind daher nicht nur Ratenkredite, sondern auch alle in einem Betrag zurückzuzahlende Kredite.[235] Dies ergibt sich unter Berücksichtigung des ersten Referentenentwurfes vom Juni 1988, der noch zwischen Ratenkrediten, Festkrediten und sonstigen Krediten unterschieden hatte (vgl. § 3 Abs. 1

233 Ebenso Ulmer/Habersack, § 4 VKG, Rdnr. 23, f.

234 BR-Ds 427/89, S. 43.

Weitere Beispiele vergleiche Westphalen/Emmerich/Kessler, § 4 VKG, Rdnr. 37.

235 Für eine lediglich *analoge* Anwendung Reinicke/Tiedtke, ZIP 1992, 217 (218).

S. 2 Nr. 1 bis 3 E_1-VKG). Die Reduzierung auf zwei Grundtypen ist als Akt formaler Bereinigung, jedoch nicht inhaltlicher Umgestaltung zu betrachten.

Der Fall der Nr. 2 umfaßt alle Formen der Abzahlungsgeschäfte[236] einschließlich der (unechten) Leasinggeschäfte.[237] Letzteres geht zwar nicht mit Eindeutigkeit aus dem Gesetz hervor, jedoch unterstellt der Gesetzgeber die Leasingverträge ausdrücklich der Nr. 2.[238] Die Beschränkung auf Warenkredite wie beim alten Abzahlungsgesetz entfällt somit. Nicht erfaßt sein dürften hingegen *finanzierte* Abzahlungsgeschäfte, weil sich die Formvorschriften für den "Kreditvertrags-Teil" bereits nach Nr. 1 beurteilen. Dies ergibt sich unter Berücksichtigung des § 4 Abs. 1 S. 2 Nr. 1 VKG sowie aus der Spezialvorschrift für verbundene Geschäfte nach § 9 VKG.[239]

---

236 Ebenso zählen hierzu vom Leistungserbringer selbst kreditierte Dienst-, Werk- und und Reiseverträge (Westphalen/Emmerich/Kessler, § 4 VKG, Rdnr. 137; s.a. Münstermann/Hannes, § 4 VKG, Rdnr. 233).

237 Wie oben im 3. Kapitel unter § 2 A I 1 a) c) i) und ii) ausgeführt, sind im Rahmen dieser Arbeit unter "unechten" Leasingverträgen Leasingverträge zu verstehen, aufgrund derer dem Leasingnehmer bei einer wirtschaftlichen Betrachtungsweise letztlich die Sachsubstanz und nicht lediglich die Möglichkeit zur bloßen Gebrauchsnutzung eingeräumt wird.

238 BR-Ds 427/89, S. 43; BT-Ds 11/5462, S. 19.

239 Palandt-Putzo, § 4 VKG, Anm. 3, Rdnr. 11; BR-Ds 427/89, S. 43; BT-Ds 11/5462, S. 19; vergleiche ferner Westphalen/Emmerich/Kessler, § 4 VKG, Rdnr. 37 i.V.m. Rdnr. 141 f.; Vortmann, § 9 VKG, Rdnr. 19; Münstermann/Hannes, § 9 VKG, Rdnr. 499; Scholz, Rdnr. 199, S. 106.

Was notwendiger Urkundeninhalt ist, bestimmt § 4 Abs. 1 Satz 2 VKG.[240] Die EG-rechtliche Vorgabe für diese Bestimmung liefert Art. 4 VKG-Richtlinie. Dabei muß zwischen Absatz 2 Satz 1 und Absatz 3 unterschieden werden. Ersterer enthält die zwingende Angabe des effektiven Jahreszinses, hilfsweise wenigstens Angaben über den Nominalzins und die Gesamtkosten (Art. 4 Abs. 2 S. 2 und 3 i.V.m. Art. 6 Abs. 2, zweite Variante, VKG-Richtlinie); letzterer nennt i.V.m. dem Anhang der EG-Richtlinie die genannten Mindestangaben, die der Kreditvertrag wenigstens enthalten *soll*. Für das bundesdeutsche Recht verspricht sich der Gesetzgeber hiervon die Gewähr eines Mindestmaßes an für die Kreditentscheidung des Kreditnehmers notwendigen Informationen.[241]

Würden finanzierte Abzahlungsgeschäfte unter § 4 Abs. 1 S. 2 Nr. 2 VKG fallen, erwiese sich § 9 Abs. 2 S. 3 VKG als überflüssig. Denn § 7 Abs. 3 VKG gilt nur für Kreditverträge i.S.d. § 4 Abs. 1 S. 2 Nr. 1 VKG, die ein Darlehen zum Gegenstand haben. § 7 Abs. 3 VKG müßte also bei einem verbundenen Geschäft nicht gesondert ausgeschlossen werden, wenn es nach § 4 Abs. 1 S. 2 Nr. 2 VKG zu beurteilen wäre (Münstermann/Hannes, § 9 VKG, Rdnr. 499).

240 Schon das aus § 126 BGB zu folgernde Vollständigkeitserfordernis verlangt, daß der wesentliche Vertragsinhalt schriftlich fixiert sein muß (Bülow, § 4 VKG, Rdnr. 27; Ulmer/Habersack, § 4 VKG, Rdnr. 13 f.).

241 BR-Ds 427/89, S. 43; BT-Ds 11/5462, S. 19; vgl. ferner Ulmer/Habersack, Vorbemerkungen, Rdnr. 17.

i) Kreditverträge im allgemeinen (§ 4 Abs. 1 S. 2 Nr. 1 VKG):

Bei den sog. *Kreditverträgen im allgemeinen* (§ 4 Abs. 1 Satz 2 Nr. 1 VKG) zählen zum gesetzlich vorgeschriebenen Mindestinhalt im wesentlichen folgende Angaben:

- *der Nettokreditbetrag und gegebenenfalls die Höchstgrenze des Kredits (lit. a),*

- *nach Möglichkeit der Gesamtbetrag aller vom Verbraucher zu entrichtenden Teilzahlungen einschließlich Zinsen und sonstiger Kosten (lit. b),*

- *die Rückzahlungsmodalitäten oder, falls hierüber nichts vereinbart werden sollte, die Voraussetzungen einer Vertragsbeendigung (lit. c),*

- *die Zinsen und Kosten (lit. d),*

- *der (anfängliche) effektive Jahreszins sowie die Voraussetzungen seiner Änderung, wenn dies vorbehalten ist (lit. e),*

- *die Kosten einer Restschuld- oder sonstigen Versicherung, die im Zusammenhang mit dem Kreditvertrag abgeschlossen wird, (lit. f)*

und

- *zu bestellende Sicherheiten (lit. g).*

- Nettokreditbetrag, Höchstbetrag (lit. a):

Unter Nettokreditbetrag (lit. a) ist der zur Auszahlung gelangte Darlehensbetrag zu verstehen, also der

Betrag, der dem Kreditnehmer real zur Verfügung steht.[242] Ermittelt werden kann er aus der Differenz von Gesamtkredit abzüglich Gesamtkosten.[243] Die Pflicht zur Umsetzung ergibt sich aus Art. 4 Abs. 3 VKG-Richtlinie, wobei es sich jedoch - wie oben schon erwähnt - nur um eine Sollbestimmung handelt. Im Verbraucherkreditgesetz ist die Angabe hingegen als zwingendes Recht ausgestaltet.

Demgegenüber war bis zum Entwurf der Bundesregierung vom 11. August 1989 daneben auch noch der *Nennbetrag* anzugeben gewesen.[244] Der Nennbetrag setzt sich aus der Summe von Nettokreditbetrag und den mitkreditierten Einmalkosten des Kredits (Bearbeitungsgebühren, Spesen, Provision u.ä.) einschließlich der Vermittlerkosten zusammen,[245] umfaßt also den tatsächlich zur Auszahlung gelangten Kredit. Zinsen zählen hierzu deshalb nicht. Zwar geht dem Verbraucher durch die Streichung dieses Angabeerfordernisses theoretisch eine Information verloren. Ihre Bedeutung ist aber ohnehin

---

242 BR-Ds 427/89, S. 44; BT-Ds 11/5462, S. 19.

Vergleiche hierzu auch die Legaldefinition des § 3 Abs. 1 Nr. 1 VKG sowie Vortmann, § 4 VKG, Rdnr. 10, und v. Heymann, WM 1991, 1285 (1288); ferner Seibert, § 4 VKG, Rdnr. 5.

243 Statt vieler Schmelz, S. 78, Rdnr. 201.

244 Vgl. BR-Ds 427/89.

245 BR-Ds 427/89, S. 43; Schmelz, S. 79, Rdnr. 71.

Die Kosten der Kreditvermittlung werden nach der Rechtsprechung wenigstens bei der Berechnung des Vertrags-, nicht aber des Marktzinses berücksichtigt. Dies gilt selbst für den Fall, daß sie offen ausgewiesen werden, also nicht im Wege des sog. "*packing*" als eigene Kreditgebühren in der Kostenaufstellung erscheinen [z.B. BGH NJW 1987, 181; BGHZ 104, 102 (104) = BGH NJW 1988, 1659 (1660); BGH NJW 1989, 584].

nur als nachrangig einzustufen, nachdem ein wesentlicher Faktor der Gesamtbelastung, nämlich die Zinsen, nicht erfaßt sind. Andererseits ist zu bedenken, daß, wie noch zu zeigen sein wird, § 12 Abs. 1 Nr. 1 VKG im Rahmen der Gesamtfälligkeitsstellung den Verzug des Verbrauchers mit 10 % (bzw. 5 %) des *Nennbetrages* des Kredits zur Voraussetzung hat. D.h. insoweit bleibt dem in Kreditfragen weniger versierten Verbraucher schon vorab eine wichtige Bezugsgröße vorenthalten, die sich für ihn womöglich noch als bedeutsam erweisen könnte.

- Gesamtbetrag der Teilzahlungen (lit. b)

Über Buchstabe lit. b, der wie Buchstabe lit. f aufgrund der Änderungsrichtlinie der Europäischen Gemeinschaft vom 22. Februar 1990[246] eingefügt wurde,[247] wird dem Kreditgeber die Pflicht zur Angabe des *Gesamtbetrages* aller Teilzahlungen auferlegt. Dieser Betrag weist die vom Kreditnehmer letztendlich zu tragende Gesamtbelastung (= Nettokredit + Zinsen + Kosten) aus,[248] über die er bereits bei Vertragsschluß informiert sein soll. Insoweit entspricht die Vorschrift dem Buchstaben lit. b des § 4 Abs. 1 S. 2 Nr. 2 VKG - und damit der aufgehobenen Vorschrift des § 1 a Abs. 1 S. 2 Nr. 2 AbzG -, der eine Verpflichtung des Teilzahlungsverkäufers zur Angabe des Teilzahlungspreises enthält. Die Vorschrift gelangt vor allem bei

---

[246] Änderungsrichtlinie vom 22.02.1990, ABl. Nr. L 61 (90/88/EWG), S. 14.

[247] BT-DS 11/8274, S. 21.

[248] Im Ergebnis ebenso Münstermann/Hannes, § 4 VKG, Rdnr. 206.

Ratenkrediten zu ihrer umfassendsten Bedeutung.[249] Dies heißt allerdings nicht, daß bei einem in einem Betrag zurückzuzahlenden Kredit nicht auch Angaben über den Gesamtbetrag gemacht werden müßten. § 4 Abs. 1 S. 2 Nr. 1 VKG gilt für diese Kredite gleichermaßen, was daran deutlich wird, daß der Referentenentwurf vom Juni 1988 für Ratenkredite, Festkredite und sonstige Kredite jeweils eine eigene, insgesamt also drei parallele Regelungen vorsah (vgl. § 3 Abs. 1 S. 2 Nr. 1 bis 3 E_1-VKG). Die endgültige Fassung des Verbraucherkreditgesetzes wollte hieran inhaltlich ersichtlich nichts ändern, sondern lediglich überflüssige Formulierungen aus formalen Gründen streichen.

Diese an und für sich wichtige Informationspflicht erfährt aber durch die Formulierung, daß die Angabe der Gesamtbelastung nur zu erfolgen hat, "*wenn möglich*", eine gewisse Relativierung. Unklarheit besteht darüber, wann dies der Fall ist und welche Form der "Unmöglichkeit" vorliegen muß.[250] Ist ein subjektiver oder objektiver Maßstab anzulegen? Gelten die zivilrechtlichen Verschuldensgrundsätze für diese Informationspflicht entsprechend? Ein effektiver Verbraucherschutz sollte für eine enge Auslegung sprechen, d.h. es sollte für den Eintritt der Sanktionsfolge bereits

249 Ähnlich Scholz, DB 1991, 215 (216), Fn. 13, wobei dieser zu Recht darauf hinweist, daß die Vorschrift nur bei *Ratenkrediten mit festen Konditionen* wirklich Sinn macht. Umgekehrt dürfte sich eine *analoge* Pflicht des Kreditgebers zur Angabe variabler Konditionen nach dem Grundsatz, daß das Verbraucherkreditgesetz als Spezialgesetz eng auszulegen ist, aus § 4 Abs. 1 S. 2 Nr. 1 lit. b VKG nicht ergeben (Scholz, a.a.O.).

Vgl. ferner BT-Ds 11/5462, S. 19.

genügen, wenn dem Kreditgeber ein diesbezügliches Handeln objektiv möglich war und diesem Maßstab - aus welchen Gründen auch immer - nicht Genüge getan worden ist.[251]

Ein uneingeschränkter gesetzlicher Zwang zur Angabe des Gesamtbetrages nach § 4 Abs. 1 S. 2 Nr. 1 lit. b VKG kann auf seiten des Kreditgebers zugegebenermaßen zu Schwierigkeiten führen; ihm darf aber nichts Unmögliches abverlangt werden. Denn im Zeitpunkt einer Forderungsaufstellung über den für die gesamte Laufzeit geschuldeten Gesamtforderungsbetrag sind nicht immer alle Unwägbarkeiten[252] in vollem Umfang abzuschätzen. Ein Kreditgeber wird als zur Angabe des Gesamtbetrages der Teilzahlungen außerstande anzusehen sein, wenn sich während der vertraglich vorgesehenen Laufzeit des Kredits Änderungen in der Höhe des überlassenen Kapitals, der Zinsen oder der Kosten ergeben und diese im Zeitpunkt des Vertragsschlusses noch

---

250 Ebenso Reinking/Nießen, ZIP 1991, 79 (81); Seibert, WM 1991, 1445 (1448); v. Heymann, BB 1991, 1721 (1723); Funke, AnwBl. 1992, 108 (109).

251 Ebenso Westphalen/Emmerich/Kessler, § 4 VKG, Rdnr. 49; Münstermann/Hannes, § 4 VKG, Rdnr. 207-209; Vortmann, § 4 VKG, Rdnr. 10; Reinking/Nießen, ZIP 1991, 79 (81); dies. ZIP 1991, 634 f.; v. Heymann, WM 1991, 1285 (1289).

252 Zum Beispiel daß sich bei variablen Konditionen die Höhe des darlehensweise überlassenen Nettokapitals oder des vereinbarten Zinssatzes ändert, sonstige kostenerhöhenden Umstände eintreten usw.

nicht quantitativ erfaßbar waren. Betroffen sind hiervon insbesondere Kredite mit *variablen Konditionen*.[253]

Dies darf aber nicht dazu führen, daß die Nichtangabe einer derart wichtigen Information für den Kreditgeber nahezu sanktionslos bleibt. Der Kreditgeber, für welchen ohnehin nur eine abgeschwächte Verpflichtung besteht, braucht eine Nichtigkeit nach § 6 Abs. 1 VKG kaum zu fürchten. Dem Wortlaut nach greift diese Sanktionsfolge nur bei "*Fehlen*", nicht also bei bloßer Unrichtigkeit der Angabe der Gesamtbelastung ein;[254] doch selbst bei Unvollständigkeit der Mindestangaben tragen die weitreichenden Heilungsmöglichkeiten zu

---

[253] Seibert, WM 1991, 1445 (1448), nennt in diesem Zusammenhang neben Krediten mit variablen Konditionen Kredite ohne Laufzeitvereinbarung, Kredite mit Teilauszahlungen und Kredite mit langer Laufzeit und vereinbarter Zinsfestschreibung bei später möglich werdender Konditionenanpassung. Vgl. hierzu ferner ders. in Hadding/Hopt, Das neue Verbraucherkreditgesetz, S. 24; Münstermann/Hannes, § 4 VKG, Rdnr. 207-209; Ulmer/Habersack, § 4 VKG, Rdnr. 30; Bülow, § 4 VKG, Rdnr. 40; Vortmann, § 4 VKG, Rdnr. 10; Seibert, § 4 VKG, Rdnr. 6; v. Heymann, BB 1991, 1721 (1723); Bruchner/Ott/Wagner-Wieduwilt, § 4 VKG, Rdnr. 31; Emmerich/Münstermann /Wagner-Wieduwilt, S. 38; Scholz, Rdnr. 203 f., S. 108; Reinking/Nießen, ZIP 1991, 634; v. Heymann, WM 1991, 1285 (1289).

[254] Das Verbraucherkreditgesetz knüpft die Sanktionen gemäß § 6 Abs. 1 und Abs. 2 S. 2 VKG nur an die *fehlende*, nicht aber an die *falsche* Angabe des Gesamtbetrages [Seibert, § 4 VKG, Rdnr. 6; v. Heymann, BB 1991, 1721 (1723); ders. in WM 1991, 1285 [1290]; Vortmann, § 4 VKG, Rdnr. 10]. Angesichts der rechtlichen Unsicherheit, wann die Angabe des Gesamtbetrages als unmöglich zu betrachten ist, dürfte damit der Tendenz Vorschub geleistet werden, im Zweifel lieber einen unzutreffenden als gar keinen Gesamtbetrag zu nennen [v. Heymann, BB 1991, 1721 (1723)]. Dies liefe wiederum der der Verbraucherinformation dienenden Transparenz der Mindestangaben zuwider.

einer weitgehenden Entschärfung des Risikos des Kreditgebers bei.

Aus gesetzgeberischer Sicht hätte es daher unter Berücksichtigung der berechtigten Belange des Gläubigers genügt, wenn eine diesbezügliche Verpflichtung zur Angabe der Gesamtbelastung auf den *Zeitpunkt der Forderungsaufstellung* beschränkt, dafür aber als zwingend ausgestaltet worden wäre. Wenn das Gesetz nach § 4 Abs. 1 S. 2 Nr. 1 lit. e VKG bei einem variablen Zinssatz o.ä. wenigstens die Angabe des *anfänglichen* effektiven Jahreszinses vorschreibt, ist nicht einzusehen, warum dem Kreditgeber nicht zugemutet werden kann, die "*anfängliche*" Gesamtbelastung[255] anzugeben.[256]

---

255 Im Ergebnis ebenso Ulmer/Habersack, § 4 VKG, Rdnr. 30; vergleiche auch Lösungsvorschläge von Seibert in Hadding/Hopt, Das neue Verbraucherkreditgesetz, S. 25 f.; v. Heymann, BB 1991, 1721 (1723); Bruchner/Ott/Wagner-Wieduwilt, § 4 VKG, Rdnr. 33; ferner dies., § 6 VKG, Rdnr. 9 ff., im Hinblick auf andere Angaben aber differenzierend; Reinking/Nießen, ZIP 1991, 634.

Nach Vortmann, § 4 VKG, Rdnr. 10, soll hingegen bei Krediten mit variablen Konditionen die Pflicht zur Angabe des Gesamtbetrages generell entfallen, also nicht einmal die Angabe wenigstens des Gesamtbetrages, wie er sich nach den anfänglichen Konditionen errechnen würde, notwendig sein. Ebenso Seibert, § 4 VKG, Rdnr. 6 sowie Scholz, Rdnr. 203, S. 108, weil das Verbraucherkreditgesetz insoweit keine ausdrückliche Regelung enthält.

256 Demgegenüber sieht die geplante Novellierung des Verbraucherkreditgesetzes (BT-Ds 12/1836, S. 14 vom 13.12.1991; auch abgedruckt in ZIP 1992, 288) folgende neue Fassung des § 4 Abs. 1 S. 2 Nr. 1 lit. b VKG vor:

- Rückzahlungsmodalitäten (lit. c):

Der Verbraucher ist über die Rückzahlungsmodalitäten oder wenigstens über die Art der Beendigung des Vertrages zu informieren. Diese Bestimmung soll dem Verbraucher dazu dienen, sich rechtzeitig mit den Einzelheiten eines Rückzahlungsplanes vertraut zu machen.

- Zinsen und Kosten (lit. d)

Durch die gesonderte Angabe des Zinssatzes und der angefallenen Kosten erhält der Verbraucher die Gelegenheit, sich vor allem einen Überblick über die einzelnen Kosten zu verschaffen.

> "*den Gesamtbetrag aller vom Verbraucher zur Tilgung des Kredits sowie zur Zahlung der Zinsen und sonstiger Kosten zu entrichtenden Teilzahlungen, wenn der Gesamtbetrag der Zahlungen bei Abschluß des Kreditvertrages der Höhe nach feststeht;*"

Die bestehenden Unklarheiten dürften damit - allerdings zu Lasten des Informationsbedürfnisses der Verbraucher - gelöst werden. Der Kreditgeber würde danach nicht verpflichtet sein, den Gesamtbetrag der Kosten wenigstens auf Grundlage des anfänglichen effektiven Jahreszinses zu berechnen.

Die geplante Änderung des Verbraucherkreditgesetzes geht im übrigen auf eine Stellungnahme des Bundesrates zu dem *Entwurf eines Gesetzes zur Änderung des Bürgerlichen Gesetzbuches (Bauhandwerkersicherungsgesetz)* zurück und hat damit einen ganz anderen Schwerpunkt zum Gegenstand. Die Bundesregierung hat der Stellungnahme weitgehend zugestimmt (vergleiche zum Novellierungsverfahren v. Heymann, WM 1991, 1285 [1290 f.]; Funke, AnwBl. 1992, 108 [109]; allgemeiner zu den Reformüberlegungen Seibert in Hadding/Hopt, Das neue Verbraucherkreditgesetz, S. 26 f.).

Im Unterschied zu den vorausgegangenen Entwürfen müssen nicht mehr nur die "*Kosten des Kredits einschließlich etwaiger ... Vermittlungskosten*" ausgewiesen werden, was vom Wortlaut her die Bezifferung eines Gesamtbetrages nicht ausgeschlossen hätte. In der Vertragsurkunde sind auch alle Einzelpositionen, die sich zum Gesamtbetrag der Teilzahlungen nach lit. b addieren, "*im einzelnen zu bezeichnen*", so daß sich der Kreditkunde im Detail eine Vorstellung über die einzelnen Kostenbestandteile machen kann.[257] Nicht zu verkennen ist dabei die Gefahr, daß eine zu detaillierte Forderungsaufstellung bei weniger versierten Kreditkunden mehr Verwirrung als Klarheit stiften kann.

- (anfänglicher) effektiver Jahreszins und die Möglichkeiten seiner Änderung (lit. e)

Der effektive Jahreszins drückt in einem Prozentsatz die insgesamt auf den Kreditnehmer zukommende Belastung p.a. aus. Es handelt sich im Ergebnis um das Verhältnis von Leistung und Gegenleistung bezogen auf ein Jahr.[258] Diese eher abstrakte Größe ermöglicht dem Verbraucher einen unmittelbaren Vergleich verschiedener Kreditangebote, da die Bestandteile, die zur Berechnung des effektiven Jahreszinses berücksichtigt werden müssen, für alle Kreditgeber gleich sind.

Der effektive Jahreszins kann während der Laufzeit des Kredits variieren. Dies schließt aber nicht die

---

[257] Einzelheiten vgl. z.B. Bruchner/Ott/Wagner-Wieduwilt, § 4 VKG, Rdnr. 50 ff.

[258] Schmelz, S. 78, Rdnr. 200; weitere Einzelheiten vergleiche unten, 3. Kapitel, § 2 B 1 a) cc).

Pflicht aus, wenigstens den anfänglichen effektiven Jahreszins zu beziffern. Zusätzlich müssen für diesen Fall die Voraussetzungen und Modalitäten seiner Änderung bekannt gegeben werden. Der Verbraucher soll von Anfang an erkennen können, welche prozentuale jährliche Gesamtbelastung auf ihn zukommt, um gegebenenfalls Alternativmöglichkeiten zu prüfen.[259]

- Versicherungen (lit. f):

Bei den Versicherungsbeiträgen handelt es sich nicht um Kosten der Kreditgewährung i.S.d. § 4 Abs. 1 S. 2 Nr. 1 lit. d VKG, sondern um das Entgelt für den Versicherungsschutz, der einen eigenen Versicherungsvertrag erfordert.[260] Sollte das Entgelt für den Versicherungsschutz gleichfalls im Kreditvertrag ausgewiesen werden, bedurfte es aus diesem Grunde einer gesonderten gesetzlichen Bestimmung.

Die nunmehr Gesetz gewordene Fassung des Verbraucherkreditgesetzes enthält mit § 4 Abs. 1 S. 2 Nr. 1 lit. f VKG eine Erweiterung der anzugebenden Versicherungen. Waren es bis zum Entwurf der Bundesregierung vom 11. August 1989[261] lediglich die Kosten einer Restschuldversicherung, also einer Versicherung für das Rückzahlungsausfallrisiko, so ist nunmehr auch jede

259 BT-Ds 11/5462, S. 12 u. S. 20.

260 Emmerich/Münstermann/Wagner-Wieduwilt, S. 40.

261 BT-DS 11/8274.

weitere Versicherung anzugeben, die "*im Zusammenhang mit dem Kreditvertrag abgeschlossen wurde*".[262]

Eine diesbezügliche Befassung des Gesetzgebers mit dem Problem war insbesondere deswegen notwendig geworden, weil viele Kreditinstitute dazu übergegangen waren, die Kreditvergabe an den Abschluß einer Kapitallebensversicherung zu koppeln.[263] Die Ansprüche aus der Kapitallebensversicherung werden bei dieser Vertragskonstruktion vom Kreditnehmer auf den Kreditgeber übertragen. Eine eigentliche Rückzahlung des Darlehenskapitals findet nicht statt. Der Schuldner tilgt nur die anfallenden Zinsen für den Kredit und leistet die Prämien für die Kapitallebensversicherung. Nach Ablauf der Versicherungslaufzeit wird die Versicherungssumme nicht an den Versicherten, sondern an den Kreditgeber zur Tilgung des Nettokapitals ausbezahlt[264].

Nachdem auch die Rechtsprechung jüngst wiederum die Vergleichbarkeit eines von einer Bank gewährten Ratenkredits mit dem eines aus Festkredit und Kapitallebensversicherung gekoppelten Konsumentenkredits bestätigt hat - denn für den Kreditnehmer macht es praktisch keinen Unterschied, ob er Kreditraten nebst Zinsen oder Zinsen i.V.m. auf die Kapitalhöhe abgestimm-

---

262 Einzelfälle vergleiche Westphalen/Emmerich/Kessler, § 4 VKG, Rdnr. 124 ff.; Vortmann, § 4 VKG, Rdnr. 19; Reinking/Nießen, ZIP 1991, 634.

263 Zum Problem: Schmelz, NJW 1988, 3113 m.w.N.; Schmelz, S. 207 ff., Rdnr. 527 ff.; vgl. ferner BGHZ 106, 259 = BGH NJW 1989, 1667; BGHZ 111, 117.

264 Schmelz, NJW 1988, 3113; Schmelz, S. 208, Rdnr. 527; Seibert, § 4 VKG, Rdnr. 14.

ten Versicherungsprämien leistet,[265] war gesetzgeberisches Handeln gefordert.[266]

Hinzuzufügen ist, daß eine solche im Zusammenhang stehende Versicherung nicht nur im Vertragsformular zu bezeichnen ist, sondern nach der Rechtsprechung des Bundesgerichtshofs auch in die Berechnung des effektiven Jahreszinses einfließt.[267]

- Sicherheiten (lit. g)

Zu den Sicherheiten i.S.d. lit. f zählt insbesondere die Bestellung eines Pfandrechts (§§ 1204 ff. BGB), welches auch an einem Recht des Kreditnehmers möglich ist (§§ 1273 ff. BGB). Wegen der geänderten Fassung

---

265 Zuletzt BGHZ 111, 117 (120 ff.) = BGH NJW 1990, 1844 (1845).

266 Die Entwürfe zum Verbraucherkreditgesetz berücksichtigten diese Problematik noch überhaupt nicht, was berechtigten Anlaß zur Kritik lieferte [vgl. Schmelz/Klute, ZIP 1989, 1509 (1512), dort Fn. 39 m.w.N.].

Auch das Verbraucherkreditgesetz läßt noch Regelungslücken erkennen. So wird nicht explizit geklärt, was mit dem Versicherungsvertrag zu geschehen hat, wenn dessen Kosten entgegen § 4 Abs. 1 S. 2 Nr. 1 lit. f VKG nicht angegeben wurden. Die Wirksamkeit des Versicherungsvertrages wird von der fehlenden Angabe im Kreditvertrag nicht berührt. Es stellt sich infolgedessen die Frage, wer die weiteren Prämien zu entrichten hat (Kreditnehmer oder Kreditgeber?) und ob der Kreditgeber für eine etwaige Belastung des Kreditnehmers, zum Beispiel auf Grundlage der culpa in contrahendo oder der positiven Vertragsverletzung, haftbar gemacht werden kann (zum Problem z.B. Bender, VuR 1991, 197 [206 f.]).

267 Einzelheiten siehe BGHZ 111, 117 (120 ff.) = BGH NJW 1990, 1844 (1845) m.w.N.

der Ausnahmevorschrift des § 3 Abs. 2 Nr. 2 VKG kann es sich nunmehr auch um ein Grundpfandrecht handeln. Aufgrund der ursprünglichen Entwürfe war dies nicht der Fall, da grundpfandrechtlich gesicherte Kredite nicht in den Anwendungsbereich des Verbraucherkreditgesetzes fielen. Dies galt per definitionem bereits bei einem Pfandrecht an einem Grundpfandrecht.

Als Sicherheit kommt in diesem Zusammenhang auch eine Sicherungsübereignung (§§ 929, 930 BGB) in Betracht.

ii) Warenkredite und finanzierte Leistungen (§ 4 Abs. 1 S. 2 Nr. 2 VKG):

§ 4 Abs. 1 Satz 2 Nr. 2 VKG enthält einen eigenen Katalog der Mindestangabeerfordernisse bei "*Kreditverträgen, die die Lieferung einer bestimmten Sache oder die Erbringung einer bestimmten anderen Leistung gegen Teilzahlungen zum Gegenstand haben*". § 1 Abs. 2 VKG definiert diese Begriffsbestimmung zwar nicht ausdrücklich,[268] im Ergebnis können hiermit aber nur alle Formen von Teilzahlungsvereinbarungen gemeint sein, also Abzahlungsverträge über Warenkredite und kreditierte Dienst- und Werkleistungen,

---

[268] Es handelt sich hierbei um ein weiteres Beispiel für die Abstimmungsungenauigkeiten des Gesetzes [vgl. auch Schmelz/Klute, ZIP 1989, 1509 (1512); Gilles, ZRP 1989, 299 (305)].

einschließlich der (unechten) Leasinggeschäfte.[269] Im wesentlichen verlangt das Verbraucherkreditgesetz folgende Angaben:

- *den Barzahlungspreis,*
- *den Teilzahlungspreis,*
- *Betrag, Zahl und Fälligkeit der einzelnen Teilzahlungen,*
- *den effektiven Jahreszins*
- *die Kosten von Versicherungen im Zusammenhang mit dem Kreditvertrag*

sowie

- *die Vereinbarung von Sicherheiten.*

Im Unterschied zu § 4 Abs. 1 S. 2 Nr. 1 VKG, der für Kreditverträge im allgemeinen ein Novum im deutschen Recht darstellt, entspricht die Vorschrift der Nr. 2 nach Zweck

269 Nach dem Willen des Gesetzgebers ersetzt § 4 Abs. 1 S. 2 Nr. 2 VKG die bisher für kreditierte Waren- und Dienstleistungen geltende Vorschrift des § 1 a AbzG (BR-Ds 427/89, S. 46). Daraus ist nach der hier vertretenen Auffassung zu schließen, daß damit aber auch alle bisherigen Umgehungsgeschäfte nach § 6 AbzG erfaßt sein sollen, also etwa das unechte Leasing mit Kaufoption des Leasingnehmers. Etwas anderes gilt wegen § 3 Abs. 2 Nr. 1 VKG für echte (Finanzierungs-)Leasingverträge. Diese unterliegen keinen Formvorschriften (ebenso Ulmer/Habersack, § 4 VKG, Rdnr. 47).

und Inhalt dem bisherigen § 1 a AbzG.[270] Neu hinzugekommen sind lediglich die Buchstaben lit. e und lit. f.

- Barzahlungspreis (lit. a):

Mit der Legaldefinition des § 1 a Abs. 1 S. 3 AbzG hatte der Begriff "Barzahlungspreis" Eingang in die deutsche Rechtssprache gefunden. Eine vergleichbare Definition findet sich im Verbraucherkreditgesetz nicht. Es kann aber, da eine neue inhaltliche Interpretation nicht Ziel des Gesetzgebers war, weiterhin von der alten Begriffsbestimmung ausgegangen werden.[271] Danach definiert sich der Barzahlungspreis auch für das Verbraucherkreditgesetz als *derjenige Preis, den der Kreditnehmer zu entrichten hätte, wenn spätestens bei Übergabe der Sache der Preis in voller Höhe fällig wäre.*[272]

- Teilzahlungspreis (lit. b):

Demgegenüber wurde die Legaldefinition des Teilzahlungspreises, die auch im Verbraucherkreditgesetz ih-

---

Unter Nr. 2 fällt ferner der Rechtskauf, welcher als sonstige Leistung zu qualifizieren ist (Bülow, § 4 VKG, Rdnr. 61). Die Vorschrift ist aus diesem Grunde insbesondere im Zusammenhang mit der Finanzierung eines Lizenzvertrages anwendbar (Bülow, § 4 VKG, Rdnr. 61).

270 BT-Ds 11/5462, S. 20; Bülow, NJW 1991, 129 (131).

271 Ebenso Seibert, § 4 VKG, Rdnr. 17; Ulmer/Habersack, § 4 VKG, Rdnr. 49; Münstermann/Hannes, § 4 VKG, Rdnr. 236; Bülow, § 4 VKG, Rdnr. 64; Scholz, Rdnr. 227.

ren Niederschlag gefunden hat, wörtlich vom Abzahlungsgesetz (§ 1 a Abs. 1 S. 4 AbzG) übernommen. Der Teilzahlungspreis setzt sich danach zusammen aus den einzelnen Beträgen von Anzahlung und Summe der Teilzahlungen, welche ihrerseits Restforderung, Zinsen sowie sonstige Kosten umfassen.[273] Besonderheiten im Vergleich zur bisherigen Rechtslage ergeben sich nicht.

- Betrag, Zahl und Fälligkeit der einzelnen Teilzahlungen (lit. c):

§ 4 Abs. 1 S. 2 Nr. 2 lit. c VKG beinhaltet die Pflicht, dem Verbraucher die einzelnen Teilzahlungsbeträge, deren Anzahl und Fälligkeit, d.h. also den *Teilzahlungsplan*,[274] mitzuteilen. Dahinter steht dieselbe gesetzgeberische Intention wie schon zu § 4 Abs. 1 S. 2 Nr. 1 lit. c VKG, nämlich den Verbraucher umfassend über die ihn erwartenden Rückzahlungsmodalitäten aufzuklären.

---

272 Der Barzahlungspreis muß die Mehrwertsteuer enthalten (Vortmann, § 4 VKG, Rdnr. 35).

273 Ungenügend ist die nominale oder prozentuale Angabe der einzelnen Rechnungsposten (Ulmer/Habersack, § 4 VKG, Rdnr. 52; Bülow, § 4 VKG, Rdnr. 67). Dem Verbraucher soll keine, auch noch so leichte Rechenoperation zugemutet werden (Scholz, Rdnr. 228).

274 Vgl. Palandt-Putzo, § 1 a AbzG, Anm. 3 b) cc), Rdnr. 10, zum insofern gleichlautenden § 1 a Abs. 1 S. 2 Nr. 3 AbzG.

- effektiver Jahreszins (lit. d):

Die Angabe des effektiven Jahreszinses verlangt § 4 Abs. 1 S. 2 Nr. 2 lit. d VKG. Insoweit bestehen weder zum aufgehobenen § 1 a Abs. 1 S. 2 Nr. 4 AbzG noch zum neuen § 4 Abs. 1 S. 2 Nr. 1 lit. e VKG Unterschiede.

- Versicherungskosten (lit. e):

Neu hinzugekommen und im Laufe des Gesetzgebungsverfahrens entsprechend modifiziert wurde die Parallelvorschrift zu § 4 Abs. 1 S. 2 Nr. 1 lit. f VKG, nämlich Buchstabe lit. e des § 4 Abs. 1 S. 2 Nr. 2 VKG. Es kann insoweit prinzipiell auf das dazu oben Gesagte verwiesen werden.

Die Frage, welche Versicherungen erfaßt sein sollen, dürfte für die Praxis eine große Rolle spielen, ist aber insoweit augenblicklich noch nicht geklärt.[275]

---

[275] So sollen etwa nach Scholz, DB 1991, 215 (216), Fn. 13, solche Versicherungen unberücksichtigt bleiben, die auch bei entsprechenden Barzahlungskäufen abgeschlossen worden wären. Beispielhaft führt er für die Anschaffung eines Pkw's den Abschluß von Haftpflicht- und Vollkaskoversicherung an.

Diese Auffassung mag für die - für alle Kraftfahrzeughalter gesetzlich vorgeschriebene - Kfz.-Haftpflichtversicherung ihre Richtigkeit haben. Zweifel sind hingegen in bezug auf die Vollkaskoversicherung angebracht, da es sich hierbei um eine freiwillige - freiwillig im Sinne von frei von gesetzlichem Zwang - Versicherung handelt, diese aber gerade häufig im Zusammenhang mit dem Kfz.-Leasing zur Vertragspflicht gemacht wird.

- Sicherheiten (lit. f):

Bei beweglichen Sachen spielt der Eigentumsvorbehalt (§§ 929, 158 Abs. 1 BGB) gegenüber der Bestellung von Pfandrechten und anderen Sicherheiten (z.B. Forderungsabtretung) die wohl wichtigere Rolle. Im Unterschied zu den Kreditverträgen im allgemeinen (§ 4 Abs. 1 S. 2 Nr. 1 lit. g VKG) war deshalb der Eigentumsvorbehalt in § 4 Abs. 1 S. 2 Nr. 2 lit. f VKG gesondert zu erwähnen.

Wie oben bereits dargelegt, zeigt sich § 4 Abs. 1 Satz 2 Nr. 2 VKG identisch mit dem gem. Art. 10 Abs. 1 Artikelgesetz aufgehobenen § 1 a Abs. 1 S. 2 AbzG. Eine Ausnahme gilt lediglich im Hinblick auf die Buchstaben lit. e und lit. f. Die sprachlichen Abweichungen sind im wesentlichen durch die Einbeziehung der finanzierten Dienstleistungen bedingt, ändern aber der Sache nach - soweit zu ersehen - wenig.

iii) Nichtangabe des Barzahlungspreises (§ 4 Abs. 1 S. 3 VKG):

Leistet oder liefert der Kreditgeber ausschließlich gegen Teilzahlungen, entfällt die Pflicht zur Angabe des Barzahlungspreises und des effektiven Jahreszinses.

§ 4 Abs. 1 S. 3 VKG bezieht sich auf § 4 Abs. 1 S. 2 Nr. 2 VKG, nicht dagegen auf Nr. 1.[276]

---

276 Die Vorschrift entspricht der des aufgehobenen § 1 a Abs. 5 AbzG.

Hinter der Pflicht des § 4 Abs. 1 S. 2 Nr. 2 lit. a VKG zur Angabe des Barzahlungspreises steht der Gedanke, dem Verbraucher eine Vergleichsmöglichkeit einzuräumen, wieviel mehr ihn die Abzahlungsvereinbarung kostet. Die Angabe eines Barzahlungspreises verliert aber ihren Sinn und ist daher überflüssig, wenn der Kreditgeber ohnehin nur gegen Teilzahlungen liefert, d.h. der Verbraucher nur in Teilzahlungen leisten kann. Selbst als bloße Vergleichsmöglichkeit zu anderen Anbietern, die nicht ausschließlich gegen Teilzahlungen liefern, würde sich die Angabe eines *theoretischen* Barzahlungspreises als untauglich erweisen. Der Kreditgeber stünde vor erheblichen Schwierigkeiten, den vergleichsweise heranzuziehenden Barzahlungspreis überhaupt zu ermitteln - wäre der marktübliche Verkaufspreis, der Einkaufspreis zuzüglich eigener Kosten und Gewinn oder ein pauschaler Zinsabschlag anzusetzen?. Dem Verbraucher wäre vor diesem Hintergrund folglich wenig geholfen, sollte er sich nicht für einen Konkurrenzanbieter entscheiden wollen.[277]

Der Kreditnehmer erleidet durch die Regelung keine Nachteile. Denn die insoweit nicht mitgeteilten Angaben können die Kreditentscheidung nicht beeinflussen, da der Vertrag bei einem ausschließlich gegen Teilzahlungen lie-

---

277 Soweit man der hier vertretenen Auffassung folgt [vgl. oben 3. Kapitel, § 2 A I 1 a) cc) ii)], daß das Verbraucherkreditgesetz für unechte Leasingverträge (z.B. Leasingverträge mit Kaufoption für den Verkäufer) uneingeschränkte Geltung hat, kann § 4 Abs. 1 S. 3 VKG für den Leasinggeber praktische Bedeutung erlangen. Überträgt der Leasinggeber nach ausgeübter Kaufoption das Eigentum an dem Leasingobjekt auf den Leasingnehmer, müßte er ohne § 4 Abs. 1 S. 3 VKG den Barzahlungspreis angeben. Der Leasinggeber ist aber aufgrund der leasingtypischen Dreieckskonstellation nicht zugleich Verkäufer und infolgedessen häufig nicht - unmittelbar - zur Angabe des Barzahlungspreises in der Lage (vgl. Ulmer/Habersack, § 4 VKG, Rdnr. 61).

fernden Kreditgeber anderfalls überhaupt nicht zustande käme. Ein Hinweis auf Barzahlungspreise von Konkurrenten verbietet sich hingegen bereits aus wettbewerbsrechtlichen Gründen.

Da der Barzahlungspreis als Faktor zur Berechnung des effektiven Jahreszinses ausfällt, kann auch dieser nicht angegeben werden.

cc) Effektiver Jahreszins (§ 4 Abs. 2 VKG):

§ 4 Abs 2 VKG liefert eine - für die konkrete Berechnung freilich unbrauchbare - Definition des effektiven Jahreszinses.

> *Beim effektiven Jahreszins handelt es sich um eine anhand eines einheitlichen Maßstabes gebildete Vergleichsgröße, die in einem Vomhundertsatz des Nettokreditbetrages oder des Barzahlungspreises ausgedrückt wird.*

Der als einheitliche Maßstab dienende effektive Jahreszins wird nach § 4 der PreisangabenVO[278] gebildet (§ 4 Abs. 2 S. 2 VKG). Die Pflicht zur Angabe des effektiven Jahreszinses ist bereits aus § 1 a Abs. 1 S. 5 AbzG bekannt. Der effektive Jahreszins wird ermittelt, indem alle preisbestimmenden Faktoren, die sich unmittelbar auf den Kredit und seine Vermittlung beziehen, also im wesentlichen alle Zinsen und Kosten, in einem Vom-Hundert-Satz der Nettokreditsumme oder des Barzahlungspreises angegeben werden. Dies ist unstreitig, genauso wie kein Streit darüber besteht, daß die Zinsen und Kosten den Differenzbetrag zwischen Bruttokreditsumme bzw. Teilzahlungspreis einerseits und Nettokreditsumme bzw. Barzahlungspreis andererseits darstellen.[279] Uneinigkeit besteht aber darüber, welche Faktoren beim Abzug im einzelnen zu berücksichtigen sind:

i) Restschuldversicherung:

Dies gilt insbesondere auch für die Frage, ob und in welchem Umfang die Prämien für eine Restschuldversicherung in die Berechnung einfließen. Im allgemeinen entspricht die Versicherung den Interessen beider Vertragsparteien, womit sich eine hälftige[280] Berücksichtigung anbietet. Demgegenüber vertritt der Bundesgerichtshof die Auffassung,[281] daß ein Kreditvertrag, der ohne die Berücksichtigung einer Restschuldversicherung

---

278 BGBl. 1985 I, S. 580; BT-Ds 11/5462, S. 20.

279 Schmelz, S. 84 f., Rdnr. 217.

280 Meiwes, S. 14 m.w.N.; Schmelz, S. 83, Rdnr. 214.

281 BGH NJW 1988, 1661 (1662); Reifner, NJW 1988, 1948 (1949 f.); Scholz, DB 1991, 215 (216); BT-Ds 11/5462, S. 19.

schon durch ein auffälliges Mißverhältnis von Leistung und Gegenleistung gekennzeichnet ist, nicht deswegen günstiger beurteilt werden kann, weil auf Kosten des Kreditnehmers eine Restschuldversicherung abgeschlossen worden ist.[282] Eine Restschuldversicherung fließt in die Berechnung des effektiven Jahreszinses nicht ein.[283]

ii) Kapitallebensversicherung:

Noch strittiger wird es bei der Frage der Einbeziehung von Prämien für die Kapitallebensversicherung, da sich diese sowohl aus Sparanteilen als auch aus Kosten- und Risikoanteilen zusammensetzen.[284] Die Rechtsprechung des Bundesgerichtshofs tendiert zu einer differenzierten Betrachtungsweise, ohne hierzu abschließend Stellung zu nehmen.[285] Die Prämienbelastung ist demgemäß nicht in voller Höhe zu berücksichtigen; insbesondere müssen die Risikoanteile und sonstige Vorteile in Abzug gebracht werden, die dem Verbraucher aus der Kombination von Festkredit und Kapitallebensversicherung erwachsen, z.B. eine Überschußbeteiligung.[286] Ansonsten bleiben auch hier noch viele Fragen offen.

---

282 BGH NJW 1988, 1661 (1662).

283 Seibert, § 4 VKG, Rdnr. 11 und Rdnr. 24; Scholz, Rdnr. 217, S. 114.

284 BGHZ 111, 117 (122) = BGH NJW 1990, 1844 (1845), Schmelz, S. 211 ff., Rdnr. 536 ff.; s.a. BGH NJW 1988, 1318.

285 BGHZ 111, 117 (122 f.) = BGH NJW 1990, 1844 (1845).

286 BGHZ 111, 117 (122) = BGH NJW 1990, 1844 (1845).

iii) Kosten der Kreditvermittlung:

Die Kreditvermittlungskosten wurden bislang von der wohl herrschenden, allerdings auch bestrittenen Meinung als Kosten des Kredits den Gesamtkosten zugeschlagen.[287] Dies soll nach der nunmehr geltenden Rechtslage nicht anders sein, wie sich jetzt ausdrücklich aus § 4 Abs. 1 S. 2 Nr. 1 lit. d VKG ergibt.

Leider hat es der Gesetzgeber in diesem Punkt versäumt, entweder durch Ergänzung der Preisangabenverordnung oder durch entsprechende Vorschriften des Verbraucherkreditgesetzes den Streit über einige Kostenbestandteile endgültig aus der Welt zu schaffen. Eine Lösung ist daher nach wie vor nur von Literatur und Rechtsprechung zu erwarten.

Die Berechnung des effektiven Jahreszinses wurde bislang nach der Uniform- oder Annuitätenmethode vorgenommen.[288]

---

287 Z.B. LG Frankfurt, NJW 1978, 1925 (1926); Meiwes, S. 14 m.w.N.; Schmelz, S. 79 f., Rdnr. 204.

Wieder etwas anderes gilt im übrigen, wenn die Kreditvermittlungskosten nicht als gesonderte Position aufgeführt sind, sondern im Rahmen des sog. "*packing*" als zinsmäßiger Kostenanteil bei den Zinsen Berücksichtigung findet (vgl. z.B. OLG Hamm, WM 1989, 632 [634]). Das "packing" ist daher bei der Berechnung dem Vertragszins zuzuordnen.

288 Palandt-Heinrichs, § 246 BGB, Anm. 2 a), Rdnr. 6 f. und b), Rdnr. 8 f.; Schmelz, S. 84 ff., Rdnr. 217 ff.; jeweils m.w.N.

Die Annuitätenmethode (vgl. z.B. BGH NJW 1987, 2220 [2221]) führt zu genaueren Ergebnissen als die Uniformmethode (z.B. BGH NJW 1982, 2433 [2434]), ist demgegenüber aber aufwendiger und erfordert umfangreiche Tabellenwerke oder anspruchsvolle EDV-Systeme (BGH NJW 1987, 2220 [2221]; Schmelz, S. 86, Rdnr. 220).

Aufgrund der Änderungsrichtlinie vom 22.02.1990[289] hat die Berechnung hingegen künftig unter Zugrundelegung der in Anhang II dargestellten Berechnungsmethode zu erfolgen. Hier auf Einzelheiten einzugehen, würde den Rahmen der vorliegenden Arbeit sprengen, da diese von der Europäischen Gemeinschaft aufgestellte Berechnungsmethode wiederum nur dann Verbindlichkeit besitzt, wenn sich nach einer anderen Berechnungsmethode keine größere Abweichung als von 10% ergibt (Art. 1 a Nr. 3 VKG-Richtlinie). Ob dies nach der Uniform- bzw. Annuitätenmethode der Fall wäre, müßte einer gesonderten Untersuchung vorbehalten bleiben. Eine Pflicht zur Umsetzung gemäß Art. 2 der besagten Änderungs-Richtlinie besteht im übrigen erst seit dem 31. Dezember 1992.[290]

Der Kreditkunde kann anhand des bei Werbung (§ 4 PreisAngVO) und Vertragsschluß (§ 4 Abs. 1 S. 2 i.V.m. Abs. 2 VKG) angegebenen effektiven Jahreszinses stets von einem zuverlässigen Vergleichsmaßstab ausgehen, da insoweit dieselben Preisfaktoren zugrunde gelegt werden.[291]

---

289 Änderungsrichtlinie vom 22.02.1990 (90/88/EWG), ABl. Nr. L 61, S. 14.

290 Einzelheiten zur Berechnung des effektiven Jahreszinses vergleiche (jeweils m.w.N.): Westphalen/Emmerich/Kessler, § 4 VKG, Rdnr. 166 ff.; Ulmer/Habersack, § 4 VKG, Rdnr. 39 ff.; Bülow, § 4 VKG, Rdnr. 46 ff.; Schmelz, S. 84 ff., Rdnr. 217 ff.; Reifner, Kreditrecht, S. 4 ff., § 2, Rdnr. 1 ff.; Vortmann, § 4 VKG, Rdnr. 22 ff. Münstermann/Hannes, § 4 VKG, Rdnr. 245-256, u.a.m.

291 BR-Ds 427/89, S. 44 f., 46 f.; BT-Ds 11/5462, S. 12 und S. 20.

Siehe auch Scholz, Rdnr. 181 ff., S. 94 ff.

dd) Aushändigung einer Vertragsurkunde an den Verbraucher (§ 4 Abs. 3 VKG):

Bei der in § 4 Abs. 3 VKG festgelegten

> *Pflicht des Kreditgebers, dem Verbraucher eine Abschrift der Vertragsurkunde auszuhändigen,*

handelt es sich um eine klagbare Nebenpflicht mit der Folge, daß der Kreditnehmer einen gerichtlich durchsetzbaren Anspruch auf Aushändigung einer Abschrift hat.[292] Sie ist schon vom Abzahlungsgesetz her aus § 1 a Abs. 2 AbzG bekannt. Ihre Verletzung führt aber nicht zur Nichtigkeit des Vertrages,[293] mitunter aber zu einem Zurückbehaltungsrecht nach § 273 BGB.[294] Darüber hinaus kommen unter Umständen auch Schadensersatzansprüche wegen positiver Vertragsverletzung in Betracht.

b) Überziehungskredite (§ 5 VKG):

Der Begriff des Überziehungskredits wurde bislang im Sprachgebrauch in einer engeren Weise als nunmehr im Verbraucherkreditgesetz verstanden. Als Überziehungskredit

---

292 BR-Ds 427/89, S. 47; Palandt-Putzo, § 1 a AbzG, Anm. 4a), Rdnr. 13.

Es dürfte genügen, wenn der Verbraucher einen Durchschlag erhält, während das Original beim Kreditgeber verbleibt (Seibert, § 4 VKG, Rdnr. 27). Der Gesetzeszweck, daß der Verbraucher eine schriftliche Unterlage über den Inhalt des Kreditvertrages erhält, ist damit gleichermaßen gewährleistet.

293 Seibert, § 4 VKG, Rdr. 28; Bülow, § 4 VKG, Rdnr. 28); Münstermann/Hannes, § 4 VKG, Rdnr. 197.

bezeichnete die Praxis lediglich Kredite, die dadurch zustande kamen, daß eine zugesagte Kreditlinie überschritten oder ein als Haben-Konto geführtes Konto ins Debet geriet, ohne daß *vorher* ein Kredit eingeräumt worden wäre.[295] Diese engere Sichtweise des Überziehungskredites entspricht § 5 Abs. 2 VKG.[296]

Die Überziehungsform des § 5 Abs. 1 VKG bezeichnete man allgemein als Kontokorrentkredit.[297]

aa) Erleichterungen für bestimmte Kontokorrentkredite (§ 5 Abs. 1 VKG):

§ 5 VKG enthält als Sonderregelung zur allgemeineren Vorschrift des § 4 VKG in bezug auf Überziehungskredite gewisse Erleichterungen. Die Vorschrift gilt nach Absatz 1 Satz 1 nur für

> *Kreditverträge, bei denen ein Kreditinstitut einem Verbraucher das Recht einräumt, sein laufendes Konto in bestimmter Höhe zu überziehen, wenn außer den Zinsen für den in Anspruch genommen Kredit keine weiteren Kosten in Rechnung gestellt*

---

294 BR-Ds 427/89, S. 47; Palandt-Putzo, § 1 a AbzG, Anm. 4 c), Rdnr. 15.

295 Canaris, Rdnr. 1349; Westphalen/Emmerich/Kessler, § 5 Rdnr. 6; Vortmann, § 5 VKG, Rdnr. 1 f.; Bruchner/Ott/Wagner-Wieduwilt, § 5 VKG, Rdnr. 13.

Aus dem Wort "*überziehen*" folgt ferner, daß prinzipiell von einem Haben-Konto und nicht von einem vorwiegend im Debet geführten Konto auszugehen ist (Emmerich/Münstermann/Wagner-Wieduwilt, S. 45).

296 Westphalen/Emmerich/Kessler, § 5 Rdnr. 6.

297 Westphalen/Emmerich/Kessler, § 5 Rdnr. 6.

und die Zinsen nicht in kürzeren Perioden als drei Monaten belastet werden.

Inhaltlich orientiert sich die Bestimmung an Art. 6 VKG-Richtlinie.

Das Verbraucherkreditgesetz hat in § 5 Abs. 1 VKG Kredite im Rahmen von Kontokorrentkonten[298] (zumeist Gehalts- und damit Habenkonten) zum Gegenstand, bei denen dem Kreditnehmer ein Kreditrahmen bis zu einer Höhe von maximal dem zwei- bis dreifachen seiner regelmäßigen Monatseinkünfte gewährt wird, ohne daß hierfür besondere Sicherheiten geleistet werden müßten.[299] Aus der Definition des § 5 Abs. 1 S. 1 VKG ergibt sich zudem das zusätzliche Erfordernis, daß für den in Anspruch genommenen Überziehungskredit keine weiteren Kosten in Rechnung gestellt werden dürfen[300] und daß die Zinsbelastung nicht in kürzeren Abständen als in drei Monaten erfolgt.[301]

---

298 Vgl. § 355 HGB (Westphalen/Emmerich/Kessler, § 5 Rdnr. 7; Münstermann/Hannes, § 5 VKG, Rdnr. 261; Ulmer/Habersack, § 5 VKG, Rdnr. 11; Bruchner/Ott/Wagner-Wieduwilt, § 5 VKG, Rdnr. 18 ff.; Scholz, S. 68, Rdnr. 135.).

299 BT-Ds 11/54620, S. 20.

300 Als ausgenommen hiervon müssen aber wohl die Kontoführungsgebühren angesehen werden, die für Kontokorrentkonten grundsätzlich immer erhoben werden. Ohne diese teleologische Reduktion des Wortlauts würde § 5 VKG andernfalls praktisch leerlaufen.

301 Durch eine Belastungsperiode von nicht weniger als drei Monaten soll nach den Materialien erreicht werden, daß der anzugebende Nominalzins dem Effektivzins recht nahe kommt (BT-Ds 11/5462, S. 20). Außerdem würde dies zu einer Verringerung des Zinseszinseffektes führen (Westphalen/Emmerich/Kessler, § 5 VKG, Rdnr. 17; Bruchner/Ott/Wagner-Wieduwilt, § 5 VKG, Rdnr. 30 und 32).

Kontokorrentkredite, die die vorgenannten Voraussetzungen nicht erfüllen, unterliegen der allgemeinen Formvorschrift des § 4 VKG.[302]

i) Der Begriff des Kreditinstituts:

§ 5 VKG setzt - wie eingangs schon moniert - zunächst den Begriff des *Kreditinstituts* als bekannt voraus, da dieser im Verbraucherkreditgesetz weder hier noch andernorts eigens definiert wird. Aus § 1 VKG ist lediglich zu entnehmen, daß Kreditinstitute sich unter den allgemeineren Begriff des *Kreditgebers* subsumieren lassen müssen. Die amtliche Begründung[303] legt deswegen auch die Definition des § 1 Kreditwesengesetz zugrunde. Danach handelt es sich bei einem Kreditinstitut um ein Unternehmen, das Bankgeschäfte in einem Umfang betreibt, die die Errichtung eines kaufmännisch eingerichteten Gewerbebetriebes erfordern (§ 1 Abs. 1 S. 1 KWG), wobei im weiteren näher beschrieben wird, was unter Bankgeschäften im Sinne des Kreditwesengesetzes verstanden wird.[304]

---

302 Scholz, S. 68, Rdnr. 136; Ulmer/Habersack, § 5 VKG, Rdnr. 12 ff. m.w.N.

303 BR-Ds 427/89, S. 49.

304 Die Beschränkung der Anwendung des § 5 VKG auf Kreditinstitute i.S.d. § 1 KWG erscheint allerdings keineswegs zwingend. Ulmer/Habersack, § 5 VKG, Rdnr. 5, plädiert dafür, § 5 VKG auch auf das Verhältnis Kreditnehmer-Deutsche Bundespost/Postbank zu erstrecken (a.A. Seibert, § 5 VKG, Rdnr. 4; Münstermann/Hannes, § 5 VKG, Rdnr. 266).

Zum Begriff des Kreditinstituts vergleiche ferner Bruchner/Ott/Wagner-Wieduwilt, § 5 VKG, Rdnr. 14 ff., insbesondere zum vorgenannten Verhältnis Kreditnehmer-Deutsche Bundespost/Postbank Rdnr. 15 f.

ii) Unterrichtungspflicht statt Schriftform:

Die Erleichterungen gegenüber § 4 VKG bestehen darin, daß

> *das Schriftformerfordernis gem. § 5 Abs. 1 S. 1 und 2 VKG durch eine bloße Unterrichtungspflicht seitens des Kreditgebers vor Inanspruchnahme des Kredits ersetzt wird.*

Dies kann beispielsweise mittels Aushanges in den Geschäftsräumen[305] geschehen, wobei nur die gem. Satz 2 Nr. 1 bis 4 erforderlichen Angaben gemacht werden müssen. Im einzelnen handelt es sich hierbei um:

- *die Höchstgrenze des Kredits (Nr. 1),*
- *den zum Zeitpunkt der Unterrichtung geltenden Jahreszins (Nr. 2),*
- *die Bedingungen, unter denen der Zinssatz geändert werden darf (Nr. 3)*

sowie

- *die Regelung der Vertragsbeendigung (Nr. 4).*

Bei der Unterrichtung des derzeit geltenden Jahreszinses ist der Nominalzins gemeint, also nicht der effektive Jahreszins.[306] In diesem Zusammenhang bedeutet dies aber keinen Nachteil, da der angegebene Jahreszins mangels Zulässigkeit weiterer Kosten beim Überziehungskredit dem

---

305 BT-Ds 11/5462, S. 20.

306 BR-Ds 427/89, S. 48; BT-Ds 11/5462, S. 20.

effektiven Jahreszins entspricht, ihm jedenfalls aber sehr nahe kommt.[307]

iii) Schriftliche Bestätigung:

Zur Sicherstellung, daß dem Verbraucher die notwendigen Informationen auch tatsächlich zukommen,

> *trifft den Kreditgeber nach Inanspruchnahme des Kredits durch den Kreditnehmer die Pflicht, diesem die Angaben schriftlich zu bestätigen (§ 5 Abs. 1 S. 3 VKG).*

Die damit gewonnenene Informationsgewißheit auf seiten des Kreditnehmers wird jedoch dadurch wieder geschmälert, daß die Unterrichtungspflicht schon dann als erfüllt gilt,

> *wenn die erforderlichen Angaben auf einem Kontoauszugsblatt erfolgen (§ 5 Abs. 1 S. 5 VKG).*

Die Warnfunktion des Schriftformerfordernisses dürfte damit deutlich an Bedeutung verlieren, da eine Bestätigung durch einen bloßen Kontoauszug stets Gefahr läuft, übersehen zu werden. Diese Erleichterung zugunsten der Kreditinstitute geht an den Zielen eines effektiven Verbraucherschutzes vorbei. Andererseits ist einzuräumen, daß hierfür seitens der Banken eine *praktische* Notwendigkeit besteht, so daß andernfalls zu befürchten gewesen wäre, daß sich die Verwaltungs- oder Bearbeitungskosten zu Lasten der Verbraucher erhöht hätten.

---

[307] BR-Ds 427/89, S. 48; BT-Ds 11/5462, S. 20.

Inhaltlich halten sich die mit der Vorschrift verbundenen Neuerungen in Grenzen, weil sie letztlich nur einen Zustand festschreiben, der ohnehin schon bei den meisten Kreditinstituten als Standard gilt.[308]

bb) Stillschweigend eingeräumte Überziehungskredite von mehr als drei Monaten (§ 5 Abs. 2 VKG):

Die Vorschrift des § 5 Abs. 2 HS. 1 VKG trägt der Praxis Rechnung, daß die Geldinstitute ihren Kunden bei Gehaltskonten zumeist stillschweigend das Recht einräumen, ihr Konto zu überziehen. Der Unterschied zu den Fällen des Absatzes 1 besteht darin, daß dort dem Kreditnehmer das Recht *von vorneherein* eingeräumt wurde, während hier die tatsächliche Inanspruchnahme *nachträglich* konkludent geduldet wird.[309]

---

308 So selbst die amtliche Begündung BR-Ds 427/89, S. 50; s.a. Gilles, ZRP 1989, 299 (306).

309 "Nachträglich geduldete" Überziehungskredite sind die Fälle, in denen dem Kreditnehmer (noch) kein Dispositionslimit wie in § 5 Abs. 1 VKG eingeräumt wurde (Staudinger/Hopt/Mülbert, Vor §§ 607 ff. BGB, Rdnr. 291 sowie § 607, Rdnr. 291; Bruchner/ Ott/ Wagner-Wieduwilt, § 5 VKG, Rdnr. 75; Münstermann/Hannes, § 5 VKG, Rdnr. 276; Seibert, § 5 VKG, Rdnr. 8).

Die gesetzliche Berücksichtigung dieser Form des Überziehungskredits entspringt einem praktischen Bedürfnis. Daher wird im Interesse eines reibungslosen Geschäftsverkehrs auch nicht jede, sondern erst eine länger andauernde Beanspruchung eines geduldeten Überziehungskredits der Unterrichtungsverpflichtung unterworfen. Erst wenn die Dauer der Überziehung drei Monate überschreitet,

verlangt § 5 Abs. 2 HS. 1 VKG für stillschweigend zustande gekommene Überziehungskredite, daß das Kreditinstitut den Kreditnehmer über den Jahreszins, die Kosten sowie über die Änderungsmöglichkeiten unterrichtet.

Der "nachträglich geduldete" Überziehungskredit läßt sich in zwei Unterfälle gliedern: die *einvernehmliche* Überziehung und die *eigenmächtige* Überziehung (Ulmer/Habersack, § 5 VKG, Rdnr. 29 ff.). Bei der ersteren bleibt die Entscheidungsfreiheit des Kreditinstituts gewahrt (z.B. bei Barauszahlungen, der Ausführung von Überweisungsaufträgen etc.; vgl. Ulmer/Habersack, § 5 VKG, Rdnr. 29; Bülow, § 5 VKG, Rdnr. 23; Westphalen/Emmerich/Kessler, § 5 Rdnr. 34 f.), bei der letzteren erfolgt die Überziehung ohne oder gegen den Willen des Kreditinstitutes (z.B. Begebung ungedeckter Euroschecks bis in Höhe der garantierten Schecksumme, Barabhebungen bei Geldautomaten u.a.; vgl. Ulmer/Habersack, § 5 VKG, Rdnr. 30; Bülow, § 5 VKG, Rdnr. 24). Die eigenmächtige Überziehung stellt eine Verletzung des Girovertrages dar und kann Schadensersatzansprüche des Kreditinstitutes auslösen (Ulmer/Habersack, § 5 VKG, Rdnr. 31). Zweifelhaft erscheint hingegen, ob sich die eigenmächtige Überziehung überhaupt als Kredit*vertrag* i.S.d. § 1 Abs. 2 VKG qualifizieren läßt (verneinend Ulmer/Habersack, § 5 VKG, Rdnr. 33; Bülow, § 5 VKG, Rdnr. 24; tendenziell ebenso Westphalen/Emmerich/Kessler, § 5 Rdnr. 35; Seibert, § 5 VKG, Rdnr. 8 a.E.).

Zu den einzelnen Fallkonstellationen siehe auch Münstermann/Hannes, § 5 VKG, Rdnr. 276.

Die Unterrichtungspflicht erstreckt sich im Prinzip auf dieselben Angaben wie schon § 5 Abs. 1 S. 2 Nr. 1 bis 3 VKG. Daß im Gegensatz dazu nicht auch auf die Beendigungsgründe (Nr. 4) hingewiesen werden muß, ist damit zu erklären, daß ein solchermaßen stillschweigend eingeräumter Kredit mangels spezialgesetzlicher Regelung im Verbraucherkreditgesetz nur nach den *gesetzlichen* Kündigungsfristen des § 609 BGB gekündigt werden kann und der Gesetzgeber insoweit davon auszugehen scheint, daß ein diesbezüglicher Hinweis entbehrlich ist. Denn eine solche Kündigung würde die Kontokorrentabrede insgesamt, nicht nur die jeweilige Überziehung zu einem Ende führen.

Nach Halbsatz 2 wird dem Kreditgeber die Erleichterung eingeräumt, daß

> *die Unterrichtung in Form eines bloßen Ausdrucks auf einem Kontoauszug erfolgen "kann".*

Im Umkehrschluß dazu könnte zu entnehmen sein, die Unterrichtung müsse - wenn nicht durch einen Kontoauszugsausdruck - auch nicht unbedingt *schriftlich* erfolgen, wie es bei der schriftlichen Bestätigung nach § 5 Abs. 1 S. 3 VKG der Fall ist. Ein (allgemeiner) Aushang in den Geschäftsräumen der Bank oder eine bloße mündliche Information würden nach dieser Auffassung den gesetzlichen Anforderungen genügen. Etwas anderes würde lediglich gelten, wenn § 5 Abs. 1 S. 3 VKG (Schriftform) auch auf Absatz 2 Halbsatz 2 zu beziehen ist. Das Schriftformerfordernis wäre danach wegen des Wortes "*kann*" nur als besonders geregelte Ausnahme gewahrt.

Bei der Beantwortung der Frage ist zu berücksichtigen, daß, wenn die Unterrichtung ohne Absatz 1 Satz 1 an keine Form gebunden wäre, die Bestimmung des § 5 Abs. 2 HS. 2 VKG leerliefe, also die Unterrichtung nicht einmal in

Form eines Kontoauszugsblattes geboten wäre, denn dann bedürfte es dazu auch keiner zusätzlichen Erlaubnis. Da der Verbraucherschutz unter anderem auch durch die Beseitigung von Informationsdefiziten auf Verbraucherseite erhöht werden soll, ist davon auszugehen, daß die Information des Verbrauchers nach § 5 Abs. 2 HS. 1 VKG stets schriftlich - und dabei nur ausnahmsweise im Wege des Ausdrucks auf einem Kontoauszugsblatt - vorzunehmen ist.

cc) Stillschweigend eingeräumte Überziehungskredite von weniger als drei Monaten:

Stillschweigend geduldete Überziehungskredite von weniger als drei Monaten unterliegen nach den allgemeinen Auslegungsregeln überhaupt keinem Schriftformerfordernis bzw. keiner Unterrichtungsverpflichtung.

Zwar schließt § 3 Abs. 1 Nr. 3 VKG, wie oben dargelegt, nur kurzfristige Zahlungsaufschübe, also nicht Überziehungskredite (= Darlehen), vom Anwendungsbereich des Verbraucherkreditgesetzes aus. Damit wären also an sich auch kurzzeitige Kontokorrentkredite erfaßt. § 5 Abs. 2 VKG ist jedoch gegenüber § 4 VKG als abschließende Sonderregelung zu qualifizieren, so daß sich besondere Inhalts- und Formvorschriften insoweit nur aus § 5 Abs. 2 VKG selbst ergeben könnten. Dies ist aber hinsichtlich der stillschweigend eingeräumten, kurzfristigen Überziehungskredite von weniger als drei Monaten gerade nicht geschehen.[310]

---

[310] Im Ergebnis ebenso Ulmer/Habersack, § 5 VKG, Rdnr. 36; Bruchner/Ott/Wagner-Wieduwilt, § 5 VKG, Rdnr. 83; Münstermann/Hannes, § 5 VKG, Rdnr. 277.

2.) Die Sanktionsnorm des § 6 VKG:

a) Welche Verstöße werden sanktioniert?

Das Verbraucherkreditgesetz regelt in § 6 VKG die Rechtsfolgen von Form- und Inhaltsmängeln, wobei unklar bleibt, ob diese auch dann eintreten, wenn die Schriftform nur teilweise gewahrt ist (zum Beispiel Fehlen der Unterschrift) oder die gemachten Angaben in der Vertragsurkunde nicht richtig bzw. unvollständig sind. Fehlt die Unterschrift, wird die Schriftform als insgesamt nicht eingehalten anzusehen sein.[311] Da der Gesetzgeber einen Schwerpunkt des Verbraucherkreditgesetzes in der Beseitigung von Informationsdefiziten gesehen hat,[312] wird entsprechendes nicht nur bei Unvollständigkeit,[313] sondern auch bei Fehlerhaftigkeit der Angaben anzunehmen sein.[314] Ferner dürfte davon auszugehen sein, daß sich Fehler "*ad-*

---

[311] Bülow, NJW 1991, 129 (131).

[312] BR-Ds 427/89, S. 22.

[313] Bülow, NJW 1991, 129 (131).

[314] Insoweit offen Reinking/Nießen, ZIP 1991, 79 (82).

Vortmann, § 4 VKG, Rdnr. 10 und v. Heymann, BB 1991, 1721 (1723), empfehlen zum Beispiel im Zusammenhang mit der Frage, welcher Gesamtbetrag nach § 4 Abs. 1 S. 2 Nr. 1 lit. b VKG anzugeben ist, im Hinblick auf § 6 VKG besser einen falschen als gar keinen Gesamtbetrag anzugeben. Unabhängig davon, ob sich diese Empfehlung bei § 4 Abs. 1 S. 2 Nr. 1 lit. b VKG als gerechtfertigt erweist oder nicht, sprechen angesichts des angestrebten Informations- und Schutzzweckes die besseren Gründe dafür, § 6 VKG *grundsätzlich* auch bei lediglich fehlerhafter Angabe zur Anwendung gelangen zu lassen.

Differenzierend Bruchner/Ott/Wagner-Wieduwilt, § 6 VKG, Rdnr. 9 ff.

dieren" können.[315] D.h. zum Beispiel, daß sich die Nichtangabe der Kosten nicht nur als Verstoß gegen § 4 Abs. 1 S. 2 Nr. 1 lit. d VKG, sondern *auch* als Verstoß gegen § 4 Abs. 1 S. 2 Nr. 1 lit. b VKG auswirken kann.[316]

Aufgrund der systematischen Stellung des § 6 VKG im Gesetzeskontext könnte angenommen werden, daß sich die Sanktionsfolgen auf Form- und Inhaltsverstöße sowohl nach § 4 als auch nach § 5 VKG beziehen. Für Verstöße gegen das *Gebot zur Angabe bestimmter Mindestinformationen* ist diese Annahme aber schon wegen des klaren und eindeutigen Wortlauts der Vorschrift ausgeschlossen. Die Sanktionsfolgen erstrecken sich insoweit ausdrücklich nur auf die Mindestinhaltsangaben des § 4 Abs. 1 S. 2 VKG, nicht aber auf die des § 5 VKG.

Gleiches wird im Hinblick auf das *Schriftformerfordernis* anzunehmen sein, welches nur nach § 4 Abs. 1 S. 1 VKG ausdrücklich normiert ist. Im Gegensatz dazu enthält die Sonderregelung des § 5 VKG für Überziehungskredite keine vergleichbare Gebotsnorm. Auch § 5 Abs. 1 S. 3 VKG stellt insoweit kein Formerfordernis für den eigentlichen Kreditvertrag, sondern nur für die rein *deklaratorische* Bestätigung der Vertragsbedingungen auf. Die schriftliche Bestätigung nach § 5 Abs. 1 S. 3 VKG darf nicht mit einer schriftlichen Annahmeerklärung der Bank verwechselt werden. Der Darlehensvertrag ist im Einklang mit der Konsensualvertragstheorie bereits vor dem Zeitpunkt der Bestätigung zur Entstehung gelangt. Seine Wirksamkeit kann daher nicht von der schriftlichen Bestätigung dessen abhängig gemacht werden, was ohnehin schon wirksamer Vertrags-

---

315 Seibert, § 6 VKG, Rdnr. 13; Scholz, Rdnr. 246, S. 125; v. Heymann, WM 1991, 1285 (1291).

316 Einschränkend insoweit v. Heymann, WM 1991, 1285 (1291), für die Nichtangabe geringfügiger Kostenpositionen.

inhalt geworden ist.[317] Daß die der Kontoüberziehung zugrunde liegende Kreditvereinbarung der Schriftform bedarf, wird in § 5 VKG an keiner Stelle gefordert. Vielmehr ist aus § 5 Abs. 1 S. 1 VKG ausdrücklich zu entnehmen, daß die Bestimmungen des § 4 VKG - und damit auch das Schriftformerfordernis nach Absatz 1 Satz 1 - keine Anwendung finden sollen. Mangels Verpflichtung zur schriftlichen Fixierung der Kontokorrentabrede muß auch § 6 Abs. 1 VKG bei derartigen "Formverstößen" gegenstandslos bleiben. § 6 Abs. 1 VKG kann aufgrund der besonderen Konstellation bei Überziehungskrediten niemals Aktualität erlangen.[318]

Im übrigen würde die Sanktionsfolge der Nichtigkeit zur Rückabwicklung des Erlangten nach §§ 812 ff. BGB führen. Für den Verbraucher bedeutete dies eine weitere Härte, da beim Überziehungskredit im Gegensatz zu anderen Krediten im Augenblick der Inanspruchnahme über den Betrag zumeist

---

317 Der Gesetzgeber geht selbst davon aus, daß die fehlende Unterrichtung im Hinblick auf Überziehungskredite nach § 5 Abs. 1 VKG keine Wirksamkeitsvoraussetzung für das Zustandekommen des Kreditvertrages darstellt (BT-Ds 11/5462, S. 20). Dies beinhaltet gleichzeitig den konkludenten Hinweis auf eine Entscheidung für die Konsensual- und gegen die Realvertragstheorie, was die Richtigkeit der oben aufgestellten These unterstreicht.

318 Für dieses Auslegungsergebnis spricht auch Art. 6 VKG-Richtlinie.

Ebenso Gilles, ZRP 1989, 299 (306); Vortmann, § 5 VKG, Rdnr. 11. Palandt-Putzo, § 6 VKG, Rdnr. 1, dürfte dagegen nicht als Beleg für die gegenteilige Auffassung anzusehen sein, da es sich insoweit wohl nur um einen Druckfehler handelt. Denn § 5 Abs. 1 S. 2 VKG, auf den sich Palandt-Putzo, a.a.O., bezieht, setzt im Unterschied zu § 6 Abs. 1 S. 2 VKG zunächst noch keinen *schriftlichen Vertrag* voraus (Unterrichtungspflicht und keine Formvorschrift). Palandt-Putzo, a.a.O., geht aber ausdrücklich vom Vorliegen eines schriftlichen Vertrages aus.

schon in Form von Überweisungen u.ä. verfügt wurde, andernfalls wäre das Konto nicht belastet worden. Hier würde eine Rückabwicklung auf große Schwierigkeiten stoßen, so daß sich die Frage nach der Sanktionierung derartiger Verstöße stellt:

Das Unterrichtungserfordernis nach § 5 Abs. 1 S. 3 VKG ist als eine ausdrücklich normierte Aufklärungspflicht zu qualifizieren. Die Verletzung von Aufklärungspflichten im Vorfeld eines Vertragsschlusses zieht bekanntermaßen Schadensersatzansprüche[319] aus culpa in contrahendo,[320] diejenige nach Vertragsschluß aus positiver Vertragsverletzung nach sich.[321] Die Verletzung wird in aller Regel wenigstens fahrlässig erfolgen, weil bei der nach § 276 Abs. 1 S. 2 BGB im Geschäftsverkehr erforderlichen Sorgfalt die Kenntnis der Unterrichtungspflicht über die Angaben nach § 5 VKG und ein daraus resultierendes entsprechendes Handeln erwartet werden darf. Gem. § 249 S. 1 BGB kann der Kreditnehmer im Falle der culpa in contrahendo regelmäßig Rückgängigmachung des Kreditvertrages verlangen,[322] im Falle der positiven Vertragsverletzung über ein Kündigungsrecht hinaus auch Ersatz eines dadurch

---

319 So auch der Gesetzgeber (BT-Ds 11/5462, S. 20).

Vergleiche ferner Emmerich/Münstermann/Wagner-Wieduwilt, S. 50; Münstermann/Hannes, § 5 VKG, Rdnr. 284.

320 Z.B. Palandt-Heinrichs, § 276 BGB, Anm. 6 B c) aa), Rdnr. 78; Staudinger/Hopt/Mülbert, § 607 BGB, Rdnr. 310; Ulmer/Habersack, § 4 VKG, Rdnr. 5.

321 Z.B. Palandt-Heinrichs, § 276 BGB, Anm. 7 C d), Rdnr. 118; Ulmer/Habersack, § 4 VKG, Rdnr. 5.

322 Palandt-Heinrichs, § 276 BGB, Anm. 6 B c) aa), Rdnr. 78.

adäquat verursachten weitergehenden Schadens.[323] Für einen Verstoß gegen die Unterrichtungspflicht des § 5 Abs. 1 S. 3 VKG dürfte daher nichts anderes gelten.[324]

Entsprechendes ist für § 5 Abs. 2 VKG anzunehmen, sofern man sich der hier vertretenen Auffassung anschließt und bei stillschweigend eingeräumten Überziehungskrediten gleichermaßen von einer im Grundsatz schriftlich vorzunehmenden Unterrichtung ausgeht.

Ferner dürfte ein Kreditgeber, der sich planmäßig über die entsprechenden Informationspflichten hinwegsetzt und sich dadurch einen ungerechtfertigten Wettbewerbsvorteil verschafft, nach § 13 UWG in Anspruch genommen werden können.[325]

b) Verstoß gegen das Schriftform- und Mindestinhaltserfordernis (§ 6 Abs. 1 VKG):

§ 6 Abs. 1 Alt. 1 VKG ordnet bei Nichteinhaltung der vorgeschriebenen Schriftform an:

> *Der Kreditvertrag ist nichtig, wenn die Schriftform insgesamt nicht eingehalten wird.*

Er hat damit eine dem § 125 Abs. 1 BGB entsprechende Nichtigkeitssanktion zur Folge. Der Kreditvertrag ist in vollem Umfang nichtig; aus ihm können keinerlei Rechte mehr hergeleitet werden. Die Rechtsbeziehungen zwischen

---

323 Palandt-Heinrichs, § 276 BGB, Anm. 7 E a), Rdnr. 123 ff. und c), Rdnr. 127 f.

324 Ebenso Gilles, ZRP 1989, 299 (306); Schmelz/Klute, ZIP 1989, 1509 (1514).

325 Emmerich/Münstermann/Wagner-Wieduwilt, S. 50; Münstermann/Hannes, § 5 VKG, Rdnr. 284.

den Parteien beurteilen sich in diesem Fall , soweit ein Leistungsaustausch stattgefunden hat, ausschließlich nach den bereicherungsrechtlichen Rückabwicklungsvorschriften der §§ 812 ff. BGB.

Im Unterschied zur bisherigen Rechtslage nach § 1 a Abs. 3 AbzG liegt eine gewisse Verschlechterung der Position des Verbrauchers darin begründet, daß nach dem Verbraucherkreditgesetz der ganze Kreditvertrag, also sowohl die Willenserklärung des Kreditnehmers, als auch - und dies ist neu - die des Kreditgebers, nichtig ist. Der Verbraucher kann daher die Leistung des Kreditgebers nicht mehr erzwingen.[326]

Die Nichtigkeitsfolge tritt ferner ein, wenn die nach § 4 Abs. 1 S. 2 Nr. 1 a bis f bzw. Nr. 2 a bis e VKG gebotenen Mindestinhaltserfordernisse nicht gewahrt wurden (§ 6 Abs. 1 Alt. 2 VKG). Die Nichtangabe zu bestellender Sicherheiten (§ 4 Abs. 1 S. 2 Nr. 1 lit. g und Nr. 2 lit. f VKG) bleibt hingegen sanktionslos.[327]

---

326 Vgl. hierzu etwa Münchener Kommentar/Ulmer, § 1 a AbzG, Rdnr. 23 ff. (v.a. 25); Bülow, NJW 1991, 129 (131); Vortmann, § 6 VKG, Rdnr. 3 und 5 ff.

Es handelt sich hierbei um eine zumindest von der Literatur vertretene Auffassung, die im einzelnen besagt, daß sich die Formvorschrift des § 1 a Abs. 1 S. 1 AbzG allein auf den Schutz des Abzahlungskäufers beschränkt. Der Abzahlungsverkäufer kann sich daher nach dem Grundsatz von Treu und Glauben (§ 242 BGB) nicht auf die Unwirksamkeit des Vertrages infolge eines Formverstoßes berufen, da die Unwirksamkeitsfolge allein im Interesse des Abzahlungskäufers getroffen wurde (vgl. hierzu zusammenfassend m.w.N. Münchener Kommentar/Ulmer, § 1 a AbzG, Rdnr. 25; Vortmann, § 6 VKG, Rdnr. 3 ff.).

327 Ebenso Bülow, NJW 1991, 129 (131); Westphalen/Emmerich/Kessler, § 6 VKG, Rdnr. 9 f.

c) Heilungsvorschriften:

aa) Heilung nach § 6 Abs. 2 VKG:

Die strenge Sanktionsandrohung der Nichtigkeitsfolge nach § 6 Abs. 1 VKG scheint damit auf den ersten Blick die Einhaltung der Form- und Mindestangabeerfordernisse zu gewährleisten. Die weitreichenden Heilungsmöglichkeiten der Absätze 2 bis 4 nehmen dem Sanktionsschwert der Nichtigkeit jedoch wieder einiges an Schärfe. Absatz 2 bezieht sich auf die Heilung von Kreditverträgen im allgemeinen, Absatz 3 auf die von Abzahlungsgeschäften.

Der Wortlaut des § 6 Abs. 2 und 3 VKG birgt allerdings die Gefahr von Mißverständnissen. Bei jedem dieser Absätze heißt es einleitend

> *"Ungeachtet eines Mangels nach Absatz 1 wird der Kreditvertrag in den Fällen des § 4 Abs. 1 S. 2 ... VKG ... gültig, soweit/wenn ...".*

Die naheliegendste Möglichkeit bestünde darin, als Absatz 1 den des § 6 VKG zu verstehen. Dies ergäbe jedoch keinen Sinn. Unter Zugrundelegung der gesetzgeberischen Motive[328] und des Gesetzeszweckes wird daher die Formulierung "*Ungeachtet eines Mangels nach Abs. 1 ...*" allein auf den des § 4 Abs. 1 VKG zu beziehen sein, mit

---

[328] Einzelbegründungen zum 1. Referentenentwurf vom Juni 1988, (vgl. S. 25 ff.); BR-Ds 427/89, S. 49; BT-Ds 11/5462, S. 21.

der Folge, daß die nachfolgenden Absätze nicht nur einen Inhaltsverstoß, sondern auch einen Formmangel heilen.[329]

§ 6 Abs. 2 VKG ist daher zu lesen als:

> *Hat der Kreditgeber gegen § 4 Abs. 1 VKG verstoßen, so tritt die Nichtigkeitsfolge des § 6 Abs. 1 VKG bei Kreditverträgen im allgemeinen*[330] *nicht ein, soweit*[331] *der Kreditnehmer das Darlehen empfangen oder den Kredit sonstwie beansprucht hat.*

---

329 Von diesem Ergebnis scheinen auch alle anderen Autoren, die sich bereits mit dem Verbraucherkreditgesetz befaßt haben, wie selbstverständlich auszugehen (vgl. insoweit z.B. Bülow, NJW 129 [131]; Scholz, DB 1991, 215 [216]; Reinking/Niessen, ZIP 1991, 79 [82]).

330 Entspricht also den Fällen der Nr. 1 des § 4 Abs. 1 S. 2 Nr. 1 VKG.

331 Nach § 6 Abs. 2 S. 1 VKG tritt die Heilung ein, "*soweit*" der Verbraucher das Darlehen empfangen oder den Kredit beansprucht hat, nach Abs. 3 S. 1 "*wenn*" dem Verbraucher die Sache übergeben oder die Leistung erbracht ist. Diese sprachliche Diskrepanz würde bei strenger wörtlicher Auslegung Auswirkungen auf den Umfang der Heilung haben (vgl. Ulmer/Habersack, § 6 VKG, Rdnr. 16 bzw. Rdnr. 32). Im Falle des § 6 Abs. 2 S. 1 VKG wäre eine *teilweise* Heilung möglich (so auch Emmerich/Münstermann/Wagner-Wieduwilt, S. 53; Seibert, § 6 VKG, Rdnr. 4), im Falle des § 6 Abs. 3 S. 1 VKG hingegen nicht. D.h. insoweit wäre zur Heilung die *vollständige* Erbringung der Leistung notwendig, was sich im Einzelfall als wenig interessensgerecht erweisen könnte. Ulmer/Habersack, § 6 VKG, Rdnr. 32, nimmt aus diesem Grunde auch für § 6 Abs. 3 S. 1 VKG an, daß der Vertrag stets Gültigkeit bezüglich der *erbrachten Teil*lieferungen und -leistungen erlangt (ebenso Münstermann/Hannes, § 6 VKG, Rdnr. 297).

Die Heilungsvorschriften des Verbraucherkreditgesetzes erstrecken sich nicht auf andere Nichtigkeitsgründe wie zum Beispiel §§ 119, 123, 134, 138 und 154 BGB.[332]

i) Heilung der Nichtigkeit:

Durch die Inempfangnahme des *Darlehens* oder die sonstige Beanspruchung des *Kredits* wird der nach § 6 Abs. 1 VKG nichtige Vertrag geheilt.[333] Das Verbraucherkreditgesetz spricht in diesem Zusammenhang von einem "*Gültigwerden*", was auf ein Zustandekommen der vertraglichen Beziehungen erst ab diesem Zeitpunkt hindeutet. Noch im Fall des alten § 1 a Abs. 3 AbzG konnte weniger von Heilung im rechtstechnischen Sinne als vielmehr vom *Zustandekommen des Kreditvertrages* überhaupt gesprochen werden,[334] wenn

---

332 Ulmer/Habersack, § 6 VKG, Rdnr. 7 sowie 13 f; Bülow, § 6 VKG, Rdnr. 8; Seibert, § 6 VKG, Rdnr. 5.

333 Beachte: Das Verbraucherkreditgesetz unterscheidet zwischen "*Empfang des Darlehens*" und "*Inanspruchnahme des Kredits*". Nach § 1 Abs. 2 VKG ist "*Kredit*" als der Oberbegriff definiert, der das "*Darlehen*" mitumfaßt.

334 BGH NJW 177, 1632 (v.a. 1633); Palandt-Putzo, § 1 a AbzG, Anm. 4 a) cc), Rdnr. 13; Münchener Kommentar/Ulmer, § 1 a AbzG, Rdnr. 28.

auch nur mit dem beschränkten Inhalt des § 1 a Abs. 3 AbzG. Nachdem im Unterschied dazu in der Fassung des Verbraucherkreditgesetzes aber ausdrücklich die Nichtigkeit als Sanktionsfolge ausgesprochen wird (vgl. § 6 Abs. 1 VKG), ist nach der jetzigen Rechtslage eine *echte* Heilung im "dogmatischen" Sinne[335] anzunehmen. Auch sie hat allerdings nur Wirkung für die Zukunft ("*ex nunc*").

- Anknüpfungspunkt: tatsächliche Valutierung:

"*Empfangen*" bedeutet, daß dem Kreditnehmer die Darlehensvaluta ausgezahlt,[336] d.h. ihm vom Kreditgeber an dem Geld[337] zumindest *unmittelbarer Besitz* verschafft

---

Vor der Abnahme existierte also kein wirksamer Vertrag. Umgekehrt war mit der Verweigerung der Abnahme der Vertrag endgültig als unwirksam anzusehen (BGH NJW 1977, 1632 [1633]). Eine hiervon abweichende Auffassung sah darin insoweit auch eine aufschiebend bedingte Unwirksamkeit [Palandt-Putzo, § 1 a AbzG, Anm. 4 a) cc), Rdnr. 13; Münchener Kommentar/Ulmer, § 1 a AbzG, Rdnr. 28]. Insgesamt vermochte aber keine der Auffassungen dogmatisch zu überzeugen, wobei dem gesamten Disput wegen des klaren und eindeutigen Wortlautes der Vorschrift ohnehin nur theoretische Bedeutung zukam [Palandt-Putzo, § 1 a AbzG, Anm. 4 a) cc), Rdnr. 13 ff.; Münchener Kommentar/Ulmer, § 1 a AbzG, Rdnr. 28].

335 Zur dogmatischen Einordnung der Heilung siehe Vortmann, § 6 VKG, Rdnr. 16.

336 Dies folgt aus BR-Ds 427/89, S. 49; BT-Ds 5462, S. 21.

337 Praktischer Hauptanwendungsfall ist das Gelddarlehen.

worden ist.[338] Der Auszahlung gleichzustellen ist die Überweisung auf ein Konto des Darlehensnehmers, über das dieser frei verfügen kann.[339]

Nicht ausdrücklich geklärt ist, was unter dem Begriff "*Beanspruchen*" zu verstehen ist. Er wird weder vom Gesetz noch von der amtlichen Begründung näher erläutert. Nach Sinn und Zweck der Vorschrift soll die Rückabwicklung der empfangenen Leistung nach den bereicherungsrechtlichen Vorschriften der §§ 812 ff. BGB vermieden werden,[340] was voraussetzt, daß ein Leistungsaustausch bereits stattgefunden hat. Im Ergebnis bedeutet dies immer, der Verbraucher muß die tatsächliche Möglichkeit haben, über das Darlehen zu verfügen.[341] Eine solche Inanspruchnahme könnte sich z.B. in der Erteilung *und* Ausführung eines Überweisungsauftrags[342] oder - beim Kreditkartenkredit - durch Vorlage der Kreditkarte und Abbuchung vom Kreditkarten-

---

338 Dies ergibt sich unter Zugrundelegung der bisherigen Rechtslage nach § 1 a Abs. 3 S. 1 VKG. Auch danach genügte die Verschaffung mittelbaren Besitzes grundsätzlich nicht; hingegen mußte ein Eigentumswechsel selbst noch nicht vollzogen sein [Palandt-Putzo, § 1 a AbzG, Anm. 2 b), Rdnr. 4 und Palandt-Putzo, § 433 BGB, Anm. 2 a) aa), Rdnr. 7.]. Weitere Einzelheiten siehe unten zum Problem der Heilung nach § 6 Abs. 3 VKG [3. Kapitel, § 2 B I 2 c) bb) i)].

339 Ebenso Westphalen/Emmerich/Kessler, § 6 VKG, Rdnr. 14; Münstermann/Hannes, § 6 VKG, Rdnr. 296; a.A. wohl Ulmer/Habersack, § 6 VKG, Rdnr. 20.

340 BR-Ds 427/89, S. 49.

341 Ebenso Westphalen/Emmerich/Kessler, § 6 VKG, Rdnr. 15; a.A. Bülow, § 6 VKG, Rdnr. 11.

342 Soweit es sich hierbei nicht um einen Kontokorrentkredit i.S.d. § 5 VKG handelt, für den die Heilungsvorschriften nach der im Rahmen der vorliegenden Arbeit geäußerten Ansicht ohnehin gegenstandslos sind.

konto äußern. Soweit dies geschehen ist, wird der Kreditvertrag vom Gesetz *ex nunc* als gültig betrachtet ("... *wird gültig* ...").[343]

Nicht genügen kann hingegen die bloße Geltendmachung des (schuldrechtlichen) Auszahlungsanspruchs. Dem juristisch unerfahrenen Verbraucher wäre damit in Konfliktfällen wenig gedient.

- Normzweck:

Nach den Vorstellungen des Gesetzgebers dient der mit § 6 Abs. 2 S. 1 VKG bewirkte Ausschluß des Bereicherungsrechts, insbesondere des § 812 Abs. 1 S. 1 Alt. 1 BGB, den Interessen des Verbrauchers. Auf diese Weise soll am besten gewährleistet sein, daß er nicht zur sofortigen Rückzahlung der gesamten Leistung verpflichtet ist.[344]

Die Vorstellungen, von denen sich der Gesetzgeber bei der Formulierung dieser Vorschrift offenbar leiten ließ, dürften sich jedoch nicht nur am Verbraucherschutzgedanken orientiert haben. In diesem Falle wäre an eine dem § 1 a Abs. 3 S. 2 Hs. 1 AbzG oder der ganz herrschenden Meinung und Rechtsprechung zur Sittenwidrigkeits-Nichtigkeit vergleichbare Regelung zu denken gewesen, wonach dem Kreditnehmer das Darlehen für die Dauer der vertraglich vorgesehenen Laufzeit zinslos hätte überlassen werden müssen.

---

[343] Weitere Einzelheiten vgl. Ulmer/Habersack, § 6 VKG, Rdnr. 20 f.; Westphalen/Emmerich/Kessler, § 6 VKG, Rdnr. 14 f.; Bülow, § 6 VKG, Rdnr. 11.

[344] BR-Ds 427/89, S. 49; BT-Ds 5462, S. 21.

Auch wenn ein bloßer Form- und Inhaltsverstoß im Verhältnis zum Sittenwidrigkeitsvorwurf erheblich weniger schwer wiegt, erscheint die Sanktionsfolge der Nichtigkeit gerechtfertigt und erforderlich, um Kreditgebern jeglichen Anreiz zum Verstoß gegen die Form- und Inhaltsbestimmungen zu nehmen. Zweifel hiergegen erscheinen schon deshalb unangebracht, weil der Gesetzgeber eine Hauptaufgabe des Verbraucherkreditgesetzes in der Beseitigung der Informationsdefizite der Kreditnehmer gesehen hat, was nur mit relativ harten Sanktionen gewährleistet werden kann.[345] Allerdings ist zuzugeben, daß in diesem Fall die Kreditgeber versucht sein werden, das hieraus resultierende höhere Kostenrisiko - zumindest teilweise - auf die Kreditschuldner abzuwälzen - für einen effektiven Verbraucherschutz ein wenig wünschenswertes Ergebnis. Ein leistungsfähiger Wettbewerb sollte aber insoweit zu extremen Auswüchsen Grenzen setzen können. Mit § 1 a Abs. 3 S. 2 AbzG war zudem bereits eine vergleichbare verbraucherfreundliche Regelung geschaffen worden, von der nicht bekannt ist, daß sie sich bezüglich eines weitergehenden Verbraucherschutzes kontraproduktiv verhalten hätte.[346]

ii) Anspruch auf Zinsen:

Der Kreditgeber verliert gem. § 6 Abs. 2 S. 2 VKG seinen Anspruch auf Zinsen nicht vollständig.

> *Der Kreditgeber kann bei einem Verstoß gegen die Pflicht zur Angabe des Nominalzinses (§ 4*

345 BR-Ds 427/89, S. 22.

346 Siehe dazu gleich nachfolgend zum Thema Zinsanspruch 3. Kapitel, § 2 A II 1 c) aa) ii).

Abs. 1 S. 2 Nr. 1 lit. d VKG), des effektiven Jahreszinses (§ 4 Abs. 1 S. 2 Nr. 1 lit. e VKG) oder des Gesamtbetrages der Belastung (§ 4 Abs. 1 S. 2 Nr. 1 lit. b VKG) nur Zinsen in Höhe des gesetzlichen Zinssatzes beanspruchen.

Die Sanktion des Formverstoßes reduziert sich insoweit auf den gesetzlichen Zinssatz gem. § 246 BGB von 4 %.[347] Dem Kreditgeber verbleibt infolgedessen immer ein gewisser, wenn auch verminderter Zinsgewinn. Eine dem § 1 a Abs. 3 AbzG entsprechende Regelung, wonach letztlich keine Zinsgewinne realisiert werden konnten, wollte der Gesetzgeber angesichts der *schutzwürdigen Belange* der Kreditwirtschaft nicht erlassen.[348] Nach der bisherigen Rechtslage gem. § 1 a Abs. 3 S. 2 HS. 1 AbzG war der Abzahlungskäufer bei einem unter Verstoß gegen die Formvorschriften zustande gekommenen Abzahlungskauf nur noch verpflichtet, den Barzahlungspreis zu entrichten. Der Abzahlungsverkäufer konnte den in der Differenz zwischen Abzahlungs- und Teilzahlungspreis liegenden Zinsgewinn nicht mehr geltend machen.[349] Für Kreditverträge stellte sich das Problem mangels insoweit zwingender Formvorschriften bislang nicht.

---

[347] Bei Existenzgründungsdarlehen wäre darüber hinaus gem. § 352 HGB sogar an einen Zinssatz von 5 % p.a. zu denken (Bülow, NJW 1991, S 129 [131]).

[348] BR-Ds 427/89, S. 49.

[349] Zwar erweisen sich 4 % Zinsen p.a. bei einer Inflationsrate in etwa dergleichen Höhe nicht gerade als lukrativer Gewinn - insoweit wird eher nur eine reale Einbuße verhindert. Es darf aber hierbei nicht übersehen werden, daß - abgesehen von der Verschlechterung im Vergleich zur bisherigen, durch das Abzahlungsgesetz geschaffenen Rechtslage - § 6 Abs. 1 VKG eine *Sanktion* für den Verstoß gegen Informationspflichten aufstellen soll.

iii) Nichtangabe von Kosten:

§ 6 Abs. 2 Satz 3 VKG läßt sich dahingehend zusammenfassen, daß das, was über das soeben Gesagte hinausgehend nicht schriftlich fixiert wurde, auch nicht gefordert werden kann. Letztlich liefert er nur eine Klarstellung, wenn er bestimmt:

> *Nicht angegebene Kosten werden vom Verbraucher nicht geschuldet.*

Damit soll in Verbindung mit dem Unabdingbarkeitsgebot des § 18 S. 1 VKG vermieden werden, daß der Kreditgeber im Wege außerhalb der Vertragsurkunde getroffener Vereinbarungen nichts Gegenteiliges bestimmen kann.

iv) Neuberechnung von Teilzahlungen:

Der reduzierte Zins und der Wegfall der Kosten nach § 6 Abs. 1 S. 2 und 3 VKG machen die Neuberechnung der Ratenzahlungen notwendig. Deshalb gilt nach § 6 Abs. 2 S. 4 VKG:

> *Vereinbarte Teilzahlungen sind unter Berücksichtigung der verminderten Zinsen oder Kosten neu zu berechnen.*

Die Vorschrift hat ihren Vorgänger in § 1 a Abs. 3 S. 2 HS. 2 AbzG. Der Käufer war danach berechtigt, den auf den Barzahlungspreis begrenzten Betrag weiterhin in Raten abzuzahlen, wenn er nicht den Rest durch eine Einmalzahlung ausgleichen wollte.[350] Die Höhe der einzelnen Raten reduzierte sich dabei entsprechend dem Unterschied zwischen Teilzahlungs- und Barzahlungspreis. Die Neufassung in § 6 Abs. 2 S. 4 VKG ist zwar anders formuliert. Soweit zu ersehen, ändert sich in der Sache für den Verbraucher nichts. Lediglich der Wortlaut des Gesetzes erlaubt es nach seiner jetzigen Fassung, daß der Kreditnehmer vom Kreditgeber verlangen kann, daß dieser die Berechnung selbst vornimmt.

v) Sonstige Rechtsfolgen unterlassener Angaben:

Entsprechendes wie Satz 3 beinhalten die Sätze 5 und 6 für nicht angegebene Änderungsmöglichkeiten bzw. Sicherheiten:

> *Die Änderung preisbestimmender Faktoren zum Nachteil der Verbraucher ist nicht möglich, so dies nicht ausdrücklich angegeben ist. Fehlen Angaben über zu leistende Sicherheiten, dann können diese nicht verlangt werden.*

Eine Einschränkung gilt aber hinsichtlich Krediten mit einem Nettokreditbetrag von mehr als 100.000.-- DM. In diesem Fall können Sicherheiten selbst dann beansprucht werden, wenn ihre diesbezügliche vertragliche Vereinbarung nicht den geforderten Inhalts- und Formvorschriften

---

[350] Ulmer/Habersack, § 6 VKG, Rdnr. 26, will dem Verbraucher darüber hinaus - wie schon nach dem alten Recht des § 1 a Abs. 3 S. 2 HS. 2 AbzG - ein Wahlrecht zwischen der Minderung der Teilzahlungsraten und einer verkürzten Laufzeit einräumen (ebenso Bülow, § 6 VKG, Rdnr. 15; ablehnend Münstermann/Hannes, § 6 VKG, Rdnr. 304, 316).

entspricht.[351] Die EG-Richtlinie vom 22. Dezember 1986 (87/102/EWG) steht dem nicht entgegen, weil sie nach deren Art. 2 Abs. 1 lit. f VKG-Richtlinie keine Anwendung auf Kreditverträge über 20.000.-- ECU findet, was in etwa DM 40.000.-- entspricht. Auf die damit verbundene Problematik wurde oben schon verwiesen,[352] so daß hier im wesentlichen auf eine Wiederholung der dort vorgetragenen Einwände verzichtet werden kann. Hervorgehoben werden muß allerdings, daß eine nicht unerhebliche Anzahl an Konsumentenkrediten durchaus diese Größenordnung erreicht und es sich hierbei zum guten Teil um Umschuldungskredite handelt, bei denen ein gesteigertes Maß an Schutzwürdigkeit gerade nicht verneint werden kann.[353].

bb) Heilung nach § 6 Abs. 3 VKG:

Für einen Verstoß gegen die Regelung der *Nr. 2* des § 4 Abs. 1 S. 2 VKG liefert § 6 Abs. 3 VKG eine eigene Relativierung der Sanktionsfolgen, die sich weitgehend mit der des Absatzes 2 deckt, soweit nicht die Besonderheiten von Warenkrediten und kreditierten Leistungen abweichende Regelungen erfordern.

i) Heilung der Nichtigkeit:

Der Kreditvertrag wird gültig, wenn die Sache übergeben bzw. die Leistung erbracht worden ist.

---

351 Hierzu kritisch Bülow, § 6 VKG, Rdnr. 18.

352 3. Kapitel, § 2 A II 1 b).

353 Siehe dazu wie bereits oben Scholz, MDR 1988, 730 (735).

Die Vorschrift ist § 1 a Abs. 3 S. 1 VKG nachgebildet. Wie schon § 6 Abs. 2 S. 1 VKG soll auch hier die vom Gesetzgeber als unpassend empfundene Regelung der §§ 812 ff. BGB vermieden werden.[354]

Maßgeblicher Zeitpunkt ist der der Erbringung der Sache oder Leistung. Für den Abzahlungskauf heißt das Verschaffung der Verfügungsmacht, was grundsätzlich die Erlangung von unmittelbarem Besitz voraussetzt (vgl. § 854 BGB).[355] Die Verschaffung mittelbaren Besitzes genügt nur, sofern dies im Kreditvertrag vereinbart wurde.[356] Die Abtretung des Herausgabeanspruches nach § 931 BGB reicht - wie schon i.R.d. § 1 a Abs. 3 S. 1 AbzG - nicht aus, weil auf das Moment der *tatsächlichen* Übergabe abgestellt werden muß.[357] Kein Kriterium kann sein, ob sich damit auch schon ein Eigentumswechsel vollzogen hat, denn dies würde im Falle des Eigentumvorbehalts den Zeitpunkt in viel zu weite Ferne rücken - selbst wenn dies in einigen Fällen möglicherweise zu einer Ausweitung des Verbraucherschutzes führen könnte.

Als Zeitpunkt für die Erbringung der sonstigen Leistung wird man mangels besonderer Anhaltspunkte auf den ihrer

---

[354] Vgl. 3. Kapitel, § 2 B I Nr. 2 c) aa) i).

[355] Zum Abzahlungsgesetz statt vieler: Palandt-Putzo, § 1 a AbzG, Anm. 2 b), Rdnr. 4 unter Hinweis auf Palandt-Putzo, § 433 BGB, Anm. 2 a) aa), Rdnr. 7; zum Verbraucherkreditgesetz: Ulmer/Habersack, § 6 VKG, Rdnr. 33. Für die Übergabe solle hiernach ein Realakt genügen.

[356] Palandt-Putzo, § 1 a AbzG, Anm. 2 b), Rdnr. 4 unter Hinweis auf Palandt-Putzo, § 433 BGB, Anm. 2 a) aa), Rdnr. 7. Ansonsten reicht die Einräumung eines Besitzmittlungsverhältnisses nicht aus (Ulmer/Habersack, § 6 VKG, Rdnr. 34).

[357] Palandt-Putzo, § 1 a AbzG, Anm. 2 b), Rdnr. 4; a.A. wohl Bülow, § 6 VKG, Rdnr. 21.

Vollendung, jedenfalls nicht vor dem ihres Beginns, abstellen müssen.

In beiden Fällen wird letzte Klarheit nur von der Rechtsprechung zu erwarten sein.

ii) Anspruch auf Zinsen:

Die Verzinsungspflicht entfällt gleichfalls nicht, falls der Teilzahlungspreis oder der effektive Jahreszins nicht angegeben sind. Es gilt insoweit der gesetzliche Zinssatz von 4 % (§ 6 Abs. 3 S. 2 VKG i.V.m. § 246 BGB).

iii) Sonstige Einschränkungen der Sanktionsfolgen:

Wird der Barzahlungspreis nicht angegeben, ist vom üblichen Marktpreis auszugehen, doch soll dies nur im Zweifelsfalle gelten (§ 6 Abs. 3 S. 2 VKG). Kann aus anderen Umständen auf den vertraglich gewollten Barzahlungspreis geschlossen werden, so ist dieser zugrunde zu legen. Es handelt sich mithin nur um eine Auslegungsregel, wie sie schon von § 1 a Abs. 3 S. 3 AbzG her bekannt ist.

Fehlen im Vertragswerk Angaben über die Bestellung von Sicherheiten, so können diese nicht gefordert werden. Dies gilt im Unterschied zu den Fällen der Nr. 1 des § 4 Abs. 1 S. 2 VKG i.V.m. § 6 Abs. 2 S. 6 HS 2 VKG unabhängig von der Höhe des Wertes der kreditierten Ware oder Leistung.

Im Vergleich zu § 6 Abs. 2 S. 4 VKG und § 1 a Abs. 3 S. 2 AbzG fehlt im Rahmen des § 6 Abs. 3 VKG eine entsprechende Regelung. Eine Rechtfertigung dafür, daß bei Kreditverträgen über Warenlieferungen und sonstigen Leistungen keine *Reduzierung der Raten* erfolgen solle, ist nicht ersichtlich.[358] In § 5 Abs. 1 S. 4 E_1-VKG des 1. Referententenentwurfes vom Juni 1988 war noch vorgesehen gewesen, daß sich

> *"in den Fällen des § 3 Abs. 1 Nr 1 und 4 E_1-VKG die Teilzahlungen unter Berücksichtigung der verminderten Zinsen ermäßigen"*

sollten. Es handelte sich hierbei um

> *"Kreditverträge, die ein in Teilzahlungen zurückzuzahlendes Darlehen zum Gegenstand haben"*[359]

bzw. um

> *"Kreditverträge, die die Lieferung einer Sache oder die Erbringung einer Leistung zum Gegenstand haben"*[360].

In der nunmehr Gesetz gewordenen Fassung entspricht § 3 Abs. 1 **Nr. 1** E_1-VKG im wesentlichen der **Nr. 1** des § 4 Abs. 1 S. 2 VKG sowie § 3 Abs. 1 **Nr. 4** E_1-VKG der **Nr. 2** des § 4 Abs. 1 S. 2 VKG.[361] Die Sanktionsvorschrift des §

---

358 Vergleiche auch Emmerich/Münstermann/Wagner-Wieduwilt, S. 55; Westphalen/Emmerich/Kessler, § 6 VKG, Rdnr. 41; Ulmer/Habersack, § 6 VKG, Rdnr. 40; Bülow, § 6 VKG, Rdnr. 28; Münstermann/Hannes, § 6 VKG, Rdnr. 316; Reinicke/Tiedtke, ZIP 1992, 217 (218).

359 Siehe § 3 Abs. 1 **Nr. 1** E_1-VKG des 1. Referententenentwurfes vom Juni 1988.

360 Siehe § 3 Abs. 1 **Nr. 4** E_1-VKG des 1. Referententenentwurfes vom Juni 1988.

361 Durch den 2. Referentenentwurf vom März 1989 wurde die Bestimmung des § 3 E_1-VKG soweit geändert, daß sie weitgehend dem jetzigen § 4 VKG entsprach (vergleiche § 3 E_2-VKG).

5 E_1-VKG war dabei gleichermaßen, der heutigen Fassung des § 6 VKG entsprechend, modifiziert worden. Dabei blieb die Regelung über die Reduzierung von Raten nur noch in bezug auf Kreditverträge im allgemeinen (§ 4 Abs. 1 S. 2 Nr. 1 VKG), nicht aber in bezug auf Kreditverträge über Lieferungen und Leistungen (§ 4 Abs. 1 S. 2 Nr. 2 VKG) erhalten, ohne daß der Gesetzgeber hierfür in den Materialien eine Begründung geliefert hätte. Es liegt nahe, insoweit ein gesetzgeberisches Versehen anzunehmen. Die planwidrige Lücke ist daher im Wege einer analogen Anwendung des § 6 Abs. 2 S. 4 VKG zu schließen.[362]

cc) Heilung nach § 6 Abs. 4 VKG:

§ 6 Abs. 4 VKG beinhaltet eine zusätzliche Regelung für den Fall, daß der effektive Jahreszins zwar angegeben - denn sonst bleibt es bei § 6 Abs. 2 S. 2 oder Abs. 3 S. 2 VKG -, dies jedoch zu niedrig geschehen ist. Die sprachlich unnötig komplizierte Regelung besagt inhaltlich nichts anderes als:

> *Wenn der (anfängliche) effektive Jahreszins zu niedrig angegeben ist, muß bei Darlehen der zugrunde gelegte Zinssatz entsprechend gekürzt bzw. bei kreditierten Waren und Leistungen der Teilzahlungspreis anteilig in einem in Prozent anzugebenden Satz gemindert werden.*

---

362 Im Ergebnis ebenso Emmerich/Münstermann/Wagner-Wieduwilt, S. 55; Westphalen/Emmerich/Kessler, § 6 VKG, Rdnr. 41; Ulmer/Habersack, § 6 VKG, Rdnr. 40; Bülow, § 6 VKG, Rdnr. 28; im Grundsatz wohl auch Münstermann/Hannes, § 6 VKG, Rdnr. 316, allerdings unter Ablehnung eines Wahlrechts; ferner Reinicke/Tiedtke, ZIP 1992, 217 (218).

Der Kreditgeber muß sich insoweit an seiner Erklärung festhalten lassen.[363]

Zur Lösung des Problems, wie zu verfahren ist, wenn der effektive Jahreszins fälschlicherweise *zu hoch* angegeben ist, trägt die Regelung nichts bei. Nachdem es sich hierbei um eine Information handelt, die den Verbraucher bei seiner Kreditentscheidung helfen soll, dürfte der zu hoch angegebene effektive Jahreszins ohnedies potentielle Kreditkunden von der Aufnahme dieses Kredites abhalten.

Ansonsten wäre nach den allgemeinen Regeln[364] zu verfahren.[365] D.h. die Erklärung des Kreditgebers ist zunächst auszulegen,[366] welchen richtigen (niedrigeren) Preis dieser gewollt hat. Führt dies zu keinem Ergebnis, wird zu

---

[363] BR-Ds 427/89, S. 50.

Zur Problematik des § 6 Abs. 4 VKG vergleiche ferner Brinkmann, BB 1991, 1947; Scholz, BB 1992, 222.

Eine Irrtumsanfechtung nach § 119 Abs. 1 BGB ist im Rahmen des § 6 Abs. 4 VKG ausgeschlossen (Brinkmann, BB 1991, 1947 [1950]).

[364] Medicus, Bürgerliches Recht, Rdnr. 134; Larenz, Allgemeiner Teil des Bürgerlichen Rechts, § 20 II a.

[365] Bülow, § 6 VKG, Rdnr. 34, hält die Angabe eines zu hohen effektiven Jahreszinses hingegen für bedeutungslos. Die Wirksamkeit des Vertrages bliebe hiervon unberührt; der Verbraucher würde nur den vertraglich vereinbarten (niedrigeren) Zins schulden.

[366] Palandt-Heinrichs, § 119 BGB, Anm. 3, Rdnr. 7 und Anm. 5 f), Rdnr. 18 ff.; Larenz, Allgemeiner Teil des Bürgerlichen Rechts, § 20 II a.

prüfen sein, ob ein zur Anfechtung berechtigender Irrtum[367] vorliegt.[368]

Eine Lösungsmöglichkeit - jedenfalls theoretisch - ergibt sich aufgrund dessen allenfalls gem. § 123 BGB, was allerdings Arglist auf seiten des Kreditgebers erfordert. Des weiteren sind an Schadensersatzansprüche aus culpa in contrahendo,[369] gegebenenfalls aus positiver Vertragsverletzung oder aus unerlaubter Handlung zu denken.[370] Darlegung und Nachweis der Voraussetzungen eines solchen, einen Schadensersatzanspruch begründenden Verhaltens des Kreditgebers bleiben dem Kreditnehmer auch letzterenfalls nicht erspart.

---

[367] In Betracht kommt nicht nur ein Kalkulationsirrtum, sondern auch - bei richtiger Berechnung - ein Erklärungsirrtum (§ 119 I Alt. 2 BGB).

[368] Der *interne* Kalkulationsirrtum berechtigt nach h.M. nicht zur Anfechtung (Larenz, Allgemeiner Teil des Bürgerlichen Rechts, § 20 II a). Die Behandlung des *externen* Kalkulationsirrtums ist hingegen umstritten [vgl. Palandt-Heinrichs, § 119 BGB, Anm. 5 f), Rdnr. 18 ff.; Larenz, Allgemeiner Teil des Bürgerlichen Rechts, § 20 II a; Medicus, Bürgerliches Recht, Rdnr. 134 u.a.m.]. In Betracht kommen vornehmlich Auslegung, Unwirksamkeit wegen Perplexität (Medicus, Bürgerliches Recht, Rdnr. 134) oder Dissens (Münchener Kommentar/Kramer, § 119 BGB, Rdnr. 76; Palandt-Heinrichs, § 119 BGB Anm. 5 f, Rdnr. 19 - 21).

Eine Irrtumsanfechtung des Kreditnehmers nach § 119 BGB scheidet insoweit hingegen aus, weil es sich bei der Berechnung des effektiven Jahreszinses in aller Regel um eine solche des Kreditgebers, nicht aber um die des Kreditnehmers handelt.

[369] Palandt-Heinrichs, § 123 BGB, Anm. 5 c), Rdnr. 27; Münchener Kommentar/Kramer, § 123 BGB, Rdnr. 30; Bülow, § 6 VKG, Rdnr. 10.

[370] Palandt-Heinrichs, § 123 BGB, Anm. 5 b), Rdnr. 28; Münchener Kommentar/Kramer, § 123 BGB, Rdnr. 30.

d) Sonstige Rechtsfolgen:

Die Neuregelung des § 6 VKG fällt hinter den Standard der bisherigen Rechtslage zurück, obwohl es in Konsequenz der VKG-Richlinie einem angmessenen Verbraucherschutz dienen soll.[371] Auch die EG-Richtlinie vom 22. Dezember 1986 (87/102/EWG) fordert in Art. 2 VKG-Richtlinie aus Gründen der Rechtsangleichung eine solche Verschlechterung nicht.

Die Kreditgeber brauchen die vom Verbraucherkreditgesetz ausgehenden Sanktionen eines Form- bzw. Inhaltsverstoßes unter dem Verbraucherkreditgesetz weniger zu fürchten als im Rahmen des aufgehobenen Abzahlungsgesetzes. Um eine hiervon zu unterscheidende Frage handelt es sich, ob den Kreditgeber nicht andere Rechtsfolgen treffen können. Zu denken ist hierbei vor allem an Ansprüche aus Verschulden bei Vertragsschluß (culpa in contrahendo), § 823 Abs. 2 BGB i.V.m. §§ 4, 5 VKG; § 13 UWG u.a.[372] Die sich hieraus ergebenden rechtlichen Konsequenzen werden durch die Vorschriften des Verbraucherkreditgesetzes nicht ausgeschlossen. § 6 VKG ist - vergleichbar der allgemeinen Sanktionsnorm des § 125 BGB - insoweit nicht abschließen-

---

[371] Vgl. BR-Ds 427/89, S. 19: Allgemeiner Teil - Einführung: "...*Ziel ist die Sicherstellung eines angemessenen Verbraucherschutzes.* ...". Diese Formulierung impliziert an sich nicht die Reduzierung des bestehenden verbraucherschutzrechtlichen Standards.

[372] Gilles, ZRP 1989, 299 (306); Westphalen/Emmerich/Kessler, § 6 VKG, Rdnr. 7; Palandt-Putzo, § 5 VKG, Anm. 4, Rdnr. 9.

Die Nichteinhaltung der Informationspflichten ist als Wettbewerbsverstoß i.S.d. § 1 UWG zu qualifizieren, wenn der Kreditgeber bewußt und planmäßig einen Vorsprung durch einen solchen Rechtsbruch zu erlangen versucht (Ulmer/Habersack, Vorbemerkungen, Rdnr. 43 a.E.).

der Natur.[373] Auch nichtige Rechtsgeschäfte können noch Rechtsfolgen nach sich ziehen. Die Nichtigkeitssanktion bewirkt nur den Ausschluß der Rechtswirkungen des bezweckten (formnichtigen) Rechtsgeschäfts, nicht aber sonstige Ansprüche, wie zum Beispiel Schadensersatzansprüche (c.i.c.) oder Ansprüche aus ungerechtfertigter Bereicherung (§§ 812 ff. BGB).[374]

Die §§ 4 und 5 VKG verpflichten die Kreditgeber zu einem Mindestmaß an Informationen und begründen damit entsprechende Pflichten bei den Vertragsverhandlungen.[375] Deren *schuldhafte* Verletzung erfüllt stets den Tatbestand der culpa in contrahendo, soweit nicht aufgrund besonderer Bestimmungen eine abschließende Regelung angenommen werden muß. Dies ist hier im Fall des § 6 VKG aber gerade nicht anzunehmen. Ein entsprechender gesetzgeberischer Wille läßt sich jedenfalls nicht erkennen.[376] Der Kreditnehmer ist im Fall einer schuldhaften Verletzung einer Pflicht bei Vertragsverhandlungen so zu stellen, wie er ohne das schädigende Ereignis stehen würde (negatives Interesse).[377]

---

[373] Gilles, ZRP 1989, 299 (306); Westphalen/Emmerich/Kessler, § 6 VKG, Rdnr. 7; Palandt-Putzo, § 5 VKG, Anm. 4, Rdnr. 9.

[374] Palandt-Heinrichs, Überblick vor § 104 BGB, Anm. 4 a) bb), Rdnr. 28.

[375] Zum Problem der Verletzung von Informations-, Aufklärungs- oder Beratungspflichten zum Beispiel Schmelz, S. 59, Rdnr. 154 m.w.N.; Reifner, Kreditrecht, § 8, Rdnr. 2 ff., S. 51 f.

[376] Schmelz, S. 59, Rdnr. 154.

[377] Schmelz, S. 68, Rdnr. 175; Reifner, Kreditrecht, § 8, Rdnr. 28, S. 55; Palandt-Heinrichs, § 276 BGB, Anm. 6 D, Rdnr. 99 f.; BGH NJW 1981, 1673; BGH NJW-RR 1987, 1261 (1262).

Die §§ 4 und 5 VKG sollen die Information über die wesentlichen Konditionen des Kredits gewährleisten und den Verbraucher vor einem unüberlegten finanziellen Engagement warnen.[378] Nach dem so formulierten Willen ist damit ein ganz spezifischer Schutz des Verbrauchers *bezweckt*.[379] Ein an den schuldhaften Verstoß gegen die Informationspflichten des Kreditgebers geknüpfter Schadensersatzanspruch erscheint vor diesem Hintergrund gewollt und tragbar.[380] Soweit die §§ 4 und 5 VKG Informationspflichten begründen, sind diese Vorschriften als Schutzgesetz im Sinne des § 823 Abs. 2 BGB zu qualifizieren. D.h. ein Schadensersatzanspruch aus Verstoß gegen ein Schutzgesetz kann neben einen Anspruch aus culpa in contrahendo treten.

Soweit § 1 UWG als erfüllt anzusehen ist, zum Beispiel wegen bewußter und planmäßiger Nichteinhaltung der Infor-

---

Da gemäß § 6 Abs. 1 VKG der Kreditvertrag ohnehin nichtig ist, richtet sich der Anspruch aus c.i.c. weniger auf Lösung des Vertragsverhältnisses, als vielmehr auf Erstattung unnötiger Kosten und Aufwendungen.

378 BT-Ds 11/5462, S. 19; Ulmer/Habersack, Vorbemerkungen, Rdnr. 17.

379 Ein Gesetz bezweckt den Schutz eines anderen, wenn es dazu bestimmt ist, dem Schutz eines einzelnen oder einzelner Personenkreise zu dienen. Der Gegensatz hierzu läge im "*objektiven*" Schutz der Allgemeinheit, in einem bloßen Rechtsreflex (Staudinger/Schäfer, § 823 BGB, Rdnr. 580; vergleiche auch Münchener Kommentar/Mertens, § 823 BGB, Rdnr. 138 ff. [141]).

Angesichts der gesetzgeberischen Motive ist davon auszugehen, daß die einschlägigen Form- und Inhaltsbestimmungen des Verbraucherkreditgesetzes einen diesbezüglichen Schutz der Verbraucher ausdrücklich zum *Zweck* haben und nicht nur als bloße *Wirkung* entfalten (Staudinger/ Schäfer, § 823 BGB, Rdnr. 580).

mationspflichten,[381] bietet sich zudem verbraucherschützenden Organisationen die Möglichkeit einer Verbandsklage auf Unterlassung.[382]

380 Palandt-Thomas, § 823 BGB, Anm. 9 b), Rdnr. 141.

381 Ein solches Verhalten wäre als Wettbewerbsverstoß gegen § 1 UWG zu qualifizieren (Ulmer/Habersack, Vorbemerkungen, Rdnr. 42).

382 Gilles, ZRP 1989, 299 (306).

II. Materielle Regelungen:

1.) Das Widerrufsrecht nach § 7 VKG:

Das in § 7 VKG zugunsten der Verbraucher eingeräumte Widerrufsrecht entspringt keiner ausdrücklichen von der EG-Richtlinie vom 22. Dezember 1986 auferlegten Umsetzungsverpflichtung, sondern geht auf die sich aus Art. 15 VKG-Richtlinie ergebende Befugnis zurück, zum Schutze der Verbraucher weitergehende Vorschriften zu erlassen. Das dergestalt eingeräumte Widerrufsrecht hat sein Vorbild in der Vorschrift des § 1 b Abs. 1 AbzG. In der rechtstechnischen Ausgestaltung lehnt es sich an andere Gesetze an, wobei - der amtlichen Begründung folgend[383] - Gesetze Pate gestanden haben wie § 11 des Gesetzes über den Vertrieb ausländischer Investmentanteile vom 28. Juli 1969 (BGBl. I S. 986), § 23 des Gesetzes über Kapitalanlagegesellschaften i.d.F. der Bekanntmachung vom 14. Januar 1970 (BGBl. I S. 127), § 4 des Fernunterrichtsschutzgesetzes vom 24. August 1986 (BGBl. I S. 2525) und § 1 des Gesetzes über den Widerruf von Haustürgeschäften und ähnlichen Geschäften (HTWG) vom 16. Januar 1986 (BGBl. I S. 122).[384]

a) Das Widerrufsrecht (§ 7 Abs. 1 VKG):

§ 7 Abs. 1 VKG bestimmt in diesem Sinne,

> *daß die auf das Zustandekommen eines Kreditvertrages gerichtete Willenserklärung erst Wirksamkeit erlangt, wenn sie nicht innerhalb einer Wo-*

---

[383] BR-Ds 427/89, S. 51; BT-Ds 5462, S. 21.

[384] Allgemein zu verbraucherschützenden Widerrufsrechten siehe Teske, NJW 1991, 2793.

che seitens des Verbrauchers schriftlich widerrufen wird.

Gegenstand der Widerrufserklärung ist die Willenserklärung des Kreditnehmers.[385] Aus dem Schutzzweck[386] ist zu folgern, daß eine etwaige Formnichtigkeit des Kreditvertrages nach § 6 Abs. 1 VKG dem Widerrufsrecht nicht entgegensteht.[387]

Der Widerruf ist auch hier als einseitige empfangsbedürftige Willenserklärung ausgestaltet, selbst wenn dem Wortlaut nach - und anders als in § 1 b Abs. 1 AbzG - nicht bestimmt ist, wem gegenüber der Widerruf zu erfolgen hat. Aus der Verpflichtung zur Angabe, wer Widerrufsadressat sein soll (§ 7 Abs. 2 S. 2 VKG), ist jedoch die Empfangs-

---

385 Ulmer/Habersack, § 7 VKG, Rdnr. 8.

386 Der Normzweck liegt nicht nur im Schutz des Verbrauchers vor Überrumpelung und Übereilung an sich. Vielmehr verlangen auch die wirtschaftliche Bedeutung und Tragweite sowie Komplexität der Vertragsmaterie, dem Verbraucher eine befristete Loslösungsmöglichkeit zu gewähren (BR-Ds 427/89, S. 51; BT-Ds 11/5462, S.21; Ulmer/Habersack, § 7 VKG, Rdnr. 2; Vortmann, § 7 VKG, Rdnr. 2; Emmerich/Münstermann/Wagner-Wieduwilt, S. 57; Emmerich, JuS 1991, 705 [707]).

387 Ulmer/Habersack, § 7 VKG, Rdnr. 17; Bülow, § 7 VKG, Rdnr. 13 f. und Rdnr. 20; Seibert, § 7 VKG, Rdnr. 8.

Vielmehr beginnt im Falle der Nichtigkeit nach § 6 Abs. 1 VKG die Widerrufsfrist erst mit der Heilung zu laufen (Bruchner/Ott/Wagner-Wieduwilt, § 7 VKG, Rdnr. 21).

bedürftigkeit dieser Willenserklärung - mittelbar - zu entnehmen. Der Widerruf ist schriftlich zu erklären.[388]

Mit § 7 Abs. 1 VKG hat der Gesetzgeber keine Entscheidung über die dogmatische Einordnung des Widerrufsrechts getroffen. Den Materialien lassen sich allenfalls nur widersprüchliche Anhaltspunkte entnehmen:[389] Einerseits sprechen diese von einem "*Gestaltungsrecht*" des Verbrauchers,[390] andererseits von einem "*Schwebezustand vergleichbar dem vor Eintritt einer aufschiebenden Bedingung*".[391]

Gleichwohl wird man wie bereits zum Widerrufsrecht nach § 1 b AbzG folgendes festhalten können: Der Vertrag ist während des Zeitraums, in welchem der Widerruf erklärt

---

388 Das Erfordernis der Schriftlichkeit soll lediglich Klarstellungs- und Beweiszwecken dienen, weshalb nicht die Schriftform des § 126 BGB verlangt ist (Ulmer/Habersack, § 7 VKG, Rdnr. 39 m.w.N.; Westphalen/Emmerich/Kessler, § 7 VKG, Rdnr. 11; Vortmann, § 7 VKG, Rdnr. 26; Emmerich/Münstermann/Wagner-Wieduwilt, S. 61; Seibert, § 7 VKG, Rdnr. 5; Scholz, Rdnr. 265, S. 133; Reinicke/Tiedtke, ZIP 1992, 217 [218 f.]; a.A. Bülow, § 7 VKG, Rdnr. 24; Bruchner/Ott/Wagner-Wieduwilt, § 6 VKG, Rdnr. 19). D.h. insbesondere kann auf die eigenhändige Unterschrift des Widerrufenden verzichtet werden (Ulmer/Habersack, a.a.O.; Westphalen/Emmerich/Kessler, § 7 VKG, a.a.O.; Seibert, § 7 VKG, a.a.O.; Vortmann, § 7 VKG, Rdnr. a.a.O.; Reinicke/Tiedtke, a.a.O.; Scholz, a.a.O.; strittig). Vergleiche ferner Münstermann/Hannes, § 7 VKG, Rdnr. 338.

389 BR-Ds 427/89, S. 51; BT-Ds 11/5462, S. 22.

390 Ebenso Vortmann, § 7 VKG, Rdnr. 24; Bruchner/Ott/Wagner-Wieduwilt, § 6 VKG, Rdnr. 9; Teske, NJW 1991, 2793 (2794); vgl. ferner Seibert, § 7 VKG, Rdnr. 2; Münstermann/Hannes, § 7 VKG, Rdnr. 329 und Rdnr. 341; zu § 1 b AbzG vergleiche Löwe, NJW 1974, 2257 (2259).

391 BR-Ds 427/89, S. 51; BT-Ds 11/5462, S. 22; v. Marschall, S. 172.

werden muß, *schwebend unwirksam.*[392] Unterbleibt der Widerruf, so treten die Rechtsfolgen aus dem Kreditvertrag mit Ablauf der Widerrufsfrist mit Wirkung *ex nunc* ein.[393] Entsprechend § 1 b Abs. 1 AbzG kommt ein vollgültiger Kreditvertrag erst eine Woche nach Abgabe bzw. Zugang der Willenserklärung des Verbrauchers, also bis zum Erlöschen des Widerrufsrechts, zustande.[394] Dem Verbraucher steht bis dahin kein Anspruch auf Erfüllung zu.[395]

Das Recht zum Widerruf ist an keine Voraussetzungen gebunden. Der Widerruf kann frei und ohne Angaben von Gründen innerhalb der vorgegebenen Frist erklärt werden.[396] Das Widerrufsrecht will der Gefahr eines übereilten Vertragsschlusses begegnen.[397] Trotz der Verbesserung der Informationsmöglichkeiten durch Aufstellung einer Mindestangabenpflicht (§ 4 Abs. 1 S. 2 VKG) ist diese Gefahr nicht völlig gebannt. Die Informationen können unzurei-

---

392 Vergleiche BR-Ds 427/89, S. 51; BT-Ds 11/5462, S. 22; Bülow, NJW 1991, 129 (131); Ulmer/Habersack, § 7 VKG, Rdnr. 11; Bülow, § 7 VKG, Rdnr. 15; Westphalen/Emmerich/Kessler, § 7 VKG, Rdnr. 3 bis 5; Vortmann, § 7 VKG, Rdnr. 6; Seibert, § 7 VKG, Rdnr. 7; Emmerich/Münstermann/Wagner-Wieduwilt, S. 57 f.; wohl auch Münstermann/ Hannes, § 7 VKG, Rdnr. 334; Ebenso zu der insoweit analogen Vorschrift des § 1 b Abs. 1 AbzG: Palandt-Putzo, § 1 b AbzG, Anm. 2 c, Rdnr. 5; Larenz, Besonderes Schuldrecht, § 43 a.

393 Palandt-Putzo, § 1 b AbzG, Anm. 2 a) aa), Rdnr. 3 und Anm. 2 c), Rdnr. 5; Larenz, Besonderes Schuldrecht, § 43 a; Vortmann, § 7 VKG, Rdnr. 6.

394 Z.B. Palandt-Putzo, § 1 b AbzG, Anm. 2 a) aa), Rdnr. 5.

395 BT-Ds 11/5462, S. 22; Bülow, NJW 1991, 129 (131); Vortmann, § 7 VKG, Rdnr. 6; Westphalen/Emmerich /Kessler, § 7 VKG, Rdnr. 5 und 8; Seibert, § 7 VKG, Rdnr. 7.

396 BR-Ds 427/89, S. 52.

chend gewesen sein, aggressive Werbe- und Verkaufspraktiken besorgen ein übriges.[398] Der Verbraucher kann daher nach einer geraumen Bedenkzeit zu dem Schluß gelangen, daß die Eingehung einer Kreditverbindlichkeit unnötig war. Aus diesem Grunde muß ihm eine ausreichende Überlegungsfrist nach Vertragsschluß zugebilligt werden.[399]

Ein solches Widerrufsrecht war der bisherigen Rechtslage für Abzahlungs*käufe* bereits aus § 1 b Abs. 1 AbzG bekannt. In der Sache hat sich damit für den Verbraucher nicht allzuviel geändert, außer daß das Widerrufsrecht ganz allgemein auf alle Arten von Kreditverträgen ausgedehnt wurde, d.h. es nicht wie bisher auf Warenkredite beschränkt blieb.

b) Widerrufsbelehrung (§ 7 Abs. 2 VKG):

Vom Abzahlungsgesetz unverändert übernommen worden ist die Bestimmung des § 7 Abs. 2 S. 1 VKG (vgl. § 1 b Abs. 2 S. 1 AbzG),[400] die zugunsten des Verbrauchers besagt,

> *daß zur Wahrung der einwöchigen Widerrufsfrist die rechtzeitige Absendung des Widerrufs genügt.*

---

397 v. Marschall, S. 122; Hadding, S. 190.

398 v. Marschall, S. 122.

399 Hadding, S. 190.

400 BR-Ds 427/89, S. 52.

Nicht verlangt wird, daß die Erklärung dem Adressaten innerhalb der Frist gem. § 130 Abs. 1 BGB zugeht.[401]

Entsprechend den Regelungen der § 1 b Abs. 2 S. 2 und 3 AbzG sowie § 2 Abs. 1 S. 2 und 3 HTWG

> *beginnt die Widerrufsfrist erst zu laufen, wenn der Kreditnehmer mittels einer gesondert zu unterschreibenden Belehrung über die Bestimmung nach Satz 1 schriftlich informiert wurde. Dieser schriftliche Hinweis muß drucktechnisch*[402] *so gestaltet sein, daß die Belehrung und das Erlöschen des Widerrufsrechts nach Abs. 3 sowie Name und Anschrift des Widerrufsadressaten deutlich zu erkennen sind.*

Insoweit ändert sich an der bestehenden Rechtslage noch nichts Wesentliches. Gegenüber den Fassungen im Abzahlungsgesetz und im Entwurf der Bundesregierung vom 11. August 1989 wurde die Formulierung im Verbraucherkreditgesetz dahingehend abgerundet, daß nun nicht mehr die bloße Belehrung über das Bestehen des Widerrufsrechts genügt, sondern daß diese Belehrung insgesamt auf den Inhalt der Bestimmung des § 7 Abs. 2 S. 1 VKG hinzuweisen hat. Konkret bedeutet das, daß der Kreditgeber den Verbraucher auch auf die einwöchige Widerrufsfrist aufmerksam machen muß. Die frühere Fassung des Gesetzes hätte zu

---

401 Dies ergibt sich bereits aus dem Wortlaut, wenn gesagt wird, daß insoweit die bloße Absendung genügt (vgl. auch Münchener Kommentar/Ulmer, § 1 b AbzG, Rdnr. 38). Nach dieser Auffassung würde den Verbraucher weder das Verzögerungs- noch das Verlustrisiko treffen (ebenso Reinicke/Tiedtke, ZIP 1992, 217 [219]).

402 Zu den Anforderungen an die "drucktechnisch deutliche Gestaltung" vergleiche Scholz, Rdnr. 261, S. 131 f. m.w.N.

Streitigkeiten darüber führen können, ob eine diesbezügliche Belehrung gesetzlich erforderlich ist.[403] Des weiteren ist der Verbraucher über die Voraussetzungen des Wegfalls des Widerrufsrechts nach § 7 Abs. 3 VKG zu belehren. Auch insoweit erfolgte eine redaktionelle Klarstellung.[404]

Erfolgt die nach Satz 2 gebotene Belehrung nicht in der vorgeschriebenen Art und Weise,

so bestimmt Satz 3 für diesen Fall,

daß das Widerrufsrecht nicht nach Ablauf der einwöchigen Widerrufsfrist erlischt.

Übernommen wurde dabei die aus § 1 b Abs. 2 S. 5 AbzG bekannte

Einschränkung, daß bei Vollziehung des Kreditvertrages das Widerrufsrecht spätestens im Zeitpunkt der beiderseitigen Erbringung der Leistung erlischt.

Trotz einer anderen sprachlichen Formulierung ändert sich dadurch in der Sache nichts, sofern man davon absieht, daß nunmehr auch kreditierte Leistungen erfaßt sein sollen, was Anlaß für die modifizierte Wortwahl gewesen sein mag. Zur Vollständigkeit der Leistungserbringung gehört

---

403 Vgl. Stellungnahme des Bundesrates, BT-Ds 11/5462, S. 36 (Anlage 2) sowie Gegenäußerung der Bundesregierung, BT-Ds 11/5462, S. 42 (Anlage 3).

404 Vgl. Stellungnahme des Bundesrates, BT-Ds 11/5462, S. 36 (Anlage 2) sowie Gegenäußerung der Bundesregierung, BT-Ds 11/5462, S. 42 (Anlage 3).

auch, daß auch alle gesetzlichen oder vertraglichen Nebenpflichten erfüllt wurden.[405]

Eine gegenüber der bestehenden Rechtslage wesentliche Einschränkung beinhaltet Satz 3 aber damit,

> *daß das Widerrufsrecht unabhängig von einer Durchführung des Vertrages nach Ablauf eines Jahres erlischt.*

Inwieweit diese Verschlechterung der Rechtslage für den Verbraucher tatsächliche Auswirkungen zeitigt, muß die Praxis erst noch erweisen.[406] Andererseits ist anzuerkennen, daß auf seiten der Kreditgeber ein nachvollziehbares Interesse an Rechtssicherheit besteht, die eine Aufhebung des rechtlichen Schwebezustandes verlangt. Die Befristung auf ein Jahr erscheint vor diesem Hintergrund angemessen.[407]

c) Erlöschensfiktion (§ 7 Abs. 3 VKG):

Das Widerrufsrecht wird beim *Darlehen* - also nicht beim Zahlungsaufschub oder bei einer sonstigen Finanzierungshilfe - zu Lasten des Verbrauchers aber dahingehend ein-

---

405 Westphalen/Emmerich/Kessler, § 7 VKG, Rdnr. 38.

406 Bülow, § 7 VKG, Rdnr. 21, will dem Verbraucher deswegen einen *Anspruch* auf die Widerrufsbelehrung einräumen (a.A. Westphalen/Emmerich/Kessler, § 7 VKG, Rdnr. 22).

407 Medicus, Jura 1991, 561 (563 f.) hält diese Regelung für rechtspolitisch bedenklich, weil auch aus einer vom Kreditgeber zu vertretenden Unkenntnis des Verbrauchers heraus Rechte verloren gehen können.

geschränkt, daß der Widerruf selbst im Falle seiner rechtzeitigen Geltendmachung nach § 7 Abs. 3 VKG

> *als nicht erfolgt gilt, wenn der bereits empfangene und im Rahmen der Rückabwicklung zurückzugewährende Darlehensbetrag nicht innerhalb von zwei Wochen zurückerstattet wird.*

Der Widerruf verliert in diesem Fall seine Gestaltungswirkung, der Kreditvertrag wird insoweit rückwirkend wirksam.[408]

Die Frist von zwei Wochen beginnt entweder mit dem Zeitpunkt der Widerrufserklärung oder mit dem der Auszahlung des Darlehens (§ 7 Abs. 3 VKG). Der Verbraucher kann hinsichtlich beider Zeitpunkte frei wählen, was vor allem dann Bedeutung gewinnt, wenn das Darlehen erst nach Erklärung des Widerrufs ausgezahlt wird.[409] Die Rückzahlung erfolgt in der Regel rechtzeitig, wenn der Kreditnehmer den Betrag noch innerhalb der Zahlungsfrist an den Kre-

---

[408] Westphalen/Emmerich/Kessler, § 7 VKG, Rdnr. 55.

[409] BR-Ds 427/89, S. 54.

Dem Verbraucher bleibt dadurch in jedem Fall die Zwei-Wochen-Frist erhalten.

Außerdem wären ohne die 2. Alternative, nach welcher der Fristablauf im Zeitpunkt der Auszahlung des Darlehens beginnt, möglicherweise viele Kreditinstitute dazu übergegangen, das Darlehen aus Sicherheitsgründen erst nach Ablauf der Widerufsfrist auszuzahlen, selbst wenn der Verbraucher keinerlei Absichten zum Widerruf gezeigt hätte (Scholz, DB 1991, 215 [2177]).

Bülow, § 7 VKG, Rdnr. 44, sieht in der Regelung zwar kein Wahlrecht des Verbrauchers, versteht diese aber so, daß die Frist stets mit dem späteren der beiden in Frage kommenden Zeitpunkte zu laufen beginnt.

ditgeber überwiesen hat.[410] Entscheidend ist, ob der Überweisungsauftrag rechtzeitig bei der Bank des Überweisenden eingegangen ist.[411] Gemäß §§ 269 Abs. 1, 270 Abs. 4 BGB ist Erfüllungsort der Wohnsitz des Kreditnehmers. Die reine *Verzögerungs*gefahr fällt nicht unter § 270 Abs. 1 BGB.[412] D.h. der Verbraucher hat die Rückzahlung rechtzeitig vorgenommen, wenn beispielsweise der Überweisungsauftrag noch innerhalb der Frist erteilt wurde, sofern das Konto des Verbrauchers entsprechende Deckung aufweist. Auf den Zeitpunkt der Gutschrift auf dem Konto des Empfängers kommt es hingegen nicht an.[413]

Die Bestimmung des § 7 Abs. 3 VKG gilt - um nochmals darauf hinzuweisen - jedoch nicht für Kredite über Waren und Leistungen,[414] weil der gesetzliche Wortlaut lediglich vom "*Empfang des Darlehens*" spricht.[415] Dabei beschränkt

---

[410] Palandt-Heinrichs, § 270 BGB, Anm. 1 a), Rdnr. 1 f. und 2 b), Rdnr. 6; Münchener Kommentar/Keller, § 271 BGB, Rdnr. 19; Vortmann, § 7 VKG, Rdnr. 28; Seibert, § 7 VKG, Rdnr. 17.

[411] Münchener Kommentar/Keller, § 271 BGB, Rdnr. 19.

[412] Palandt-Heinrichs, § 270 BGB, Anm. 2 b), Rdnr. 6.

Die Verzögerungsgefahr geht zu Lasten des Kreditgebers (Vortmann, § 7 VKG, Rdnr. 29).

[413] Palandt-Heinrichs, § 270 BGB, Anm. 2 b), Rdnr. 7; Münchener Kommentar/Keller, § 271 BGB, Rdnr. 19; Seibert, § 7 VKG, Rdnr. 17.

[414] Siehe auch Bülow, NJW 1991, 129 (132).

[415] So auch Westphalen/Emmerich/Kessler, § 7 VKG, Rdnr. 49; Ulmer/Habersack, § 7 VKG, Rdnr. 42.

sich die Rückzahlungspflicht auf den *Nettokreditbetrag*, denn nur dieser gehört zu dem vom Verbraucher "*empfangenen Darlehen*".[416]

d) Verweisung auf das Gesetz über den Widerruf von Haustürgeschäften und ähnlichen Geschäften:

Bei § 7 Abs. 4 VKG handelt es sich um eine Rechts*grund*verweisung[417] auf § 3 HTWG. Die Vorschrift ist dem älteren § 1 d AbzG nachgebildet[418] und entspricht infolgedessen weitgehend dessen Regelungsgehalt. Inhaltlich ändert sich für den Verbraucher deshalb wenig. § 3 HTWG trifft in Abweichung zu den allgemeinen Bestimmungen des Bürgerlichen Gesetzbuches, insbesonders zu denen der §§ 346 ff., 987 ff. BGB, eine den Verbraucher begünstigende Son-

---

Raum für eine Erstreckung des § 7 Abs. 3 VKG auch auf Warenkredite und finanzierte Leistungen im Wege der Analogie ist mangels einer planwidrigen Lücke nach richtiger Ansicht nicht gegeben. Dies dürfte jedenfalls für den Warenkredit gelten, bei welchem regelmäßig ein Eigentumsvorbehalt bis zur vollständigen Kaufpreiszahlung vereinbart wird (Westphalen/Emmerich /Kessler, § 7 VKG, Rdnr. 49).

416 Ulmer/Habersack, § 7 VKG, Rdnr. 47.

417 BT-Ds 11/5462, S. 43. Ebenso Westphalen/Emmerich/Kessler, § 7 VKG, Rdnr. 60.

Der Bundesrat hatte in seiner Stellungnahme hingegen angeregt, § 7 Abs. 4 VKG (= § 6 des Entwurfes der Bundesregierung) zu einer Rechts*folgen*verweisung auf § 3 HTWG auszugestalten (BT-Ds 11/5462, S. 37), was von der Bundesregierung ausdrücklich abgelehnt wurde (BT-Ds 11/5462, S. 43).

418 Palandt-Putzo, § 3 HTWG, Anm. 1, Rdnr. 1; Münchener Kommentar/Ulmer, § 3 HTWG, Rdnr. 2.

derregelung.[419] § 3 Abs. 1 S. 1 HTWG verpflichtet die Vertragsparteien zur Herausgabe der beiderseitig empfangenen Leistungen, wobei nach Satz 2 der Herausgabeanspruch im Unterschied zur allgemeineren Vorschrift des § 351 BGB nicht dadurch ausgeschlossen sein soll, daß der Gegenstand untergeht, sich verschlechtert oder aus einem anderen Grunde nicht herausgegeben werden kann.[420] Soweit die Unmöglichkeit zur Herausgabe usw. auf das Vertretenmüssen der einen Seite beruht, hat diese den Wert oder die Wertminderung zu ersetzen.[421] Bei nicht ordnungsgemäßer Belehrung des Verbrauchers reduziert sich der anzulegende Sorgfaltsmaßstab auf die Sorgfalt in eigenen Angelegenheiten (§ 7 Abs. 4 VKG i.V.m. § 3 Abs. 2 HTWG und § 277 BGB). Für den praktisch wichtigen Fall des Darlehens erweist sich die Regelung als bedeutungslos, weil nach §

---

419 Palandt-Putzo, § 3 HTWG, Anm. 1 a), Rdnr. 1; Palandt-Putzo, § 1 d) AbzG, Anm. 1 a), Rdnr. 1 und 3 a), Rdnr. 5; Münchener Kommentar/Ulmer, § 3 HTWG, Rdnr. 5; Westphalen/Emmerich/Kessler, § 7 VKG, Rdnr. 62.

420 Münchener Kommentar/Ulmer, § 1 d AbzG, Rdnr. 8 ff. (v.a. Rdnr. 10); Münchener Kommentar/Ulmer, § 3 HTWG, Rdnr. 6; a.A. OLG Düsseldorf, WM 1987, 599 (601); LG Hamburg NJW 1983, 2333. Letzteres will die Regelungslücke im Hinblick auf eine "anderweitige Unmöglichkeit" durch eine analoge Anwendung des § 351 BGB zumindest für die Fälle schließen, soweit sich die anderweitige Unmöglichkeit nicht als Folge eines bestimmungsgemäßen Gebrauchs darstellt. Anders ausgedrückt heißt das, daß § 1 d Abs. 1 S. 2 HTWG nur bei bestimmungsgemäßen Gebrauch (analog) zur Anwendung gelangt, sofern dies angemessen und vertretbar erscheint.

Nach wohl herrschender Ansicht ist bei einem Darlehen aber unabhängig davon anzunehmen, daß wenn es einmal zu einer Rückabwicklung nach erklärtem Widerruf gekommen ist, sich der Darlehensnehmer insoweit nicht mehr auf den Fortfall der Bereicherung berufen kann (Münchener Kommentar/Ulmer, § 3 HTWG, Rdnr. 8; Vortmann, § 7 VKG, Rdnr. 42).

421 Münchener Kommentar/Ulmer, § 3 HTWG, Rdnr. 9.

7 Abs. 3 VKG selbst im Falle unverschuldeter Unmöglichkeit der Rückzahlung der Widerruf als nicht erfolgt fingiert wird.[422] Gemäß § 7 Abs. 4 VKG i.V.m. § 3 Abs. 3 HS. 1 HTWG ist der Verbraucher - wie schon bisher nach § 2 Abs. 1 S. 2 AbzG - verpflichtet, für die Überlassung der Sache bis zum Zeitpunkt der Widerrufserklärung deren Wert zu vergüten. Dies gilt unabhängig vom Zeitpunkt der Rücksendung o.ä.[423] Nicht entscheidend für die Überlassungsvergütung ist schließlich, ob der Verbraucher den Gegenstand auch tatsächlich genutzt hat.[424] Andererseits hat er aber gem. § 7 Abs. 4 VKG i.V.m. § 3 Abs. 3 Hs. 2 HTWG nicht für auf einen bestimmungsgemäßen Gebrauch zurückzuführende Wertminderungen aufzukommen. Für die Zeit nach erfolgtem Widerruf gelten mangels ausdrücklicher Sonderregelungen die allgemeinen Vorschriften,[425] d.h. der Verbraucher hat den Wert der gezogenen Nutzungen sowie durch die Inanspruchnahme eingetretenen Wertminderungen gem. §§ 818, 987 ff. BGB zu ersetzen.[426] Endlich bestimmt § 7 Abs. 4 VKG i.V.m. § 3 Abs. 4 HTWG, daß die notwendigen Verwendungen i.S.d. § 994 BGB[427] seitens des Verbrauchers gegenüber dem Kreditgeber geltend gemacht werden können.

---

422 Schmelz/Klute, ZIP 1989, 1509 (1517).

423 Palandt-Putzo, § 3 HTWG, Anm. 4 a), Rdnr. 9.

424 BGHZ 94, 266 = BGH NJW 1985, 1544 (1546; dort m.w.N.); Palandt-Putzo, § 3 HTWG, Anm. 4 a), Rdnr. 9; Münchener Kommentar/Ulmer, § 3 HTWG, Rdnr. 12.

425 Palandt-Putzo, § 3 HTWG, Anm. 4 b), Rdnr. 10.

426 Palandt-Putzo, § 3 HTWG, Anm. 4 b), Rdnr. 10.

427 Palandt-Putzo, § 3 HTWG, Anm. 5), Rdnr. 10; Münchener Kommentar/Ulmer, § 3 HTWG, Rdnr. 17.

e) Anwendungsausschluß (§ 7 Abs. 5 VKG):

Das Widerrufsrecht erstreckt sich gem. § 7 Abs. 5 VKG nicht auf Überziehungskredite, sofern folgende zwei Voraussetzungen erfüllt sind:

> *erstens muß dem Verbraucher ein jederzeitiges Kündigungsrecht ohne Einhaltung einer Kündigungsfrist eingeräumt sein. Zweitens darf die Rückzahlung des Überziehungskredites mit keinen zusätzlichen Kosten verbunden sein.*

Unter den genannten Umständen kann der amtlichen Begründung gefolgt werden,[428] daß ein Bedürfnis für die Einräumung eines Widerrufsrechts gem. § 7 Abs. 1 VKG nicht besteht, da der Verbraucher sich praktisch durch die bloße Rückzahlung in dieselbe Position bringen kann wie im Falle der Gewährung eines Widerrufrechts.

Hinzuweisen ist, daß durch die letztendlich doch noch erfolgte Einfügung des § 2 VKG das Widerrufsrecht des § 7 VKG auch auf Sukzessivlieferungsverträge u.ä. ausgedehnt wurde. Insoweit erfährt der bisher erreichte rechtliche Standard keine Einbuße.

2.) Sonderregeln für den Versandhandel (§ 8 VKG):

a) Allgemeines:

Die Vorschrift des § 8 VKG beinhaltet für den Versandhandel Sonderregeln mit dem Ziel, dessen Eigenheiten Rechnung zu tragen.[429] Inhaltlich geschieht dies dadurch, daß

---

428 BR-Ds 427/89, S. 54.

429 BR-Ds 427/89, S. 54; BT-Ds 11/5462, S. 22.

die Formvorschrift des § 4 VKG keine Anwendung finden soll. Insoweit erhebt sich die Frage nach der Zulässigkeit dieser Privilegierungsnorm, nachdem die EG-Richtlinie vom 22. Dezember 1986 den jeweiligen nationalen Gesetzgebern hierzu keine spezielle Befugnis eingeräumt hat. Insbesondere kommt hierfür nicht die Vorschrift des Art. 15 VKG-Richtlinie in Betracht, denn sie berechtigt nur zu Abweichungen zum Vorteil der Verbraucher, nicht aber zu dem der Kreditgeberseite. Die Zulässigkeit dieser Regelung erklärt sich aber aus der durch die Protokollerklärung Nr. 7 des Rates und der Kommission der Europäischen Gemeinschaften zu Art. 4 der EG-Richtlinie vom 22. Dezember 1986 zugelassenen Ausnahmemöglichkeit.[430]

b) § 8 VKG als lex specialis:

Der daraufhin ergangene § 8 Abs. 1 VKG befreit den Versandhandel unter den dort genannten Voraussetzungen von der Vorschrift des § 4 VKG. Damit entfällt bei Warenkre-

---

Im Katalogversandhandel erfolgen die Mindestangaben aus Rationalisierungsgründen auf andere Weise. Dies wird hinzunehmen sein, wenn die erforderlichen Informationen sichergestellt werden (vgl. Ulmer/Habersack, § 8 VKG, Rdnr. 1).

430 Kommissionsvorschlag vom 12. Dezember 1986 - 8238/84 Consom 49 - COM 84/342 final; BR-Ds 427/89, S. 54.

Nach Reich in Hadding/Hopt, Das neue Verbraucherkreditgesetz, S. 37 f., besteht gleichwohl kein rechtspolitischer Grund zur Privilegierung des Versandhandels. Zudem dürfe eine bloße Protokollnotiz nicht dazu ausreichen, den Anwendungsbereich der VKG-Richtlinie einzuschränken. Die nationalen Sonderregeln wären im Hinblick auf das Gemeinschaftsrecht nur unbedenklich, wenn sie selbst Gegenstand der VKG-Richtlinie geworden wären. Es läge somit ein klarer Richtlinienverstoß vor.

diten und kreditierten Dienstleistungen[431] das Schriftformerfordernis des § 4 Abs. 1 S. 1 VKG sowie die Inhaltsvorschriften des § 4 Abs. 1 S. 2 Nr. 2 VKG. Hierzu müssen jedoch folgende Bedingungen erfüllt sein:

- *Es muß sich um einen Warenkredit oder eine kreditierte Leistung handeln.*
- *Es muß ein Antrag i.S.d. § 145 BGB des Verbrauchers (!) vorliegen.*
- *Der Antrag hat aufgrund eines Verkaufsprospekts (Katalogs) zu erfolgen.*
- *Das Verkaufsprospekt enthält bereits die nach § 4 Abs. 1 S. 2 Nr. 2 a bis e VKG erforderlichen Angaben (ausgenommen der Betrag der Teilleistungen).*
- *Der Verbraucher kann den Verkaufsprospekt in Abwesenheit der anderen Vertragspartei eingehend zur Kenntnis nehmen.*

Bis auf die Notwendigkeit der Angabe des Teilzahlungspreises ändert sich im Hinblick auf die alte Vorschrift des § 1 a Abs. 4 AbzG für Abzahlungs*käufe* wenig, sieht man einmal davon ab, daß das Erfordernis "*ohne vorherige mündliche Verhandlung*" dahingehend abgeschwächt wurde, daß das Verbraucherkreditgesetz nunmehr die "*Möglichkeit zur Kenntnisnahme*" des Prospekts in Abwesenheit des Kreditgebers ausreichen läßt. Einen echten Neuigkeitswert besitzt die Regelung dagegen in bezug auf kreditierte sonstige Leistungen, soweit sie nicht als mit einem Abzahlungskauf verbundene Dienst- oder Werkleistung gem. §

---

[431] Auf Darlehen ist die Vorschrift des § 8 VKG demnach nicht anzuwenden, was sich in praxi jedoch als unerheblich erweisen wird, nachdem Darlehensverträge ohnehin nicht durch Versandhauskataloge zustande kommen.

1 b Abs. 4 anzusehen sind. Letztere waren schon bislang erfaßt.

Ein bedeutsamer Unterschied des § 8 VKG zu § 4 Abs. 1 S. 1 und S. 2 Nr. 2 VKG liegt darin, daß das Versandhandelsunternehmen die dort geforderten Angaben nicht in einem schriftlichen Vertragsangebot zu machen hat; vielmehr genügt, daß diese Angaben bereits - mit Ausnahme des Betrages der einzelnen Teilzahlungen - dem Verbraucher im Prospekt zur Kenntnis gebracht wurden.[432] Das Angebot, welches nicht einer vom Verbraucherkreditgesetz vorgeschriebenen Form zu genügen braucht, ergeht daraufhin vom Verbraucher. Für das Versandhandelsunternehmen, das das Angebot des Kunden annimmt, liegt der Vorteil - soweit es sich um einen Kredit i.S.d. Verbraucherkreditgesetzes handelt - darin, nicht erst die Bestellung des Kunden abwarten und daraufhin ein der Form und den Inhaltserfordernissen des § 4 Abs. 1 VKG genügendes Angebot unterbreiten zu müssen, das seinerseits wiederum der Kunde anzunehmen hätte.[433] Die Privilegierung entspricht im wesentlichen der des § 1 a Abs. 4 AbzG, auch wenn dort die Formulierung sprachlich anders gefaßt war. Inhaltlich laufen beide Vorschriften auf dasselbe Ergebnis hinaus: die Privilegierung tritt nur ein, wenn der Verbraucher sein Angebot *allein aufgrund des Verkaufsprospekts* abgibt. Haben vorausgehend mündliche Verhandlungen stattgefunden, empfiehlt sich aus Verbraucherschutzgründen unter Berücksichtigung der bisherigen Rechtslage eine restriktive Interpretation. In einem solchen Fall sollte im

---

432 Nach Westphalen/Emmerich/Kessler, § 8 VKG, Rdnr. 5, wird von einer Anwendbarkeit des § 8 VKG bereits auszugehen sein, wenn der Kreditgeber lediglich in einer Zeitung oder Zeitschrift inseriert. Damit würde die Privilegierung entgegen der Absicht des Gesetzgebers über den Versandhandel hinaus ausgedehnt.

Zweifel stets angenommen werden, daß der Vertragsschluß gerade nicht "allein aufgrund des Verkaufsprospekts" erfolgt ist. Auf diese Weise kann die unbeeinflußte Entscheidungsfreiheit des Bestellers weiterhin gewährleistet werden.

c) Ersetzung des gesetzlichen Widerrufsrechts durch ein vertragliches Rückgaberecht (§ 8 Abs. 2 VKG):

aa) Voraussetzungen:

Der rechtliche Vorgänger des das Widerrufsrecht ersetzenden Rückgaberechts findet sich in § 1 b Abs. 5 AbzG.

Nach dem Verbraucherkreditgesetz entfällt das Widerrufsrecht, wenn dem Verbraucher seitens der anderen Vertragspartei unter den in § 8 Abs. 2 VKG genannten Voraussetzungen ein uneingeschränktes Rückgaberecht eingeräumt wurde.[434]

> *Das Rückgaberecht muß dem Kreditnehmer vom Kreditgeber mindestens für die Dauer einer Woche uneingeschränkt zugebilligt worden sein (§ 8 Abs. 2 S. 1 VKG).*

---

433 BR-Ds 427/89, S. 54; BT-Ds 11/5462, S. 22.

434 § 8 Abs. 2 VKG dürfte sich angesichts seines Wortlautes "... *Recht ..., die Sache ... zurückzugeben, ...*" - wie schon § 1 b Abs. 5 AbzG - auf Kreditverträge beschränken, die die Lieferung einer Sache zum Gegenstand haben (Palandt-Putzo, § 8 VKG, Rdnr. 6; Ulmer/Habersack, § 8 VKG, Rdnr. 23; Münstermann/Hannes, Rdnr. 423). Auf Kreditverträge bezüglich sonstiger Leistungen ist die Vorschrift unanwendbar.

Daß es sich bei der Rückgabefrist um eine Mindestfrist handelt, ergibt sich aus Sinn und Zweck der Bestimmung: der Kreditnehmer soll nicht schlechter gestellt werden, als er aufgrund des gesetzlichen Widerrufsrechts stünde. Die Rückgabefrist kann daher durch vertragliche Abmachungen nur verlängert, nicht aber verkürzt werden.

Das Erfordernis der *"Uneingeschränktheit"* bedeutet nichts anderes, als daß die Rückgängigmachung wie beim Widerrufsrecht nicht vom Vorliegen bestimmter Gründe abhängig gemacht werden darf. Eine Klausel, daß die Rückgabe der Ware nur gegen Zahlung von Bearbeitungsgebühren oder dergleichen möglich sein soll, wäre demzufolge unzulässig.[435]

bb) Ausübung des Rückgaberechts:

Im Unterschied zum Widerrufsrecht des § 7 VKG wird das

> *Rückgaberecht durch die Absendung der Sache selbst ausgeübt (§ 8 Abs. 2 S. 2 Alt. 1 VKG). Zur Wahrung der Frist reicht die Absendung aus (§ 8 Abs. 2 S. 4 VKG). Bei nicht postpaketversandfähigen Sachen wird die Ausübung dagegen durch ein schriftliches Rücknahmeverlangen bewerkstelligt (§ 8 Abs 2 S. 2 Alt. 2 VKG). Die Rücksendung durch den Verbraucher bzw. die Rücknahme durch den Versandhändler erfolgen gem. Satz 3 allein auf dessen Kosten und Gefahr.*

Bei postpaketversandfähigen Waren wird das Rückgaberecht allein durch die Rücksendung der Sache ausgeübt; einer weitergehenden Erklärung des Verbrauchers bedarf es

---

435 BR-Ds 427/89, S. 55.

nicht. Da das Rückgaberecht das Widerrufsrecht ersetzt, wird man - auch im Hinblick auf die Regelungen des § 8 Abs. 2 S. 2 Alt. 2 VKG - ein bloßes Rückgabeverlangen in diesen Fällen nicht genügen lassen können.[436]

§ 8 Abs. 2 S. 3 VKG betont ausdrücklich, daß die Sache auf Kosten und Gefahr des Versandhändlers zurückgesendet wird.[437] Satz 3 gilt aber auch beim Rückgabeverlangen bezüglich nicht postpaketversandfähiger Sachen, also auch dann, wenn das Rückabwicklungsverhältnis nicht durch die bloße Rücksendung begründet wird.

Die Wochenfrist ist eine Ausschlußfrist, die allerdings nur dann zu laufen beginnt, wenn

> *der Verbraucher über sein vertragliches Rückgaberecht durch eine drucktechnisch deutlich gestaltete Belehrung informiert wurde (§ 8 Abs. 2 S. 5 VKG).*

Die im Verbraucherkreditgesetz vorgeschriebenen Informationspflichten sollen dem Verbraucherschutz durch Beseitigung informatorischer Defizite auf seiten des Verbrauchers dienen. Es ist von daher nur konsequent, die besondere *drucktechnische Gestaltung* auf beide Alternativen des Satzes 5, also sowohl auf die Belehrung durch Prospekt und Bestellformular einerseits als auch auf die

---

436 Ebenso Bülow, § 8 VKG, Rdnr. 22.

437 Beim Widerrufsrecht nach § 7 VKG wird sich das Problem dann nicht stellen, wenn ein Leistungsaustausch noch nicht stattgefunden hat. Ansonsten könnte dort - zumindest im Rahmen des Versandhandels, wenn kein Gebrauch von der Möglichkeit eines Rückgaberechts gemacht wurde - gleichermaßen an eine analoge Anwendung des § 8 Abs. 2 S. 3 VKG gedacht werden (so jedenfalls Münchener Kommentar/Ulmer, § 1 d AbzG für die bisherige Rechtslage).

durch besondere Urkunde andererseits, zu beziehen. Im Rahmen der ersten Alternative muß sich die Belehrung aus dem Verkaufsprospekt *und* dem Bestellformular ergeben. Erfolgt sie lediglich in einem vom beiden, so genügt dies nicht, um die Frist in Gang zu setzen.[438] Alternativ dazu besteht für den Versandhändler die Möglichkeit, die Belehrung in einer entsprechend gestalteten, besonderen Urkunde zu erteilen. Ob im Falle der eigenen besonderen Urkunde der Informationsschutz zugunsten des Verbrauchers gleichermaßen gewährleistet ist, vermag wohl letztendlich nur die Praxis zu klären. Doch ist schon hier auf die Gefahr hinzuweisen, daß die gesonderte "Belehrungsurkunde" inmitten der Prospekte, Bestellscheine usw. leicht übersehen werden kann. Dies gilt umso mehr, als die Belehrung - anders als beim Widerrufsrecht nach § 7 VKG - nicht vom Verbraucher gesondert unterschrieben werden muß.[439] Unpraktikabel wäre dies nicht, denn eine entsprechende Belehrung könnte etwa bereits im Rahmen des Bestellformulars eigens unterzeichnet werden.[440] Andernfalls sind Beweisprobleme zu Lasten der Verbraucher zu befürchten, denn mangels Unterschrift läßt sich nicht mit letzter Sicherheit klären, ob die Belehrung *deutlich* genug für den Verbraucher herausgestellt wurde, zumal die Aufstellung allgemeingültiger, objektiver Kriterien dafür, was "deutlich" zu bedeuten hat, schwer fallen dürfte.

---

[438] Palandt-Putzo, § 8 VKG, Rdnr. 10.

[439] Palandt-Putzo, § 8 VKG, Rdnr. 10; Westphalen/Emmerich/Kessler, § 8 VKG, Rdnr. 31.

[440] A.A. Westphalen/Emmerich/Kessler, § 8 VKG, Rdnr. 31, wonach seitens des Gesetzgebers auf ein gesondertes Unterschriftserfordernis bezüglich der Belehrung aus Praktikabilitätsgründen bewußt verzichtet wurde.

cc) Durchführung der Rückgabe:

Die Durchführung der Rückgabe erfolgt nach § 8 Abs. 2 VKG gem. § 2 Abs. 1 S. 4 und § 3 HTWG. Für § 2 Abs. 1 S. 4 HTWG ist hervorzuheben,

> *daß das "Widerrufsrecht" - zu lesen das "Rückgaberecht" - bei unterbliebener Belehrung erst einen Monat nach beiderseitiger vollständiger Leistungserbringung erlischt.*

Dies mag angesichts der kurz zuvor angesprochenen Problematik der "Deutlichkeit" eine gewisse Kompensation für das fehlende Unterschriftenerfordernis bedeuten, setzt insoweit allerdings voraus, daß die *nicht ausreichend deutliche* Belehrung der *unterbliebenen* Belehrung gleichzustellen ist. Hinsichtlich des Widerrufsrechts und der damit verbundenen Vorschrift des § 7 Abs. 2 S. 2 VKG ist jedoch insoweit ein unnötiges inhaltliches Auseinanderfallen der Regelungen zu bemängeln, weil hier das Rückgaberecht erst einen Monat nach, dort im Augenblick der vollständigen Leistungserbringung entfallen soll.

Im übrigen erfolgt die Abwicklung der Rückgabe nach der bekannten Vorschrift des § 3 HTWG:

- *Die Parteien haben, soweit noch möglich, die empfangenen Leistungen einander zurückzugewähren. Verschuldete Unmöglichkeit führt nur zum Wertersatz (Absatz 1).*

- *Bei unterlassener Belehrung und nicht anderweitiger Kenntniserlangung vom Rückgaberecht haftet der Kreditnehmer nur im Rahmen der Sorgfalt in eigenen Angelegenheiten (Absatz 2).*

- *Der Kreditnehmer hat eine Nutzungsvergütung und Ersatz für überbestimmungsmäßigem Gebrauch zu leisten, erhält aber gegen den Kreditgeber einen Anspruch auf Ersatz für notwendige Aufwendungen (Absatz 3 und 4).*

3.) Verbundene Geschäfte (§ 9 VKG):

a) Allgemeines:

§ 9 VKG, der sich dem Problemfeld der *drittfinanzierten Geschäfte* widmet, findet seine EG-rechtliche Grundlage in Art. 11 VKG-Richtlinie. Die VKG-Richtlinie statuiert für die nationalen Gesetzgeber in Absatz 1 die allgemeine Pflicht, "dafür Sorge zu tragen", daß dem Verbraucher keine rechtlichen Beeinträchtigungen dadurch entstehen, daß die mit Hilfe eines Kreditvertrages finanzierten Waren und Dienstleistungen nicht den vertraglichen Anforderungen entsprechen. Damit soll ein EG-europäischer rechtlicher Standard für Abzahlungsgeschäfte geschaffen werden. Für das bundesdeutsche Recht dürften sich aus Art. 11 Abs. 1 VKG-Richtlinie keine allzu umfangreichen Regelungsverpflichtungen ergeben haben, denn die bisherige Rechtslage hielt in diesem Punkt in bezug auf die Abzahlungsgeschäfte[441] den Anforderungen der EG-Richtlinie bereits größtenteils stand (vgl. z.B. die schon bestehenden Vorschriften zum Abzahlungskauf).[442]

Größere gesetzgeberische Relevanz besaß demgegenüber Absatz 2 dieser Richtlinie, der die Verpflichtung aussprach, gesetzliche Regelungen zu erlassen, aufgrund de-

441 Dies gilt nicht in bezug auf Kreditverträge im allgemeinen. Bei diesen bestand wegen der besagten VKG-Richtlinie ein Regelungsbedarf.

rer der Verbraucher Rechte im Wege des *Einwendungsdurchgriffs* auch gegen den Kreditgeber durchsetzen kann. Ausgenommen hiervon sind Bagatellkredite (Art. 11 Abs. 3 VKG-Richtlinie).[443]

b) Begriff des verbundenen Geschäfts (§ 9 Abs. 1 VKG):

§ 9 Abs. 1 S. 1 VKG versucht den Begriff des verbundenen Geschäfts i.S.d. Vorschrift zu definieren. Danach

> *bildet der Kaufvertrag mit dem Kreditvertrag ein verbundenes Geschäft, wenn der Kreditvertrag der Finanzierung des Kaufpreises dient und beide Verträge als eine wirtschaftliche Einheit angesehen werden müssen.*

Die Definition läßt das Erfordernis einer gewissen *Finalität* der Kreditaufnahme erkennen. Eine ausdrückliche Erläuterung des Begriffs der "*wirtschaftlichen Einheit*" liefert das Verbraucherkreditgesetz allerdings nicht. Lediglich exemplarisch spricht es in § 9 Abs. 1 S. 2 VKG davon,

> *daß eine wirtschaftliche Einheit insbesondere anzunehmen ist, wenn sich der Kreditgeber bei der Vorbereitung oder dem Abschluß des Kreditvertrages der Mitwirkung des Verkäufers bedient.*

Als das wesentliche Kriterium dieser keinesfalls abschließenden Definition erscheint vor diesem Hintergrund

---

442 So auch Scholz, MDR 1988, 730 (733).

443 Zur Entstehungsgeschichte vergleiche ferner Ulmer /Habersack, § 9 VKG, Rdnr. 3 f.; Westphalen/Emmerich/Kessler, § 9 VKG, Rdnr. 1 ff. und 12 ff.

jedoch nicht allein die objektive Mitwirkung des Lieferanten / Erbringers der Leistung zugunsten des Kreditgebers zu sein, wie § 9 Abs. 1 S. 2 VKG gleichwohl meint,[444] sondern auch die subjektive Vorstellung des Kreditnehmers von der wirtschaftlichen Identität beider.[445] Daß der Lieferant / Erbringer der Leistung den Kunden im Regelfall ein vom Kreditgeber ausgehändigtes Antragsformular auf Auszahlung eines Darlehens unterschreiben läßt,[446] dürfte diese Vorstellung verstärken.

---

444 Auch Reinking/Nießen, ZIP 1991, 79 (83), halten das gesetzliche Beispiel des § 9 Abs. 1 S. 2 VKG keineswegs für typisch und geeignet, den Begriff der wirtschaftlichen Einheit und damit den des verbundenen Geschäfts zutreffend zu erläutern. § 9 Abs. 1 VKG muß jedoch immerhin als gesetzgeberischer Versuch gesehen werden, die bisherige Rechtsprechung zum verbundenen Geschäft Gesetz werden zu lassen (Bülow, § 9 VKG, Rdnr. 22; Ulmer/Habersack, § 9 VKG, Rdnr. 14; Westphalen/Emmerich/Kessler, § 9 VKG, Rdnr. 26 und 37; Emmerich in Hadding/Hopt, Das neue Verbraucherkreditgesetz, S. 69). Siehe auch Münstermann/Hannes, § 9 VKG, Rdnr. 463 ff.

445 Ähnlich Bülow, § 9 VKG, Rdnr. 24; Westphalen/Emmerich/Kessler, § 9 VKG, Rdnr. 31; Vortmann, § 9 VKG, Rdnr. 7 ; Bruchner/Ott/Wagner-Wieduwilt, § 9 VKG, Rdnr. 54 ff.; Münstermann/Hannes, § 9 VKG, Rdnr. 463; Emmerich in Hadding/Hopt, Das neue Verbraucherkreditgesetz, S. 71; Reinicke/Tiedtke, ZIP 1992, 217 (222).

Ebenso schon zur alten Rechtslage Staudinger/Hopt/Mülbert, Vor §§ 607 ff. BGB, Rdnr. 441 ff. m.w.N.

446 Larenz, Besonderes Schuldrecht, § 63 I a; Staudinger/Hopt/Mülbert, Vor §§ 607 ff. BGB, Rdnr. 446; Westermann/Baltes, JA 1983, 477 (482); Bülow, § 9 VKG, Rdnr. 24; Bruchner/Ott/Wagner-Wieduwilt, § 9 VKG, Rdnr. 51.

Überhaupt stellt sich die Intensität der Zusammenarbeit zwischen Kreditgeber und Verkäufer / Erbringer der sonstigen Leistung als das wichtigste Verbindungselement dar (Westphalen/Emmerich/Kessler, § 9 VKG, Rdnr. 30).

Auf die zeitliche Reihenfolge kommt es hingegen nicht an.[447]

Mangels eigener dezidierter Abgrenzungskriterien des Verbraucherkreditgesetzes ist es erlaubt, auf die von Rechtsprechung und Literatur zu § 6 AbzG herausgearbeiteten Merkmale[448] sowie auf die Kriterien der EG-Richtlinie vom 22. Dezember 1986 (87/102/EWG) in Art. 11 Abs. 2 VKG-Richtlinie ergänzend abzustellen. Danach wird ein verbun-

---

Weitere Umstände, die auf eine wirtschaftliche Einheit hindeuten siehe Staudinger/Hopt/Mülbert, Vor §§ 607 ff. BGB, Rdnr. 446; Vortmann, § 9 VKG, Rdnr. 8 und Rdnr. 12; Seibert, § 9 VKG, Rdnr. 3.

447 Ulmer/Habersack, § 9 VKG, Rdnr. 15; Münstermann/Hannes, § 9 VKG, Rdnr. 468; Staudinger/Hopt/Mülbert, Vor §§ 607 ff. BGB, Rdnr. 450; Canaris, Rdnr. 1406.

448 Z.B. BGHZ 47, 253 (255); Staudinger/Hopt/Mülbert, Vor § 607 BGB, Rdnr. 435 ff.; Palandt-Putzo, Anhang zu § 6 AbzG, Anm. 1 b) cc), Rdnr. 6; Münchener Kommentar/Westermann, § 6 AbzG, Rdnr. 6 ff. bzw. 30 ff.; Canaris, Rdnr. 1385 ff., insbesondere Rdnr. 1477 ff.; Westphalen/Emmerich/Kessler, § 9 VKG, Rdnr. 28 ff.; Ulmer/Habersack, § 9 VKG, Rdnr. 14 ff.; Bülow, § 9 VKG, Rdnr. 20 ff.; Canaris, Rdnr. 1385 ff.; Schmelz, S. 228 ff., Rdnr. 572 ff.; Emmerich in Hadding/Hopt, Das neue Verbraucherkreditgesetz, S. 69 ff.; Bruchner/Ott/Wagner-Wieduwilt, § 9 VKG, Rdnr. 17 ff.; Münstermann/Hannes, § 9 VKG, Rdnr. 460 f.; Seibert, § 9 VKG, Rdnr. 3; Reifner, Kreditrecht, § 44, S. 415 ff., Rdnr. 1 ff.; Scholz, Rdnr. 352 ff., S. 167 ff.; Westermann/Baltes, JA 1983, 477 (482); Schlosser, Jura 1985, 89; BT-Ds 11/5462, S. 23 u.a.m.

Auch nach Bruchner/Ott/Wagner-Wieduwilt, § 9 VKG, Rdnr. 24 ff., besitzt die bisherige Rechtsprechung Relevanz für die Auslegung des § 9 VKG. Gleichwohl dürften die insoweit entwickelten Kriterien nicht unbesehen übernommen werden, da sich die Entwicklung der Rechtsprechung nicht frei von Widersprüchen u.ä. vollzogen habe.

denes Geschäft *auch* unter folgenden Voraussetzungen zu bejahen sein:[449]

- *der Kreditvertrag wird mit einer anderen Person als dem Lieferanten/Erbringer der Dienstleistung geschlossen,*

- *der Kreditgeber und der Lieferant/Erbringer der Dienstleistung stehen in derart enger rechtlicher und wirtschaftlicher Beziehung zueinander, daß beim Kreditnehmer subjektiv der Eindruck erweckt wird, es handele sich um einen einheitlichen Vertragspartner*[450]

und

- *es existiert ein deutlicher sachlicher Zusammenhang zwischen Kreditvergabe und vorgenommener Anschaffung dergestalt, daß das Darlehen zur Kaufpreiszahlung verwendet wird und daß der eine Vertrag nicht ohne den anderen abgeschlossen worden wäre.*[451]

Sind diese Voraussetzungen erfüllt, wird stets von einem verbundenen Geschäft im Sinne des § 9 VKG auszugehen sein. Nicht ausgeschlossen ist, daß ein solches auch schon bei Vorliegen von anderen Anzeichen angenommen wer-

---

449 Vergleiche ferner Bülow, § 9 VKG, Rdnr. 23 ff.; Ulmer/Habersack, § 9 VKG, Rdnr. 14 ff.; Vortmann, § 9 VKG, Rdnr. 8 ff.; Scholz, Rdnr. 352 ff., S. 167 ff. m.w.N.

450 Palandt-Putzo, § 6 AbzG, Anm. 2 b) dd), Rdnr. 9; Münchener Kommentar/Westermann, § 6 AbzG, Rdnr. 31; Medicus, Schuldrecht 2, § 94 I 3.

den kann. § 9 Abs. 1 VKG stellt - um es nochmals zu betonen - keine abschließende Definition dar.[452]

c) Besonderheiten des Widerrufsrechts (§ 9 Abs. 2 VKG):

aa) Wechselseitige Abhängigkeit von Kreditvertrag und Kaufvertrag:

In Absatz 2 des § 9 VKG befaßt sich das Gesetz nochmals mit der schon aus § 7 VKG bekannten Widerrufsproblematik, modifiziert aber dessen Regeln im Hinblick auf die Besonderheiten verbundener Rechtsgeschäfte i.S.d. Absatzes 1. Nach Satz 1 wird

---

451 Palandt-Putzo, § 6 AbzG, Anm. 2 b) dd), Rdnr. 9 ; Münchener Kommentar/Westermann, § 6 AbzG, Rdnr. 31; Medicus, Schuldrecht 2, § 94 I 3; Larenz, Besonderes Schuldrecht, § 63 I a; Schlosser, Jura 1985, 89 f.

452 Vergleiche ferner zur Problematik der Anwendbarkeit des § 9 VKG auf Finanzierungsleasingverträge: Lieb, WM 1991, 1533.

Danach soll § 9 VKG auf Finanzierungsleasingverträge *nicht unmittelbar* anwendbar sein, weil dem Finanzierungsleasing nicht die für den Abzahlungskauf und dessen Umgehungsgeschäften typische Dreieckskonstellation zugrunde liege. Beim Finanzierungsleasingvertrag wird der Kaufvertrag vom Leasinggeber und nicht vom Leasingnehmer/Verbraucher geschlossen. Ein ausdrücklicher Ausschluß des § 9 VKG in § 3 Abs. 2 Nr. 1 VKG war deshalb gar nicht erforderlich [Lieb, WM 1991, 1533 (1534 und 1542)].

Auch eine *analoge* Anwendung scheide - weitgehend - aus, weil selbst in Fällen einer vergleichbaren Schutzbedürftigkeit § 9 VKG dem Verbraucher im Vergleich zum geltenden Leasingrecht keinen Vorteil verschaffe [Einzelheiten vergleiche Lieb, WM 1991, 1533 (1535 ff. und 1542)].

die Willenserklärung des Verbrauchers, die auf das Zustandekommen des Kaufvertrages gerichtet ist, erst wirksam, wenn dieser den Kreditvertrag gemäß § 7 Absatz 1 VKG nicht widerruft.

D.h. im Falle des Widerrufs des Kreditvertrags gelangt auch der Kaufvertrag nicht zu seiner rechtlichen Wirksamkeit. Die gesetzliche Neuregelung orientiert sich insofern nur zum Teil an der zu § 1 b AbzG ergangenen Rechtsprechung.[453] Danach konnte der Verbraucher in der Weise von seinem Widerrufsrecht Gebrauch machen, daß er entweder den Kreditvertrag oder den Kaufvertrag widerrief, mit der Folge, daß die auf diesem Wege herbeigeführte Unwirksamkeit des einen Vertrages auch die des anderen bewirkte.[454] Der Verbraucher war deshalb darüber zu belehren, daß nicht nur der Darlehensantrag, sondern auch der Kaufvertragsantrag widerruflich war.[455]

Im Hinblick auf § 9 Abs. 2 S. 1 VKG erhebt sich die Frage, ob der Gesetzgeber die zu diesem Problem ergangene Rechtsprechung nicht ganz übernehmen wollte. Denn nach dem Wortlaut der Vorschrift bewirkt nur der Widerruf des

---

453 BR-Ds 427/89, S. 59 m.w.N.

454 BGHZ 91, 338 (340 ff.); BGH NJW 1987, 1698 (1700); Palandt-Putzo, § 1 b AbzG, Anm. 4 e) cc) (4), Rdnr. 14; Schlosser, Jura 1985, 89 (94); Münstermann/Hannes, § 9 VKG, Rdnr. 498; Canaris, Rdnr. 1411; wohl auch Staudinger/Hopt/Mülbert, Vor §§ 607 ff. BGB, Rdnr. 473.

455 BGH NJW 1987, 1698 (1700); Schlosser, Jura 1985, 89 (94); Münchener Kommentar/Westermann, § 6 AbzG, Rdnr. 38; Canaris, Rdnr. 1412; Münstermann/Hannes, § 9 VKG, Rdnr. 498.

Kreditvertrages die Unwirksamkeit des Kaufvertrages;[456] ob dies umgekehrt genauso gilt, also daß durch Widerruf des Kaufvertrags auch der Kreditvertrag seine Wirksamkeit verliert, besagt der gesetzliche Wortlaut nicht. Im Interesse eines umfassenden Verbraucherschutzes[457] ist diese Lücke in Ergänzung durch die bisherige Rechtsprechung zu schließen. § 9 Abs. 2 S. 2 VKG ist insoweit nicht als abschließende Regelung zu interpretieren. Nach Sinn und Zweck will die Vorschrift über die wechselseitige Abhängigkeit von Kreditvertrag und Kaufvertrag informieren. Der Abzahlungskunde wird vielfach sogar nur mit dem Lieferanten / Erbringer der sonstigen Leistung, nicht aber mit dem Kreditgeber verhandelt haben, so daß dieser nur zu ersterem einen persönlichen Bezug hat und aufgrund seines Verständnisses gar nichts von der Existenz eines Dritten ahnt.[458] Daher sollte die Vorschrift des § 9 Abs. 2 S. 2 VKG *auch* so zu verstehen sein, daß der Widerruf des Kaufvertrags die Unwirksamkeit des Kre-

---

[456] Zum Problem Westphalen/Emmerich/Kessler, § 9 VKG, Rdnr. 54 und Rdnr. 59; Emmerich in Hadding/Hopt, Das neue Verbraucherkreditgesetz, S. 74 f.; Münstermann/Hannes, § 9 VKG, Rdnr. 498; Seibert, § 9 VKG, Rdnr. 4.

Nach Seibert, a.a.O., ist zwar nur der Kreditvertrag, nicht aber der Kaufvertrag frei widerruflich. Erfolgt allerdings der "Widerruf des Kaufvertrages" gegenüber dem Kreditgeber, so wird man dies als "Widerruf des Kreditvertrages" auslegen müssen. Andererseits soll hiernach der dem Verkäufer gegenüber erklärte Widerruf nur Rechtswirkungen entfalten, wenn der Verkäufer als Empfangsvertreter des Kreditgebers anzusehen ist (Seibert, § 9 VKG, a.a.O.).

[457] Andere Lösungsversuche, wie zum Beispiel der von Seibert, § 9 VKG, Rdnr. 4, vorgeschlagene (vergleiche vorausgegangene Fußnote), lassen Lücken bestehen.

[458] Medicus, Schuldrecht 2, § 94 I 3; Westermann/Baltes, JA 1983, 477 (482 f.).

ditvertrags bewirkt. Der Verbraucher ist aus diesem Grunde i.R.d. § 7 Abs. 2 S. 2 VKG über diese Variante *analog* § 9 Abs. 2 S. 2 VKG gleichfalls zu belehren. Denn offenbar handelt es sich hierbei um eine vom Gesetzgeber unbewußt übersehene Lücke. Jedenfalls enthalten die Materialien des Gesetzgebungsverfahrens keinen Hinweis darauf, daß hier eine bewußte Schlechterstellung gegenüber der bisherigen, durch die Rechtsprechung entwickelten Rechtslage geschaffen werden sollte.[459]

bb) Keine Erlöschensfiktion nach § 7 Abs. 3 VKG:

Die Fiktion des nicht erfolgten Widerrufs nach § 7 Abs. 3 VKG tritt anders als im Regelfall des Widerrufs nicht ein (§ 9 Abs. 2 S. 3 VKG). Die Wirksamkeit der Widerrufserklärung hängt nicht von der Rückzahlung der Kreditsumme in der dort genannten Zwei-Wochen-Frist ab. Der Verbraucher soll auf diese Weise geschützt werden, weil der Kreditbetrag in der Regel bereits dem Verkäufer zugeflossen

---

459 Im Ergebnis wohl ebenso Vortmann, § 7 VKG, Rdnr. 17 a.E und Rdnr. 20; Bülow, § 9 VKG, Rdnr. 35.

Im Grundsatz wohl anderer Auffassung: Ulmer/Habersack, § 9 VKG, Rdnr. 7. Danach würde das Verbraucherkreditgesetz nur den *Kreditvertrag*, *nicht* aber auch den *finanzierten Vertrag* erfassen (ebenso Emmerich/Münstermann/Wagner-Wieduwilt, S. 63; Münstermann/Hannes, § 9 VKG, Rdnr. 498). Das Verbraucherkreditgesetz hätte den alten, unter dem Abzahlungsgesetz herrschenden Streit beendet, welche von dessen Vorschriften (entsprechend) § 6 AbzG sowohl auf Kauf- und Darlehensvertrag und welche nur auf einen der beiden Verträge anzuwenden seien.

Ulmer/Habersack, § 9 VKG, Rdnr. 7 und 39 f. lassen allerdings eine Ausnahme von ihrer eigenen Auffassung für den *Widerruf* und seine Folgen zu. Diese müßten auch auf das finanzierte Geschäft zu beziehen sein.

sein wird und so der Verbraucher nicht mehr in der Lage ist, die kreditierten Mittel zurückzuzahlen.[460]

cc) Gläubigerwechsel bei bereits geleisteter Kaufpreiszahlung:

Die Stellung des Verbrauchers erfährt eine zusätzliche Stärkung durch die Regelung des § 9 Abs. 2 S. 4 VKG:

> *Hat der Verbraucher die Nettokreditsumme, die in aller Regel dem reinen Kaufpreis entsprechen dürfte, schon an den Verkäufer entrichtet, so tritt der Kreditgeber hinsichtlich der Widerrufsfolgen (§ 7 Abs. 4 VKG i.V.m. § 3 HTWG) an die Stelle des Verkäufers.*

D.h. der Verbraucher befindet sich in der für ihn zumeist günstigeren Position, die durch den Widerruf ausgelösten Rechtsfolgen allein mit einem Vertragspartner, dem Kreditgeber, abwickeln zu können, sobald ihm die Nettokreditsumme zugeflossen ist.[461] Ein Nachteil dürfte damit

---

460 BR-Ds 427/89, S. 60.

461 Zum Beispiel in Form von Auszahlung, Gutschrift oder Verrechnung (Palandt-Putzo, § 9 VKG, Rdnr. 9).

Bülow, § 9 VKG, Rdnr. 48, 50 und 51, will im Fall des § 9 Abs. 2 S. 4 VKG dem Verbraucher ein *Wahlrecht* einräumen, ob er hinsichtlich der Folgen des Widerrufs den Verkäufer / Erbringer der sonstigen Leistung oder den Darlehensgeber in Anspruch nehmen will. Dem Wortlaut der Vorschrift läßt sich dies nicht entnehmen. Bülow, a.a.O., begründet das Ergebnis damit, daß § 9 Abs. 2 S. 4 VKG keine gesetzliche Schuldübernahme (§ 414 BGB) zur Folge hätte (a.A. wohl Ulmer/Habersack, § 9 VKG, Rdnr. 51).

nicht verbunden sein, da die Liquidität beim Kreditgeber im allgemeinen als gesichert erscheinen kann. Zu beachten ist hierbei, daß sich diese Regelung nicht auf andere Rechtsfolgen, etwa der Auseinandersetzung über Ansprüche aus positiver Vertragsverletzung durch den Verkäufer o.ä. erstreckt.[462] Von der Frage, mit wem ein verbundenes Geschäft nach Widerruf abzuwickeln ist, muß unterschieden werden, wem gegenüber die Widerrufserklärung zu erfolgen hat. Das Gesetz enthält hierzu in § 9 Abs. 2 VKG nichts, so daß es grundsätzlich bei der allgemeinen Regelung des § 7 Abs. 1 VKG verbleibt. Die Widerrufserklärung ist danach auf jeden Fall dem Kreditgeber gegenüber möglich. Nach der vorliegend vertretenen Auffassung, die sich auf die Rechtsprechung zur Widerrufsbelehrung bei verbundenen Geschäften stützt, muß der Widerruf - auch - gegenüber dem Lieferanten / Erbringer der sonstigen Leistung erklärt werden können.

d) Einwendungsdurchgriff (§ 9 Abs. 3 VKG):

aa) Allgemeines:

Der Problemkreis des Einwendungsdurchgriffs erfährt in § 9 Abs. 3 VKV erstmalig seine formell-gesetzliche Anerkennung. Die Schaffung einer eigenen gesetzlichen Norm für

---

Ist der Nettokreditbetrag dem Darlehensgeber noch nicht zugeflossen, verbleibt es bei der Regelung des § 7 Abs. 4 VKG i.V.m. § 3 HTWG. D.h. der Verbraucher hat sich allein mit dem Darlehensgeber auseinanderzusetzen (Bülow, § 9 VKG, Rdnr. 41 f.).

Zum Innenverhältnis zwischen Kreditgeber und Verkäufer / Erbringer der sonstigen Leistung nach Auszahlung des Darlehens vergleiche Emmerich in Hadding/Hopt, Das neue Verbraucherkreditgesetz, S. 76 f.

462 Siehe auch BR-Ds 427/89, S. 60.

den Problemkreis "finanzierter Abzahlungsgeschäfte" verdient uneingeschränkte Zustimmung. Unverkennbar sind hierbei die Erkenntnisse der Rechtsprechung zu § 6 AbzG eingegangen, in deren Rahmen dieses Rechtsinstitut bereits eine umfassende richterrechtliche Ausprägung erfahren hat. Der Abzahlungskäufer sollte beim finanzierten Abzahlungskauf nicht schlechter gestellt werden als beim (einfachen) Abzahlungsgeschäft,[463] zumal diese Geschäftskonstellation nicht im überwiegenden Interesse des Kunden begründet liegt.

bb) Der Einwendungsdurchgriff nach § 9 Abs. 3 VKG:

Nach § 9 Abs. 3 S. 1 VKG kann

> *der Verbraucher dem Kreditgeber gegenüber die Rückzahlung des Kredits verweigern, soweit Einwendungen aus dem verbundenen Kaufvertrag ihn dem Verkäufer gegenüber zur Verweigerung seiner Leistung berechtigen würden.*

Zu denken ist hierbei vor allem an Einreden wegen Nichterfüllung durch den Verkäufer (§§ 320 ff. BGB), an Wandelungs- und Minderungsansprüche (§§ 459 ff. BGB) oder

---

463 OLG Stuttgart, NJW 1977, 1244; BR-Ds 427/89, S. 57; Palandt-Putzo, Anhang zu § 6 AbzG, Anm. 3 b), Rdnr. 11 m.w.N.; Baumbach/Duden/Hopt (7) V 2 D a; Canaris, Rdnr. 1401 ff.; Staudinger/Hopt/Mülbert, Vor §§ 607 ff. BGB, Rdnr. 406 ff. u.a.m.

an bereicherungsrechtliche Rückabwicklungsansprüche (§§ 812 ff. BGB).[464]

Gegenüber der bisherigen Rechtsprechung zu § 6 AbzG, die hierbei nicht immer eine einheitliche Linie verfolgte,[465] hat sich der Schutz des Verbrauchers dabei insoweit verbessert, als das Subsidiaritätserfordernis[466] - zumindest teilweise - entfallen ist. Zwar klang dies auch schon in einigen Entscheidungen des Bundesgerichtshofs an.[467] Grundsätzlich war aber davon auszugehen, daß die Einwendungen dem Verkäufer, nicht aber dem Kreditgeber entgegengehalten werden mußten. Um dem Kreditgeber gegenüber die Einwendungen erheben zu können, mußten diese gegen-

---

464 Palandt-Putzo, Anhang zu § 6 AbzG, Anm. 5 b), Rdnr. 15; Canaris, Rdnr. 1433 ff.; Bülow, § 9 VKG, Rdnr. 55; Westphalen/Emmerich/Kessler, § 9 VKG, Rdnr. 86 ff.; Bruchner/Ott/Wagner-Wieduwilt, § 9 VKG, Rdnr. 111; Münstermann/Hannes, § 9 VKG, Rdnr. 515 ff.; Reinking/Nießen, ZIP 1991, 634 (635 f.).

465 Medicus, Schuldrecht 2, § 94 III 3 b); Schlosser, Jura 1985, 89 (90 ff.); Staudinger/Hopt/Mülbert, Vor §§ 607 ff. BGB, Rdnr. 412 und Rdnr. 441; Canaris, Rdnr. 1418 ff.; Westphalen/Emmerich/Kessler, § 9 VKG, Rdnr. 79; Emmerich/Münstermann/Wagner-Wieduwilt, S. 100; Scholz, Rdnr. 365, S. 174.

466 Zum Beispiel BGH NJW 1979, 2194.

Vergleiche ferner Staudinger/Hopt/Mülbert, Vor §§ 607 ff. BGB, Rdnr. 484 ff. (491); Canaris, Rdnr. 1404; Scholz, Rdnr. 365, S. 174.

467 BGH NJW 1984, 2814 (2817 f.); Palandt-Putzo, Anhang zu § 6 AbzG, Anm. 5 b), Rdnr. 15 m.w.N.; Medicus, Schuldrecht 2, § 94 III 3 b) und c); Westermann/Baltes, JA 1983, 477 (484 f.).

über dem Verkäufer unmöglich oder unzumutbar sein.[468] Nunmehr wird schon von Gesetzes wegen grundsätzlich darauf verzichtet, daß der Kreditnehmer, ehe er gegen den Kreditgeber die o.g. Einwendungen erheben will, in zumutbarer Weise versucht haben muß, seine Rechte zunächst gegen den Verkäufer / Erbringer der sonstigen Leistung durchzusetzen. Dieser Schutz wird aber durch § 9 Abs. 3 S. 3 VKG dahingehend eingeschränkt, daß

> *das Subsidiaritätserfordernis dann nicht entfällt, wenn der Verbraucher infolge der Mangelhaftigkeit der Sache Nachbesserung oder Ersatzlieferung verlangen kann.*

Das Subsidiaritätserfordernis wurde damit im wesentlichen für diejenigen Fälle aufrechterhalten, in denen der Verbraucher selbst noch am finanzierten Vertrag festhalten möchte.[469] Der Nachbesserungs- bzw. Ersatzlieferungsan-

---

468 Zum Beispiel im Falle der Insolvenz [BGHZ 37, 94 (99); Canaris, Rdnr. 1429; Staudinger/Hopt/Mülbert, Vor §§ 607 ff. BGB, Rdnr. 491;] oder bei ernsthafter Erfüllungsverweigerung (BGH WM 1979, 489). Weitere Beispiele zur alten Rechtslage Canaris, Rdnr. 1430 ff.; Staudinger/Hopt/Mülbert, a.a.O.

Vergleiche ferner Vortmann, § 9 VKG, Rdnr. 40; Emmerich/Münstermann/Wagner-Wieduwilt, S. 100 f.; Münstermann/Hannes, § 9 VKG, Rdnr. 514 und Rdnr. 529; Seibert, § 9 VKG, Rdnr. 8; Scholz, Rdnr. 371, S. 176; Emmerich, JuS 1991, 705 (708).

469 Westphalen/Emmerich/Kessler, § 9 VKG, Rdnr. 87; Emmerich in Hadding/Hopt, Das neue Verbraucherkreditgesetz, S. 77; Emmerich/Münstermann/Wagner-Wieduwilt, S. 102; Münstermann/Hannes, § 9 VKG, Rdnr. 530.

Zur Subsidiarität bei der Geltendmachung von Nachbesserungs- und Ersatzlieferungsansprüchen vergleiche auch Reinking/Nießen, ZIP 1991, 634 (635 f.); Seibert, § 9 VKG, Rdnr. 14.

spruch kann dabei sowohl auf einer vertraglichen Vereinbarung als auch auf einer gesetzlichen Bestimmung beruhen.[470] Der erste Referentenentwurf vom März 1988 war in diesem Punkt noch großzügiger, verzichtete er insoweit gänzlich auf jegliches Subsidiaritätserfordernis (vgl. § 8 Abs. 3 E_1-VKG des 1. Referentenentwurfes vom Juni 1988).

Der Einwendungsdurchgriff beschränkt sich nach dem Verbraucherkreditgesetz auf ein bloßes Leistungsverweigerungsrecht.[471] Das Leistungsverweigerungsrecht des § 9 Abs. 3 S. 1 VKG berechtigt den Kreditnehmer grundsätzlich nur zur Einstellung der Ratenzahlungen. Diese Beschränkung läßt unberücksichtigt, daß der Kreditnehmer nach der bisherigen Rechtsprechung unter Umständen auch die Rückzahlung bereits gezahlter Beträge vom Kreditgeber verlan-

---

470 Ebenso Münstermann/Hannes, § 9 VKG, Rdnr. 531.

Es genügt für die Annahme der Subsidiarität, daß ein *Recht* zur Nachbesserung oder Ersatzlieferung aufgrund Gesetzes oder Vertrages *besteht*. Nicht erforderlich ist, daß der Verbraucher dieses Recht auch auszuüben wünscht [Reinking/Nießen, 1991, 1979 (84)].

Zur Subsidiarität des Einwendungsdurchgriffes bei der Vereinbarung eines Nachbesserungsrechtes nach der alten Rechtslage vergleiche Canaris, Rdnr. 1443.

471 So auch Vortmann, § 9 VKG, Rdnr. 43, unter prinzipieller Ablehnung eines Rückforderungsdurchgriffs. Eine Ausnahme wäre nur im Falle der erfolgten Anfechtung bezüglich zuviel gezahlter Raten zuzulassen (Vortmann, § 9 VKG, Rdnr. 53) Vergleiche ferner Bruchner/Ott/Wagner-Wieduwilt, § 9 VKG, Rdnr. 122; Münstermann/Hannes, § 9 VKG, Rdnr. 527; Scholz, Rdnr. 372, S. 177; Emmerich, JuS 1991, 705 (708); Seibert, § 9 VKG, Rdnr. 9; Reinking/Nießen, ZIP 1991, 634 (636); Reinicke/Tiedtke, ZIP 1992, 217 (223 ff.) sowie Staudinger/Hopt/Mülbert, Vor §§ 607 ff. BGB, Rdnr. 629.

gen konnte.[472] Nachdem es - von den Fällen des Nachbesserungs- und Ersatzlieferungsrechts abgesehen - auf ein Subsidiaritätserfordernis nicht mehr ankommt, bleibt hierbei allerdings offen, ab welchem Zeitpunkt und in welcher Weise die Einwendungen wirken. Bei einer Rückwirkung "*ex tunc*" wäre der Kreditnehmer nicht nur befugt, künftige Zahlungen zu verweigern, sondern bereits geleistete Raten im Wege des *Rückforderungsdurchgriffs* vom Kreditgeber zurückzuverlangen,[473] zum Beispiel weil die

---

472 BGH NJW 1980, 1155 (1156); Klauss/Ose, § 6 AbzG, Rdnr. C 1034 - 1040; Staudinger/Hopt/Mülbert, Vor §§ 607 ff. BGB, Rdnr. 528; Canaris, Rdnr. 1450 ff.; Schmelz, S. 235, Rdnr. 582; Bruchner/Ott/Wagner-Wieduwilt, § 9 VKG, Rdnr. 102.

473 Reinking/Nießen, ZIP 1991, 79 (84); Ulmer/Habersack, § 9 VKG, Rdnr. 94; Westphalen/Emmerich/Kessler, § 9 VKG, Rdnr. 92 ff.; Vortmann, § 9 VKG, Rdnr. 53; Emmerich in Hadding/Hopt, Das neue Verbraucherkreditgesetz, S. 80 ff.; Emmerich/Münstermann/Wagner-Wieduwilt, S. 102 u.a.m.

Für die Rechtslage vor Aufhebung des Abzahlungsgesetzes siehe zum Beispiel Canaris, Rdnr. 1450 ff.; Staudinger/Hopt/Mülbert, Vor §§ 607 ff. BGB, Rdnr. 545 ff.

Insbesondere bei Nichtigkeit des dem finanzierten Geschäft zugrunde liegenden Vertrages stellt sich die Frage der bereicherungsrechtlichen Rückabwicklung, was zu dem hier nicht näher zu erörternden Problem des Doppelmangels im Drei-Personen-Verhältnis führt (vergleiche zur alten Rechtslage zum Beispiel Staudinger/Hopt/Mülbert, Vor §§ 607 ff. BGB, Rdnr. 544 ff. [559]; Canaris, Rdnr. 1453 ff., jeweils m.w.N.).

Raten nach erfolgreicher Anfechtung gemäß § 123 Abs. 1 BGB ohne Rechtsgrund geleistet wurden. Damit wäre ein Rückforderungsrecht quasi "durch die Hintertür" wieder eingeführt. Daß dies dem gesetzgeberischen Willen entsprach, ist zu bezweifeln.[474] Andererseits würde die Beschränkung auf ein Recht zur Verweigerung der Zahlung künftiger Raten die Position des Verbrauchers deutlich schwächen. Der Rechtsprechung wird auch insoweit nicht erspart bleiben, hier einen vernünftigen Ausgleich zwischen den widerstreitenden Interessen zu schaffen.[475]

cc) Kein Einwendungsdurchgriff für Bagatellkredite und nachvertragliche Absprachen:

§ 9 Abs. 3 S. 2 VKG macht

von der Möglichkeit des Einwendungsdurchgriffes für Bagatellkredite unter DM 400.-- und für Einwendungen aufgrund nachträglicher Absprachen zwi-

---

Zu betonen ist dabei allerdings der auch schon nach der alten Rechtslage strenge Ausnahmecharakter des Rückforderungsdurchgriffs, soweit er Raten *vor* Entstehung der Einwendung mitumfaßte. Auch unter dem Geltungsbereich des Abzahlungsgesetzes mußte die Einwendung "ex tunc" wirken. Aus diesem Grunde wurde die Rückzahlung der vor dem Zeitpunkt der Entstehung der Einwendung geleisteten Raten abgelehnt, wenn, wie etwa bei Rücktritt oder Wandelung, der Rechtsgrund lediglich mit Wirkung "ex nunc" entfallen war (Staudinger/Hopt/Mülbert, Vor §§ 607 ff. BGB, Rdnr. 550; Canaris, Rdnr. 1451).

474 Vgl. BR-Ds 427/89, S. 59; BT-Ds 11/5462, S. 24.

475 Zur Rückabwicklung nichtiger Verträge vergleiche auch Ulmer/Habersack, § 9 VKG, Rdnr. 85 ff. Vergleiche ferner Westphalen/Emmerich/Kessler, § 9 VKG, Rdnr. 93 f.; Bruchner/Ott/Wagner-Wieduwilt, § 9 VKG, Rdnr. 127 ff.

schen Verkäufer und Verbraucher eine weitere Ausnahme.

Ersteres hat seine EG-rechtliche Grundlage in Art. 11 Abs. 3 VKG-Richtlinie, wonach der nationale Gesetzgeber von seiner Umsetzungsverpflichtung nach Absatz 2 befreit sein soll, wenn der "Betrag des betreffenden Einzelgeschäfts" nicht mehr als 200 ECU beträgt, was etwa DM 400.-- entspricht.

Letzteres ist nach Art. 11 Abs. 2 S. 2 VKG-Richtlinie zulässig. Nach dieser Bestimmung sind die Mitgliedsstaaten befugt, im einzelnen zu regeln, inwieweit und unter welchen Bedingungen der Einwendungsdurchgriff geltend gemacht werden kann. Der Kreditgeber hat ein berechtigtes Interesse, vor solchen Regelungen verschont zu bleiben, die ohne sein Zutun, weil im nachhinein erfolgt, eingefügt wurden, da er mit ihnen nicht zu rechnen brauchte.[476]

Mit Hinweis auf die amtliche Begründung[477] ist gesondert hervorzuheben, daß unter einer "nachträglichen Vereinbarung" nicht die Wandelung des finanzierten Geschäfts oder die Minderung des Entgelts fällt. Es handelt sich insoweit nicht um eine nachträgliche Vertragsänderung, sondern um den Vollzug des gesetzlich als Anspruch (§ 194

---

476 BR-Ds 427/89, S. 59.

477 BR-Ds 427/89, S. 59; siehe auch Westphalen/Emmerich/Kessler, § 9 VKG, Rdnr. 85.

Abs. 1 BGB) ausgestalteten Rechts auf Wandelung oder Minderung.[478]

4.) Einwendungsverzicht; Wechsel- und Scheckverbot (§ 10 VKG):

§ 10 VKG befaßt sich mit den Problemen, die für den Verbraucher im Falle der Abtretung der Kreditforderung durch den Kreditgeber an Dritte entstehen können. Präventiv erklärt es deshalb bestimmte Formen rechtlichen Handelns für unwirksam oder verboten. § 10 Abs. 1 VKG betrifft die Unwirksamkeit des Einwendungsverzichts in den Fällen der §§ 404, 406 BGB, Absatz 2 ein grundsätzliches Verbot der Wechsel- oder Scheckhingabe.

a) Einwendungsverzicht (§ 10 Abs. 1 VKG):

Art. 9 VKG-Richtlinie verpflichtet die Mitgliedsstaaten, dem Schuldner die Einreden gegenüber dem bisherigen Gläubiger - einschließlich der Aufrechnungseinrede - auch gegenüber dem Zessionar zu erhalten.

---

478 Wandelung und Minderung sind keine Gestaltungsrechte. Sie bedürfen des Einverständnisses des anderen Vertragsteils (§ 465 BGB) oder zumindest eines entsprechenden rechtsgestaltenden Gerichtsurteils. Gleichwohl darf diese rechtliche Ausgestaltung nicht dazu führen, hierin eine "vereinbarte Vertragsänderung" i.S.d. § 9 Abs. 3, S. 2, Alt. 2 VKG zu erblicken.

aa) Einwendungen des Schuldners (§ 404 BGB)

Nach § 10 Abs. 1 VKG kann der Verbraucher nicht auf die Rechte aus den §§ 404 bzw. 406 BGB verzichten.

Zwar handelt es sich bei den Vorschriften der §§ 404, 406 BGB wie bei den meisten Bestimmungen des Bürgerlichen Gesetzbuches um dispositives Recht,[479] das Verbraucherkreditgesetz macht aber hiervon für Konsumentenkredite gem. § 10 Abs. 1 VKG i.V.m. dem Unabdingbarkeitsgebot des § 18 S. 1 VKG eine Ausnahme: die genannten Vorschriften gelten insoweit als unabdingbares, zwingendes Recht. Zwischen dem Kreditgeber und dem Verbraucher können keinerlei Abmachungen getroffen werden, die es letzterem verwehren würden, einem Zessionar diejenigen Einwendungen entgegenzusetzen, die er bereits bis zur Abtretung gegenüber dem bisherigen Gläubiger innehatte. Die Vorschrift des § 404 BGB soll verhindern, daß der Verbraucher durch die ohne seine Mitwirkung vorgenommene Abtretung benachteiligt wird.[480] Der Schutz des § 404 BGB wäre aber ohne die §§ 10 Abs. 1, 18 S. 1 VKG unvollkommen, denn er könnte im Wege der Aufnahme entsprechender Allgemeiner Geschäftsbedingungen zu Lasten des Verbrauchers, der auf deren Einbeziehung zumeist keinen Einfluß hat, umgangen werden. Andere Gesetze mit verbraucherrechtlicher Schutztendenz, wie z.B. das Gesetz zur Regelung der Allgemeinen Geschäftsbedingungen (AGBG), würden nach dem bisherigen

---

[479] BGH BB 1964, 1396; Palandt-Heinrichs, § 404 BGB, Anm. 4, Rdnr. 7.

[480] Palandt-Heinrichs, § 404 BGB, Anm. 1 a), Rdnr. 1.

Stand der Gesetzgebung einen derartigen Einwendungsverzicht nicht verhindern.[481]

§ 10 Abs. 1 VKG verbietet hingegen nicht den Verzicht des Kreditnehmers auf Einwendungen gegenüber dem Kreditgeber selbst.

bb) Aufrechnungseinrede nach § 406 BGB:

§ 406 BGB gewährleistet - dem Grundgedanken des § 404 BGB folgend - den Erhalt der Aufrechnungseinrede bezüglich des neuen Gläubigers.[482] Da das Gesetz zur Regelung der Allgemeinen Geschäftsbedingungen in § 11 Nr. 3 AGBG nur die Frage des Aufrechnungsverbots im Verhältnis Schuldner-Gläubiger (also Verbraucher-Kreditgeber) berücksichtigt, war die gesonderte Vorschrift des § 10 Abs. 1 Alt. 2 VKG notwendig geworden. Der Verbraucher soll auch insofern vor einer unangemessenen Benachteiligung geschützt werden.

b) Wechsel- und Scheckverbot (§ 10 Abs. 2 VKG):

Das Wechsel- und Scheckverbot geht zurück auf Art. 10 VKG-Richtlinie. Hiernach haben die Mitgliedsstaaten, die eine Wechsel- und Scheckbegebung im Zusammenhang mit Kreditverträgen zulassen, dafür Sorge zu tragen, daß der Verbraucher bei der Verwendung dieser Papiere angemessenen Schutz genießt.

---

481 § 11 Nr. 2 AGBG bezieht sich nur auf Leistungsverweigerungsrechte nach § 320 BGB bzw. Zurückbehaltungsrecht nach § 273 BGB.

482 Palandt-Heinrichs, § 406 BGB, Anm. 1 a), Rdnr. 1.

Für das bundesdeutsche Recht ist dieser Schutz deshalb von Bedeutung, da Wechsel und Scheck nach wertpapierrechtlichen Grundsätzen[483] hinsichtlich der zugrunde liegenden Kreditforderung nicht akzessorisch (Art. 17 WG; Art. 22 SchG) sind. § 404 BGB hat keine Geltung gegenüber dem Anspruch aus einem Wechsel.[484] Der Verbraucher soll aber - in Fortsetzung des Gedankens aus § 10 Abs. 1 VKG: keine Benachteiligung des Schuldners infolge Forderungsabtretung[485] - davor geschützt werden, daß das Wertpapier unabhängig vom rechtlichen Schicksal der kreditvertraglichen Forderung weiterbegeben wird. § 10 Abs. 2 S. 1 und 2 VKG gehen über die von Art. 10 VKG-Richtlinie aufgestellte Verpflichtung sogar noch hinaus, indem sie ein Wechsel- und Scheckverbot aufstellen. Es ist dabei aber zu beachten, daß dieses Verbot für Wechsel und Scheck jeweils unterschiedlich geregelt wird.

aa) Wechselverbot:

Für den Wechsel gilt,

> *daß der Kreditgeber den Verbraucher nicht verpflichten kann, für seine kreditvertraglichen Ansprüche einen Wechsel auszustellen.*

Zu den kreditvertraglichen Ansprüchen zählen z.B. die Ansprüche auf Zahlung rückständiger Raten, Ansprüche auf Rückzahlung des Restbetrages nach Gesamtfälligkeitsstellung oder Ansprüche aus abstraktem Schuldanerkenntnis,

---

[483] Z.B Baumbach / Hefermehl, Grundzüge des Wertpapierrechts, Rdnr. 51.

[484] Z.B. Baumbach/Hefermehl, Art. 17 WG, Rdnr. 1; Baumbach/Hefermehl, Art. 22 SchG, Rdnr. 1.

wenn sie zu Ansprüchen aus dem Kreditvertrag erklärt werden.[486]

Bei dieser Gelegenheit ist deutlich zu machen, daß es sich hierbei lediglich um das *Verpflichtungsverbot einer Wechselbegebung* handelt, was nicht verwechselt werden darf mit der Unwirksamkeit der Wechselbegebung oder deren Verbot (mit der Folge des § 134 BGB). Letzteres würde zwar zu einer deutlichen Vereinfachung der gesetzlichen Regelung und einer besonders effektiven Durchsetzbarkeit des Verbraucherschutzes in dieser Hinsicht führen, läßt sich jedoch aufgrund internationaler Abkommen nicht realisieren. Nach Art. I des Genfer Abkommens vom 07. Juni 1930 über das einheitliche Wechselgesetz (Bek. v. 22. Juni 1933, RGBl. II, S. 377)[487] besteht die Verpflichtung zur Übernahme des einheitlichen Wechselgesetzes gem. Anlage 1, ohne daß in den weiteren Anlagen die Möglichkeit einer Ausnahme bezüglich Art. 17 WG eingeräumt wurde.[488] Daraus folgt, daß nur die Verpflichtungserklärung als solche gem. § 10 Abs. 2 S. 1 VKG i.V.m. § 134 BGB für unwirksam erklärt werden kann;[489] käme es aber zu einer

---

485 BR-Ds 427/89, S. 61.

486 BR-Ds 427/89, S. 61.

487 Abgedruckt u.a. auch in Baumbach/Hefermehl, Anhang 9 a) zum Wechselgesetz.

488 Siehe auch BR-Ds 427/89, S. 61; BT-Ds 11/5462, S. 25.

489 § 10 Abs. 2 S. 1 VKG ist als Verbotsgesetz im Sinne des § 134 BGB anzusehen.

Wechselbegebung trotz des Verbots einer diesbezüglichen Verpflichtung wäre diese wirksam.[490]

bb) Scheckverbot:

Etwas anders verhält sich die neue gesetzliche Lage im Hinblick auf den Scheck. Hier soll

> *nach § 10 Abs. 2 S. 2 VKG nur die Begebung eines Schecks sicherungshalber verboten sein.*

Eine Scheckbegebung, die entgegen dem Verbot des § 10 Abs. 2 S. 2 VKG begründet wird, ist deshalb nicht unwirksam.[491] Verboten ist im übrigen nur die sicherungshalber erfolgte Scheckbegebung. Daraus folgt, daß die Hingabe eines Schecks zur *Erfüllung* der Verbindlichkeiten aus dem Kreditvertrag zulässig bleibt. Die vom Wechsel abweichende Behandlung des Schecks rechtfertigt sich folgendermaßen: Der Scheck besitzt Zahlungsmittelfunktion,[492] (und nicht Kreditschöpfungsfunktion wie der Wechsel[493]). Dem Verbraucher soll die Möglichkeit erhalten bleiben,

---

490 Nach Bülow, § 10 VKG, Rdnr. 9, wäre es zum Beispiel zulässig, daß ein Verbraucher von sich aus anbietet, einen Wechsel hinzugeben. Soweit eine solche Erklärung zu keiner *Verpflichtung* des Verbrauchers zur Wechselhingabe führt, steht § 10 Abs. 2 Satz 1 VKG nicht entgegen (ebenso ders. in NJW 1991, 129 [132]; ablehnend Reinicke/Tiedtke, ZIP 1992, 217 [221 f.]).

Vergleiche hierzu ferner Münstermann/Hannes, § 9 VKG, Rdnr. 571.

491 BR-Ds 427/89, S. 61; BT-Ds 11/5462, S. 25.

492 Baumbach/Hefermehl, Einleitung SchG, Rdnr. 27.

den Scheck als *Zahlungs*mittel für seine Kreditverbindlichkeiten zu benutzen.[494] Gefährlich wird es für ihn erst, wenn der Scheck *zusätzlich* zur bloßen Sicherung der kreditvertraglichen Ansprüche begeben wird. Hierbei haben der Scheck und dessen Einlösung keine schuldtilgende Wirkung gem. § 362 Abs. 1 BGB, was u.U. zu einer Verdopplung der Verpflichtung führen kann. Eine weitergehende Einschränkung der Scheckbegebung würde jedoch nicht nur dem Interesse des Verbrauchers entgegenstehen, den Scheck als Zahlungsmittel zu gebrauchen, sondern darüber hinaus aus ähnlichen Gründen wie der Wechsel an entgegenstehenden internationalen Abkommen scheitern.[495] Das Genfer Abkommen vom 19. März 1931 über ein einheitliches Scheckgesetz (Bek. v. 16. August 1933, RGBl. II, S. 537) verpflichtet die Unterzeichnerstaaten zur Übernahme dieses Scheckgesetzes, ohne daß auch hier die besondere Wirkung des Art. 22 SchG - auch nicht für Teilbereiche - ausgeschlossen werden könnte.

cc) Anspruch auf Herausgabe des Wertpapiers:

§ 10 Abs. 2 S. 3 VKG räumt dem Verbraucher einen Anspruch auf Herausgabe des unter Verletzung der Vorschriften des Satzes 1 oder 2 begebenen Wechsels bzw. Schecks ein:

> *Der Verbraucher kann vom Kreditgeber jederzeit die Herausgabe eines Wechsels oder Schecks, der*

---

[493] Baumbach/Hefermehl, Einleitung SchG, Rdnr. 27; Baumbach/Hefermehl, Einleitung WG, Rdnr. 59; Zöllner, § 11 I 1 und § 26 III 1.

[494] BR-Ds 427/89, S. 61.

[495] BR-Ds 427/89, S. 61; BT-Ds 11/5462, S. 25.

entgegen Satz 1 oder 2 begeben worden ist, verlangen.

Der Anspruch kann allerdings nur gegen den Kreditgeber, nicht gegen Dritte - wegen Art. 17 WG/Art. 22 SchG - erhoben werden. Der eigenständige Anspruch nach dem Verbraucherkreditgesetz ist notwendig, weil der der Wertpapierausstellung zugrunde liegende Begebungsvertrag als wirksam anzusehen ist, so daß etwa die allgemeinen Ansprüche aus §§ 812 ff., 985 ff. BGB ausscheiden. Dasselbe gilt auch hinsichtlich § 10 Abs. 2 S. 1 VKG.

dd) Schadensersatzanspruch:

In § 10 Abs. 2 S. 4 VKG verschafft das Gesetz dem Verbraucher gegen den Kreditgeber einen Schadensersatzanspruch für alle Schäden, die ihm aus einer nach Satz 1 bzw. Satz 2 unzulässigen Begebung entstanden sind:

Der Kreditgeber haftet für jeden Schaden, der dem Verbraucher aus einer solchen Wechsel- oder Scheckbegebung entsteht.

Der Anspruch setzt anders als etwa der aus positiver Vertragsverletzung kein Verschulden i.S.d. § 276 BGB und keine über das Verbot des § 10 Abs. 2 S. 1 und 2 VKG hinausgehende Sorgfaltspflichtverletzung voraus. Die Haftungsausfüllung bestimmt sich mangels spezialgesetzlicher Sonderregelungen nach den §§ 249 ff. BGB.

Bei Vorliegen ihrer eigenen Voraussetzungen sind aber auch Ansprüche aus positiver Vertragsverletzung und anderen Vorschriften, z.B. § 826 BGB gegeben. § 10 Abs. 2 S. 4 versteht sich nicht als abschließende Sonderregelung, denn dies hätte angesichts seiner Formulierung und seiner systematischen Stellung im Rahmen eines den Verbraucherschutz verstärkenden Sondergesetzes ausdrücklich festgelegt werden müssen. Soweit die Voraussetzungen anderer Schadensersatzansprüche erfüllt sind, treten diese zum speziellen verbraucherkreditgesetzlichen Schadensersatzanspruch in Anspruchskonkurrenz.

5.) Verzugszinsen; Anrechnung von Teilleistungen:

a) Verzugszinsenproblematik (§ 11 Abs. 1 und 2 VKG):

Der äußerst komplizierte, zwischen den gegensätzlichen Interessengruppen heftig umstrittene *Problembereich der Verzugszinsen* erfährt in § 11 Abs. 1 VKG eine neue gesetzliche Grundlage. In der Richtlinie vom 22. Dezember 1986 (87/102/EWG) läßt sich keine spezielle Verpflichtungsnorm zur Regelung dieser Problematik finden, so daß die EG-rechtliche Handlungsbefugnis des bundesdeutschen Gesetzgebers allein vor dem Hintergrund des Art. 15 VKG-Richtlinie zu beurteilen ist. Danach müßte es sich um eine "weitergehende Vorschrift zum Schutze der Verbraucher" handeln. Der anzulegende Maßstab ist dabei nicht im nationalen Recht, sondern in den zum Schutze der Verbraucher ergangenen Vorschriften der EG-Richtlinie selbst zu suchen. Nachdem sich diese hierzu nicht speziell äußert, muß der Inhalt, trotz aller Einwendungen, die gegen § 11 Abs. 1 VKG erhoben werden, als im Schutz der Verbraucher *weitergehend* i.S.d. Art. 15 VKG-Richtlinie betrachtet werden - was nachfolgend noch dargelegt wird, weil die Frage der Verzugszinsenregelung als mitursächlich für die steigende Verschuldung der Verbraucher anzusehen ist.

<u>aa) Verzug des Kreditnehmers:</u>

Gem. § 11 Abs. 1 VKG hat

> *der Verbraucher bei Verzug mit Zahlungen aufgrund des Kreditvertrages den geschuldeten Betrag mit einem Zinssatz von 5 % über dem jeweiligen Diskontsatz der Deutschen Bundesbank zu verzinsen. Der Kreditgeber kann statt dessen aber auch seinen ihm konkret entstandenen Schaden geltend machen.*

<u>i) Verzug mit Zahlungen aufgrund des Kreditvertrages:</u>

Die Verzinsungspflicht setzt den Verzug (§§ 284, 285 BGB) des Kreditnehmers mit "*Zahlungen aufgrund des Kreditvertrages*" voraus. Unter Zahlungen aufgrund des Kreditvertrages sind alle Leistungen in Geld zu verstehen, die der Verbraucher schuldet: also die Rückzahlung des Darlehensbetrages bzw. der einzelnen Raten, die von ihm zu tragenden Kosten des Kredits sowie die vertragsmäßigen Zinsen.[496] Im Unterschied zum ersten Referentenentwurf vom März 1988 sind damit Gegenstand des Verzugseintritts

---

496 Hinzukommen gegebenenfalls noch weitere Kosten, Schadensersatzansprüche *aufgrund* des Kreditvertrages, ja sogar wohl Ansprüche aus ungerechtfertigter Bereicherung (Bruchner/Ott/Wagner-Wieduwilt, § 11 VKG, Rdnr. 41; Münstermann/Hannes, § 11 VKG, Rdnr. 603; Seibert, § 11 VKG, Rdnr. 4).

nicht nur die Hauptforderung (vgl. § 11 Abs. 1 S. 1 E_1-VKG), sondern auch alle übrigen Zahlungen.[497]

Hinsichtlich der Verzinsung mußte bis zum Erlaß des Verbraucherkreditgesetzes zwischen dem Darlehensbetrag und den Zinsen unterschieden werden.[498] Dies ist im Rahmen des § 11 Abs. 1 VKG nicht mehr erforderlich, weil der "*geschuldete Betrag*" mit 5 % über dem Bundesbankdiskontsatz zu verzinsen ist, unabhängig davon, ob es sich um Hauptforderung, Zinsen oder Kosten handelt.[499]

Für die Verzinsung von Zinsen *nach* Verzugseintritt gilt allerdings nach § 11 Abs. 2 VKG die Besonderheit, daß der "*geschuldete Betrag*" und die "*darauf angefallenen Zinsen*" grundsätzlich auseinanderzuhalten sind,[500] was im Ergebnis auf eine Durchbrechung des Zinseszinsverbots des § 289 S. 1 BGB hinausläuft, jedoch anders als im Rahmen der §§ 288 Abs. 2, 289 S. 2 BGB der Höhe nach auf den gesetzlichen Zinssatz des § 288 BGB begrenzt bleibt.[501]

Wann und wie der Verbraucher in Verzug gerät, regelt das neue Verbraucherkreditgesetz nicht, so daß es insoweit

---

497 Ebenso Westphalen/Emmerich/Kessler, § 11 VKG, 26; Ulmer/Habersack, § 11 VKG, Rdnr. 14; Scholz, Rdnr. 649, S. 323 f.; Bruchner/Ott/Wagner-Wieduwilt, § 11 VKG, Rdnr. 41; Emmerich/Münstermann/Wagner-Wieduwilt, S. 79; Münstermann/Hannes, § 11 VKG, Rdnr. 603.

498 Die strikte Unterscheidung war primär wegen des in § 289 S. 1 BGB ausgesprochenen Zinseszinsenverbotes geboten (z.B. Münchener Kommentar/Westermann, § 608 BGB, Rdnr. 5 ff.).

499 Westphalen/Emmerich/Kessler, § 11 VKG, 26; Ulmer/Habersack, § 11 VKG, Rdnr. 14; Scholz, S. 323 f.

500 BR-Ds 427/89, S. 29; BT-Ds 11/5462, S. 14.

501 Vergleiche dazu nachfolgend 3. Kapitel, § 2 B II 5 a) bb).

bei den allgemeinen Vorschriften der §§ 284 ff. und § 326 BGB verbleibt.[502]

ii) Die Verzugszinsenfrage als besondere Rechtsproblematik:

Die Verzugszinsenfrage war bislang ein sehr kontrovers diskutiertes Thema.[503] Ursache hierfür war die Tatsache, daß die Regel der §§ 288 Abs. 1 S. 1, 289 S. 1 BGB in der Kreditpraxis nur allzu oft durchbrochen wurde. Nach diesen Vorschriften hätte eine Geldschuld im Falle des Verzuges i.S.d. §§ 284, 285 BGB mit 4 % p.a.[504] verzinst werden müssen, Zinseszinsen jedoch grundsätzlich nicht erhoben werden dürfen (§ 289 S. 1 BGB). Bekanntermaßen lagen in praxi die Verzugszinsen jedoch mitunter auch wesentlich höher, was je nach Interessen als zu hoch oder zu niedrig empfunden wurde. Zudem gelang es mit der Geltendmachung eines weitergehenden Verzugsschadens, das Zinseszinsenverbot des § 289 S. 1 BGB zu durchbrechen.[505]

---

502 Schmelz, S. 127, Rdnr. 325; Beuthien / Hadding / Lüderitz / Medicus / Wolf, § 607 BGB, Rdnr. 3; Fikentscher, § 77 I 1 c); Medicus, Schuldrecht II, § 93 II 1; Emmerich, WM 1984, 949; Münchener Kommentar/Westermann, § 608 BGB, Rdnr. 5 a; Westphalen/Emmerich/Kessler, § 11 VKG, Rdnr. 26; Bülow, § 11 VKG, Rdnr. 28.

503 Zur bisherigen Rechtsprechung des Bundesgerichtshofs siehe zum Beispiel Münstermann/Hannes, § 11 VKG, Rdnr. 582-586.

504 Nach § 352 HGB kann eine Forderung zudem mit 5 % p.a. verzinst werden, was hier im Zusammenhang mit Existenzgründungsdarlehen Bedeutung erlangen könnte.

505 Z.B. Staudinger/Hopt/Mülbert, § 607 BGB, Rdnr. 394.

Die Möglichkeit, höhere Zinsen zu beanspruchen, ergab sich aus der Regelung des § 289 S. 2 i.V.m. § 288 Abs. 1 S. 2 BGB[506]. Als Problem erwies sich dabei die Frage, nach welchen Kriterien die Höhe des Schadensersatzes zu bemessen war: Hierfür boten sich verschiedene Bemessungsgrundlagen an, etwa die reinen Refinanzierungskosten, mit deren Hilfe sich der Kreditgeber am Kapitalmarkt den ausgefallenen Betrag verschaffen mußte[507] oder - nach anderer Ansicht - der entgangene Gewinn aus anderen, mangels Kapitals nicht getätigten Kreditgeschäften (§ 252 BGB).[508] Je nach Standpunkt gab es mehr oder minder einsichtige und nachvollziehbare Gründe für die eine oder

---

Zum Zinseszinsverbot siehe ferner Reifner, NJW 1992, 337 (338 f.).

506 War der Kredit hingegen im Wege der Gesamtfälligkeitsstellung gekündigt worden, konnte ein weitergehender Zinsschaden nach wohl h.M. und Rechtsprechung nur aus § 288 Abs. 2 BGB, nicht dagegen aus § 288 Abs. 1 S. 2 BGB hergeleitet werden, da infolge der Kündigung aus dem Kreditvertrag keinerlei vertragliche Zinsansprüche mehr begründet werden konnten [letzteres vormals strittig, vgl. Emmerich, WM 1986, 541 (542); Palandt-Heinrichs, § 288 BGB, Anm. 1 c), Rdnr. 3; Münchener Kommentar/Westermann, § 608 BGB, Rdnr. 5; Canaris, Rdnr. 1343; jetzt aber unstreitig seit BGH WM 1988, 929 = NJW 1988, 1967 bzw. BGHZ 104, 337 = BGH WM 1988, 1044 = NJW 1988, 1971; ferner Reifner, Kreditrecht, § 33, Rdnr. 145 f., S. 276].

507 Vgl. Steiner, S. 11 und S. 39 ff.

508 Emmerich, WM 1986, 541 (543 f.); Steiner, S. 11; Münchener Kommentar/Westermann, § 608 BGB, Rdnr. 5 a f.; BT-Ds 11/5462, S. 25, jeweils auch mit weiteren Hinweisen auf andere Arten der Bemessung der Verzugsschadenspauschale.

andere Lösung.[509] Während die Verbraucherschutzorganisationen ein striktes Zinseszinsverbot forderten und es im übrigen beim gesetzlichen Zinssatz von 4 % p.a. (§ 288 Abs. 1 S. 1 BGB) belassen wollten,[510] stießen derartige Reglementierungen bei den Interessenvertreter der Kreditwirtschaft angesichts der realen Zinsentwicklung auf dem Kapitalmarkt auf wenig Gegenliebe, insbesondere weil dies für eine gesicherte Refinanzierung mit großen Schwierigkeiten verbunden war.[511]

Unsicherheit herrschte zunächst auch hinsichtlich der Frage der Pauschalierbarkeit von Schadensersatzansprüchen. Die Rechtsprechung hierzu war im allgemeinen diffus, der Bundesgerichtshof ließ sich mit der Beantwortung dieser Frage viel Zeit.[512] Erst seine neueren Entscheidungen[513] verschafften eine gewisse Klarheit. Danach mußte von einer grundsätzlichen Pauschalierbarkeit von

---

509 Zum Ganzen Steiner, S. 39 ff.; s.a. BT-Ds 11/5462, S. 25; Vortmann, § 11 VKG, Rdnr. 6 bis 14; Bruchner/Ott/Wagner-Wieduwilt, § 11 VKG, Rdnr. 8 ff.; Münstermann/Hannes, § 11 VKG, Rdnr. 582-586.

510 Verbraucherpolitische Korrespondenz, Nr. 27 v. 5. Juli 1988, S. 3; Stellungnahme der AgV zum Referentenentwurf vom Juni 1988, Pressekonferenz v. 30. Juni 1988, S. 2; u.a.

511 Steiner, S. 93 f.; Emmerich/Münstermann/Wagner-Wieduwilt, S. 67 f.

512 Emmerich, WM 1986, 541 (543 f.); Palandt-Heinrichs, § 11 AGBG, Anm. 5 b) bb), Rdnr. 22 f. m.w.N.; BT-Ds 11/5462, S. 25.

Vgl. hierzu im übrigen auch schon oben 1. Kapitel, § 2 B III und IV.

513 BGH NJW 1988, 1967 = WM 1988, 929 und BGHZ 104, 337 = BGH NJW 1988, 1971 = WM 1988, 1044.

Schadensersatzansprüchen ausgegangen werden;[514] sie waren aber der Höhe nach auf das Maß der *marktüblichen Bruttosollzinsen* zur Zeit des Verzuges zu begrenzen. Davon erfaßt waren nicht nur die reinen Refinanzierungskosten, sondern auch der Bruttozinsertrag, den das Kreditunternehmen bei fristgerechter Rückzahlung des Kapitals und der rückständigen Zinsen durch den Kreditnehmer erwirtschaftet hätte.[515] Für die abstrakte Schadensberechnung sollten dabei die marktüblichen Sollzinssätze einer Bank, die Kreditgeschäfte verschiedener Art betrieb, nach einem Durchschnittszinssatz zugrunde gelegt werden, der sich nach dem Anteil der verschiedenen Kreditarten an ihrem gesamten Aktivkreditvolumen richtete.[516]

iii) Zur Lösung nach § 11 Abs. 1 VKG:

Die amtliche Begründung zum neuen Verbraucherkreditgesetz erkennt die Bemühungen des Bundesgerichtshofs grundsätz-

---

514 Hiernach darf - die wichtigsten Ergebnisse kurz zusammengefaßt - als höchstrichterlich entschieden von der prinzipiellen Pauschalierbarkeit von Schadensersatzansprüchen ausgegangen werden. Dies gilt unabhängig davon, ob der Kredit gekündigt ist oder nicht. Im Falle der Kündigung würde der Vertragszins infolge Wegfalls des Vertrages als Anspruchsgrundlage nicht mehr verlangt werden können, im Falle vor Kündigung bestehen demgegenüber Zweifel an der wirksamen Vereinbarung im Hinblick auf § 11 Nr. 5 AGBG.

Auf ein weiteres Eingehen dieser Problematik muß verzichtet werden, nachdem die Frage ohnehin schon vor Erlaß des Verbraucherkreditgesetzes durch diese Leitentscheidungen des Bundesgerichtshofs ihre praktische Relevanz verloren hat.

515 BGHZ 104, 337 (344 ff.) = BGH NJW 1988, 1971 = WM 1988, 1044 (1045); BT-Ds 11/5462, S. 25 f.

516 BGHZ 104, 337 (347 f.) = BGH NJW 1988, 1971 = WM 1988, 1044 (1045).

lich an, verwirft aber dessen Konzeption für eine gerechtere Bemessungsgrundlage als unpraktikabel.[517] Die gesetzgeberische Kritik entzündet sich daran, daß der marktübliche Bruttosollzins nur schwer zu berechnen sei, zumal hierfür auch nicht die Monatsstatistik der Deutschen Bundesbank zu Hilfe gezogen werden könne, weil darin lediglich der Schwerpunktzins eines Ausschnitts des Kreditmarktes ausgewiesen sei.[518] Für eine darüber hinausgehende inhaltliche Befassung mit dieser Problematik sei auf die hierzu zahlreich vorliegende Literatur verwiesen.[519]

Die Lösung des Bundesgesetzgebers sieht einen pauschalen Ersatz der Refinanzierungs- und Verwaltungskosten vor,[520] wobei

> *der jeweilige Diskontsatz der Deutschen Bundesbank - erhöht um 5 % - als der dem Kreditgeber im Regelfall zustehende Verzugsschadensanspruch*

---

517 BR-Ds 427/89, S. 63 f.; BT-Ds 11/5462, S. 14; ebenso Seibert, § 11 VKG, Rdnr. 1.

518 BT-Ds 11/5462, S. 25.

Außerdem würde die Bemessung nach der vom Bundesgerichtshof entwickelten Lösung nur auf Banken, nicht aber auch auf alle übrigen Kreditgeber im Sinne des Verbraucherkreditgesetzes zugeschnitten sein (BT-Ds 11/5462, S. 26).

519 Für die neuere Diskussion vgl. z.B.: Steiner, S. 11 ff., 35 ff.; ders. DB 1987, 1977; Emmerich, 1984, 949; ders. WM 1986, 541; Ahrens, WM 1987, 315; Reifner, ZIP 1987, 545; Emmerich/Münstermann/Wagner-Wieduwilt, S. 67 ff.; jeweils m.w.N.

520 Vgl. Münchener Kommentar/Westermann, § 608 BGB, Rdnr. 5 a ff.; BR-Ds 427/89, S. 64 f.; BT-Ds 11/5462, S. 25, wobei der Gesetzgeber an die schon vorher von der Rechtsprechung für prinzipiell zulässig erachtete Pauschalierbarkeit von Verzugszinsenansprüche anknüpft.

festlegt wird (vgl § 11 Abs. 1 VKG). Der fünfprozentige Pauschalbetrag, um den der Bundesbankdiskontsatz erhöht wird, setzt sich zusammen aus 3 % Refinanzierungskosten, die neben dem Diskontsatz anfallen sollen, und unabhängig davon, aus zwei weiteren Prozentpunkten für den Bearbeitungsaufwand.[521] Die Höhe dieser Pauschalierung ergibt sich als "großzügig" bemessener Mittelwert aus den Refinanzierungs- und Aufwandskosten aufgrund Marktbeobachtungen einer vergleichbaren Kreditgewährung. Der Diskontsatz der Deutschen Bundesbank wird deshalb als Grundlage zur Berechnung mitherangezogen, weil er nach langjährigen Erfahrungen den maßgeblich kreditzinsbestimmenden Faktor darstellen soll.[522] Die amtliche Begründung geht abschließend davon aus, daß die Grundlage für den pauschalierten Verzugsschadensersatz so "großzügig" bemessen sei, daß er im Ergebnis dem vom Bundesgerichtshof ermittelten marktüblichen Bruttosollzins recht nahe kommt;[523] im übrigen bleibe es den Kreditunternehmen stets unbenom-

---

521 BR-Ds- 427/89, S. 65.

Zur rechtspolitischen Einordnung der vom Gesetzgeber gewählten Lösung vergleiche Bruchner/Ott/Wagner-Wieduwilt, § 11 VKG, Rdnr. 26 ff.

Im prozessualen Streitfall dürften sich keine Tenorierungsschwierigkeiten ergeben, da der klagende Gläubiger durchaus beantragen kann, daß der Schuldner zur *Zahlung der Hauptforderung nebst Zinsen hieraus in Höhe von 5 % über dem jeweiligen Diskontsatz der Deutschen Bundesbank* verurteilt wird (Seibert, § 11 VKG, Rdnr. 22; Westphalen/Emmerich/Kessler, § 11 VKG, Rdnr. 24; Münstermann/Hannes, § 11 VKG, Rdnr. 593; Ulmer/Habersack, § 11 VKG, Rdnr. 17).

522 BR-Ds 427/89, S. 64 f.; BT-Ds 11/5462, S. 26.

523 BR-Ds 427/89, S. 66.; BT-Ds 11/5462, S. 26.

men, einen höheren konkreten Schadensersatzanspruch geltend zu machen.[524]

Den Verbraucherverbänden erscheint diese Obergrenze zu hoch, da die wirklichen Kosten viel niedriger liegen sollen.[525] Ungeachtet dieser Kritik seitens der Marktgegenseite, die der Parteilichkeit gescholten werden könnte, gilt es aber zu bedenken, daß der Gesetzgeber selbst eingesteht, daß es sich um eine für die Kreditwirtschaft "großzügige" Regelung handelt.[526] Andererseits verdienen die Ergebnisse von Steiner eine nähere Berücksichtigung, wonach eine Beschränkung auf die bloßen Refinanzierungskosten aus betriebswirtschaftlicher Sicht als falsch einzustufen[527] und daher einer gesamtkostenorientierten Bemessung der Vorzug zu geben sei.[528]

Unabhängig davon, wie immer man zu der gefundenen gesetzlichen Regelung inhaltlich stehen mag, zieht sie - nach dem Prinzip "Roma locuta, causa finita" - einen Schlußstrich unter die langjährige diesbezügliche Debatte. Der Rechtssicherheit mag damit künftig jedenfalls gedient sein, auch wenn aus Verbrauchersicht ein geringerer Zins-

---

[524] BR-Ds 427/89, S. 66.

[525] Verbraucherpolitische Korrespondenz vom 05. Juli 1988, S. 4; Stellungnahme der AgV zum 1. Referentenentwurf vom Juni 1988, S. 7; Stellungnahme der AgV zum 2. Referentenentwurf vom März 1989, S. 5; Stellungnahme der AgV zur Presseerklärung des BJM vom 29.08.1989.

[526] BR-Ds 427/89, S. 66.

[527] Steiner, S. 91.

[528] Steiner, S. 93 ff.

satz als 5 % über den Bundesbank-Diskontsatz wünschenswert gewesen wäre.[529]

iv) Konkrete Schadensberechnung:

Dem Kreditgeber bleibt es nach § 11 Abs. 1 VKG unbenommen, einen konkret höheren Schaden geltend zu machen.[530] Dies wird durch den 2. Halbsatz, 1. Alternative des § 11 Abs. 1 VKG nochmals ausdrücklich bekräftigt. Die Darlegungs- und Beweislast trägt der Kreditgeber. Es wird abzuwarten sein, ob sich dadurch in praxi nicht regelmäßig noch höhere Verzugszinsen ergeben, als nach der Regelung zur abstrakten Schadensersatzpauschale verlangt werden können. Zu befürchten steht dabei, daß durch § 11 Abs. 1 HS. 2, Alt. 2 VKG das "Verschuldungs-Karussell" nicht nur nicht gebremst wird, sondern erst richtig in Fahrt kommt.

Keine Kompensation hierfür bringt die erst gegen Ende der Gesetzgebungsarbeiten eingefügte Ergänzung, daß dem Schuldner die Möglichkeit belassen wird, einen niedrigeren Schadensersatz nachzuweisen, da ihm trotz seiner Position der Schwäche die volle Beweislast aufgebürdet

---

Berücksichtigung finden somit nicht nur die Kosten eines vom Kreditinstitut aufgenommenen Refinanzierungskredits, sondern auch noch darüber hinausgehende Kosten, wie etwa die für die Bereitstellung von Verwaltungskapazitäten usw.

529 Lediglich in Hochzinsphasen könnte sich eine Privilegierung des säumigen Schuldners ergeben (Westphalen/Emmerich/Kessler, § 11 VKG, Rdnr. 3 und 8). Dies dürfte jedoch nur der Fall sein, wenn der Diskontsatz der Deutschen Bundesbank hinter den Marktzinsen zurückbleibt und der Kreditgeber auch nicht gemäß § 11 Abs. 1 VKG einen *konkret* berechneten höheren Schaden anzugeben vermag.

530 Im Hinblick auf die bisherige Rechtslage stellt dies eine Selbstverständlichkeit dar.

wird.[531] Die Vorschrift hat im übrigen gegenüber der bisherigen Rechtslage insoweit keine Bedeutung, als sie sich auf den vom Kreditgeber behaupteten konkret höheren Schadensersatzanspruch bezieht. Schon nach den bislang geltenden Grundsätzen der Beweislastverteilung war es dem Schuldner unbenommen geblieben, gegenbeweislich niedrigere Zinsen des Gläubigers darzulegen.[532] Die Regelung stellt hingegen eine Neuerung dar, soweit sie den Nachweis eines niedrigeren Verzugszinsschadens auch im Hinblick auf die Möglichkeit der Geltendmachung eines *abstrakten* Schadensersatzanspruches in Höhe von plus 5 % über den Diskontsatz der Deutschen Bundesbank zuläßt.[533]

bb) Gesondertes Kontokorrent für Verzugszinsen (§ 11 Abs. 2 VKG):

> *§ 11 Abs. 2 S. 1 VKG verbietet es, die nach Verzug anfallenden Zinsen in das Kontokorrent mit dem geschuldeten Betrag oder einer anderen Forderung des Kreditgebers einzustellen, d.h. alle Zinsen müssen nach Eintritt des Verzuges auf ein gesondertes Konto verbucht werden.*

Der Wortlaut des § 11 Abs. 2 VKG spricht ganz undifferenziert von "*Zinsen*", gilt demnach für alle Zinsen, die *nach* und *durch* Verzug entstanden sind,[534] also sowohl für

---

531 Ebenso Westphalen/Emmerich/Kessler, § 11 VKG, Rdnr. 29 a.E.); Bender, VuR 1991, 197 (198); Medicus, Jura 1991, 561.

532 Zum Beispiel Thomas-Putzo, Vorbem. zu § 284 ZPO, Anm. 4 b).

533 BT-DS 11/8274, S. 22.

534 Palandt-Putzo, § 11 VKG, Rdnr. 3.

die *vertraglichene* Zinsen (Verzinsung der Hauptforderung) als auch für die *Verzinsung rückständiger Verzugszinsen.*[535] Zumindest letzteres dürfte - soweit zu ersehen - ein Novum darstellen.[536]

Gegenüber der bisherigen Rechtslage bedeutet dies allenfalls insoweit eine gewisse Verbesserung, als die Möglichkeit, gem. §§ 288 Abs. 2, 289 S. 2 BGB einen weitergehenden Schadensersatzanspruch zu verlangen,[537] stark eingeschränkt wird.[538] Denn aus § 11 Abs. 2 S. 2 VKG ist zudem zu entnehmen,

---

535 Schmelz/Klute, ZIP 1989, 1509 (1520); Münstermann /Hannes, § 11 VKG, Rdnr. 607, Rdnr. 614 und Rdnr. 617; Scholz, Rdnr. 651, S. 324 f.

Die Möglichkeit, auch Verzinsung der Verzugszinsen zu verlangen, dürfte durch die Streichung des § 11 Abs. 3 des Entwurfs der Bundesregierung vom 11. August 1989 (BR-Ds 427/89; BT-Ds 11/5462) nicht beseitigt worden sein, da sich obige Annahme allein aus § 11 Abs. 2 VKG herleiten läßt.

536 Schmelz/Klute, ZIP 1989, 1509 (1520) m.w.N.

537 Grundvoraussetzung hierfür ist, daß sich der Schuldner auch hinsichtlich der aufgelaufenen (Regelverzugs-)Zinsen in Verzug gemäß §§ 284 ff. BGB befindet (Bruchner/Ott/Wagner-Wieduwilt, § 11 VKG, Rdnr. 48; Seibert, § 11 VKG, Rdnr. 10; a.A. wohl Münstermann/Hannes, § 11 VKG, Rdnr. 615).

538 Für die prozessuale Durchsetzung eines solchen Verzugszinsanspruches hat dies zur Folge, daß der Kreditgeber unter anderem darlegen und beweisen muß, ein gesondertes Zinskonto zu führen. Würde ein solcher Vortrag nicht gemacht, wäre die Klage schon insoweit als unschlüssig abzuweisen (Bülow, § 11 VKG, Rdnr. 40).

Vergleiche ferner Medicus, Jura 1991, 561 (565).

daß diese Zinsen lediglich mit dem gesetzlichen Zinssatz zu verzinsen sind.[539]

Die Regelung begünstigt säumige Schuldner jedoch weniger, als es auf den ersten Blick hin den Anschein hat. Die sog. *berechnende Vertragsuntreue* zahlte sich auch schon nach der ohnehin geltenden Rechtslage nicht mehr aus. Dies gilt selbst dann, wenn die Vorschrift des § 10 Abs. 1 Var. 3 E_1-VKG[540], aufgrund derer der Kreditgeber berechtigt gewesen wäre, den vereinbarten Vertragszins nach § 11 Abs. 3 E_1-VKG[541] für die vorgesehene Laufzeit nach

---

539 BR-Ds 427/89, S. 29 f. und S. 66 f.

Unter Privatleuten beläuft sich der gesetzliche Zinssatz auf 4 % p.a. (§ 288 Abs. 1 S. 1 BGB), unter Kaufleuten auf 5 % p.a. (§ 352 Abs. 1 S. 1 HGB). Da die heutigen Zinssätze - in Abhängigkeit zur Kreditart - regelmäßig nicht weniger als 8 - 15 % p.a. und mehr betragen, würde sich ein in Verzug geratener Schuldner mit den gesetzlichen Verzugszinsen von nur 4 % bzw. 5 % p.a. viel günstiger stellen. Zumindest in der Theorie wäre es danach wirtschaftlich sinnvoll, sich vertragsuntreu zu verhalten (Emmerich/Münstermann/Wagner-Wieduwilt, S. 67).

§ 11 Abs. 2 S. 2 VKG gewährt mit dem gesetzlichen Zinssatz im übrigen nur einen Höchstsatz, nicht aber einen Mindestzins. Wäre zum Beispiel nur ein geringerer Zinssatz zu erwirtschaften gewesen, kann nur dieser verlangt werden (Bülow, § 11 VKG, Rdnr. 38). Angesichts der tatsächlichen Marktlage dürfte es sich insoweit allerdings nur um eine theoretische Einschränkung handeln. Andererseits bedeutet die Begrenzung auf den gesetzlichen Zinssatz angesichts der derzeitigen Inflationsrate für den Kreditgeber auch nur allenfalls den Ausgleich für die Geldentwertung (Medicus, Jura 1991, 561 [565]).

540 Vgl. Entwurf der Bundesregierung vom 11. August 1989, BR-Ds 427/89 bzw. vom 25.10.1989, BT-Ds 11/5462.

541 Vgl. Entwurf der Bundesregierung vom 11. August 1989, BR-Ds 427/89.

erfolgter Gesamtfälligkeitsstellung noch zu verlangen, in der endgültigen Fassung des Gesetzes wieder ersatzlos gestrichen wurde.[542] Der Grund hierfür liegt in der bereits zitierten Entscheidung des Bundesgerichtshofs vom 28. April 1988, wonach der Kreditgeber schon nach den allgemeinen Regeln der §§ 286 Abs. 1, 252 BGB Anspruch auf den entgangenen Vertragszins ohne Beschränkung auf die bloßen Refinanzierungskosten hatte.[543]

Der Übermut Unbesonnener war aber auch schon zuvor nicht allzu groß gewesen, sieht man von den wenigen offenkundigen Mißbrauchsfällen ab, weil ein solches Verhalten die eigene Kreditwürdigkeit untergrub und im allgemeinen ein anderer Kredit nur noch schwer oder gar nicht mehr zu erlangen war.[544]

b) Anrechnung von Teilleistungen (§ 11 Abs. 3 VKG):

aa) Das neue Anrechnungsverfahren:

i) Die Vorschrift des § 11 Abs. 1 S. 1 VKG:

Eine ausdrückliche Ermächtigung durch eine bestimmte Vorschrift der EG-Richtlinie vom 22. Dezember 1986 (87/102/EWG) existiert auch insoweit nicht. Die Befugnis zum Normerlaß läßt sich daher nur wieder aus der allgemeinen Bestimmung des Art. 15 VKG-Richtlinie herleiten.

Die zunehmende Verschuldung der Verbraucher beruht in den pathologischen Fällen - wie eingangs schon darauf hinge-

---

542 BT-DS 11/8274, S. 22.

543 BGH NJW 1988, 1967, (1969 f.) = WM 1988, 1044 (1045); s.a. BGHZ 104, 337 (347) = BGH NJW 1988, 1971 = WM 1988, 929.

544 BR-Ds 427/89, S. 67.

wiesen[545] - auf einem unaufhaltsamen Anwachsen des Schuldenbergs. Als Mitursache wird hierfür häufig die Anrechnungsregel des § 367 Abs. 1 BGB gesehen.[546] Danach sind Teilleistungen zuerst auf die Kosten, im weiteren auf die Zinsen und zuletzt auf die Hauptforderung selbst anzurechnen. Bei eingeschränkter Zahlungsfähigkeit des Schuldners reichen die Teilleistungen nicht mehr zum Abbau der Hauptforderung aus, so wie es der Tilgungsplan vorsieht. Trotz teilweise gezahlter Raten nimmt der Schuldenberg nicht ab sondern zu, weil die Verzinsung der jeweiligen Restsumme weiterläuft und sich somit die Schuldsumme ständig erhöht. Es handelt sich dabei genau um den Effekt, von welchem im Zusammenhang mit der Verbraucherverschuldung oftmals vom "*modernen Schuldturm*" gesprochen wird. Auf seiten der Verbraucherverbände wurde daher schon seit langem gefordert, diesem Aspekt durch eine Änderung des Anrechnungsverfahrens Rechnung zu tragen.[547] Die für den Kreditnehmer günstigste Regelung läge darin, Teilzahlungen zuerst auf die Kapitalschuld und erst dann auf die Zinsen und Kosten zu verrechnen.[548] Daß dieser Vorschlag zwangsläufig auf wenig Gegenliebe der Interessenvertreter der Kreditwirtschaft stoßen mußte, war abzusehen. Das Verbraucherkreditgesetz versucht es daher auch, dem Problem mit einem Kompromiß zu begegnen. Auf der einen Seite erkennt es die Notwendigkeit an, das Anrechnungsverfahren des § 367 Abs. 1 BGB zu modifizieren; andererseits nimmt es Rücksicht auf die Interessen

---

545 Siehe oben 1. Kapitel § 1 A II.

546 Verbraucherpolitische Korrespondenz, Nr. 48 vom 01.12.1987, S. 3 (4).

547 Verbraucherpolitische Korrespondenz, Nr. 48 vom 01.12.1987, S. 3 (4).

548 Verbraucherpolitische Korrespondenz, Nr. 48 vom 01.12.1987, S. 3 (4).

der Kreditgeber. In § 11 Abs. 3 VKG wird der Kompromiß auf die Formel gebracht:

> *Teilleistungen werden zuerst auf die Kosten der Rechtsverfolgung, sodann auf die Hauptforderung und schließlich zuletzt auf die Zinsschuld angerechnet.*

Der Schuldner soll damit in seinem Leistungsbemühen, den Schuldenberg abzutragen, honoriert werden.[549] Mit dieser Regelung wurde einem Hauptanliegen der Verbraucherverbände - jedenfalls teilweise - entsprochen. Sieht man einmal von der Tilgung der Kosten der Rechtsverfolgung ab, ist nunmehr vorrangiges Zahlungsziel die Hauptverbindlichkeit. Wie die Formulierung des Gesetzes ausdrücklich klarstellt, handelt es sich bei den Kosten der Rechtsverfolgung nicht um die Kosten des Kredits.[550] Diese sind bereits Bestandteil der Zinsen, gegebenenfalls der Hauptforderung.

---

549 BR-Ds 427/89, S. 68; BT-Ds 11/5462, S. 27.

Zu beachten ist, daß § 11 Abs. 3 S. 1 VKG nur § 367 Abs. 1 BGB, nicht aber dessen Absatz 2 ändert. Der Kreditgeber kann danach die Leistung ablehnen, wenn der Verbraucher eine andere Anrechnungsreihenfolge bestimmt (Westphalen/Emmerich/Kessler, § 11 VKG, Rdnr. 46, 48 und 52).

Ferner soll nach Münstermann/Hannes § 11 VKG, Rdnr. 618, und Seibert, § 11 VKG, Rdnr. 13, § 367 Abs. 1 BGB weiterhin gelten, wenn Teilleistungen bewirkt werden, die noch *nicht fällig* waren.

550 BR-Ds 427/89, S. 68.

Letztlich ist der Begriff "Kosten der Rechtsverfolgung" als inhaltlich identisch mit den "Kosten" i.S.d. § 367 Abs. 1 BGB anzusehen (Seibert, § 11 VKG, Rdnr. 14).

Der für den Verbraucher entlastende Effekt wird aber im Ergebnis wohl doch nur bescheiden ausfallen. Dies liegt weniger daran, daß an erster Stelle die Kosten der Rechtsverfolgung zu erstatten sind. Zwar können gerade Gerichtskosten bei hohen Kreditbeträgen, wie sie hier u.a. auch zur Debatte stehen, mit nicht unbeträchtlichen Summen zu Buche schlagen. Im Vergleich zu den verbleibenden Beträgen nehmen sie sich aber trotzdem - relativ - bescheiden aus. Eine grundlegende Änderung der Situation der Verschuldung der Verbraucher kann hiervon allerdings insbesondere deshalb nicht erwartet werden, weil die ausstehende Kreditforderung weiterhin zu verzinsen ist und § 11 Abs. 2 S. 2 VKG nunmehr sogar explizit die Geltendmachung von Zinseszinsen[551] zuläßt.[552] Letzteres ist für die Verbraucherschutzorganisationen Anlaß zur Sorge,[553] da die Kreditgeber durch das Verbraucherkreditgesetz geradewegs zur Geltendmachung von Zinseszinsen ermuntert werden. Im Gegensatz dazu verspricht sich der Gesetzgeber gerade von der Verzugszinsenregelung in Verbindung mit dem neuen Anrechnungsverfahren den entlastenden Effekt.[554] Worauf sich sein Optimismus stützt, muß angesichts der neuen Rechtslage unbeantwortet bleiben. Aller-

---

551 Reichen daher Teilleistungen des Schuldners nicht aus, auch den Zinsanspruch des Gläubigers zu befriedigen und gerät jener insoweit in Verzug, können nach der Regelung des § 11 Abs. 2 S. 2 VKG die "stehengelassenen" Zinsen mit dem gesetzlichen Zinssatz als weitergehender Schaden verzinst werden [vgl. schon oben 3. Kapitel, § 2 B II 5 a) bb)].

552 Westphalen/Emmerich/Kessler, § 11 VKG, Rdnr. 45.

553 Stellungnahme des AgV zum 1. Referentenentwurf vom Juni 1988, S. 8 sowie Pressekonferenz vom 30. Juni 1988, S. 2; Verbraucherpolitische Korrespondenz vom 05. Juli 1988, S. 4, Nr. 27; Reifner, VuR 1988, 183 (186).

554 BR-Ds 427/89, S. 68.

dings räumt auch der Gesetzgeber selbst ein, daß die Wirkung des § 11 Abs. 3 S. 1 VKG für sich allein genommen nicht den bedeutenden Beitrag schlechthin zur Entlastung hochverschuldeter Verbraucher liefern dürfte.[555] Letztendlich muß abgewartet werden, was die künftige Praxis ergibt. Die Kreditwirtschaft wird jedenfalls mit der Vorschrift des § 11 Abs. 3 S. 1 VKG leben können, erhöht sie doch die Aussicht, daß aufgrund des neuen Anrechnungsverfahrens zumindest ein Teil der notleidend gewordenen Kredite zurückbezahlt wird.

ii) Teilleistungen des Verbrauchers:

§ 11 Abs. 3 S. 2 VKG bestimmt, daß

> *Teilleistungen nicht zurückgewiesen werden dürfen.*

Der Verbraucher ist auch unter dem Geltungsbereich des Verbraucherkreditgesetzes nicht berechtigt, Teilleistungen anzubieten.[556] Auch weiterhin bedeutet dies einen Verstoß gegen seine Pflicht, den Kredit in den vereinbarten Raten zu tilgen. Aus § 12 VKG läßt sich ersehen, daß das Gesetz unter bestimmten Voraussetzungen ein solches Verhalten sogar als so schwerwiegend betrachtet, daß der Kreditgeber zur Gesamtfälligkeitsstellung des Kredits befugt sein soll.

Nach dem Verbraucherkreditgesetz hat es aber auf der anderen Seite für den Kreditgeber Konsequenzen, wenn er die

---

555 BR-Ds 427/89, S. 68; BT-Ds 11/5462, S. 27.

Annahme der Teilleistung zu Unrecht verweigert: Darin liegt ein deutlicher Unterschied zur allgemeinen Regel des § 266 BGB. Auch hiernach ist der Schuldner zu Teilleistungen nicht berechtigt. Insoweit hat sich - dies zur Klarstellung - nichts geändert. Umgekehrt ist aus § 266 BGB zu folgern, daß der Gläubiger Teilleistungen annehmen kann, aber nicht muß.[557] Diese Wahlmöglichkeit wird mit § 11 Abs. 3 S. 2 VKG eingeschränkt. Im Falle der - an sich vertragswidrigen - Teilleistung kann der Gläubiger diese nicht mehr ablehnen.[558] Geschieht dies doch, gerät er nach den Vorschriften der §§ 293 ff. BGB in Annahmeverzug.[559]

bb) Verjährung (§ 11 Abs. 3 S. 3 VKG):

§ 11 Abs. 2 S. 3 VKG erklärt §§ 197 und 218 Absatz 2 BGB für unanwendbar. Diese Vorschriften sehen für *Zinsen* eine kurze Verjährung von vier Jahren vor. Das Verbraucherkreditgesetz verlängert die Verjährungsfrist folglich auf die Regelverjährungsfrist von dreißig Jahren (vgl. § 195 BGB). Der Kreditgeber sollte damit vor einer unangemesse-

---

556 A.A. Ulmer/Habersack, § 11 VKG, Rdnr. 37, und Seibert, § 11 VKG, Rdnr. 16, die hier ausdrücklich von einem *Recht des Verbrauchers zu Teilleistungen* sprechen.

557 Staudinger/Selb, § 266 BGB, Rdnr. 1; Münchener Kommentar/Keller, § 266 BGB, Rdnr. 8 und 9; Palandt-Heinrichs, § 266 BGB, Anm. 5, Rdnr. 10 und 11; siehe auch 1. Kapitel, § 2 B V.

558 Dies gilt nicht, wenn der Schuldner (darüber hinaus) eine andere Tilgungsreihenfolge bestimmt. Da § 367 Abs. 2 BGB nicht ausgeschlossen ist, wäre der Kreditgeber *insoweit* zur Ablehnung befugt (Westphalen/Emmerich/Kessler, § 11 VKG, Rdnr. 46 und 48).

nen Benachteiligung infolge zu kurzer Verjährung bewahrt werden.[560] Aus Kreditnehmersicht handelt es sich um eine Einschränkung der bisher kurzen Verjährung.[561] Allerdings führt die mit dem Verbraucherkreditgesetz eingeführte, von § 367 Abs. 1 BGB abweichende Tilgungsverrechnung von Teilleistungen mitunter dazu, daß bei längerfristigem Zahlungsverzug des Schuldners der Zinsanspruch des Kreditgebers nach § 197 BGB verjähren würde.[562] Durch die Verlängerung der Verjährungsfristen auf dreißig Jahre dürfte sich der Verbraucher wahrscheinlich weniger schnell einem Prozeß bzw. einem Zwangsvollstreckungsverfahren ausgesetzt sehen, die seitens des Kreditgebers wiederum allein deshalb angestrengt wurden, um eine Verjährung der Zinsansprüche zu unterbrechen (siehe § 209 BGB).[563] Es bleibt zu hoffen, daß die Regelung insgesamt streitvermeidend wirkt.

Es ist in diesem Zusammenhang zu betonen, daß sich § 11 Abs. 2 S. 3 VGK nicht auf die Verjährung der Hauptforderung, also etwa des Rückzahlungsanspruches auf das Darlehenskapital, bezieht. So verjährt z.B. der Anspruch aus

---

559 So auch Westphalen/Emmerich/Kessler, § 11 VKG, Rdnr. 52.

560 BR-Ds 427/89, S. 68.

561 Schmelz/Klute, ZIP 1989, 1509 (1521).

562 Die Vorschrift ist im Zusammenhang mit § 11 Abs. 3 S. 1 VKG zu sehen. Wegen der geänderten Anrechnungsreihenfolge wird auf den Zinsanspruch zuletzt geleistet, so daß die Zinsschuld über einen im Vergleich zur alten Rechtslage längeren Zeitraum bestehen bleibt und damit ohne § 11 Abs. 3 S. 3 VKG leichter zu verjähren droht (Seibert, § 11 VKG, Rdnr. 18).

563 Ebenso Medicus, Jura 1991, 561 (565).

§ 607 Abs. 1 BGB grundsätzlich in 30 Jahren,[564] ohne daß es hierzu der obigen Vorschrift des Verbraucherkreditgesetzes bedürfte. Demgegenüber verjähren Rückzahlungsansprüche aus finanzierten Abzahlungsgeschäften nach den jeweils anzuwendenden Vorschriften der §§ 195, 196 BGB. Begründet wird dies damit, daß der Kreditrückzahlungsanspruch an die Stelle der Kaufpreisforderung tritt und dieser nicht anders behandelt werden sollte als der unmittelbar händlerfinanzierte Abzahlungskauf.[565]

cc) Besonderheiten der Zwangsvollstreckung (§ 11 Abs. 3 S. 4 VKG):

Die erst gegen Ende des Gesetzgebungsverfahrens eingefügte Bestimmung des § 11 Abs. 3 S. 4 VKG erklärt die

> *Sätze 1 bis 3 des § 11 Abs. 3 VKG für unanwendbar, soweit Zahlungen auf Vollstreckungstitel geleistet werden, deren Hauptforderung auf Zinsen lautet.*

Danach entfällt bei isoliert auf Zinsen als Hauptforderung lautenden Vollstreckungstiteln die Anrechnungsreihenfolge des § 11 Abs. 3 S. 1 VKG; § 367 BGB gilt insoweit uneingeschränkt weiter. § 11 Abs. 3 S. 4 VKG soll Widersprüche mit dem vollstreckungsrechtlichen Grundsatz vermeiden, daß *nur titulierte Beträge vollstreckt werden*

---

564 Z.B. Schmelz, S. 233, Rdnr. 581; Palandt-Putzo, § 6 AbzG, Anm. 5 e) aa), Rdnr. 18.

565 BGHZ 60, 108 (110 f.); Schmelz, S. 233, Rdnr. 581; Palandt-Putzo, Anhang zu § 6 AbzG, Anm. 5 e) aa), Rdnr. 18.

dürfen.[566] Andernfalls wäre es zur Kollision zwischen diesem Grundsatz und der zwingend geltenden Verrechnungsreihenfolge des § 11 Abs. 3 S. 1 VKG gekommen, wonach Zahlungen - gleichgültig, ob freiwillig oder im Wege der Zwangsvollstreckung - auf noch bestehende Reste der Hauptforderung vorrangig anzurechnen sind.[567] Die konsequente Handhabung der Anrechnungsregel des Verbraucherkreditgesetzes wäre im Ergebnis auf eine Vollstreckung aus der (noch nicht) titulierten Hauptforderung hinausgelaufen.

Über § 11 Abs. 3 S. 4 VKG verbleibt es ferner bei der Regel, daß der Kreditgeber gem. § 266 BGB Teilleistungen ablehnen kann. Schließlich kommt auch die Verlängerung der Zinsverjährungsfristen nicht in Betracht, so daß insoweit die kürzere Frist von vier Jahren weiterhin gilt.

6.) Gesamtfälligkeitsstellung bei Teilzahlungen (§ 12 VKG):

§ 12 VKG regelt in Entsprechung des bisher geltenden § 4 Abs. 2 AbzG die Voraussetzungen und Rechtsfolgen der Gesamtfälligkeitsstellung. Ihm kommt dabei Präventivfunktion für den Fall drohender Insolvenz des Kreditnehmers

---

566 Braun, WM 1991, 165; Münzberg, WM 1991, 170 (172); Braun, WM 1991, 1325; Bruchner/Ott/Wagner-Wieduwilt, § 11 VKG, Rdnr. 64; Emmerich/Münstermann/Wagner-Wieduwilt, S. 84; Seibert, § 11 VKG, Rdnr. 19 ff.; Reinking /Nießen, ZIP 1991, 634 (636); Münstermann/Hannes, § 11 VKG, Rdnr. 633 f.; Scholz, Rdnr. 664 f., S. 330 ff.

567 Münzberg, WM 1991, 170 (172) und Ulmer/Habersack, § 11 VKG, Rdnr. 42, messen der Vorschrift wegen des genannten vollstreckungsrechtlichen Grundsatzes nur Klarstellungsfunktion bei.

zu.[568] Die Regelungsbefugnis durch den nationalen Gesetzgeber ergibt sich wie im Falle des § 11 VKG, mit dem § 12 VKG in engem inhaltlichen Zusammenhang steht, aus der allgemeinen Ermächtigungsnorm des Art. 15 VKG-Richtlinie.

a) Gesamtfälligkeitsstellung (§ 12 Abs. 1 VKG):

aa) Voraussetzungen:

Nach § 12 Abs. 1 VKG kann der Kreditgeber bei einem Teilzahlungskredit die Restschuld vorzeitig fällig stellen, wenn

- *der Kreditnehmer mit zwei aufeinanderfolgenden Raten ganz oder teilweise in Verzug (§§ 284 f. BGB) gerät,*
- *zwei Raten mindestens 10 % des Nennbetrages des Kredits/Teilzahlungspreises ausmachen (bei langfristigen Laufzeiten von mehr als drei Jahren genügen bereits 5 %),*
- *der Kreditgeber eine zweiwöchige Nachfrist mit der Erklärung gesetzt hat, daß er bei Nichtzahlung innerhalb dieser Frist den gesamten Kredit verlange.*

Die Vorschrift gilt - wie sich aus dem Wortlaut des § 12 Abs. 1 VKG und unter Berücksichtigung der Definition des

---

568 Bei der Kündigung nach § 12 Abs. 1 VKG handelt es sich um keine "retrospektive Kündigung", sondern um eine Kündigung, welche sich auf eine "negative Prognose" für das Kreditverhältnis stützt (Reifner, Kreditrecht, § 30, Rdnr. 45, S. 221). Dem Kreditgeber soll angesichts der Zweifel an der (weiteren) Rückzahlungsfähigkeit des Schuldners ein Festhalten am Kreditvertrag nicht mehr zugemutet werden (Reifner a.a.O.).

Kreditvertrages gemäß § 1 Abs. 2 VKG ergibt - für alle Teilzahlungskredite und Abzahlungsgeschäfte.[569] § 13 VKG ist demgegenüber nicht so zu verstehen, daß bei Abzahlungsgeschäften nur der Rücktritt als einzige Möglichkeit, den Vertrag vorzeitig zu beenden, offen stünde. Gesamtfälligkeitsstellung und Rücktritt ziehen auch völlig verschiedene Rechtsfolgen nach sich. Bei der Gesamtfälligkeitsstellung des Entgelts im Rahmen eines Abzahlungsgeschäfts kann der Kreditnehmer z.B. die Kaufsache behalten, muß jedoch den gesamten Teilzahlungspreis - abzüglich ersparter Kosten des Kreditgebers u.ä. - sofort entrichten, wohingegen im Falle des Rücktritts die beiderseits erbrachten Leistungen rückabzuwickeln sind.

bb) Änderungen im Vergleich zu § 4 Abs. 2 AbzG und zu den Vorschriften des Bürgerlichen Gesetzbuches:

Die Bestimmung orientiert sich am Vorbild des § 4 Abs. 2 AbzG, ohne diesen Paragraphen inhaltlich vollständig zu übernehmen.[570]

Nach § 4 Abs. 2 AbzG bedurfte die Gesamtfälligkeitsstellung einer besonderen diesbezüglichen Vereinbarung ("*Die Abrede, daß ...*"). Eine entsprechende Formulierung fehlt bei § 12 VKG. Es erhebt sich damit die Frage, ob der entsprechende Paragraph des Verbraucherkreditgesetzes nur ein vertragliches Recht zur Gesamtfälligkeitsstellung ausgestalten will oder - im Unterschied zur bisherigen Regelung des Abzahlungsgesetzes - selbst ein gesetzliches

---

569 BR-Ds 427/89, S. 69.

Vergleiche ferner Bruchner/Ott/Wagner-Wieduwilt, § 12 VKG, Rdnr. 3 ff.

570 BT-Ds 11/5462, S. 27.

Kündigungsrecht zum Gegenstand hat. Insoweit wäre auch das Konkurrenzverhältnis zu § 326 Abs. 1 BGB zu klären.

Ein Teilzahlungskredit ist grundsätzlich für eine bestimmte Dauer abgeschlossen. Er endet daher im Regelfall zunächst automatisch mit Ablauf der vertraglich vorgesehenen Laufzeit (arg. e contrario aus § 609 Abs. 1 BGB). Die Gesamtfälligkeitsstellung stellt sich demgegenüber als ein außerordentlicher Weg zur vorzeitigen Beendigung eines Teilzahlungskredites dar, deren Voraussetzungen bislang entweder der zugrunde liegenden Vereinbarung (§ 4 Abs. 2 AbzG) oder den Verzugsvorschriften des Bürgerlichen Gesetzbuchs, also insbesondere den §§ 284 ff., 326 BGB zu entnehmen waren.[571] Die vorhandenen Gesetzgebungsmaterialien weisen darauf hin, daß § 12 VKG insoweit als Nachfolgeregelung konzipiert wurde[572] und daß die Voraussetzungen einer zulässigen vertraglichen Gesamtfälligkeitsstellung auch "auf die *Kündigung* von Teilzahlungskrediten" übertragen werden sollte.[573] § 12 VKG setzt daher nicht nur - wie § 4 Abs. 2 AbzG - das Vorliegen einer vereinbarten Vorfälligkeitsklausel voraus, sondern gewährt darüber hinaus ein *eigenes Kündigungsrecht*. Dieses geht nach lex-specialis-Grundsätzen den allgemeinen Regelungen des Bürgerlichen Gesetzbuchs vor.

---

[571] Zur entsprechenden Anwendung der §§ 554, 554a, und 628 BGB vergleiche 1. Kapitel, § 2 B IV sowie Staudinger/Hopt/Mülbert, § 609 BGB, Rdnr. 34 ff.; Münchener Kommentar/Westermann, § 610 BGB, Rdnr. 13 ff.; Westphalen/Emmerich/Kessler, § 12 VKG, Rdnr. 4; Palandt-Putzo, § 609 BGB, Rdnr. 13 ff.; Ahrens, DB 1987, 315 (317); Reifner, Kreditrecht, § 30, Rdnr. 1, S. 212 und Rdnr. 16, S. 214; siehe auch Canaris, Rdnr. 1337 ff.

[572] Zum Beispiel BR-Ds 427/89, S. 69.

[573] BR-Ds 427/89, S. 69; BT-Ds 11/5462, S. 27.

Soweit der Zahlungsverzug aufgrund *vertraglicher Vereinbarung* einen wichtigen Grund zur außerordentlichen fristlosen Kündigung abgeben soll, müssen die Voraussetzungen des § 12 Abs. 1 VKG gleichermaßen erfüllt sein.[574] Andernfalls könnte der Kreditgeber durch die Statuierung bestimmter Beendigungsgründe für eine außerordentliche fristlose Kündigung den Schutz dieser Bestimmung umgehen (Argument aus § 18 S. 1 VKG).[575]

---

574 Ebenso Bruchner/Ott/Wagner-Wieduwilt, § 12 VKG, Rdnr. 16.

Was indessen das Recht zur außerordentlichen, fristlosen Kündigung aus wichtigem Grund anbelangt, ohne daß es vertraglich vereinbart ist, sich also *aus dem Gesetz* (§ 242 BGB) ergibt, sprechen die wohl besseren Gründe gleichermaßen für eine Berücksichtigung des § 12 VKG. D.h. § 12 VKG ist bei dem sich wie bei jedem Dauerschuldverhältnis aus § 242 BGB ergebenden außerordentlichen Kündigungsrecht in die Kündigungsvoraussetzungen mit "hineinzulesen". Ein - gesetzlicher - wichtiger Grund liegt demnach bei Verbraucherkrediten nur vor, wenn neben den sonstigen Voraussetzungen der außerordentlichen fristlosen Kündigung aus wichtigem Grund auch die des § 12 Abs. 1 VKG erfüllt sind. Dies alles gilt aber nur, soweit es sich um ein Kündigungsrecht im Zusammenhang mit einem *Zahlungsverzug* handelt.

Im Ergebnis ebenso Westphalen/Emmerich/Kessler, § 12 VKG, Rdnr. 20, und Münstermann/Hannes, § 13 VKG, Rdnr. 683 bzw. Rdnr. 747, für § 13 VKG; a.A. wohl Vortmann, § 11 VKG, Rdnr. 7; Bruchner/Ott/Wagner-Wieduwilt, § 12 VKG, Rdnr. 25 f.; Scholz, Rdnr. 617, S. 310.

575 So auch Westphalen/Emmerich/Kessler, § 12 VKG, Rdnr. 17.

Wegen Verstoßes gegen § 18 S. 1 VKG wäre auch die Vereinbarung "automatischer" Verfallklauseln als unwirksam zu erachten, selbst wenn die übrigen Voraussetzungen des Gesetzes eingehalten wären (Seibert, § 12 VKG, Rdnr. 2; Scholz, Rdnr. 618, S. 311). D.h. das Gesetz verlangt in jedem Fall eine Kündigung.

Zur Gesamtfälligkeitsstellung ist zunächst erforderlich, daß sich der Verbraucher mit mindestens zwei aufeinanderfolgenden Teilzahlungen in Verzug befinden muß. § 12 Abs. 1 VKG besitzt daher lediglich für Darlehen praktische Relevanz, welche in mindestens drei Raten zurückzuzahlen sind.[576] Ein Teilverzug[577] mit den Raten genügt (bei Beachtung der weiteren Voraussetzungen), sofern es sich um mindestens zwei aufeinanderfolgende Raten handelt.[578] D.h. andererseits jede *vollständig* erbrachte Rate bewirkt eine Zäsur der Kündigungsvoraussetzungen.[579]

Neu gegenüber § 4 Abs. 2 AbzG ist unter anderem das zusätzliche Erfordernis der Nachfristsetzung mit Ablehnungsandrohung. Die Nachfristsetzung hat dieselbe Zweckbestimmung wie bei § 326 Abs. 1 BGB. Dem Schuldner soll

---

576 Ulmer/Habersack, § 12 VKG, Rdnr. 3 a.E.

§ 12 VKG findet aus diesem Grunde nicht nur keine Anwendung für Darlehen, deren Nettokreditbetrag in einer einmaligen Zahlung zurückzuerstatten ist (so aber Bülow, § 12 VKG, Rdnr. 12), sondern bei denen es sich insgesamt um bloß zwei Raten handelt.

577 Kritisch hierzu Brandner in Hadding/Hopt, Verbraucherkredit, AGB-Gesetz und Kreditwirtschaft, S. 38.

578 Westphalen/Emmerich/Kessler, § 12 VKG, Rdnr. 22; Bülow, § 12 VKG, Rdnr. 19; Ulmer/Habersack, § 12 VKG, Rdnr. 10.

579 Bülow, § 12 VKG, Rdnr. 19; Bruchner/Ott/Wagner-Wieduwilt, § 12 VKG, Rdnr. 20; im Ergebnis so wohl auch Münstermann/Hannes, § 12 VKG, Rdnr. 650.

klar und deutlich die Konsequenz weiterer Nichtzahlung oder Teilzahlung vor Augen gehalten werden.[580] Die Nachfristsetzung mit Androhung der Gesamtfälligkeitsstellung der Restforderung bedeutet eine letzte Chance für den säumigen Schuldner, den schwerwiegenden Rechtsfolgen des § 12 VKG zu entgehen.

Für das Recht zur Gesamtfälligkeitsstellung genügt nicht nur der Rückstand mit zwei Teilzahlungen; diese müssen darüber hinaus auch mindestens 10 % des Nennkreditbetrages, also des Betrages ausmachen, auf den sich der Kredit nominell beläuft.[581] Eine Verschlechterung der Stellung der Kreditnehmer ist bei langfristigen Krediten mit einer Laufzeit von mehr als drei Jahren gegeben. Hier genügt es nach § 12 Abs. 1 S. 1 Nr. 1 VKG, wenn die zwei aufeinanderfolgenden Raten lediglich 5 % der Kreditsumme ausmachen. Bisher gab es das nicht. Die Zulassung der Gesamt-

---

Münstermann/Hannes, a.a.O., will Mißbräuchen des Verbrauchers dergestalt, daß nur jede zweite Rate gezahlt wird und so die Voraussetzungen der Gesamtfälligkeitsstellung eigentlich nicht erfüllt sind, durch die Anwendung des § 242 BGB begegnen. Der Schuldner müsse sich danach so behandeln lassen, als befände er sich mit aufeinanderfolgenden Raten in Verzug (Münstermann/Hannes, a.a.O.; im Ergebnis ebenso Seibert, § 12 VKG, Rdnr. 3; Scholz, Rdnr. 619, S. 311).

580 Palandt-Heinrichs, § 326 BGB, Anm. 5 a), Rdnr. 14 und c), Rdnr. 18; BR-Ds 427/89, S. 69; Vortmann, § 11 VKG, Rdnr. 2.

581 Nennbetrag ist im Sinne des nicht in die Endfassung aufgenommenen § 3 Abs. 1 S. 2 Nr. 1 lit. a VKG E-BReg (BT-Ds 11/5462) zu verstehen. Der Verbraucher muß demnach mit 10 % bzw. 5 % des Nettokreditbetrages einschließlich aller mitkreditierter Einmalkosten, wie z.B. Bearbeitungsgebühren, Spesen usw. [vgl. oben 3. Kapitel, § 2 B I 1 a) bb) i), 1. Gedankenstrich] in Verzug geraten sein.

Ebenso Bruchner/Ott/Wagner-Wieduwilt, § 12 VKG, Rdnr. 11.

fälligkeitsstellung beruht auf dem Gedanken, daß das Ausbleiben von Raten im Rahmen eines Teilzahlungskredites auf eine besondere Kreditgefährdung schließen läßt.[582] Die 10-%-Marge für Kredite unter drei Jahren stellt eine Art Wesentlichkeitserfordernis für die ausgebliebene Summe dar. Dieses Wesentlichkeitserfordernis ist bei noch längeren Laufzeiten aufgrund des dadurch oftmals bedingten höheren Ausfallrisikos auf 5 % herabzusetzen.

Die genannten Voraussetzungen müssen - wie bei § 4 Abs. 2 AbzG - kumulativ vorliegen.[583]

§ 12 Abs. 1 S. 1 VKG schreibt die Gesamtfälligkeitsstellung im Kern fest. Satz 2 schafft dafür keinen Ausgleich. Mit dieser Vorschrift

> *soll dem Verbraucher spätestens mit der Nachfristsetzung ein Gespräch über die Möglichkeit einer einverständlichen Regelung angeboten werden.*

Es handelt sich dabei nicht um eine zwingende Vorschrift, schon gar nicht um eine Wirksamkeitsvoraussetzung[584] der Gesamtfälligkeitsstellung, sondern um eine bloße Sollvorschrift mit Anregungscharakter. Anders als zum Beipiel bei Sollvorschriften im Verwaltungsrecht legt § 12 Abs. 1

---

582 BR-Ds 427/89, S. 69.

583 Ebenso Seibert, § 12 VKG, Rdnr. 3.

Noch anders der 1. Referentenentwurf, vgl. § 11 Abs. 1 E_1-VKG.

584 BT-Ds 11/5462, S. 27; Medicus, Jura 1991, 561 (564); Westphalen/Emmerich/Kessler, § 12 VKG, Rdnr. 30; Bruchner/Ott/Wagner-Wieduwilt, § 12 VKG, Rdnr. 19; Münstermann/Hannes, § 12 VKG, Rdnr. 658; Seibert, § 12 VKG, Rdnr. 4; Scholz, Rdnr. 625, S. 313.

S. 2 VKG dem Kreditgeber keine grundsätzliche, nur ausnahmsweise zu unterlassende Verpflichtung auf, nach pflichtgemäßen Ermessen ein Gespräch zu führen und hierauf lediglich bei Vorliegen besonderer Gründe zu verzichten. D.h. der Kreditgeber ist nicht einmal im Regelfall gehalten, der Anregung zu folgen.[585] Zweifelhaft erscheint, ob der Kreditnehmer aus dem Unterlassen des Angebots einer gütlichen Einigung andere Rechte (Zurückbehaltungsrechte, Ansprüche aus positiver Vertragsverletzung) herleiten kann.[586] Nach den Intentionen des Gesetzgebers soll das gemäß § 12 Abs. 1 S. 2 VKG anzubietende Gespräch "helfen, anstelle der Kündigung des Kredits andere Lösungsmöglichkeiten zu finden".[587] Das Gespräch solle vom Kreditgeber angeboten werden, "weil der Verbraucher z.B. aus 'Schwellenangst' nicht selbst den Weg zum Kreditgeber findet."[588] § 12 Abs. 1 S. 2 VKG trägt insoweit den Realitäten Rechnung, daß Vergleichsverhandlungen wohl nur zustande kommen bzw. überhaupt einen Zweck haben, wenn sie vom Kreditgeber initiiert werden. Eine *Pflicht* des Kreditgebers hierzu dürfte damit gleichwohl nicht statuiert worden sein. Schadensersatzansprüche aus positiver Vertragsverletzung bleiben damit mangels

---

585 Der Gesetzgeber weist ausdrücklich darauf hin, daß es sich insoweit nicht um eine "*Tatbestandsvoraussetzung*" einer wirksamen Gesamtfälligkeitsstellung handelt.

586 Medicus, Jura 1991, 561 (564).

587 BT-Ds 11/5462, S. 27.

588 BT-Ds 11/5462, S. 27.

einer entsprechenden Neben*pflicht* außer Betracht.[589] Gleiches gilt für die Annahme eines Zurückbehaltungsrechtes. Ein "Gegenrecht" des Kreditnehmers bis zum Scheitern etwaiger Vergleichsverhandlungen soll nicht begründet werden.[590]

Viel Wirkung wird von der Bestimmung im übrigen wohl auch deshalb nicht zu erhoffen sein, weil selbst in den Fällen, in denen dem Verbraucher ein derartiges Gesprächsangebot zum Zwecke einer einverständlichen Regelung unterbreitet wird, nicht auszuschließen ist, daß es im wesentlichen auf ein Diktat des Kreditgebers hinausläuft. Der Kreditgeber, bei welchem es sich regelmäßig um ein gewinnorientiert arbeitendes Unternehmen handeln dürfte, wird ohnehin von selbst bzw. nur dann in Vergleichsverhandlungen eintreten, wenn ihm dies aus wirtschaftlichen Gründen sinnvoll erscheint. Die Appellfunktion des § 12 Abs. 1 S. 2 VKG läuft aus diesem Grunde Gefahr, ins Leere zu zielen.

b) Gutschrift nicht verbrauchter Kreditkosten (§ 12 Abs. 2 VKG):

Bei vorzeitiger Kündigung sind gem. § 12 Abs. 2 VKG für den Zeitraum nach Gesamtfälligkeitsstellung die Zinsen und laufzeitabhängigen Kosten zu

---

589 Bülow, § 12 VKG, Rdnr. 23; a.A. Ulmer/Habersack, § 12 VKG, Rdnr. 19; Westphalen/Emmerich/Kessler, § 12 VKG, Rdnr. 31. Demgegenüber will Zahn, DB 1991, 81 (84 f.) die Entwicklung einer diesbezüglichen Neben*pflicht* der Rechtsprechung überlassen. Ebenfalls offenlassend Reich in Hadding/Hopt, Das neue Verbraucherkreditgesetz, S. 46. Gleichfalls offen Bruchner/Ott/Wagner-Wieduwilt, § 12 VKG, Rdnr. 19.

590 Medicus, Jura 1991, 561 (564).

berücksichtigen, die bei staffelmäßiger Berechnung auf die Zeit nach Wirksamwerden der Kündigung entfallen.

Der Gesamtbetrag der Teilzahlungen ist entsprechend der verkürzten Kreditdauer abzuzinsen.[591] D.h. im Ergebnis wird der Kreditnehmer um den Betrag entlastet, um den der Kreditgeber bei staffelmäßiger Berechnung früher über das Kapital verfügen und insoweit auch laufzeitabhängige Kosten ersparen kann. Bei den laufzeitabhängigen Kosten handelt es sich vornehmlich um die Kosten der Refinanzierung.[592] Staffelmäßige Berechnung bedeutet in diesem Zusammenhang, daß sich der zugrunde gelegte Zinssatz immer auf das jeweilige Restkapital bezieht, welches sich infolge der Tilgungsraten pro Fälligkeitszeitpunkt reduziert. Die staffelmäßige Berechnung führt dazu, daß der Zinsanteil zu jedem Fälligkeitszeitpunkt pro vorgenommener Tilgung kleiner wird.[593]

In Verbindung mit dem Unabdingbarkeitsgebot des § 18 S. 1 VKG erfährt die Position des Verbrauchers hierdurch eine gewisse Stärkung.

---

591 Dies war bereits vor Erlaß des Verbraucherkreditgesetzes von der Rechtsprechung anerkannt, vgl. z.B. BGH NJW 1979, 540 (541 f.); OLG Frankfurt, NJW 1978, 1927 (1928 f.).

592 Palandt-Heinrichs, § 246 BGB, Anm. 2 b), Rdnr. 4.

593 Zuzugeben ist, daß diese Vorschrift in ihrer Konsequenz höhere Anforderungen an das Rechnungswesen der Kreditgeber stellt als bisher (so auch Scholz, DB 1991, 215 [218]).

c) Höhe des Verzugszinses nach Gesamtfälligkeitsstellung:

Besondere Probleme ergeben sich für den Fall, daß der Verbraucher auch mit dem infolge der Kündigung vorfällig gestellten Restbetrag in Verzug gerät.[594] § 11 Abs. 3 des Entwurfes der Bundesregierung vom 11. August 1989[595], der in der endgültigen Gesetzesfassung wieder gestrichen wurde, hatte insoweit noch vorgesehen, daß der Kreditgeber

> *im Falle des Verzuges des Verbrauchers mit der Restschuld entweder den besonderen Verzugszins nach § 10 Abs. 1 des Entwurfs[596] oder weiterhin den Vertragszins - maximal bis zum Zeitpunkt, zu welchem der Betrag der Zinsen und laufzeitabhängigen Kosten erreicht ist - verlangen kann.*

Durch Streichung der ursprünglichen Bestimmung hat sich das Problem nicht erledigt. In seiner offiziellen Begründung läßt sich nämlich keine grundsätzlich andere Haltung des Gesetzgebers erkennen.[597] Die Übernahme in die endgültige Fassung des Gesetzes ist, sieht man einmal von zusätzlichen Praktikabilitätserwägungen ab, nur deshalb nicht erfolgt, weil der Bundesgerichtshof die Erstat-

---

[594] Beispiele aus der Rechtsprechung zeigen, daß insbesondere immer wieder im einzelnen zu klären war, auf welche Positionen sich die geltend gemachten Verzugszinsen erstreckten [z.B. OLG München, NJW 1969, 53 (54 f.); OLG Hamm, NJW 1973, 1002 (1003); OLG Frankfurt, NJW 1978, 1927 (1928 f.)].

[595] BR-Ds 427/89; BT-Ds 11/54.62.

[596] Entspricht in der endgültigen Fassung § 11 Abs. 1 VKG.

[597] BT-DS 11/8274, S. 22.

tungsfähigkeit des Vertragszinses als Verzugszinsschaden im Falle des Verzuges mit der aufgrund der Gesamtfälligkeitsstellung fällig gewordenen Restforderung als entgangenen Gewinn gem. § 252 S. 2 BGB bestätigt hat.[598] Der Kreditgeber kann danach bis zur Höhe des vertraglichen Zinses einen als abstrakten Schadensersatzanspruch bemessenen Zinsanspruch verlangen. Soweit keine diesbezüglich gesonderte (zulässige) Zinsvereinbarung getroffen wurde, handelt es sich streng genommen nicht um den Vertragszins selbst. Die beanspruchten Zinsen stellen sich vielmehr als abstrakten Verzugszinsschaden dar, dessen Höhe maximal die des Vertragszinses erreichen kann. Seine Berechnung ergibt sich aus dem Durchschnittszinssatz der jeweiligen Bank, der nach dem Anteil der verschiedenen Kreditarten am gesamten Aktivkreditgeschäftsvolumen errechnet wird.[599] Die Dauer, für die dieser bei Verzug mit der Rückzahlung der gesamtfällig gestellten Darlehensforderung zu entrichtende "Quasi-Vertragszins" längstenfalls beansprucht werden kann, beschränkt sich in Fortführung der bisherigen Rechtsprechung auf die Vertragslaufzeit oder den nächst zulässigen Kündigungstermin.[600]

Ersparte Aufwendungen werden dem Kreditnehmer nicht gutgeschrieben, weil der Kreditgeber weiterhin mit Refinan-

---

598 BGH NJW 1988, 1967, (1969 f.); s.a. BGHZ 104, 337 = BGH NJW 1988, 1971 = WM 1988, 1044.

599 BGHZ 104, 337 (342 ff.) = BGH NJW 1988, 1971 = WM 1988, 1044.

600 BGHZ 104, 337 (343) = BGH NJW 1988, 1971; s.a. Stellungnahme des AgV in der Pressekonferenz vom 30. Juni 1988, S. 2 zum 1. Referentenentwurf vom Juni 1988; Verbraucherpolitische Korrespondenz vom 05. Juli 1988, S. 5, Nr. 27; Palandt-Heinrichs, § 246 BGB, Anm. 2 c), Rdnr. 5; Ahrens, DB 1987, 315 (318).

zierungskosten, die aufgrund eines anderweitigen Verwaltungsaufwandes herrühren, belastet ist.[601]

7.) Das Rücktrittsrecht des Kreditgebers (§ 13 VKG):

Das dem Kreditgeber durch § 13 VKG eingeräumte Rücktrittsrecht findet seine Grundlage in Art. 7 VKG-Richtlinie. Danach wird der nationale Gesetzgeber in ganz allgemeiner Form dazu ermächtigt und verpflichtet, die Bedingungen festzulegen, unter denen der Warenkreditgeber einseitig die Ware zurücknehmen kann. Ferner hat er durch entsprechende Vorschriften zu gewährleisten, daß sich bei der Abrechnung zwischen Kreditgeber und Kreditnehmer ersterer nicht unberechtigt bereichern kann. *Art. 7 VKG-Richtlinie* sieht eine Rechtsangleichung nur für den Bereich der *Warenkredite* vor, wohingegen *§ 13 VKG* den Regelungsumfang *auch* auf die *Kreditierung sonstiger Leistungen* ausdehnt. Weil aber ansonsten die Kreditierung der sonstigen Leistungen im bundesdeutschen Recht ungeregelt geblieben wäre, darf man vorliegendenfalls eine entsprechende Kompetenz aus Art. 15 VKG-Richtlinie herleiten.

a) Die Voraussetzungen des Rücktritts (§ 13 Abs 1 VKG):

§ 13 Abs. 1 VKG räumt bei Teilzahlungskrediten dem Kreditgeber von Waren sowie sonstiger Leistungen ein *Rücktrittsrecht* ein; dies gilt aber

> *nur bei Vorliegen der besonderen Voraussetzungen des § 12 Abs. 1 VKG.*

---

601 BGH NJW 1988, 1967, (1970).

D.h. auch hier muß sich der Verbraucher in Zahlungsverzug (§§ 284 f. BGB) befinden. Ferner hat der Zahlungsrückstand mindestens zwei aufeinanderfolgende Raten (ganz oder teilweise) zu umfassen, die zugleich 10 % (bzw. 5 % bei Krediten von mehr als drei Jahren) des Nennbetrages des Kredits erreichen müssen. Ebensowenig darf die Nachfristsetzung von zwei Wochen mit Ablehnungsandrohung fehlen. Die dabei abzugebende Erklärung, daß andernfalls die Gesamtfälligkeitsstellung drohe, ist sinngemäß dahingehend abzuwandeln, daß der Kreditgeber in diesem Fall seinen Rücktritt vom Vertrag erklären wird. Sprachlich richtiger hätte § 13 Abs. 1 VKG von daher um das Wort "entsprechend" ergänzt werden müssen.

Inhaltlich ist die Vorschrift als Nachfolgeregelung der §§ 1 und 2 AbzG zu werten, die dem Kreditgeber eines Abzahlungsgeschäfts neben dem Recht zur Kündigung (entsprechend § 4 Abs. 2 AbzG, jetzt § 12 VKG) die Möglichkeit zum Rücktritt einräumte. Als Ziel beider Regelungen muß angesehen werden, den Verbraucher vor anderweitigen Vereinbarungen, z.B. dergestalt, daß alle Raten im Falle des Rücktritts verfallen, geschützt wird.[602]

Die Unterschiede im Hinblick auf die Rechtsfolgen wurden bereits beim Problem der Gesamtfälligkeitsstellung behandelt, so daß sich eine Wiederholung erübrigt. Der Abzahlungsverkäufer wird beispielsweise der Rücktrittsvariante den Vorzug geben, wenn er selbst entsprechende Vorleistungen erbracht hat und dies im Hinblick auf die zurückzuerlangende Ware auch gerechtfertigt erscheint.[603] Die

---

602 Statt vieler Palandt-Putzo, § 1 AbzG, Anm. 1 a), Rdnr. 1.

603 BR-Ds 427/89, S. 71.

Voraussetzungen des Rücktritts bleiben im übrigen die gleichen wie bei § 12 VKG, der insoweit als eine Art *Grundtatbestand* betrachtet werden kann.[604]

Im Gegensatz zur neuen Regelung des Verbraucherkreditgesetzes machte das Abzahlungsgesetz in §§ 1 und 4 Abs. 2 AbzG noch Unterschiede zwischen den Voraussetzungen des Rücktritts und denen der Gesamtfälligkeitsstellung. Insoweit ist die Gleichstellung zu begrüßen, handelt es sich doch im Hinblick auf die für den Kreditschuldner damit verbundenen Belastungen wertungsmäßig um zwei vergleichbare Fälle. Der verbraucherschutzpolitische Aspekt erhält dadurch eine weitere Stärkung, daß die neue Vorschrift die Voraussetzungen des Rücktritts als Mindeststandard sowohl für das vertragliche als auch für das gesetzliche Rücktrittsrecht festschreibt. Nach § 18 S. 1 VKG darf zum Nachteil der Verbraucher nicht von den Bestimmungen des Verbraucherkreditgesetzes abgewichen werden. D.h. kein vertraglich vereinbartes Rücktrittsrecht kann hinter die Anforderungen des § 13 Abs. 1 i.V.m. § 12 Abs. 1 VKG zurückfallen. Was das gesetzliche Rücktrittsrecht anbelangt, so folgt es nunmehr allein aus den genannten Rechtsnormen des Verbraucherkreditgesetzes und nicht mehr aus anderen Gesetzen. Die § 455 oder § 326 Abs. 1 S. 1

Der Kreditgeber hat bei Vorliegen der jeweiligen Voraussetzungen ein Wahlrecht, ob er nach § 12 VKG oder nach § 13 VKG vorgehen möchte (Westphalen/Emmerich/Kessler, § 12 VKG, Rdnr. 33 f. und § 13 VKG, Rdnr. 8; Emmerich, JuS 1991, 705 [709]).

604 Dies gilt für jegliches Rücktrittsrecht, ungeachtet dessen, woraus es sich ergibt (zum Beispiel aus Vertrag, aus § 455 BGB u.a.; vergleiche Bülow, § 13 VKG, Rdnr. 7).

BGB treten nach dem lex-specialis- und dem lex-posterior-Grundsatz zurück.[605]

b) Das Rückabwicklungsverhältnis (§ 13 Abs. 2 VKG):

§ 13 Abs. 2 VKG beinhaltet keine eigene Rückabwicklungsvorschrift wie § 2 AbzG, sondern stellt eine

Verweisungsnorm auf die §§ 346 ff. BGB

dar. Hierin liegt im Vergleich zur bisherigen Rechtslage eine Haftungsverschärfung, da § 347 BGB auf die §§ 987 ff. BGB verweist.[606] Dies hat z.B. zur Folge, daß der Verbraucher nach §§ 13 Abs. 2 S. 1 VKG, 347 S. 2 i.V.m. 987 Abs. 2 BGB für schuldhaft nicht gezogene Nutzungen haftet.[607]

---

605 Ebenso Reinking/Nießen, ZIP 1991, 79 (86); Ulmer/Habersack, § 13 VKG, Rdnr. 1; Vortmann, § 13 VKG, Rdnr. 3; Bruchner/Ott/Wagner-Wieduwilt, § 13 VKG, Rdnr. 5 und Rdnr. 14 ff.; Münstermann/Hannes, § 13 VKG, Rdnr. 682; Emmerich, JuS 1991, 705 (709).

Anders wohl Westphalen/Emmerich/Kessler, § 13 VKG, Rdnr. 11. Danach soll für den Kreditgeber die Möglichkeit bestehen bleiben, gemäß § 326 BGB Schadensersatz wegen Nichterfüllung zu verlangen (für Ansprüche auf Schadensersatz wegen Nichterfüllung insoweit ebenso Bruchner/Ott/Wagner-Wieduwilt, § 13 VKG, Rdnr. 16)

606 A.A. Seibert, § 13 VKG, Rdnr. 2, der im Vergleich zu den Rücktrittsvorschriften des Bürgerlichen Gesetzbuches im aufgehobenen § 2 AbzG nicht in jedem Fall eine Besserstellung sehen will.

607 Vergleiche auch Seibert, § 13 VKG, Rdnr. 4 ff.

Die Sätze 2 und 3 des § 13 Abs. 2 VKG entsprechen inhaltlich den früheren Regelungen des § 2 Abs. 1 S. 1 und 2 AbzG. Von daher kann weitgehend auf die hierzu vorliegende Literatur und Rechtsprechung verwiesen werden.[608] Nach Satz 2 hat der Verbraucher dem Kreditgeber die infolge des Vertrages gemachten Aufwendungen zu vergüten. Hierunter fallen z.B. Vertrags- oder Versandkosten.[609] Das Kreditgeschäft muß für die Aufwendungen kausal gewesen sein; die Aufwendungen dürfen nicht überflüssig oder unangebracht sein.[610] Bei der gem. §§ 13 Abs. 1 S. 1 VKG, 346, 347, 987 Abs. 1 BGB zu leistenden Überlassungsvergütung ist gem. § 13 Abs. 2 S. 3 VKG die eingetretene Wertminderung zu berücksichtigen. Praktische Bedeutung erlangt dies aber nur, wenn die Wertminderung überproportional hoch ist, so daß sie nicht bereits in der Höhe der Vergütung berücksichtigt ist, wie das in der Regel der Fall sein dürfte.[611]

Bender, VuR 1991, 197 (200 f.) sieht noch weiterreichende Haftungsverschärfungen darin begründet, daß die Nutzungsüberlassung zu den (einklagbaren) Hauptpflichten gehöre und somit § 346, S. 2 BGB anwendbar sei. Dies führe dazu, daß als Nutzungsvergütung nicht die "übliche Nutzungsgebühr", sondern die (zumeist wesentlich höhere) vertraglich vereinbarte Gegenleistung geschuldet sei (a.A. zum Beispiel Reinicke/Tiedtke, ZIP 1992, 217 [220]).

608 Vgl. z.B. Palandt-Putzo, § 2 AbzG, Anm. 3, Rdnr. 10 ff. und 5, Rdnr. 22 ff. m.w.N.

609 Palandt-Putzo, § 2 AbzG, Anm. 3 c) aa), Rdnr. 12.

610 Palandt-Putzo, § 2 AbzG, Anm. 3 a), Rdnr. 10.

611 Palandt-Putzo, § 2 AbzG, Anm. 5 a) cc), Rdnr. 23.

c) Rücktrittsfiktion (§ 13 Abs. 3 VKG):

Vom Regelungsinhalt aus betrachtet findet § 13 Abs. 3 S.1 VKG seine Entsprechung in der ehemaligen Vorschrift des § 5 AbzG.

> *Danach wird der Rücktritt bereits durch die Wiederansichnahme der Ware durch den Kreditgeber fingiert.*[612]

Der Gesetzgeber verzichtete im Unterschied zu § 5 AbzG auf den Zusatz in der Formulierung "aufgrund des vorbehaltenen Eigentums", was darauf zurückzuführen ist, daß auch die h.M. zur Vorschrift des alten Abzahlungsgesetzes auf dieses Erfordernis verzichtete und jedes, auch nicht auf das Vorbehaltseigentum gestützte Herausgabebegehren genügen ließ.[613] Überhaupt wird man für die Fiktion des

---

[612] Die Rücktrittsfiktion gilt nicht, solange die Widerrufsfrist nicht abgelaufen ist. Denn bis dahin ist der Kreditvertrag schwebend unwirksam, so daß ein Rücktritt noch nicht möglich ist (Bülow, § 13 VKG, Rdnr. 27). Behält der Kreditgeber die Sache nach Ablauf der Widerrufsfrist, kann darin allerdings eine (konkludente) Rücktrittserklärung gesehen werden (Bülow, a.a.O.).

[613] Westphalen/Emmerich/Kessler, § 13 VKG, Rdnr. 29 ff.; Vortmann, § 13 VKG, Rdnr. 32 ff.; Münstermann /Hannes, § 13 VKG, Rdnr. 749; Scholz, Rdnr. 634, 637, S. 316 ff. m.w.N.; Palandt-Putzo, § 5 AbzG, Anm. 2, Rdnr. 3; Canaris, Rdnr. 1413.

Wie schon nach der alten Rechtslage gebietet es der umfassende Schutz des Verbrauchers, nicht erst die vollzogene "Ansichnahme" als Tatbestandsvoraussetzung genügen zu lassen. Vielmehr wird man bereits die Erhebung einer auf Herausgabe gerichteten Klage, gegebenenfalls sogar ein ernstliches Herausgabeverlangen (a.A. Palandt-Putzo, a.a.O.; so aber z.B. BGH NJW 1979, 872), als Wegnahme zu bewerten haben. Der Gesetzeswortlaut bringt dies allerdings nicht in dieser Klarheit zum Ausdruck.

Rücktritts im Rahmen des § 13 Abs. 3 S. 1 VKG auf die bisherige Rechtsprechung und Literatur, die zu § 5 AbzG ergangen ist, zurückgreifen können, wobei jedoch berücksichtigt werden muß, daß sich § 5 AbzG auf ein *vertraglich vereinbartes* Rücktrittsrecht bezog, § 13 Abs. 3 VKG allerdings ein *gesetzliches* Rücktrittsrecht zum Gegenstand hat.[614] Des weiteren ist zu beachten, daß unter dem Geltungsbereich des Verbraucherkreditgesetzes Raum für die Rücktrittsfiktion nur besteht, wenn die Voraussetzungen des § 13 Abs. 1 VKG erfüllt sind.[615]

§ 13 Abs. 3 S. 1 VKG weist jedoch im Vergleich zu § 5 AbzG einen bedeutsamen Unterschied auf. In einem zweiten Halbsatz wird die erhebliche Einschränkung gemacht,

> *daß es zur Rücktrittsfiktion nicht kommt, wenn sich der Kreditgeber gegenüber dem Verbraucher*

Ein solches Verhalten läßt sich u.U. aber auch gleich als - konkludente - Rücktrittserklärung im Sinne des § 13 Abs. 1 VKG qualifizieren.

614 Bruchner/Ott/Wagner-Wieduwilt, § 13 VKG, Rdnr. 31.

Insoweit blieb die Rücktrittsfiktion - vorbehaltlich § 455 BGB - ohne Wirkung, wenn ein Rücktrittsrecht trotz Abzahlungskaufes nicht vereinbart war (Bruchner/Ott/Wagner-Wieduwilt, § 13 VKG, Rdnr. 31).

615 Seibert, § 13 VKG, Rdnr. 9; Bruchner/Ott/Wagner-Wieduwilt, § 13 VKG, Rdnr. 32 ff.

Liegen die Voraussetzungen des Rücktritts nach § 13 Abs. 1 VKG nicht vor, nimmt der Kreditgeber die Sache aber gleichwohl wieder an sich, wäre jedoch erforderlichenfalls an eine *analoge* Anwendung der Rücktrittsfiktion des § 13 Abs. 3 VKG zu denken (so wohl Münstermann/Hannes, § 13 VKG, Rdnr. 751). Andernfalls wäre der Anwendungsbereich der Fiktionswirkung stark eingeschränkt (Seibert, § 13 VKG, Rdnr. 9).

> *verpflichtet, ihm den gewöhnlichen Verkaufswert zu vergüten.*

Die diesbezügliche Vereinbarung kann nach Auffassung des Gesetzgebers bereits von Anfang an im Kreditvertrag enthalten sein.[616] Insoweit besteht allerdings die Gefahr, daß Allgemeine Geschäftsbedingungen oder unter Druck ausgehandelte Individualvereinbarungen Wertansätze oder Methoden zur Wertermittlung enthalten, die den Verbraucher benachteiligen.[617]

§ 13 Abs. 3 S. 2 VKG trägt beim Rücktritt den Besonderheiten der *verbundenen Geschäfte* gem. § 9 Abs. 1 VKG Rechnung. Danach wird im ersten Halbsatz zunächst festgestellt, daß

> *die Rücktrittsfiktion des Satzes 1 auch bei verbundenen Geschäften volle Geltung besitzen soll.*[618]

Wichtiger ist die Vorschrift des zweiten Halbsatzes. Diese statuiert für den Fall des Rücktritts,

> *daß sich das Rechtsverhältnis zwischen Verbraucher und Kreditgeber nach § 13 Abs. 2 VKG bestimmt.*

---

616 BR-Ds 427/89 S. 72; Westphalen/Emmerich/Kessler, § 13 VKG, Rdnr. 47.

617 Ebenso Bender, VuR 1991, 197 (201).

618 Letztlich besitzt diese Vorschrift nur Klarstellungsfunktion, denn schon nach der bisherigen Rechtslage erstreckte sich die Rücktrittsfiktion des § 5 AbzG auch auf finanzierte Abzahlungskäufe [z.B. BGHZ 47, 241 (242); BGHZ 57, 112].

D.h. vor allem, die §§ 346 ff., 987 ff. BGB gelten auch im Verhältnis Kreditgeber-Verbraucher, obwohl der Warenaustausch ursprünglich nur im Verhältnis Lieferant / Hersteller und Verbraucher stattgefunden hat.[619]

8.) Vorzeitige Zahlung (§ 14 VKG):

Nach Art. 8 VKG-Richtlinie ist dem Verbraucher das Recht zur vorzeitigen Rückzahlung einzuräumen (Satz 1). In diesem Fall hat er einen Anspruch darauf, daß sich die Gesamtkosten insoweit ermäßigen. Allerdings soll dies nur "*gemäß den von den Mitgliedsstaaten festgelegten Regelungen*" gelten (Satz 2).

a) Vorzeitige Zahlung i.R.v. Warenkrediten/sonstigen kreditierten Leistungen (§ 14 VKG):

aa) Die Vorschrift des § 14 VKG:

Art. 8 VKG-Richtlinie hat seine Umsetzung in bundesdeutsches Recht in Form des § 14 VKG erfahren.

> *Danach vermindert sich bei Teilzahlungskrediten der Teilzahlungspreis um die Zinsen und laufzeitunabhängigen Kosten, die bei staffelmäßiger Berechnung auf die Zeit nach der vorzeitigen Erfüllung entfallen.*

---

619 Schon bislang galt für den Regelfall, daß bei verbundenen Geschäften ein Rückabwicklungsverhältnis nur zwischen Kreditgeber und Abzahlungskäufer bestand [BGHZ 47, 249 (250 f.)].

Weitere Einzelheiten siehe Westphalen/Emmerich/Kessler, § 13 VKG, Rdnr. 51 ff.

Erfüllung bedeutet in diesem Zusammenhang Zahlung der Hauptleistung, der Zinsen und der sonstigen angefallenen Kosten.

§ 14 VKG gilt nur für Warenkredite und sonstige kreditierte Leistungen, nicht jedoch für Geldkredite. Die Pflicht zur Umsetzung der Art. 8 VKG-Richtlinie erscheint insoweit zunächst nur teilweise erfüllt.[620]

bb) Rechtsgrundlage für ein Recht zur vorzeitigen Erfüllung:

Indem sich § 14 S. 1 VKG ausschließlich auf die Regelung der Rechtsfolgen beschränkt, die eintreten sollen, sobald vorzeitig erfüllt worden ist, räumt dieser Paragraph dem Verbraucher nicht ausdrücklich ein Recht zur vorzeitigen Erfüllung ein, sondern setzt es stillschweigend voraus. Grundlage für ein solches Recht auf vorzeitige Erfüllung bildet im allgemeinen die Vorschrift des § 271 Abs. 2 BGB,[621] wonach im Zweifel anzunehmen ist, daß der Schuldner seine Verbindlichkeit vorzeitig erfüllen darf. § 271 Abs. 2 BGB kommt jedoch nicht zur Anwendung, wenn der Gläubiger durch die vorzeitige Tilgung ein vertragliches Recht verliert oder in seinen rechtlich geschützten Interessen beeinträchtigt wird.[622] Dies gilt v.a. beim ver-

---

620 Ähnlich Ulmer/Habersack, § 14 VKG, Rdnr. 3 f. und Rdnr. 6; Westphalen/Emmerich/Kessler, § 14 VKG, Rdnr. 10.

621 BR-Ds 427/89, S. 73.

622 Palandt-Heinrichs, § 271 BGB, Anm. 3 d), Rdnr. 11; Münchener Kommentar/Keller, § 271 BGB, Rdnr. 24.

zinslichen Darlehen.[623] Der Gläubiger würde nur einen verkürzten Zinsgewinn realisieren bzw. seine Kosten gar nicht oder nur zum Teil amortisieren können. Es ist infolgedessen mit der wohl herrschenden Meinung davon auszugehen, daß insoweit die Vorschriften der §§ 608 ff. BGB dem § 271 Abs. 2 BGB vorgehen.[624] § 14 S. 1 VKG betrifft jedoch nur die vorzeitige Zahlung von Warenkrediten und kreditierten sonstigen Leistungen. (Geld-)*Darlehen* sind hingegen nicht erfaßt. D.h. die §§ 608 ff. BGB können bei Warenkrediten und kreditierten sonstigen Leistungen nicht zur Beantwortung der Frage nach der Zulässigkeit einer vorzeitigen Zurückzahlung herangezogen werden.

Im Ergebnis wird man es daher für alle Nicht-Geldkredite bei der alleinigen Anwendung der Vorschrift des § 271 Abs. 2 BGB belasssen müssen.[625] Allerdings handelt es sich bei ihr um eine Auslegungsregel ("im Zweifel").[626] Die von Art. 8 VKG-Richtlinie umzusetzende Befugnis zur vorzeitigen Zahlung ist aber als unbedingtes, zweifelsfreies Recht umzusetzen. § 14 VKG ist deshalb bei der Interpretation des § 271 Abs. 2 BGB stets mitzuberücksichtigen, sofern ein Konsumentenkredit im Sinne des Verbraucherkreditgesetzes vorliegt. Danach wird im Zweifel immer von einem Recht zur vorzeitigen Rückzahlung nach § 271 Abs. 2 BGB auszugehen sein, wenn die Voraussetzungen des § 14 S. 1 VKG im übrigen erfüllt sind.

---

623 Palandt-Heinrichs, § 271 BGB, Anm. 3 d), Rdnr. 11; Münchener Kommentar/Keller, § 271 BGB, Rdnr. 24.

624 Palandt-Heinrichs, § 271 BGB, Anm. 3 d), Rdnr. 11; Münchener Kommentar/Keller, § 271 BGB, Rdnr. 24.

625 So wohl auch der Bundesgesetzgeber, vgl. BR-Ds 427/89, S. 73.

626 Münchener Kommentar/Keller, § 271 BGB, Rdnr. 24.

In dogmatischer Hinsicht erweist sich diese Vorgehensweise jedoch als höchst angreifbar.[627] Sie darf daher nur als Notlösung betrachtet werden, um nicht den Gesetzgeber dem Vorwurf aussetzen, er wäre in diesem Fall seiner Umsetzungsverpflichtung nicht (vollständig) nachgekommen.

b) Vorzeitige Rückzahlung von (Geld-)Darlehen (§ 609 a Abs. 1 Nr. 2 BGB):

Ein anderes Problem stellt sich damit, daß § 14 VKG nicht die vorzeitige Rückzahlung von Gelddarlehen erfaßt, obwohl Art. 8 VKG-Richtlinie auch bei diesen Kreditformen die Einräumung eines diesbezüglichen Rechts verlangt. Der bundesdeutsche Gesetzgeber geht im Hinblick auf die vorzeitige Erfüllung einer Darlehensverbindlichkeit davon aus, daß hierfür die noch relativ neue Vorschrift des § 609 a Abs. 1 Nr. 2 BGB genügt. Dies ist allerdings nicht unbestritten.[628]

§ 609 a Abs. 1 Nr. 2 BGB gilt nach Meinung des bundesdeutschen Gesetzgebers für Geldkredite jeder Art, einschließlich der drittfinanzierten Geschäfte.[629] Die EG-Richtlinie fordert jedoch die Schaffung eines *Rechts zur vorzeitigen Erfüllung*; § 609 a Abs 1 Nr. 2 BGB räumt dagegen nur ein *Recht zur Kündigung* ein:

---

627 Schmelz/Klute, ZIP 1989, 1509 (1512), gehen demgemäß auch von einem Verstoß gegen Art. 8 VKG-Richtlinie aus. Vergleiche ferner Ulmer/Habersack, § 14 VKG, Rdnr. 3 f. und Rdnr. 6; Westphalen/Emmerich/Kessler, § 14 VKG, Rdnr. 10.

628 Reifner, VuR 1988, 183 (185); Schmelz/Klute, ZIP 1989, 1509 (1512), erheben dagegen Bedenken, daß die VKG-Richtlinie erfüllt wäre.

A.A. Vortmann, § 14 VKG, Rdnr. 2.

Mit Erklärung der Kündigung durch den Kreditnehmer wird der allgemeine Rückerstattungsanspruch des Kreditgebers nach § 607 Abs. 1 BGB fällig. Sobald dieser befriedigt wird, erlischt das Darlehensverhältnis gem. § 362 Abs. 1 BGB infolge Erfüllung; Zinsansprüche können ab diesem Zeitpunkt nicht mehr erhoben werden. Im Ergebnis wird damit der EG-Richtlinie vom 22. Dezember 1986 (87/102/EWG) entsprochen, denn wie dargelegt, bleibt den Mitgliedsstaaten die Art und Weise ihrer Umsetzung freigestellt; die Richtlinie ist nur im Hinblick auf das damit zu verfolgende Ziel verbindlich.[630] Einer Ausgestaltung als Kündigungsrecht steht die VKG-Richtlinie prinzipiell nicht entgegen.[631]

c) Zielsetzung der EG-Richtlinie erfüllt ?

Bedenken gegenüber § 14 VKG und § 609 a Abs. 1 Nr. 2 BGB erwachsen insoweit, als das Recht zur vorzeitigen Zahlung bzw. Kündigung erheblichen Einschränkungen unterliegt.[632] Nach § 14 S. 3 VKG

> *können Zinsen und laufzeitabhängige Kosten unabhängig vom Zeitpunkt der vorzeitigen Zahlung für die ersten neun Monate der ursprünglich vorgesehenen Laufzeit verlangt werden.*

---

629 BR-Ds 427/89, S. 73.

630 Groeben/Boeckh/Thiesing/Ehlermann, Art. 100 EWGV, Rdnr. 30; Grabitz, Art. 100 EWGV, Rdnr. 64; ders., Art. 189 EWGV, Rdnr. 57.

631 Vergleiche hierzu auch Münstermann/Hannes, Art. 2 Artikelgesetz, Rdnr. 872.

632 Schmelz/Klute, ZIP 1989, 1509 (1512); Ulmer/Habersack, § 14 VKG, Rdnr. 15.

Inhaltlich zum selben Ergebnis führt § 609 a Abs. 1 Nr. 2 BGB, wenn er festlegt,

> *daß die Kündigung frühestens nach Ablauf von sechs Monaten nach dem vollständigen Empfang unter Einhaltung einer Kündigungsfrist von drei Monaten erfolgen darf.*

Beide Regelungen laufen auf eine zwingende gesetzliche Mindestlaufzeit von neun Monaten hinaus, in der dem Kreditnehmer trotz vorzeitiger Rückzahlung / Kündigung keine daraus resultierenden Vergünstigungen gutgeschrieben werden, es sei denn die vertragliche Laufzeit war für einen kürzeren Zeitraum vorgesehen.

Diese Bestimmungen sind mit dem Interesse der Kreditwirtschaft an einer gesicherten und wirtschaftlichen Refinanzierung von gewährten Krediten zu erklären.[633] Die Kreditunternehmen würden bei der Refinanzierung in Schwierigkeiten geraten, wenn der Kreditnehmer jederzeit - wie im Rahmen des alten § 247 BGB - kündigen könnte. Diese Erwägungen waren seinerzeit auch Anlaß für die Schaffung des neuen § 609 a Abs. 1 Nr. 2 BGB gewesen.[634]

Im Hinblick auf Art. 8 VKG-Richtlinie erhebt sich aber dennoch die Frage, ob § 14 VKG und § 609 a Abs. 1 Nr. 2 BGB insoweit noch mit der EG-rechtlichen Vorgabe zu vereinbaren sind: Nach Art. 8 S. 2 VKG-Richtlinie kann der Verbraucher eine angemessene Ermäßigung der gesamten Kreditkosten verlangen. Der Ermäßigungsanspruch steht jedoch unter der Einschränkung, daß dies nur "*gemäß den von den Mitgliedsstaaten festgesetzten Regelungen*" erfolgen soll.

---

633 Münchener Kommentar, § 609 a BGB, Rdnr. 1; Heymann, BB 1987, 415 (416).

D.h. die nationalen Gesetzgeber sind hiernach berechtigt, den Ermäßigungsanspruch in eigener Verantwortung zu regeln und materiell auszugestalten. Die Regelungskompetenz erstreckt sich dabei in formaler Hinsicht auf die Modalitäten der Abwicklung, materiell auf Inhalt und Umfang des Rechts zur vorzeitigen Erfüllung. Es kann infolgedessen nicht behauptet werden, der bundesdeutsche Gesetzgeber hätte kein Recht gehabt, zugunsten der Kreditgeber für jeden (längeren) Kreditvertrag - trotz vorzeitiger Kündigung - eine Mindestlaufzeit von neun Monaten zu garantieren.[635]

d) Sonstiges

§ 14 S. 2 VKG bestimmt für die vorzeitige Rückzahlung im Zusammenhang von Warenkrediten und kreditierter Dienstleistungen,

> *daß bezüglich der einzuräumenden Ermäßigung der gesetzliche Zinssatz zugrunde zu legen ist, wenn*

---

634 Vgl. hierzu etwa Münchener Kommentar/Westermann, § 609 a BGB, Rdnr. 2 f.

635 Nach Ulmer/Habersack, § 14 VKG, Rdnr. 15, und Westphalen/Emmerich/Kessler, § 14 VKG, Rdnr. 10, bleibt § 14 S. 3 VKG gleichwohl bedenklich, als damit *kurzfristige* Teilzahlungsfinanzierungen *generell* aus dem Anwendungsbereich der Norm ausgeklammert werden. Art. 8 VKG-Richtlinie sei insoweit nicht erfüllt. Das Umsetzungsdefizit könne jedoch nur vom Gesetzgeber beseitigt werden. Allerdings eröffne sich in dieser Hinsicht unter Umständen auch die Problematik der unmittelbaren Anwendung von EG-Richtlinien (Ulmer/Habersack, § 14 VKG, Rdnr. 15 unter Hinweis auf Ulmer/Habersack, Vorbemerkungen, Rdnr. 15 m.w.N.; vgl. dazu auch oben, 2. Kapitel, § 2 B I m.w.N.; s.a. Westphalen/Emmerich/Kessler, § 14 VKG, Rdnr. 10).

der Barzahlungspreis gem. § 4 Abs. 1 S. 3 VKG nicht angegeben werden muß.

Dem Kreditnehmer wird insoweit nur ein Zinsvorteil von 4 % p.a. gem. § 246 BGB gewährt.[636] Im Unterschied zu § 11 Abs. 1 VKG erfolgt bei der Festlegung der Ermäßigung keine Ankoppelung an die reale Zinsentwicklung.[637]

---

636 Bei Anwendung des § 352 HGB, also vor allem im Zusammenhang mit Existenzgründungsdarlehen, sind 5 % Zinsen p.a. als gesetzlicher Zinssatz zu veranschlagen.

637 Bülow, § 14 VKG, Rdnr. 14, bezweifelt insoweit die "*Angemessenheit*" der Ermäßigung i.S.d. Art. 8 S. 2 VKG-Richtlinie und damit die Richtlinienkonformität der Regelung.

C: Der Kreditvermittlungsvertrag (§§ 15 - 17 VKG):

I. Die Kreditvermittlung - ein rechtliches und soziales Problem:

1.) Verbraucherverschuldung und Kreditvermittlung:

Das neue Verbraucherkreditgesetz behandelt in seinen §§ 15 bis 17 VKG für das deutsche Recht erstmalig den Problemkreis des *Kreditvermittlungsvertrages*. Die Vermittlung von Kreditverträgen ist ihrem äußeren Erscheinungsbild nach grundsätzlich der Maklertätigkeit i.S.d. §§ 652 ff. BGB, 93 ff. HGB zuzuordnen. Allerdings sind gleichermaßen Erscheinungsformen als Handelsvertreter (§ 84 HGB) oder als Zweigstelle eines Kreditinstituts (§ 24 Abs. 1 Nr. 7 KWG) denkbar.[638]

Die Kreditvermittlung steht in einer derart engen Beziehung zu Problemen des Verbraucherkredits,[639] daß es einem praktischen verbraucherpolitischen Bedürfnis entsprach, diesen Bereich zusammen mit dem neuen Verbraucherkreditgesetz zu regeln.[640] Dabei erfüllen die Kreditvermittler trotz ihres "*Negativimages*"[641] wichtige Vertriebsfunktionen (Markterschließung, Akquisition), die von den Kredit-

---

638 Bülow, NJW 1991, 129 (133); Schmelz/Klute, ZIP 1989, 1509 (1517); Simon, S. 33; Emmerich/Münstermann/Wagner-Widuwilt, S.103; Vortmann, § 15 VKG, Rdnr. 6; Münstermann/Hannes, § 15 VKG, Rdnr. 793; Simon S. 32 f.

639 Z.B. "Die Zeit" vom 22.-25. Mai 1988, S. 24 (25).

640 BR-Ds 427/89, S. 30.

641 Vortmann, § 15 VKG, Rdnr. 3.

gebern aus Wirtschaftlichkeitsgründen nicht selbst erbracht werden.[642]

Die Einschaltung eines Kreditvermittlers führt, weil der Kreditvermittler seine Tätigkeit nicht kostenlos zur Verfügung stellt, in aller Regel zu einer Verteuerung des Kredits.[643] Für den oft ohnehin schon hoch verschuldeten Verbraucher bedeutet das eine zusätzliche finanzielle Belastung. Besonders prekär wirkt sich dies in Fällen aus, in denen ein Verbraucher aufgrund seiner bereits bestehenden Verbindlichkeiten von einem seriösen Kreditunternehmen keinen Kredit mehr erhalten würde.[644] Die zusätzlichen Kosten der Vermittlung sowie der neu vermittelte - mitunter überteuerte - Kredit führen dann in eine nur noch größere wirtschaftliche Bedrängnis. In den Problemfällen erweist sich die Einschaltung eines Kreditvermittlers zudem nicht selten auch als unnötig, weil der vermittelte Kredit wirtschaftlich gesehen keinen Sinn ergibt.

2.) Chancen für ein Verbot der Kreditvermittlung:

Die Tätigkeit des Kreditvermittlers fällt unter die von der Berufsfreiheit des Art. 12 Abs. 1 GG erlaubten und geschützten Berufe. Aufgrund der besonderen Anfälligkeit der Kreditvermittlung für unseriöses Geschäftsgebaren ist dieser Berufszweig jedoch zunehmend in das Kreuzfeuer der Kritik geraten. Insbesondere von den Verbraucherschutz-

642 Vortmann, § 15 VKG, Rdnr. 4; Bruchner/Ott/Wagner-Wieduwilt, Vor §§ 15, 16 VKG, Rdnr. 2; Simon, S. 25 und 33; Scholz, Rdnr. 671, S. 339.

643 Holzscheck/Hörmann/Daviter, S. 102; BT-Ds 11/5462, S. 29; Simon, S. 25 und 33.

organisationen geht die Forderung nach der Eindämmung des Kreditvermittlungs(un)wesens aus.[645]

Ein Totalverbot dürfte vor dem Hintergrund der zu Art. 12 Absatz 1 GG vom Bundesverfassungsgericht entwickelten Drei-Stufen-Theorie verfassungsmäßig kaum Bestand haben. Das absolute Verbot der Kreditvermittlung käme einer objektiven Zulassungsschranke gleich. Als solche ist sie nur zur *Abwehr nachweisbarer oder höchstwahrscheinlicher schwerer Gefahren für ein überragend wichtiges Gemeinschaftsgut* zulässig.[646] Bei aller Bedeutung, die ein effektiver Verbraucherschutz genießt, zu einer völligen Untersagung dürfte es - trotz der zum Teil vorhandenen Mißstände - nicht reichen. Ein Totalverbot würde im Ergebnis gegen den Grundsatz der Verhältnismäßigkeit verstoßen. Denn der Gesetzgeber ist gehalten, *Regelungen nach Art. 12 Abs. 1 S. 1 GG jeweils auf der "Stufe" vorzunehmen, die den geringsten Eingriff in die Freiheit der Berufswahl mit sich bringt, und darf die nächste "Stufe" erst dann betreten, wenn mit hoher Wahrscheinlichkeit dargetan werden kann, daß die befürchteten Gefahren mit (verfassungsmäßigen) Mitteln der vorausgehenden "Stufe" nicht wirksam bekämpft werden können.*[647] Der Ruf nach einem völligen Verbot der Kreditvermittlung mußte von daher zwangsläufig ungehört verhallen.

---

644 "Die Zeit" vom 22.-25. Mai 1988, S. 24 (25); u.a.

645 Z.B. Stellungnahme der AgV zum 1. Referentenentwurf vom Juni 1988, S. 9.

646 BVerfGE 7, 377 (408).

647 BVerfGE 7, 377 (408).

3.) Der Lösungsansatz nach dem Verbraucherkreditgesetz:

Die genannten Vorschriften der §§ 15 bis 17 VKG beschreiben die inhaltlichen Anforderungen, die ein wirksamer Kreditvermittlungsvertrag bzw. ein korrektes Handeln der Kreditvermittler erfüllen müssen. Der Gesetzgeber begnügt sich insoweit mit der Aufstellung von bloßen *Berufsausübungsregelungen*, also Normen der "1.Stufe". Angesichts der dem Verbraucher aufgrund der Mißbrauchsmöglichkeiten drohenden Gefahren wären nach den genannten verfassungsmäßigen Kriterien hingegen sogar Regelungen der "2.Stufe" zulässig gewesen. Die Aufnahme eines Kreditvermittlungsgewerbes unterliegt zwar heute schon gem. § 34 c Abs. 1 Nr. 1 GewO der Erlaubnispflicht. Das Verbraucherkreditgesetz beinhaltet selbst allerdings keine fachlichen Voraussetzungen, die zur Ausübung des Kreditvermittlungsgewerbes erfüllt sein müssen. Als erwägenswert wären zumindest Regelungen erschienen, die an die Zuverlässigkeit noch höhere Anforderungen als bisher gestellt und eine verstärkte Überwachungstätigkeit der Behörden erlaubt hätten.

Die EG-Richtlinie vom 22. Dezember 1986 (87/102/EWG) ist in dieser Hinsicht richtungsweisend. Ihr Artikel 12 zeigt den Gesetzgebern der Mitgliedsstaaten eine Palette von Gestaltungsmöglichkeiten auf, welche effektiveren Regelungen sie zum Problemkreis der Kreditvermittlung grundsätzlich erlassen dürfen. Nach Absatz 1 kann die Aufnahme bzw. die Durchführung einer kreditvermittelnden Tätigkeit von einer Genehmigung (lit. a)[648] oder von einer dauernden Kontrolle (lit. b) abhängig gemacht werden. Alternativ hierzu besteht die Möglichkeit der Schaffung von Beschwerde- und Informationseinrichtungen für Verbraucher (lit. c). Absatz 2 bringt eine Sonderbestimmung hinsichtlich Kreditinstituten, die bereits eine aufgrund einer auf anderweitige Verwaltungsvorschriften zurückgehende Genehmigung besitzen.

II. Die Regelungen des Verbraucherkreditgesetzes:

Die Regelungen des Verbraucherkreditgesetzes gehen auf frühere Entwürfe zurück,[649] welche seinerzeit in das Bürgerliche Gesetzbuch hätten integriert werden sollen.[650] Mit Rücksicht auf systematische Zusammenhänge war dies jedoch unterlassen worden.[651] Erst nachdem die EG-Richtlinie vom 22. Dezember 1986 (87/102/EWG) eine entsprechende Umsetzungsverpflichtung ausgesprochen hatte, nahm sich der bundesdeutsche Gesetzgeber des Problems wieder an. Die Regelung der Kreditvermittlung im Verbraucherkreditgesetz führt jedoch zu einer weiteren Zersplitterung der entsprechenden Rechtsmaterie. Zu der Vielzahl der be-

---

648 Mit § 34 c Abs. 1 Nr. 1 GewO dürfte auch bereits dem Erfordernis staatlicher Kontrolle entsprochen sein (Art. 12 Abs. 1 lit. a VKG-Richtlinie). Dies ist jedoch nicht unumstritten, da die staatliche Aufsicht *speziell* im Hinblick auf Verbraucherkredite erfolgen soll [Schmelz/Klute, ZIP 1989, 1509 (1514)]. Da der Begriff des Darlehens i.S.d. Gewerbeordnung Verbraucherkredite nicht ausschließt, dürfte dieser Auffassung aber nicht zu folgen sein.

649 BR-Ds 427/89, S. 30.

650 BR-Ds 10/1014 vom 16.02.1984.

651 BR-Ds 427/89, S. 30.

reits vorhandenen Rechtsvorschriften[652] gesellt sich künftig ein weiteres Gesetz.[653]

1.) Formvorschriften (§ 15 VKG):

a) Schriftform und Mindestinhalt:

Im Unterschied zur allgemeinen Vorschrift des § 652 Abs. 1 S. 1 BGB über Maklerverträge[654]

> *bedürfen nunmehr Kreditvermittlungsverträge der Schriftform (§ 15 Abs. 1 S. 1 VKG).*

Was Schriftform bedeutet, ist § 126 BGB zu entnehmen. Zur Vermeidung von Wiederholungen sei auf die Ausführungen zu § 4 Abs. 1 S. 1 VKG verwiesen, die insoweit gleichermaßen gelten.[655]

---

[652] Vergleiche zum Beispiel §§ 652 ff. BGB, §§ 93 ff. HGB, §§ 34 c, 56 I Nr. 6 GewO; die Vorschriften der Makler- und Bauträgerverordnung (MaBV) vom 7.11.1990 (BGBl. I, S. 2479 ff.) bzw. der Preisangabenverordnung (PreisAngVO) vom 14.3.1985 (BGBl. I, S. 580).

Soweit die Kreditvermittlung, insbesondere Fragen der Kreditumschuldung, einer *Rechts*beratung bedürfen, ist darüber hinaus zumeist das Rechtsberatungsgesetz vom 13. Dezember 1935 (RGBl. I, S. 1478) einschlägig (Simon, S. 87).

[653] So auch Westphalen/Emmerich/Kessler, § 15 VKG, Rdnr. 3.

[654] Vergleiche hierzu Palandt-Thomas, § 652 BGB, Anm. 2 B a), Rdnr. 6.

[655] Vgl. oben 3. Kapitel, § 2 B I 1 a) aa).

Siehe auch Münstermann/Hannes, § 15 VKG, Rdnr. 801.

Für den Verbraucher wichtig ist § 15 Abs. 1 S. 2 VKG, wonach

> *die vereinbarte Vergütung, ausgedrückt in einem Vomhundertsatz des Darlehenbetrages, anzugeben ist.*

Dem Verbraucher soll auf diesem Wege die Möglichkeit eingeräumt werden, sich einen Überblick über die auf ihn zukommenden Kosten verschaffen zu können.[656] Dazu gehört auch,

> *daß im Kreditvermittlungsvertrag gegebenenfalls auch die Vergütung anzugeben ist, die dem Kreditvermittler seitens des Kreditgebers zufließt (§ 15 Abs. 1 S. 2 HS 2 VKG).*

Diese Verpflichtung besteht deshalb, weil die Kosten hierfür grundsätzlich auf den Verbraucher überwälzt werden. Die Angabe der Kosten in einem Vomhundertsatz der Kreditsumme soll der Kostenverschleierung durch andere Formen der Darstellungsweise entgegenwirken.[657] Wie bereits oben erwähnt,[658] wirkt sich die sprachliche Diskrepanz zwischen § 15 Abs. 1 S. 2 VKG und § 1 Abs. 3 VKG störend aus. Während § 1 Abs. 3 VKG den Kreditvermittlungsvertrag als einen Vertrag umschreibt, der darauf ge-

---

[656] BT-Ds 11/5462, S. 29.

[657] BR-Ds 427/89, S. 74; BT-Ds 11/5462, S. 29.

Daraus folgt, daß für die Anwendung der §§ 15 bis 17 VKG kein Raum ist, wenn der Kreditvermittler allein im Auftrag für den Kreditgeber tätig wird und vom Verbraucher keine Provision fordern darf (v. Heymann, WM 1991, 1285 [1293] m.w.N.).

[658] Siehe oben 3. Kapitel, § 2 A I 3.

richtet ist, dem Verbraucher einen *Kredit* zu vermitteln oder ihm eine Gelegenheit zum Abschluß eines *Kredit*vertrages nachzuweisen, verkürzt die Formulierung des § 15 Abs. 1 S. 2 VKG "in einem Vomhundertsatz der *Darlehens*summe" den Anwendungsbereich auf reine Geldkredite.[659] Auch wenn im Rahmen der Kreditvermittlung praktisch nur Geldkredite eine Rolle spielen, verbleibt für andere Formen des Verbraucherkredits ein Regelungsdefizit.[660]

Ebenso unklar ist hierbei, was unter einem "Vomhundertsatz des *Darlehensbetrages*" zu verstehen ist. Aus dem gesetzlichen Kontext heraus läßt sich nicht entnehmen, ob als Bemessungsgrundlage die Nettokreditsumme oder der Gesamtbetrag des Darlehens gemeint ist.[661] Da der Kreditvermittler vor Abschluß des Kreditvertrages noch nicht bis ins Detail alle vom Verbraucher zu tragenden Kosten zu überblicken vermag, spricht schon allein dieses zeit-

---

659 So auch Gilles, ZRP 1989, 299 (305); Bülow, NJW 1991, 129 (133).

660 Wegen dieser Formulierung des § 15 Abs. 1 S. 1 VKG ist bei einem sonstigen vermittelten Verbraucherkreditgeschäft, zum Beispiel einem vermittelten *Abzahlungskaufgeschäft*, die Vermittlungsgebühr nicht in einem Vomhundertsatz des Nettokaufpreises anzugeben, es sei denn, man versuchte die Lücke im Wege der Analogie zu schließen. Ob dies allerdings rechtlich möglich ist, erscheint zweifelhaft, denn eine solche Analogie würde eine planwidrige Lücke des Gesetzes erfordern (so aber wohl im Ergebnis Ulmer/Habersack, § 15 VKG, Rdnr. 5; ders., § 16 VKG, Rdnr. 12; Bülow, § 1 VKG, Rdnr. 55). Da sich der Gesetzgeber mit den Regelungen des Verbraucherkreditgesetzes explizit an früheren Regierungsentwürfen über Maklerverträge orientierte (zum Beispiel BT-Ds 11/5462, S. 15 unter Hinweis auf BT-Ds 10/1014 vom 16. Februar 1984), läßt sich durchaus argumentieren, die Begrenzung auf *Darlehens*vermittlungsverträge sei bewußt erfolgt.

661 Bülow, NJW 1991, 129 (133).

liche Moment für die Zugrundelegung des benötigten Nettokreditbetrages und nicht der Gesamtkreditsumme. Dieses Ergebnis wird auch von der der Angabepflicht innewohnenden Hinweis- und Warnfunktion getragen. Denn der Hinweis fällt für den Verbraucher umso deutlicher aus, je höher er sich ihm als Prozentsatz einprägt. Ein effektiver Verbraucherschutz kann demzufolge am ehesten erreicht werden, wenn man es bei der dem potentiellen Kreditnehmer günstigsten Auslegung beläßt, also von der Zugrundelegung der *Nettokreditsumme* als Bemessungsgrundlage ausgeht.[662]

b) Koppelungsverbot zwischen Kreditvermittlungsvertrag und Darlehensantrag:

Zur Verdeutlichung, daß Kreditvermittlungsvertrag und vermittelter Kreditvertrag zwei getrennte und voneinander unabhängige Rechtsgeschäfte darstellen,

> *verbietet § 15 Abs. 1 S. 3 VKG die Verbindung beider Verträge in einer Urkunde.*[663]

Dem Verbraucher soll auf diese Weise deutlich gemacht werden, daß er eine gesondert zu vergütende Tätigkeit in Anspruch nimmt. Bislang war es leichter möglich gewesen, die Kreditvermittlungsgebühren im Formular des Kreditvertrages so geschickt in das Zahlenmaterial einzuarbeiten, daß es als eigenständige Inrechnungstellung übersehen werden konnte. Ein diesbezügliches gesetzliches Hindernis

---

Weitere Unklarheiten in diesem Sinne beanstandet auch Scholz, DB 1991, 215 (219).

662 Im Ergebnis ebenso, aber ohne Begründung, Bülow, § 15 VKG, Rdnr. 10; Scholz, Rdnr. 676, S. 342.

663 Vgl. auch BR-Ds 427/89, S. 74; BT-Ds 11/5462, S. 29; Scholz, DB 1991, 215 (219).

stand dem bislang nicht entgegen, auch nicht in Form des Verbots überraschender Klauseln nach § 3 AGBG.

§ 15 Abs. 1 S. 3 VKG birgt allerdings für einen unkundigen Verbraucher die Gefahr von Irrtümern in sich. Denn nach §§ 11 Nr. 2 i.V.m. § 10 Abs. 3 Nr. 4 MaBV sind die bereits im Kreditvertrag zu machenden Angaben[664] auch für den Kreditvermittlungsvertrag vorgeschrieben, so daß die beiden an sich streng zu trennenden Verträge miteinander verwechselt werden könnten.[665]

c) Aushändigung einer Abschrift:

Wie im Falle des § 4 Abs. 3 VKG ist

> *dem Verbraucher auch von der Urkunde des Kreditvermittlungsvertrages ein eigenes Exemplar auszuhändigen (§ 15 Abs. 1 S. 4 VKG).*

---

664 Vergleiche hierzu auch Simon, S. 86; Emmerich/Münstermann/Wagner-Wieduwilt, S. 105; Münstermann/Hannes, § 15 VKG, Rdnr. 809; Seibert, § 15 VKG, Rdnr. 3.

665 Westphalen/Emmerich/Kessler, § 15 VKG, Rdnr. 29.

Nach Intention des Gesetzgebers soll dies die Information des Kreditnehmers sicherstellen.[666] Dem Formular kommt damit *Beweisfunktion* zu.[667]

d) Die Sanktionsfolge der Nichtigkeit:

Im Unterschied zu den zahlreichen Heilungsmöglichkeiten eines Form- und Inhaltsverstoßes nach § 6 VKG sieht § 15 Abs. 2 VKG die

> *Nichtigkeit eines Kreditvermittlungsvertrages bei Verletzung der Vorschriften des § 15 Abs. 1 S. 1 bis 3 VKG*

ohne Heilungsmöglichkeit vor.[668] Insofern erscheint § 15 Abs. 2 VKG in bezug auf § 15 Abs. 1 S. 1 VKG wegen § 125 S. 1 BGB überflüssig, da sich sachlich nichts ändert. Andererseits bestand hinsichtlich der Anordnung der Sanktionsfolge bei einem Verstoß gegen die Sätze 2 und 3 desselben Absatzes ein Regelungsbedürfnis, da das Bürgerliche Gesetzbuch insoweit keine allgemeine Sanktionsnorm

---

666 BR-Ds 427/89, S. 74; BT-Ds 11/5462, S. 29; Scholz, DB 1991, 215 (219).

667 Zwar hängt das Zustandekommen des Kreditvermittlungsvertrages nicht von der Aushändigung einer Abschrift ab - der Abschluß des Kreditvermittlungsvertrages ist also zu diesem Zeitpunkt bereits als erfolgt anzusehen - das Formular bezeugt aber den Inhalt der getroffenen Vereinbarungen. Dem Kreditvermittler wird damit die Möglichkeit genommen, zuungunsten des Verbrauchers etwas anderes zu behaupten, insbesondere in bezug auf Nebenvereinbarungen u.ä.

668 Ist lediglich der Vomhundertsatz des Darlehensvertrages falsch angegeben, dürfte dies für die Annahme der Nichtigkeit nicht genügen (Münstermann/ Hannes, § 15 VKG, Rdnr. 810).

darstellt. Aus Gründen der Übersichtlichkeit wurde demzufolge die Nichtigkeitssanktion in einer Vorschrift zusammengefaßt.

Die Nichtigkeit des Kreditvermittlungsvertrages hat keine Auswirkungen auf den Kreditvertrag.[669] § 139 BGB gilt insoweit nicht, da es sich um zwei rechtlich getrennte Verträge handelt.[670] Außerdem würde jede andere Beurteilung gegen den weiteren Gesetzeszweck verstoßen, da der Verbraucher damit auch seinen Kreditanspruch verlieren würde.

Die Nichtaushändigung der gesonderten Abschrift wird dagegen nicht sanktioniert.

2.) Die Vergütung (§ 16 VKG):

a) Der allgemeine Vergütungsanspruch (§ 16 S. 1 VKG):

> *Der Verbraucher ist gem. § 16 S. 1 VKG nur zur Zahlung der Vergütung verpflichtet, wenn aufgrund der Tätigkeit des Maklers der Kreditvertrag zustande gekommen, das Darlehen an den Verbraucher ausbezahlt und der Kreditvertrag nicht widerrufen worden ist.*

§ 16 S. 1 VKG beinhaltet im Hinblick auf den Vergütungsanspruch des Kreditvermittlers einige über § 652 Abs. 1 BGB hinausgehende zusätzliche Anforderungen. Dadurch sollen die Bestimmungen der §§ 652 ff. BGB nicht restlos ausgeschlossen werden. Das Verbraucherkreditgesetz geht aber insoweit als lex specialis und lex posterior vor.

---

669 Vortmann, § 15 VKG, Rdnr. 23.

670 Vortmann, § 15 VKG, Rdnr. 23.

Für die Frage des Vergütungsanspruches heißt das, daß vorrangig die Bestimmungen des Verbraucherkreditgesetzes heranzuziehen sind.[671]

Für die Maklertätigkeit ist dabei zunächst der übliche *Kausalitätsnachweis* zu erbringen, daß zwischen Maklerleistung und Vertragsschluß ein ursächlicher Zusammenhang besteht ("... *infolge* der Vermittlung oder des Nachweises ...").[672] Alleinursächlichkeit ist hierzu jedoch auch nach dem Verbraucherkreditgesetz nicht erforderlich. Der Wortlaut des § 16 S. 1 VKG muß bereits als erfüllt angesehen werden, wenn das Verhalten des Kreditvermittlers *mit*ursächlich für das Zustandekommen des Vertrages war. Aus dem Schutzzweck der Norm ist nichts Gegenteiliges herzuleiten.[673]

---

671 Andererseits dürfen Regelungen und Wertungen des Bürgerlichen Gesetzbuches, insbesondere des Maklerrechts selbst, wie zum Beispiel § 656 BGB, nicht unberücksichtigt bleiben.

§ 656 BGB kann auch nicht dadurch umgangen werden, daß zum Beispiel ein Partnerschaftsvermittlungsvertrag von einem Dritten finanziert wird (Compensis/Reiserer, BB 1991, 2457 [2462 ff.]; Münstermann/Hannes, § 1 VKG, Rdnr. 59, halten § 656 BGB auf Partnerschaftsvermittlungsverträge hingegen nur für *analog* anwendbar; zu der Finanzierung von Ehemäklerverträgen siehe Canaris, Rdnr. 1501 ff.; Staudinger/Hopt/Mülbert, Vor §§ 607 ff. BGB, Rdnr. 607 ff.). Die nach § 656 BGB fehlende Durchsetzbarkeit des Honoraranspruches ist nach § 9 Abs. 3 VKG dem Kreditgeber als Einwendung entgegenzuhalten (Compensis/Reiserer, a.a.O.).

672 Vgl. Palandt-Thomas, § 652 BGB, Anm. 5, Rdnr. 34; Münchener Kommentar/Schwerdtner, § 652 BGB, Rdnr. 71; Westphalen/Emmerich/Kessler, § 16 VKG, Rdnr. 5; Vortmann, § 16 VKG, Rdnr. 11.

673 Ebenso Ulmer/Habersack, § 16 VKG, Rdnr. 7; Westphalen/Emmerich/Kessler, § 16 VKG, Rdnr. 6; Vortmann, § 16 VKG, Rdnr. 11; Münstermann/Hannes, § 16 VKG, Rdnr. 832.

Bei § 16 S. 1 VKG kommt hinzu, daß das kausale Zustandekommen des schuldrechtlichen Kreditvertrages allein nicht genügt. Als weitere Voraussetzung muß erfüllt sein, daß die *Auszahlung des Darlehens* erfolgt ist, was dem dinglichen Erfüllungsgeschäft entspricht (vor allem §§ 929 ff. BGB). Hierin liegt ein bedeutender Unterschied zu den allgemeinen Regeln über den Maklervertrag nach dem Bürgerlichen Gesetzbuch. Für den allgemeinen Vergütungsanspruch nach § 652 Abs. 1 S. 1 BGB ist das Schicksal des dinglichen Erfüllungsgeschäfts gänzlich unbedeutend.[674] Nicht so bei Kreditvermittlungsverträgen, die dem Verbraucherkreditgesetz unterliegen. Danach ist der Vergütungsanspruch des Kreditvermittlers "streng erfolgsabhängig".[675] Der damit verfolgte Schutzzweck gebietet es, den Vergütungsanspruch des Kreditvermittlers auf den Zeitpunkt hinauszuschieben, zu welchem der Verbraucher über den Kredit tatsächlich verfügen kann.

Des weiteren hat hinzuzutreten, daß der so zustande gekommene *Kreditvertrag nicht mehr* nach § 7 Abs. 1 VKG *widerrufen* werden kann.

Hinter den zusätzlichen Kautelen steht die richtige Erkenntnis, daß für den wirtschaftlich unerfahrenen Verbraucher der bloße schuldrechtliche Darlehensauszahlungsanspruch u.U. weniger wert ist als der bereits ausbezahlte Kredit.[676] Für den Verbraucher ist wirtschaftlich gesehen allein die Auszahlung der Darlehensvaluta von Bedeutung.

---

674 Vgl. Palandt-Thomas, § 652 BGB, Anm. 4 B, Rdnr. 20.

675 Scholz, DB 1991, 215 (219).

676 BR-Ds 427/89, S. 75; BT-Ds 11/5462, S. 29.

Ebenso Vortmann, § 16 VKG, Rdnr. 13.

b) Der Vergütungsanspruch bei Umschuldungskrediten (§ 16 S. 2 VKG):

§ 16 S. 2 VKG befaßt sich mit der Vermittlung sog. Umschuldungskredite. Es handelt sich dabei um Kredite, die zu dem Zweck aufgenommen werden, einen anderen, bereits bestehenden Kredit abzulösen. Die Gefahr für den Verbraucher besteht darin, daß sich die Kostenspirale weiterdreht, nachdem der Kreditbetrag des Umschuldungskredits in der Regel nicht nur die ursprüngliche Kapitalsumme einschließlich etwaiger rückständiger Zinsen, sondern zusätzlich auch die mit den neuen Kredit entstehenden Kosten umfaßt. Hinzukommt in praxi regelmäßig noch die Provision des Kreditvermittlers. Allgemein wird in diesem Zusammenhang vom Schuldenkarussell gesprochen.[677]

Zahlenmäßig handelt es sich um ein sehr bedeutsames Problem, da nahezu 40 % der Ratenkredite der Umschuldung dienen.[678] Bei den vermittelten Krediten erhöht sich dieser Anteil noch mehr, nämlich auf 55 %.[679] Daran nicht unschuldig ist die Tatsache, daß ein umgeschuldeter Kredit aus Sicht des Kreditvermittlers ein lukratives Geschäft darstellt. So wird z.B. in Fällen, in denen ein dem Verbraucher günstigerer *Aufstockungskredit* genügt hätte, oftmals ein *Umschuldungskredit* vermittelt. Da die Vermittlungsprovision in einem Vomhundertsatz des *vermittelten* Darlehens ausgedrückt wird, erhöht sich diese un-

---

677 BR-Ds 427/89, S. 75 f.; Scholz, Rdnr. 683, S. 346.

678 Vgl. Stellungnahme des AgV zum 1. Referentenentwurf vom Juni 1988, S. 1; Holzscheck/Hörmann/Daviter, S. 127; BR-Ds 427/89, S. 76; BT-Ds 11/5462, S. 29.

ter Umständen erheblich, wenn nicht nur ein Kredit lediglich in Höhe des fehlenden Differenzbetrages, sondern ein neuer Kredit über die insgesamt benötigte Summe zur Auszahlung gelangt.[680] Der Provisionsanspruch des Kreditvermittlers wächst anteilig mit der Höhe der Kreditsumme, ohne daß dieser dabei einen nennenswert höheren Aufwand betreiben müßte.[681]

§ 16 S. 2 HS. 1 VKG versucht dem Mißbrauch durch Vermittlung vorschneller und überflüssiger Umschuldungskredite dadurch zu begegnen, daß

> *ein Vergütungsanspruch nur entsteht, wenn sich für den Verbraucher der (anfängliche) effektive Jahreszins nicht erhöht.*

Die vertraglichen Konditionen dürfen für den Verbraucher nicht ungünstiger sein als sie es beim abzulösenden Kreditvertrag waren.[682] Dies bedeutet, daß die in einem Vomhundertsatz pro Jahr auszudrückende Gesamtbelastung (§ 4 Abs. 2 VKG) des Umschuldungskredits, die dem Kreditnehmer aufgebürdet wird - *prozentual*, also nicht absolut - , im ungünstigsten Fall dieselbe sein darf wie beim Altkre-

---

679 Holzscheck/Hörmann/Daviter, S. 129; BR-Ds 427/89, S. 76; BT-Ds 11/5462, S. 29.

680 Einzelheiten vgl. Holzscheck/Hörmann/Daviter, S. 128.

681 BT-Ds 11/5462, S. 29.

682 BR-Ds 427/89, S. 76; BT-Ds 11/5462, S. 30.

Ist der Altkredit bereits gekündigt, würde bei streng wörtlicher Auslegung § 16 S. 2 VKG nicht mehr zur Anwendung gelangen. Dem Gesetzeszweck dürfte es gleichwohl entsprechen, auch diese Fälle miteinzubeziehen (Seibert, § 16 VKG, Rdnr. 6).

dit.[683] Das hat zur Folge, daß der neue Kredit den Verbraucher absolut gesehen immer noch mehr belasten kann als der alte. In einem Grenzbereich ist eine höhere absolute Belastung selbst dann noch möglich, wenn auf den ersten Blick der effektive Jahreszins zunächst sogar relativ niedriger erscheint.[684] Der Verbraucherschutz erfährt insoweit eine gewisse Verbesserung. Den Kreditvermittlern wird auf diese Weise allerdings der Anreiz nicht vollständig genommen, unsinnige Umschuldungen zu fördern. Der erste Referentenentwurf vom Juni 1988 war in diesem Punkt weitergehend; er stellte in § 15 E_1-VKG noch auf die absolute Verteuerung ab. Die endgültige Lösung läßt insoweit Zweifel an ihrer Effektivität aufkommen, zumal der Vergleich der jeweiligen Effektivzinssätze auch von den Zufälligkeiten der Entwicklung auf dem Zinsmarkt abhängt. Fällt zum Beispiel der Marktzins im Zeitraum zwischen Erstkredit und Umschuldung erheblich, profitiert der Kreditvermittler hiervon, ohne eine besondere eigene Leistung erbracht zu haben.[685] Die gegenläufige Entwicklung

---

683 Dabei ist jeder abzulösende Kredit für sich gesondert zu berechnen und zu vergleichen (Scholz, DB 1991, 215 [219]).

Hiervon unberührt bleibt die Vergütung für einen darüber hinaus abgeschlossenen Zusatzkreditvertrag: Der Kreditvermittler kann diese beanspruchen, sofern der zugrunde liegende (weitere) Kreditvertrag nach Maßgabe der hierbei zu beachtenden Vorschriften wirksam ist (Scholz a.a.O. m.w.N.). Im Hinblick auf § 18 Satz 2 VKG wird zu prüfen sein, ob der weitere Zusatzkreditvertrag nicht nur eine formale Aufspaltung darstellt, die inhaltlich nicht gerechtfertigt ist. Maßstab für die Beurteilung wird daher sein, ob die Umschuldung alleiniger Zweck der Neu-Kreditaufnahme ist.

684 Stellungnahme der AgV zum 2. Referentenentwurf vom März 1989, S. 6.

685 Westphalen/Emmerich/Kessler, § 16 VKG, Rdnr. 18; Münstermann/Hannes, § 16 VKG, Rdnr. 849.

der Marktgegebenheiten vermag umgekehrt zum Verlust des Vergütungsanspruches führen.[686]

Aus Gründen des Verbraucherschutzes ist davon auszugehen, daß der Vergütungsanspruch *insgesamt* entfällt, wenn die durch § 16 VKG markierte Grenze der Belastung überschritten wird. Eine bloße anteilige Kürzung um den Prozentsatz, den der (anfängliche) effektive Jahreszins den des abzulösenden Kredits überschreitet, scheidet dem gesetzlichen Wortlaut nach sowie nach Sinn und Zweck der Regelung aus. Andernfalls liefe die Sanktionsandrohung Gefahr, nicht ernst genommen zu werden.

Unklar ist in diesem Zusammenhang auch, ob der neu aufgenommene Kredit ausschließlich der Umschuldung dienen muß oder ob eine teilweise Umschuldung genügt. Die amtliche Begründung zum ersten Referentenentwurf vom Juni 1988 ging noch davon aus, daß die Kreditablösung alleiniger Zweck der Neu-Kreditaufnahme sein müsse.[687] Das Gesetz selbst schweigt sich hierzu jedoch aus. Aus Verbrauchersicht wird infolgedessen zu fordern sein, daß die *überwiegende* Verwendung zur Umschuldung ausreicht, um § 16 S. 2 VKG zur Anwendung gelangen zu lassen.[688]

Die von der Bestimmung des § 16 VKG ausgehenden verbraucherschützerischen Wirkungen werden aber bereits durch das Gesetz selbst wieder eingeschränkt. So tritt die

[686] Münstermann/Hannes, § 16 VKG, Rdnr. 849.

[687] Vgl. 1. Referentenentwurf vom Juni 1988, B: Einzelbegründung, S. 46 (fälschlicherweise unter § 14 E_1-VKG kommentiert).

Schutzwirkung des Satzes 2 nur ein, wenn der Vermittler *weiß*, daß der vermittelte Kredit Zwecken der Umschuldung dienen soll. Wissen bedeutet in diesem Zusammenhang zunächst einmal - davon kann ausgegangen werden - *positive Kenntnis*. Der Verbraucherschutz erfährt durch dieses zusätzliche Erfordernis eine gewisse Einschränkung, zumal der Verbraucher für das Wissen die Darlegungs- und Beweislast trägt.[689]

Es fragt sich von daher, ob dieses kognitive Element zum Schutze der Verbraucher - mittels Auslegung - nicht weiter einzugrenzen ist. Der Gesetzeswortlaut stellt auf die

---

[688] Aus verbraucherschutzpolitischen Erwägungen heraus wird dabei nicht nur zu überprüfen sein, in welchem Verhältnis zum Umschuldungskredit ein darüber hinausschießender Kreditbetrag steht, sondern ob hierbei eine gegebenenfalls vorgenommene Aufspaltung in verschiedene Kreditvermittlungsverträge sachgerecht einzustufen ist.

[689] So auch Westphalen/Emmerich/Kessler, § 16, Rdnr. 27 a.E.); Münstermann/Hannes, § 16 VKG, Rdnr. 852; a.A. Bülow, § 16 VKG, Rdnr. 18 a.E., wonach den Kreditvermittler die Darlegungs- und Beweislast für seine fehlende Kenntnis treffen soll.

Die Formulierung "mit Wissen" ist auf seiten der Verbraucherverbände auch deshalb auf Kritik gestoßen, weil sie die Gefahr von zu vielen Umgehungsmöglichkeiten berge (Stellungnahme der AgV zum 1. Referentenentwurf vom Juni 1988, S. 10). Allerdings versucht § 18 S. 2 VKG diesen Bedenken Rechnung zu tragen, indem für den gesamten Anwendungsbereich des Verbraucherkreditgesetzes ein Umgehungsverbot statuiert wird.

Westphalen/Emmerich/Kessler, § 16, Rdnr. 26, spricht dem Fall, daß ein Kreditvermittler einen Umschuldungskredit vermittelt, ohne dies zu wissen, weitgehend praktische Relevanz ab. Ein Kreditvermittler dürfte nämlich seine Kunden vorab regelmäßig über seine finanziellen Verhältnisse und die weiteren Umstände des Kreditwunsches befragen oder hierüber eine Schufa-Auskunft einholen.

Kenntnis des Kreditvermittlers ab, weil bei Umschuldungskrediten ein Vergütungsanspruch entfällt, sofern der neue effektive Jahreszins die Höhe des alten übersteigt. Aus Gründen der Verhältnismäßigkeit darf der Wegfall des Vergütungsanspruches aber nur erfolgen, wenn sich der Kreditvermittler der Folgen seines diesbezüglichen Handelns bewußt ist. Die Sanktionsfolge des Verlusts des Vergütungsanspruchs ohne ein entsprechendes Korrektiv auf der Wissensebene würde für das Kreditvermittlergewerbe ein unkalkulierbares Risiko bedeuten, dessen rechtliche Zulässigkeit in Zweifel gezogen werden könnte (Art. 12 Abs. 1 GG). Auch kann im Hinblick auf den insoweit klaren und eindeutigen Wortlaut nicht contra legem zu einer anderen Auslegung gefunden werden.

Andererseits ist zu bedenken, daß 55 % der *vermittelten* Kredite der Ablösung von Altkrediten dienen,[690] so daß bereits angesichts der reinen Tatsachenlage eine gewisse Vermutung für die Umschuldungsabsicht spricht. Den so begründeten Interessen der Kreditvermittler wird noch hinreichend gedient sein, wenn man es genügen läßt, daß zum "Wissen" bereits die Kenntnis mittelbarer Umstände gehört, die auf die Vermittlung eines Umschuldungskredits schließen lassen.[691] Als Beispiel wäre der Fall denkbar, daß ein Verbraucher einen Kreditvermittler einschaltet, ohne daß auf eine Umschuldung ausdrücklich Bezug genommen wird, die Umschuldungsabsicht aber dadurch deutlich wird,

---

690 Holzscheck/Hörmann/Daviter, S. 129; BR-Ds 427/89, S. 76; BT-Ds 11/5462 S. 29.

daß noch andere auslaufende Kredite im Raum stehen, von denen der Kreditvermittler gleichfalls Kenntnis hat.[692]

Nach § 16 S. 2 HS. 2 VKG

> *bleiben bei der Berechnung des (anfänglichen) effektiven Jahreszinses des abzulösenden Kredits angefallene Kreditvermittlungsprovisionen außer Ansatz.*

Die Einbeziehung der seinerzeitigen Vermittlungskosten für den abzulösenden Altkredit würde bei der Berechnung des effektiven Jahreszinses die Gesamtbelastung des Altkredits erhöhen, so daß der Vermittler des Umschuldungskredits für seine Provision einen größeren Spielraum erhielte. Für die Bemessung des zu vergleichenden effektiven Jahreszinses darf es von daher nicht darauf ankommen, ob der Altkredit vermittelt war oder nicht.[693] Demgegenüber sind bei der Berechnung des effektiven Jahreszinses des Neukredits die anfallenden Vermittlungskosten zu berücksichtigen.[694]

---

691 Ähnlich Bruchner/Ott/Wagner-Wieduwilt, § 16 VKG, Rdnr. 8. Danach ist es der positiven Kenntnis gleichzusetzen, wenn der Kreditvermittler von Umständen Kenntnis erlangt, aufgrund derer sich die Vermutung einer Umschuldung regelrecht *aufdrängt*. Entsprechendes wird zu gelten haben, wenn sich der Kreditvermittler solcher Umstände *bewußt verschlossen* hat (Bruchner/Ott/Wagner-Wieduwilt, § 16 VKG, Rdnr. 9).

692 Seibert, § 16 VKG, Rdnr. 3, will es hierfür bereits genügen lassen, wenn das Darlehen nicht an den Verbraucher, sondern an den Altkreditgeber ausbezahlt wird und der Kreditvermittler davon erfährt oder die Auszahlung selbst veranlaßt (ebenso Scholz, Rdnr. 684, S. 346).

693 BR-Ds 427/89, S. 75.

694 Bülow, § 16 VKG, Rdnr. 20.

c) Nebenentgelte (§ 17 VKG):

§ 17 S. 1 VKG schreibt fest,

> *daß neben der Vergütung nach § 16 VKG keine weiteren Entgelte verlangt werden dürfen.*

Dem Kreditvermittler soll ausschließlich sein *Erfolgs*honorar zustehen, was damit zu begründen ist, daß unseriöse Kreditvermittler daneben oder allein noch Auslagenpauschalen u.ä. - unabhängig vom Zustandekommen eines Kreditvertrages und teilweise völlig überhöht - erheben.[695] Der Verbraucher soll auf diesem Wege vor nutzlosen Aufwendungen, die allein dem Profit des Kreditvermittlers dienen, geschützt werden.

> *Nach § 17 S. 2 VKG kann der Kreditvermittler allerdings die ihm tatsächlich entstandenen Kosten ersetzt verlangen, wenn dies ausdrücklich vereinbart ist.*

Sie müssen dazu aber auch *erforderlich* gewesen sein. Was Erforderlichkeit in diesem Zusammenhang bedeutet, läßt sich allerdings in der gebotenen Allgemeinheit nur schwer sagen. Die Vereinbarung für die Erstattung konkret angefallener Auslagen hat den Anforderungen des § 15 VKG zu genügen,[696] d.h. insbesondere muß die Schriftform gewahrt sein. Die Geltendmachung von allgemeinen, nicht näher spezifizierten Kostenpauschalen u.ä. scheidet aus.

---

695 BR-Ds 427/89, S. 76; BT-Ds 11/5462, S. 30; Westphalen/Emmerich/Kessler, § 17 VKG, Rdnr. 4; Vortmann, § 17 VKG, Rdnr. 1.

696 BR-Ds 427/89, S. 76; BT-Ds 11/5462, S. 30.

D: Schlußvorschriften:

I. § 18 VKG:

1.) Unabdingbarkeit:

§ 18 S. 1 VKG stützt sich auf Art. 14 Abs. 1 VKG-Richtlinie. Danach sind die Vorschriften des Verbraucherkreditgesetzes nicht zur freien Disposition der Vertragsparteien gestellt. Sie dürfen als einseitig zwingendes Recht nicht zu Lasten der Verbraucher abbedungen werden.[697] D.h. es bleibt Raum für abweichende Vereinbarungen, die für den Verbraucher günstiger sind. Im Unterschied zum ersten Referentenentwurf vom Juni 1988 gilt jetzt das Verbraucherkreditgesetz im Ganzen als zwingendes Recht und nicht nur in bezug auf einzelne Vorschriften.

Das alte Abzahlungsgesetz kannte gleichfalls nur punktuelle Unabdingbarkeitsgebote, die ausdrücklich normiert waren.[698] Insoweit bedeutet § 18 S. 1 VKG eine aus Verbrauchersicht begrüßenswerte Klarstellung.

Die Unwirksamkeit erfaßt nur die *jeweilige* vertragliche Vereinbarung und nicht den Kreditvertrag in seiner Gesamtheit. § 139 BGB gilt insoweit nicht.[699] An die Stelle

---

[697] Eine "*zum Nachteil des Verbrauchers abweichende Vereinbarung*" liegt bereits bei einer für diesen negativen Abweichung von einer Einzelnorm des Verbraucherkreditgesetzes vor. Auf eine Gesamtbetrachtung des Kreditvertrages kommt es nicht an (Ulmer/Habersack, § 18 VKG, Rdnr. 3; Bruchner/Ott/Wagner-Wieduwilt, § 18 VKG, Rdnr. 1).

[698] Vgl. etwa §§ 1 Abs. 1 S. 2, 1 b Abs. 6, 1 d Abs. 5 AbzG. Allerdings ging die h.M. zu Recht davon aus, daß von den Vorschriften des Abzahlungsgesetzes insgesamt nicht zu Lasten der Verbraucher abgewichen werden konnte [Palandt-Putzo, § 6 AbzG, Anm. 1 c) Rdnr. 3].

[699] Ulmer/Habersack, § 18 VKG, Rdnr. 5.

der unwirksamen Vereinbarung tritt die entsprechende gesetzliche Regelung.

Da sich das Unabdingbarkeitsgebot auf das jeweilige innerstaatliche Recht bezieht (vergleiche Art. 14 Abs. 1 VKG-Richtlinie, § 18 S. 1 VKG), ferner Art. 15 VKG-Richtlinie zugunsten der Verbraucher weiterreichende Regelungen zuläßt, dürfte im Hinblick auf den Gemeinsamen Markt die Gefahr bestehen, daß das Ziel der Beseitigung von Wettbewerbsverzerrungen nicht vollständig erreicht wird.[700]

2.) Umgehungsverbot:

§ 18 S. 2 VKG enthält ein dem § 6 AbzG nachgebildetes Umgehungsverbot. Trotz ihrer systematischen Stellung nach der Beschränkung der vertraglichen Dispositionsfreiheit durch Satz 1 ist diese Bestimmung nach Sinn und Zweck gleichermaßen unabdingbar.[701] Die EG-rechtliche Grundlage hierfür findet sich in Art. 14 Abs. 2 VKG-Richtlinie.

Die Brisanz der Umgehungsgeschäfte dürfte gegenüber § 6 AbzG dadurch an Bedeutung verloren haben, daß aufgrund des weitreichenden Anwendungsbereiches des Verbraucherkreditgesetzes ein Rückgriff auf § 18 S. 2 VKG in vielen Fällen gar nicht (mehr) nötig ist. Andererseits bleibt die Gefahr stets bestehen, daß Schutzbestimmungen des Verbraucherkreditgesetzes durch eine andere Vertragsgestaltung umgangen werden. Die Notwendigkeit eines Umgehungsverbotes ist durch den weiten Anwendungsbereich des

---

700 Westphalen/Emmerich/Kessler, § 18 VKG, Rdnr. 2.

701 So auch schon die herrschende Meinung zu § 6 AbzG; vgl. z.B. Palandt-Putzo, § 6 AbzG, Anm. 1 c), Rdnr. 3.

Gesetzes nicht entfallen.[702] Ein Umgehungsverbot ist zudem deshalb geboten, weil auch das Verbraucherkreditgesetz in vielen seiner Bestimmungen Unklarheiten, Abstimmungsungenauigkeiten usw. bestehen läßt, die immer wieder zu Lasten der Verbraucher Raum für neue Umgehungsmöglichkeiten schaffen.

E: Sonstige Schlußbestimmungen:

Die in § 18 Entwurf der Bundesregierung vom 11. August 1989 enthaltene, bislang übliche Berlin-Klausel ist aus aktuellem Anlaß entfallen.

702 Dies gilt umso mehr, als die Umgehung keine diesbezügliche Umgehungs*absicht* voraussetzt (Westphalen/Emmerich/Kessler, § 18 VKG, Rdnr. 5; Vortmann, § 18 VKG, Rdnr. 3; Münstermann/Hannes, § 18 VKG, Rdnr. 869; Seibert, § 18 VKG, Rdnr. 2; wohl auch Scholz, Rdnr. 410, S. 198).

§ 3: Sonstige Änderungen:

Das Gesetz über Verbraucherkredite, zur Änderung der Zivilprozeßordnung und anderer Gesetze, das ein Artikelgesetz ist, führte nicht nur zum Erlaß des neuen Verbraucherkreditgesetzes, sondern beinhaltet auch eine ganze Reihe gesetzlicher Änderungen bereits bestehender Gesetze.

A: Änderungen des Bürgerlichen Gesetzbuches:

Das Bürgerliche Gesetzbuch wird gem. Art. 2 des Gesetzes über Verbraucherkredite, zur Änderung der Zivilprozeßordnung und anderer Gesetze in seinem erst neu eingefügten § 609 a BGB dahingehend geändert, daß ein neuer Absatz 3 eingefügt und der bisherige Absatz 3 zu Absatz 4 wird.

§ 609 a Abs. 3 BGB n.F. legt fest,

> *daß eine Kündigung nach den Absätzen 1 und 2 als nicht wirksam erfolgt gilt, soweit der geschuldete Darlehensbetrag nicht binnen zweier Wochen nach Wirksamwerden der Kündigung zurückgezahlt wird.*

Die Änderung ist im Zusammenhang mit der durch § 609 a Abs. 1 Nr. 2 BGB auf der Grundlage der in Art. 8 VKG-Richtlinie eingeräumten Möglichkeit des Verbrauchers zu sehen, den Kredit vorzeitig abzulösen. Wie oben bereits ausgeführt, beließ der bundesdeutsche Gesetzgeber den erst 1987 anstelle des § 247 BGB a.F. eingeführten § 609 a BGB im Bürgerlichen Gesetzbuch, weil er damit seiner Auffassung nach die EG-rechtliche Umsetzungverpflichtung hinsichtlich der vorzeitigen Erfüllung von Geldkrediten als erfüllt ansah.[703]

Kündigt der Verbraucher das Darlehen unter den genannten Voraussetzungen, ohne daß er den Darlehensbetrag zurückzahlt und so mit der Rückzahlung in Verzug (§§ 284 ff. BGB) gerät, würde er nach § 11 Abs. 1 VKG einen geringeren als den vertraglich fixierten Zinssatz schulden. *Berechnende Vertragsuntreue* könnte sich unter diesen Umständen auszahlen.[704] Die Zwei-Wochen-Rückzahlungsfrist nach § 609 a Abs. 3 BGB n.F. läßt in einem solchen Fall die Wirksamkeit der Kündigung - rückwirkend - entfallen. Der Kreditnehmer kann sich insoweit seiner vertraglichen Zinsverpflichtungen nicht entziehen.

B: Änderung der Zivilprozeßordnung:

I: Allgemeines:

Art. 6 des Artikelgesetzes enthält Vorschriften zur Änderung der Zivilprozeßordnung. Die Änderungen betreffen ausschließlich Vorschriften des Mahnverfahrens (§§ 688 ff. BGB). Soweit die damit eingeführten Änderungen im Zusammenhang mit dem Problembereich des Konsumentenkredits gesehen werden, geht die EG-rechtliche Regelungsbefugnis aus Art. 15 VKG-Richtlinie hervor. Die bundesgesetzliche Gesetzgebungskompetenz folgt ohnehin aus Art. 72, 74 Nr.1 GG.

---

703 Siehe oben 3. Kapitel, § 2 B II 8 b).

704 BR-Ds 427/ 89, S. 77; BT-Ds 11/5462, S. 30.

II. Die Änderungen der Zivilprozeßordnung:

Geändert werden die Vorschriften der §§ 688 Abs. 2, 690 Abs. 1 Nr. 3 und 691 ZPO.

1.) Änderung des § 688 Abs. 2 ZPO:

a) Zur Ausgangssituation:

Das Mahnverfahren hatte sich unter mißbräuchlicher Ausnutzung dessen summarischen Charakters zu einer beliebten Methode unseriöser Kreditgeber entwickelt, eine titulierte Forderung zu erwerben, obwohl die zugrunde liegenden Kreditverträge wegen überhöhter Zinsen als sittenwidrig-nichtig zu betrachten waren.[705] Dies gelang zumeist deswegen, weil viele Kreditnehmer gegen die ihnen zugestellten Mahn- bzw. Vollstreckungsbescheide keinen Widerspruch (§ 694 ZPO) oder Einspruch (§§ 699, 700 Abs. 3 ZPO) erhoben hatten.[706] Die derart handelnden Kreditgeber kamen auf diese Weise zu einem Vollstreckungstitel, den sie im Wege eines Klageverfahrens wegen der relativ gut konturierten Rechtsprechung zur Sittenwidrigkeit nach § 138 Abs. 1 BGB niemals hätten erwirken können. So aber konnte daraus im folgenden ungehindert ein Zwangsvollstreckungsverfahren gegen die Schuldner eingeleitet werden, da die nunmehr *titulierte* Forderung als wirksame Grundlage der Vollstreckung diente.

Diesem Gebaren wurde in letzter Zeit mit einer relativ schuldnerfreundlichen Rechtsprechung des Bundesgerichts-

---

705 Zum Beispiel Sandkühler, JA 1988, 1 (11 f.); Emmerich, JuS 1988, 925 (932).

706 Emmerich, JuS 1988, 925 (932).

hofs und der Instanzgerichte begegnet.[707] Zwar verneinten die Gerichte die Möglichkeit einer Vorgehensweise im Wege der Vollstreckungsabwehrklage gem. § 767 ZPO, weil dem die Präklusionswirkung des § 796 Abs. 2 ZPO entgegenstand.[708] Die Erwirkung eines Vollstreckungstitels im Bewußtsein, daß die zugrunde liegende Forderung nach § 138 Abs. 1 BGB wegen Sittenwidrigkeit nichtig ist, kann aber als vorsätzliche sittenwidrige Schädigung i.S.d. § 826 BGB angesehen werden. Der Schadensersatz geht insoweit auf Unterlassung der Zwangsvollstreckung und Herausgabe des Titels.[709] Allerdings ist damit die Gefahr einer Aushöhlung von Rechtstiteln verbunden. Um die Rechtssicherheit zu gewährleisten, muß daher die Anwendung des § 826 BGB auf besonders krasse, eng umgrenzte Ausnahmefälle beschränkt bleiben.[710] Da sich zudem viele Kreditgeber des Mahnverfahrens als Instrument zur Abwicklung von Massengeschäften ohne - nachweisbare - Schädigungsabsicht bedienen, bleibt für einen Großteil der so erlangten Vollstreckungstitel die Anwendung der von der Rechtsprechung zu § 826 BGB entwickelten Grundsätze ausgeschlossen.

---

707 Vgl. BGHZ 101, 380 = BGH NJW 1987, 3256; BGH NJW 1987, 3259; BGHZ 103, 44 = BGH NJW 1988, 971; OLG Düsseldorf 1987, 2591; Staudinger/Hopt/Mülbert, § 607 BGB, Rdnr. 319.

708 BGHZ 101, 380 = BGH NJW 1987, 3256 (3257); BGHZ 103, 44 = BGH NJW 1988, 971 (972); Geißler, NJW 1987, 166 (167).

709 BGHZ 101, 380 (382 ff.) = BGH NJW 1987, 3256 (3257); BGH NJW 1987, 3259 (3260); BGHZ 103, 44 (46 ff.) = BGH NJW 1988, 971 (972); OLG Düsseldorf, NJW 1987, 2591; Klauss /Ose, § 6 AbzG, Rdnr. C 929 ff.; Sandkühler, JA 1988, 1 (11 f.); Emmerich, JuS 1988, 925 (932); Geißler, NJW 1987, 166 (169 ff.); Palandt-Thomas, § 826 BGB, Anm. 8 o) cc), Rdnr. 46; Staudinger/Hopt/Mülbert, § 607 BGB, Rdnr. 319.

710 Klauss/Ose, § 6 AbzG, Rdnr. C 929; Staudinger/Hopt /Mülbert, § 607 BGB, Rdnr. 319.

Der Gesetzgeber war angesichts dieser Lücke gefordert, bezüglich der weniger gravierenden Fälle zu handeln. Die gesetzgeberischen Aktivitäten schlugen sich in den bereits o.g. Vorschriften nieder. Für den Bereich des Konsumentenkredits wird für das Mahnverfahren eine Schlüssigkeitsprüfung eingeführt.

b) Die einzelnen Änderungen des § 688 Abs. 2 ZPO n.F.:

Wie schon von der alten Fassung her bekannt,

> *findet das Mahnverfahren nach § 688 Abs. 2 ZPO n.F. nicht mehr statt, wenn*
>
> - *die Geltendmachung der Leistung von einer noch nicht erbrachten Gegenleistung abhängt (jetzt Nr. 2)*
>
> *oder*
>
> - *die Zustellung des Mahnbescheides durch öffentliche Bekanntmachung erfolgen müßte (Nr. 3).*

Letzteres ist gem. § 203 ZPO bei unbekanntem Aufenthaltsort des Mahnbescheidsempfängers, bei Nichtzustellbarkeit an dessen Auslandsadresse - dies allerdings nur nach Maßgabe des unverändert gebliebenen Absatzes 3 - oder bei exterritorialer Adresse im Inland der Fall. Insoweit hat sich bis auf eine der besseren Übersichtlichkeit dienenden Untergliederung in Ziffern nichts geändert.

Materiell-rechtlich Neues ist mit der Bestimmung der Nr. 1 des § 688 Abs. 2 ZPO n.F. verbunden:

Das Mahnbescheidsverfahren bleibt auch ausgeschlossen, wenn der (anfängliche) effektive Jahreszins den Bundesbankdiskontsatz, der zum Zeitpunkt des Vertragsschlusses gilt, um 12 % übersteigt.

Nach ausdrücklichem Bekunden des Gesetzgebers[711] soll es sich hierbei jedoch nicht um eine Konkretisierung der Sittenwidrigkeitsgrenze handeln, sondern lediglich um eine bloße formal-rechtliche Sperre für das Mahnverfahren. Bei Überschreiten dieser absoluten Höchstgrenze ist der Antrag auf Erlaß eines Mahnbescheides gem. § 691 Abs. 1 Nr. 1 ZPO n.F.[712] zurückzuweisen. Das Kriterium, daß der *Diskontsatz* der Deutschen Bundesbank um 12 % überschritten sein muß, hat nichts mit der durch die bisherige Rechtsprechung gebildeten *absoluten* Grenze zu tun, ab der ein (Raten)kreditvertrag als sittenwidrig betrachtet werden muß. Das für die Sittenwidrigkeit charakteristische Mißverhältnis wird nämlich in Hochzinsphasen bei einem von mehr als 12 bis 13 %, in Niedrigzinsphasen bereits bei einem von mehr als 9 % über dem *Marktzins* liegenden Vertragszins angenommen,[713] was nicht miteinander verwechselt werden darf.

---

[711] BR-Ds 427/89, S. 80.

[712] Entspricht der früheren Regelung des § 691 Abs. 1 ZPO a.F.

[713] Zum Beispiel Palandt-Heinrichs, § 138 BGB, Anm. 2 b) cc), Rdnr. 27; Emmerich, JuS 1988, 925 (926); Emmerich, Konsumentenkredit, S. 8; Meiwes, S. 9 ff. mit zahlreichen Nachweisen zur hierzu sehr umfangreichen Rechtsprechung.

Die Prozentangaben beziehen sich auf einen den Marktzins um diesen Zinssatz *absolut* überschreitenden Vertragszins.

2.) Ergänzung des § 690 Abs. 1 Nr. 3 ZPO:

§ 690 Abs. 1 Nr. 3 ZPO wird um einen Halbsatz ergänzt. Danach zählt neben dem bisherigen Inhalt, den ein Mahnantrag haben mußte, nunmehr auch

> *die gesonderte Auflistung von Haupt- und Nebenforderungen. Für Ansprüche aus Kreditverträgen, die dem Anwendungsbereich des Verbraucherkreditgesetzes unterliegen, sind darüber hinaus das Datum des Vertragsschlusses und der (anfängliche) effektive Jahreszins anzugeben.*

a) Trennung von Haupt- und Nebenforderungen:[714]

Bislang war es nach § 690 Abs. 1 Nr. 3 ZPO a.F. nur geboten, den behaupteten Anspruch unter hinreichend bestimmter Angabe der verlangten Leistung zu bezeichnen. Dies diente und genügte im allgemeinen auch zur Individualisierung der Forderung, was insbesondere für die Erstreckung der Rechtskraft von Bedeutung war.[715] Der summarische Charakter des Mahnverfahrens verführte dazu, daß neben dem so näher bezeichneten Hauptanspruch Zinsen und sonstige ominöse Nebenforderungen auftauchten, deren Berechtigung seitens der Gerichte kaum überprüfbar waren und gegen die die weit überwiegende Zahl der Mahnbescheidsempfänger auch nichts unternahm. Lediglich in 5 % aller Fälle wurde Widerspruch gegen den Mahnbescheid er-

---

714 Siehe hierzu auch Holch, NJW 1991, 3177 (3179 ff.); Scholz, DB 1992, 127; Markwardt, NJW 1991, 1220.

715 Thomas-Putzo, § 690 ZPO, Anm. 2 c); BR-DS 427/89, S. 32 und 81 m.w.N.

hoben (§ 694 ZPO) oder Einspruch gegen den Vollstreckungsbescheid eingelegt (§§ 699, 700 Abs. 3 ZPO).[716]

Von der Neuregelung verspricht sich der Gesetzgeber hinsichtlich der Nebenforderungen ein höheres Maß an Transparenz und Nachprüfbarkeit.[717] Für den Kreditnehmer soll es leichter werden, unberechtigte Nebenforderungen zu erkennen. Ob seine Bereitschaft, mit Rechtsmitteln dagegen vorzugehen, dadurch gleichermaßen gefördert wird, vermag erst die Praxis zu zeigen. Jedenfalls stellt es einen gewissen Fortschritt dar, wenn Nebenforderungen - und dies sogar gesondert nach Einzelposten[718] - im Mahnbescheidsantrag zu bezeichnen sind. Allerdings wurde die Möglichkeit beibehalten, insoweit auch auf eine dem Kreditnehmer bereits vorliegende Aufstellung Bezug zu nehmen.[719]

b) Angabe von Datum und effektiven Jahreszins:

Die Verpflichtung des Antragstellers, bei Verbraucherkrediten das Datum des Vertragsschlusses und den (anfänglichen) effektiven Jahreszins anzugeben, entspringt einem Erfordernis der neugefaßten Bestimmung des § 688 Abs. 2 Nr. 1 ZPO, wonach der Antrag auf Erlaß eines Mahnbescheids zurückzuweisen ist, wenn der *effektive Jahreszins im Zeitpunkt des Vertragsschlusses* den Diskontsatz der Deutschen Bundesbank um 12 % übersteigt. Das Datum und der (anfängliche) effektive Jahreszins sind Voraussetzung für die Beurteilung, welcher Diskontsatz zum maßgeblichen

---

716 BR-Ds 427/89, S. 33.

717 BR-Ds 427/89, S. 81 f.

718 BR-Ds 427/89, S. 82; BT-Ds 11/5462, S. 32.

719 BR-Ds 427/89, S. 82.

Zeitpunkt galt und ob der Mahnbescheidsantrag deshalb zurückzuweisen ist.

3.) Änderung des § 691 ZPO:

§ 691 ZPO erhält äußerlich eine neue Fassung; die bisherigen Absätze 1 und 2 werden zusammgefaßt, ein neuer Absatz 2 eingefügt und der ehemalige Absatz 3 leicht modifiziert.

a) Neufassung der Absätze 1 und 2:

Nach § 691 Abs. 1 ZPO a.F. war der Antrag auf Erlaß eines Mahnbescheids zurückzuweisen, wenn er den Vorschriften der §§ 688 bis 690, 703 c Abs. 2 ZPO nicht entsprach. Es handelte sich dabei weitgehend um Formfehler. Der Antrag konnte aber auch dann gem. § 691 Abs. 2 ZPO *insgesamt* zurückgewiesen werden, wenn der *Anspruch* nur zu einem Teil, also etwa in der geforderten Höhe, nicht begründet war. Dies darf nicht damit verwechselt werden, daß einer von *mehreren* Ansprüchen (also bei objektiver Klagehäufung i.S.d. § 260 ZPO) - z.B. eine Nebenforderung wie Zinsen - unbegründet ist. Letzteres genügt nicht, um den Antrag im vollen Umfang zurückzuweisen.[720]

Durch die Neufassung wird der frühere Absatz 1 zur Nr. 1, der frühere Absatz 2 zur Nr. 2 des neuen Absatzes 1. Diese augenscheinlich rein formale Änderung zieht allerdings auch inhaltliche Konsequenzen nach sich. § 691 Abs. 2 HS. 2 ZPO a.F., der für die Zurückweisung nach Absatz 2 die vorherige Anhörung des Antragstellers verlangte, gilt in der Neufassung sowohl für die Nr. 2 - insoweit bleibt

---

720 Thomas-Putzo, § 691 ZPO, Anm. 2.

alles beim alten - als auch für die Nr. 1. In Zukunft muß eine Anhörung auch immer bei Formfehlern erfolgen. Für den Mahnbescheidsempfänger führt dies insoweit zu einer Verschlechterung seiner Position, als der Antragsteller dadurch Gelegenheit erhält, durch Ausräumung der Formfehler oder sonstiger Mängel doch noch die Stattgabe seines Antrages zu erreichen. Allerdings handelt es sich hierbei um keine spezifisch verbraucherkreditrechtliche Änderung der Zivilprozeßordnung. Die Neuregelung wurde vielmehr *anläßlich* des Erlasses des Verbraucherkreditgesetzes und der Änderung anderer Gesetze vorgenommen.

b) Einfügung eines neuen Absatzes 2:

§ 691 Abs. 2 ZPO n.F. ist in der vorliegenden Form neu.

Allerdings wurde der noch im Entwurf der Bundesregierung vom 11. August 1989[721] vorgesehene ursprüngliche Satz 1 n.F. wieder gestrichen. Er verwies auf die Vorschrift des § 270 Abs. 2 S. 2 ZPO, wonach sich die dort geregelte Zugangsvermutung auch auf die Mitteilung darüber, daß der Antrag zurückgewiesen wurde, erstrecken sollte. Danach wäre der Zugang der Mitteilung bei Zustellung innerhalb eines Ortes am folgenden Tag, ansonsten am zweiten Tag nach der Aufgabe fingiert worden. Durch Streichung der im o.g. Entwurf noch vorgesehenen Verweisung verbleibt es bei der bisherigen Rechtslage, daß eine Fiktion des Zugangs der Zurückweisungsmitteilung nicht erfolgt. Der Antragsteller, hier also der Kreditgeber, wäre durch die Verweisung im Hinblick auf den Fristbeginn gemäß der nachfolgend zu besprechenden Bestimmung geringfügig schlechter gestellt gewesen, was aber durch die Streichung wieder rückgängig gemacht wurde.

Die Vorschrift des jetzigen alleinigen Satzes 1 des § 692 Abs. 2 ZPO ähnelt der des § 693 Abs. 2 ZPO, hat aber doch ihren eigenen Regelungsgehalt. Nach § 693 Abs. 2 ZPO genügt die Einreichung des Mahnantrags zur Wahrung einer Frist oder zur Unterbrechung der Verjährung, wenn die Zustellung des Mahnbescheids *demnächst* erfolgt. Die Wirkung entspricht der des § 270 Abs. 3 ZPO bei der Klageerhebung.[722] Sie wird aber nur erreicht, wenn der Mahnbescheid dem Empfänger auch tatsächlich zugestellt wird, was nicht geschieht, wenn der diesbezügliche Antrag nach § 691 Abs. 1 ZPO n.F. zurückgewiesen wird. Dies kann dazu führen, daß der Antragsteller trotz rechtzeitiger Stellung seines Antrags eine Frist versäumt, weil die Zustel-

---

721 BR-Ds 427/89.

722 Statt vieler Thomas-Putzo, § 693 ZPO, Anm. 2.

lung infolge eines Formfehlers oder sonstigen Mangels unterblieben ist.

Das bislang geltende Recht kannte für diesen Fall keine gesetzliche Regelung, nach der die Rechtzeitigkeit fingiert wurde. § 691 Abs. 2 S. 2 ZPO n.F. sieht nunmehr vor, daß die Frist gewahrt bleibt bzw. die Verjährung unterbrochen wird, wenn der Antragsteller innerhalb eines Monats, nachdem diesem die Zurückweisungsmitteilung zugestellt worden ist, Klage einreicht und diese demnächst dem Antragsgegner/Beklagten zugestellt wird. Im Gegensatz zur Fassung des Entwurfs der Bundesregierung vom 11. August 1989[723] wurde der Wortlaut leicht modifiziert. Nach der aktuellen Fassung ist im Unterschied zum Entwurf nicht mehr die Mitteilung an sich, sondern deren Zustellung maßgeblich. Der sprachlichen Neufassung kommt also lediglich Klarstellungsfunktion zu. Bei § 691 Abs. 2 ZPO handelt es sich um eine Vorschrift, die mit verbraucherschutzrechtlichen Intentionen nichts zu tun hat, und somit gleichermaßen nur wieder als eine Regelung anzusehen ist, die *anläßlich* der Änderung des Mahnverfahrens mit in das Gesetzespaket aufgenommen wurde.

c) Ergänzung des § 691 Abs. 3 ZPO:

Inhaltlich gesehen ändert sich an Satz 1 der Vorschrift nur wenig. Sie beläßt es bei der grundsätzlichen Unstatthaftigkeit einer Beschwerde (gem. § 11 Abs. 1 S. 2 RPflG Rechtspflegererinnerung) gegen die Zurückweisung eines Mahnbescheidsantrags. Der Antragsteller hat schließlich die Möglichkeit, erneut einen Mahnbescheid zu beantragen

---

723 BR-Ds 427/89; BT-Ds 11/5462.

oder den Klageweg zu beschreiten.[724] Bestehen bleibt die Ausnahme, daß die Beschwerde (= Rechtspflegererinnerung) allerdings gestattet ist, wenn "*der Antrag in einer nur maschinell lesbaren Form übermittelt und mit der Begründung zurückgewiesen worden ist, daß diese Form dem Gericht für seine maschinelle Bearbeitung ungeeignet erscheine*". Die Beschwerde nach § 11 Abs. 1 S. 2 RPflG ist in diesem Fall ausnahmsweise möglich. Satz 2 hebt dies klarstellend hervor.

Auch bei dieser Änderung der Zivilprozeßordnung fehlt der spezifisch verbraucherschutzrechtliche Bezug, so daß das oben Gesagte gleichermaßen gilt.

III. Änderung des Rechtspflegergesetzes:

Mit Art. 7 Artikelgesetz a.F. sollte eine Anpassung der Verweisung in § 11 Abs. 5 S. 2 RPflG vorgenommen werden, die durch die Neufassung des § 691 Abs. 3 S. 2 ZPO bedingt war. Danach wäre die Rechtspflegererinnerung (anstelle der Beschwerde) in den Fällen der Zurückweisung des Mahnbescheidsantrags ausgeschlossen gewesen, außer es hätte sich um einen nur maschinell lesbaren Antrag, der wegen dessen mangelnder Eignung zur maschinellen Bearbeitung zurückgewiesen wurde, gehandelt.

Die beabsichtigte Änderung wurde jedoch in der endgültigen Fassung des Gesetzes aus Gründen der Rechtseinheitlichkeit wieder zurückgenommen.[725]

---

[724] BR-Ds 427/89, S. 84 m.w.N.

[725] BT-Ds 11/8274, S. 23.

C: Änderung sonstiger Rechtsvorschriften:

I. Änderung des Gesetzes zur Regelung der Wohnungsvermittlung (Artikel 7 Artikelgesetz):

Mit der in der endgültigen Fassung des Artikelgesetzes kurzfristig noch eingefügten Änderung des Gesetzes zur Regelung der Wohnungsvermittlung (Gesetz vom 4. November 1971, BGBl. I S. 1745 [1747])[726] nimmt der Gesetzgeber zunächst die Beseitigung eines alten Redaktionsversehens vor. In § 5 S. 1 HS. 2 WoVermittG a.F. war anstatt auf § 817 S. 2 BGB auf den - nicht existierenden - § 817 Abs. 2 BGB verwiesen worden. Dieser Fehler wurde im Rahmen der weiteren Änderungen beseitigt.

Ferner wurde die Verjährungsfrist des § 5 S. 2 WoVermittG von ursprünglich einem auf vier Jahre verlängert.

II. Änderung der Gewerbeordnung (Art. 8 Artikelgesetz):

Nach der bisherigen Rechtslage des § 56 Abs. 1 Nr. 6 GewO war der Abschluß und die Vermittlung von Darlehensgeschäften im Reisegewerbe (§ 55 GewO), soweit sie nicht im Zusammenhang mit Warenverkäufen oder dem Abschluß von Bausparverträgen standen, verboten.[727]

Dieses Verbot gilt künftig nicht mehr für die - unentgeltliche - *Vermittlung* von *Darlehens*geschäften (Art. 8 Artikelgesetz).

---

726 Im weiterem abgekürzt als WoVermittG.

727 Das Gesetz verfolgte damit u.a. den Zweck, wucherische Geschäfte zu verhindern und den Schutz vor Eingehung unüberlegter Geschäfte zu erhöhen (BGHZ 71, 358 = BGH NJW 1978, 1970; BGHZ 93, 264 [269]; BGH NJW 1984, 2296; Landmann-Rohmer, § 56 GewO, Rdnr. 99; Friauf, § 56 GewO, Rdnr. 54).

Als Berechtigung für das seinerzeitige Totalverbot war der Umstand angeführt worden, daß der potentielle Kreditnehmer vor Übereilung geschützt werden sollte.[728] Dieser Grund ist mittlerweile aufgrund des durch § 7 VKG eingeführten Widerrufsrechts entfallen. Selbst wenn es also zum Abschluß eines Kreditvertrages oder Kreditvermittlungsvertrages kommen sollte, verbleibt für den Kreditnehmer immer noch die Möglichkeit des einwöchigen Widerrufs.[729] Die Gefahr der Übereilung ist damit - von § 7 Abs. 3 VKG einmal abgesehen - grundsätzlich gebannt, so daß sich ein völliges Verbot dieser Abschluß- und Vermittlungstätigkeit nicht mehr hätte rechtfertigen lassen.[730]

Zum Schutz der Verbraucher erstreckt sich die Freistellung vom Verbot allerdings *nicht* auf die *entgeltliche Vermittlung von Darlehen*. Wegen der dem Verbraucher aufgrund der zusätzlichen Kosten drohenden finanziellen Mehrbelastung[731] bleibt insoweit das Verbot des § 56 Abs. 1 Nr. 6 GewO bestehen. Das Widerrufsrecht des § 7 VKG könnte den Verbraucher hiervor nicht ausreichend schützen.

Im Hinblick auf einen Kreditvertrag im Sinne des Verbraucherkreditgesetzes gilt dagegen das Verbot für die *unentgeltliche Kreditvermittlung* sowie für die *entgeltliche* bzw. *unentgeltliche Abschlußtätigkeit* künftig nicht mehr.

---

728 BT-Ds 11/8274, S. 23; BGHZ 93, 264 (269); BGHZ 71, 358 (361) = BGH NJW 1978, 1970; BGH NJW 1984, 2296; Landmann-Rohmer, § 56 GewO, Rdnr. 99; Friauf, § 56 GewO, Rdnr. 54; Seibert, Art. 8 Artikelgesetz, Rdnr. 2.

729 BT-Ds 11/8274, S. 23.

730 Vergleiche hierzu auch Reich in Hadding/Hopt, Das neue Verbraucherkreditgesetz, S. 40 ff.

731 BT-Ds 11/8274, S. 23.

Abschluß und Vermittlung von Abzahlungsgeschäften waren bislang schon nicht verboten;[732] dergleichen galt in bezug auf Darlehensgeschäfte, die im Zusammenhang mit einem Abzahlungskauf abgeschlossen oder vermittelt wurden.[733]

Als ein weiterer Aspekt lag der diesbezüglichen Neuregelung zugrunde, daß nur so die Wettbewerbsgleichheit zwischen Versicherungs- und Kreditwirtschaft gewahrt werden konnte. Denn Versicherungsunternehmen waren schon bislang keinerlei Beschränkungen der Gewerbeordnung unterstellt.[734]

III. Anpassung von Verweisungsnormen:

Die bisher noch nicht behandelten Artikel des Artikelgesetzes beinhalten zumeist Anpassungen einzelner Verweisungsvorschriften, die durch den Wegfall des alten Abzahlungsgesetzes gem. Art. 10 Artikelgesetz und den Erlaß des neuen Verbraucherkreditgesetzes notwendig geworden sind. So beinhaltet Art. 3 Artikelgesetz eine Änderung des Gesetzes über den Widerruf von Haustürgeschäften und ähnlichen Geschäften, die darauf hinausläuft, daß nunmehr

---

732 Der Direktvertrieb als wesentlicher Wirtschaftsfaktor sollte auf diese Weise erhalten bleiben. Außerdem war ein weitgehender Verbraucherschutz insoweit schon durch das Abzahlungsgesetz gewährleistet (Landmann-Rohmer, § 56 GewO, Rdnr. 102; Friauf, § 56 GewO, Rdnr. 57).

733 Die bislang schon bestehende Zulässigkeit von Darlehensgeschäften im Zusammenhang mit Abzahlungskäufen ist als Konsequenz der Freistellung des Warenabsatzes im Direktvertrieb zu sehen, da die Warenkäufe oftmals kreditiert wurden (Landmann-Rohmer, § 56 GewO, Rdnr. 102; Friauf, § 56 GewO, Rdnr. 57).

734 BT-Ds 11/8274, S. 23; Reich in Hadding/Hopt, Das neue Verbraucherkreditgesetz, S. 41.

das Verbraucherkreditgesetz anstelle des Abzahlungsgesetzes Vorrang gem. § 5 Abs. 2 HTWG genießt. Art. 4 Artikelgesetz nimmt Bezug auf die Änderung des Fernunterrichtsschutzgesetzes, wonach das Widerrufsrecht des § 7 VKG auf kreditierte Fernunterrichtsverträge keine Anwendung findet. Demgegenüber besitzt das Rücktrittsrecht nach § 4 FernUSG Vorrang mit der Maßgabe, daß der Lauf der Widerrufsfrist nach Abs. 2 erst beginnt, wenn dem Teilnehmer eine Abschrift ausgehändigt worden ist, die die Mindestangaben des § 4 Abs. 1 S. 2 Nr. 2 VKG enthält. Art. 5 Artikelgesetz enthält eine Anpassung des Gesetzes gegen den unlauteren Wettbewerb. Verwies § 13 a Abs. 3 S. 1 UWG bezüglich der Rechtsfolgen des Rücktritts vormals noch auf die Vorschrift des § 1 d AbzG mit Ausnahme des Absatzes 2, so erstreckt sich jetzt die Rechtsfolgenverweisung auf die §§ 3 (ohne wiederum Absatz 2) und 5 Abs. 3 S. 1 HTWG. In der Sache ändert sich dabei nichts, sieht man einmal davon ab, daß § 3 Abs. 1 S. 2 HTWG im Unterschied zu § 1 d Abs. 1 S. 2 AbzG die Nichtausschließbarkeit des Widerrufs auch noch auf die "anderweitige Unmöglichkeit", also nicht nur auf die bloße Verschlechterung oder den Untergang der Sache erstreckt. Soweit dem nicht nur bloße Klarstellungsfunktion zukommt - die h.M. wollte die anderweitige Unmöglichkeit wegen § 351 S. 1 BGB ohnehin vom Sinn der Vorschrift her umfaßt sehen -,[735] handelt es sich um eine geringfügige Verbesserung der Position des Verbrauchers.

D: Schlußvorschriften:

Die Artikel 9 und 10 Artikelgesetz beinhalten die bei der Schaffung neuer Gesetze üblichen Schlußvorschriften.

---

[735] Palandt-Putzo, § 1 d AbzG, Anm. 5 a), Rdnr. 3.

I. Artikel 9 Artikelgesetz: Übergangsvorschriften:

1.) Nichtanwendung der §§ 6 a und 6 b AbzG:

Nach Art. 9 Abs. 1 Artikelgesetz verbleibt es für Kreditverträge, die vor dem Zeitpunkt des Inkrafttretens (Art. 10) geschlossen wurden, bei der Anwendbarkeit des bisherigen Rechts.[736] Lediglich die Vorschriften des §§ 6 a und 6 b AbzG sind hiervon ausgenommen. D.h. die genannten Gerichtsstandsbestimmungen sind auch für Altverträge ausgeschlossen, die vor Erlaß des Verbraucherkreditgesetzes zustande kamen.

Der Gesetzeswortlaut regelt hingegen nicht ausdrücklich, was mit Altverträgen zu geschehen hat, die bereits vor diesem Zeitpunkt *rechtshängig* geworden sind. Eine solche Rückbeziehung dürfte sich allerdings aus Art. 9 Artikelgesetz nicht herleiten lassen. Denn dies würde die hier kaum anzunehmende Suspendierung des § 261 Abs. 3 Nr. 2 ZPO bedeuten, der vorsieht, daß eine Änderung der die Zuständigkeit des Prozeßgerichts begründenden Tatsachen nach Eintritt der Rechtshängigkeit unerheblich bleibt.[737] Aus diesem Grunde verliert das nach § 6 a AbzG allein zuständige Gericht seine Zuständigkeit nicht, wenn die

---

736 Medicus, Jura 1991, 561 (562). Kritisch im Hinblick auf langfristige Altverträge Seibert, Art. 9 Artikelgesetz, Rdnr. 1.

737 § 261 Abs. 3 Nr. 2 ZPO gilt auch bei Änderung der *gesetzlichen* Zuständigkeit (Thomas-Putzo, § 261 ZPO, Anm. 5 b).

Streitsache vor dem 1. Januar 1991 rechtshängig[738] geworden ist.

2.) Kündigung des Darlehens und Mahnverfahren:

Konsequenterweise verzichtet der Gesetzgeber ebenso bei der Kündigung des Darlehens nach § 609 a BGB n.F. auf die vorzeitige Anwendbarkeit der neuen Vorschriften. Auch hiernach finden die neuen Bestimmungen keine Anwendung, wenn der Darlehensvertrag noch vor dem Inkrafttreten der gesetzlichen Änderung gekündigt worden ist. Allerdings bedeutet die Neuregelung des § 609 a BGB keine Verbesserung der verbraucherschützenden Position.

Gleiches gilt im Hinblick auf die Vorschrift des Art. 9 Abs. 3 des Artikelgesetzes, d.h. im Rahmen des Mahnverfahrens wird im Hinblick auf Altverfahren nicht auf die neuen zivilprozeßrechtlichen Bestimmungen zurückgegriffen. Alle Mahnbescheide, die vor Inkrafttreten der gesetzlichen Änderung beantragt wurden, werden noch nach der alten Rechtslage behandelt.

II. Art. 10 Artikelgesetz: Inkrafttreten:

Die noch im Entwurf der Bundesregierung vom 11. August 1989 vorgesehene Berlin-Klausel (Art. 9 Artikelgesetz a.F.) wurde gestrichen.

Das Artikelgesetz trat mit Ausnahme der zivilprozeßrechtlichen Vorschriften des Art. 6 Artikelgesetz am 01. Ja-

---

738 Bei einer *demnächst* zu erfolgenden Zustellung der Klageschrift/des Mahnbescheids wird man analog dem Rechtsgedanken der §§ 270 Abs. 3, 693 Abs. 2 ZPO Anhängigkeit genügen lassen können.

nuar 1991 in Kraft. Gleichzeitig wurde das alte Abzahlungsgesetz aufgehoben. Art. 6 Artikelgesetz erlangte hingegen erst am 01. Januar 1992 Gesetzeskraft.

Nach Art. 16 Abs. 1 VKG-Richtlinie hätte die Umsetzung bereits bis zum 01. Januar 1990 erfolgt sein müssen. Die wesentlichen Vorschriften des neuen Verbraucherkreditgesetzes sind folglich mit einer einjährigen Verspätung erlassen worden.

4. Kapitel: Schlußbetrachtung

Die durch das Verbraucherkreditgesetz und den damit verbundenen sonstigen gesetzlichen Änderungen geschaffene Rechtslage hat zu grundlegenden Neuerungen des Konsumentenkreditrechts geführt. Sieht man vom Problem der Verbraucherinsolvenz einmal ab, das erst im Zusammenhang mit einer größeren Insolvenzrechtsreform einer umfassenden Lösung zugeführt werden soll,[1] sind wesentliche, substantielle Novellierungen für die nächsten Jahre auf dem Gebiet des Verbraucherkreditrechts nicht zu erwarten. Dieser Umstand erlaubt es daher schon jetzt, zum Verbraucherkreditgesetz vom 17. Dezember 1990 abschließend Stellung zu nehmen.[2]

Am Anfang der kritischen Auseinandersetzung mit dem Verbraucherkreditgesetz steht die Lösung *formeller* Probleme, und zwar sowohl hinsichtlich seiner Stellung im gesamten Rechtssystem wie auch im Hinblick auf formale Aspekte des Gesetzes selbst. Im Anschluß daran folgt die Bewertung *materiellrechtlicher* Lösungsansätze der im 1. Kapitel[3] aufgezeigten Probleme des Verbraucherkreditrechts. Maßstab für diese inhaltliche Würdigung soll unter anderem

---

1 Z.B. Scholz, ZIP 1988, 1157 ff.; Scholz, Rdnr. 738 ff., S. 373 ff.; Süddeutsche Zeitung v. 31.08.1988, Nr. 200, S. 21.

2 Demgegenüber betrachtet Reich in Hadding/Hopt, Das neue Verbraucherkreditgesetz, S. 30, das Verbraucherkreditgesetz lediglich als "*Zwischenprodukt*" in einem noch nicht abgeschlossenen Diskussionsprozeß (ähnlich Schwintowski, JA 1992, 33 [39]).

Auch Schwintowski, JA 1992, 33 (38 f.), erwartet vom Verbraucherkreditgesetz nicht, daß es eine abschließende Lösung zum Problem der Verbraucherverschuldung liefert. Diese kann wohl nur im Zusammenhang mit der geplanten Insolvenzreform erwartet werden.

auch die vom Gesetzgeber selbst vorgenommene Zielsetzung der Sicherstellung eines angemessenen Verbraucherschutzes sein.[4]

---

[3] Vgl. 1. Kapitel, § 2 B.

[4] BR-Ds 427/89, Vorblatt A: Zielsetzung sowie S. 19.

§ 1: Bewertung der neugeschaffenen Rechtslage:

A: Formale Betrachtung:

I. Allgemeine Würdigung des Verbraucherkreditgesetzes:

Wie oben bereits an anderer Stelle ausgeführt,[5] handelt es sich beim neuen Verbraucherkreditgesetz um ein weiteres *Sondergesetz*, das sich in die Zahl der schon bestehenden Verbraucherschutzgesetze außerhalb des Bürgerlichen Gesetzbuchs einreiht (vgl. Gesetz zur Regelung der Allgemeinen Geschäftsbedingungen, Gesetz über den Widerruf von Haustürgeschäften und ähnlichen Geschäften, Produkthaftungsgesetz).[6] Mit der neuerlichen Ausgliederung hat sich der bundesdeutsche Gesetzgeber der "großen Lösung"[7] angeschlossen und eine einheitliche verbraucher*kredit*rechtliche Gesetzesmaterie schaffen wollen, um so ein erhöhtes Maß an Übersichtlichkeit zu erzielen.

Wegen der gewandelten Gesellschaftsstrukturen hätte der Problemkreis des Verbraucherkredits aber auch in das Bürgerliche Gesetzbuch aufgenommen werden können.[8] Das Bürgerliche Gesetzbuch stellt zweifellos eine vorbildliche und herausragende Kodifikation dar. Das gesellschaftliche und damit auch das rechtliche Umfeld ist in den über neunzig Jahren seiner Existenz aber nicht völlig unverändert geblieben, so daß im Rahmen einer umfassenden Reform der Verbraucherschutz kein Fremdkörper mehr hätte sein müssen. In der Kürze der Zeit, die für die Umsetzung der

---

5 Siehe oben 2. Kapitel, § 2 A.

6 Vergleiche auch Resümée zum Verbraucherkreditgesetz von v. Westphalen, WM 1990, 624.

7 Hadding, S. 88 ff.; Hadding in Hadding/Hopt, Das neue Verbraucherkreditgesetz, S. 6 f.

8 Siehe auch Emmerich/Münstermann/Wagner-Wieduwilt, S. 3; Emmerich, JuS 1991, 705.

VKG-Richtlinie zur Verfügung stand,[9] wäre jedoch das "Jahrhundertwerk" einer BGB-Reform nicht mehr rechtzeitig zu realisieren gewesen. Zudem sollte der grundsätzliche, vom Leitbild des vernünftigen, selbstverantwortlichen und urteilsfähigen Rechtsgenossen[10] geprägte Charakter der großen Kodifikation gerade nicht angetastet werden.[11]

Durch die Aufnahme einer Vielzahl von Einzelbestimmungen in das Bürgerliche Gesetzbuch hätte die formale Zielsetzung einer *einheitlichen* Regelung des Verbraucher*kredit*rechts außerdem nicht in gleicher Weise verwirklicht werden können wie durch ein eigenes Sondergesetz. Damit wurde aber schon vom Ansatz her als Preis für die Einheitlichkeit der Regelungsmaterie eine weitere Rechtszersplitterung in Kauf genommen.[12]

Das Verbraucherkreditgesetz hat allerdings selbst nicht konsequent den Anspruch erfüllt, die gesamte verbraucherkreditrechtliche Rechtsmaterie abschließend in *einem* Gesetz zu regeln. Viele Bereiche, die hierunter fallen,

---

9 Vergleiche hierzu Helmrich, AnwBl. 1992, 103 (105).

10 Wieacker, S.482.

11 Ebenso Westermann in Hadding/Hopt, Verbraucherkredit, AGB-Gesetz und Kreditwirtschaft, S. 69, der eine starke Ausstrahlung des Verbraucherkreditgesetzes auf das gesamte Kreditrecht annimmt.

Vergleiche auch Schwintowski, JA 1992, 33 (39).

12 Schmelz/Klute, ZIP 1989, 1509 (1515 f. und 1525), favorisieren beispielsweise statt einer (Teil-) Kodifikation Änderungen und Ergänzungen des geltenden Rechts unter Beibehaltung des Abzahlungsgesetzes.

Ähnlich Emmerich/Münstermann/Wagner-Wieduwilt, S. 3, und Emmerich, JuS 1991, 705, die die Einarbeitung der durch die VKG-Richtlinie erforderlich gewordenen Änderungen in das Bürgerliche Gesetzbuch für vorzugswürdig gehalten hätten.

sind nach wie vor in anderen Gesetzen zu finden. Hierzu zählen zum Beispiel Normen mit verwaltungsrechtlichem Inhalt wie die §§ 34 c, 56 Abs. 1 Nr. 6 GewO. Aufgrund seines umfassenden Regelungsanspruchs hätte sich deren Integration in das Verbraucherkreditgesetz angeboten. Ein Blick in andere Rechtsordnungen zeigt, daß eine solche gebietsübergreifende Einbeziehung in ein einzelnes Gesetz zu durchaus praktikablen Ergebnissen führen kann. Beispielhaft sei wiederum der britische Consumer Credit Act genannt. Wie bereits im Rahmen der Erörterungen des 2. Kapitels[13] festgestellt, hat der Consumer Credit Act neben zivilrechtlichen auch verwaltungs- und strafrechtliche Rechtsnormen zum Gegenstand. Entsprechendes gilt für den gleichfalls schon erwähnten US-amerikanischen Consumer Credit Protection Act. Der Entwurf der Niederlande zeigt, daß auch innerhalb eines auf der EG-Richtlinie vom 22. Dezember 1986 (87/102/EWG) beruhenden Verbraucherkreditgesetzes Vorschriften des Zivilrechts mit denen des Verwaltungsrechts kombiniert werden können. Die (verwaltungsrechtlichen) Normen regeln die Voraussetzungen, die ein Kreditgeber erfüllt haben muß, um am Kreditmarkt zugelassen zu werden (Art. 9 - 19).[14] Im Rahmen des bundesdeutschen Rechts finden sich vergleichbare Bestimmungen dagegen noch immer außerhalb des Verbraucherkreditgesetzes, nämlich im Kreditwesengesetz bzw. in der Gewerbeordnung. Ebensowenig wurden strafbewehrte Normen in das Verbraucherkreditgesetz integriert.[15] An der Aufteilung der

---

[13] Vgl. 2 . Kapitel § 1 B II 1.).

[14] Siehe Finanzdienstleistungen - aktuell, VuR 1990, 189.

[15] Gemeint sind insofern nicht nur Strafvorschriften im engeren Sinne wie § 302 a StGB (strafbarer Kreditwucher), sondern auch Vorschriften des Ordnungswidrigkeitenrechts, z.B. wegen Verstoßes gegen Genehmigungsbestimmungen und ähnlichem.

zivil-, verwaltungs- und strafrechtlichen Vorschriften in verschiedene Gesetze hat sich folglich nichts geändert.

Als Alternative zu einer wenigstens partiellen Änderung des Bürgerlichen Gesetzbuches wäre schließlich daran zu denken gewesen, im Zusammenhang mit dem Verbraucherkreditgesetz alle Gesetze mit verbraucherschutzrechtlicher Tendenz zu einer Art eigenem Verbraucherschutz*gesetzbuch* zusammenzufassen. So fristet das Gesetz über den Widerruf von Haustürgeschäften und ähnlichen Geschäften (HTWG) nach wie vor neben dem Verbraucherkreditgesetz ein eigenes Dasein. Entsprechendes läßt sich - mutatis mutandis - vom Gesetz zur Regelung der Allgemeinen Geschäftsbedingungen (AGBG) sagen, das - sieht man einmal von der über § 9 AGBG erfolgten Ausdehnung auf den vollkaufmännischen Geschäftsverkehr ab - auch als Verbraucherschutzgesetz zu qualifizieren ist. Des weiteren bleiben wichtige Einzelvorschriften wie § 13 a UWG in anderen Gesetzen geregelt.

Allerdings wird das Verbraucherkreditgesetz aber selbst auf der Ebene der rein zivilrechtlichen Verbraucher*kredit*vorschriften dem Ziel nicht gerecht, diesen Problembereich abschließend in einem Sondergesetz zu regeln. So finden sich zum Beispiel Bestimmungen über die vorzeitige Rückzahlung (vgl. Art. 8 VKG-Richtlinie) einmal im neuen Verbraucherkreditgesetz in § 14 VKG, das andere Mal im Bürgerlichen Gesetzbuch in § 609 a BGB wieder. Der rechtssystematische Zusammenhang des Rechts zur vorzeitigen Kündigung zu den allgemeinen Kreditkündigungsvorschriften des Bürgerlichen Gesetzbuchs ist zwar nicht zu leugnen, die zu regelnde Rechtsmaterie hat aber dennoch einen stärkeren Bezug zu verbraucherkreditrechtlichen Problemen. Schon allein wegen dieser gleichgelagerten Problematik mit der vorzeitigen Rückzahlung gemäß § 14 VKG wäre eine einheitliche Regelung im Verbraucherkreditgesetz vorzuziehen gewesen.

Insgesamt betrachtet, hinterläßt die Ausgliederung der zu regelnden Rechtsmaterie in der durch das Verbraucherkreditgesetz konkret vorgenommenen Form nicht den günstigsten Eindruck.[16] Das Verbraucherkreditgesetz stellt in gesetzestechnischer Hinsicht kein Beispiel für einen Höhepunkt derzeitiger Gesetzgebungskunst dar. Als positiv ist festzuhalten, daß nunmehr im Gegensatz zum Abzahlungsgesetz immerhin der Versuch unternommen wurde, den gesamten Problembereich Verbraucherkredit - weitgehend - in einem Gesetz zu regeln.

II. Formale Detailkritik:

1.) Überperfektionistische Detailregelungen:

Die formalen Mängel des Verbraucherkreditgesetzes liegen auf der Hand. Das gesetzgeberische Bemühen, mit möglichst detaillierten Regelungen ein umfassendes Gesamtwerk zu schaffen, wirkt im Ergebnis nur kompliziert und perfektionistisch. Verstärkt wird diese Tendenz durch die Übernahme von Regelungen aus früheren Gesetzen, denen es wegen der Komplexität der Regelungsmaterie nicht selten an der notwendigen Feinabstimmung ermangelt.[17] Dies gilt insbesondere für einige der erst gegen Ende, wohl unter starkem Zeitdruck aufgenommenen Regelungen.[18] Anderer-

---

[16] Medicus, Jura 1991, 561 (566).

[17] Bender, VuR 1991, 197 und 202 ff.

[18] Dazu sei zum Beispiel auf die Frage der Anwendbarkeit des Verbraucherkreditgesetzes auf Finanzierungsleasingverträge verwiesen, welche kurzfristig im Rahmen der Schlußberatungen miteinbezogen wurden. Die Einbeziehung geschah letztlich primär über die Ausnahmeregelung des § 3 Abs. 2 Nr. 1 VKG und ließ viele Folgefragen offen, was Anlaß zu vielfacher Kritik gab (Lieb, WM 1991, 1533; Zahn, DB 1991, 2171).

seits ist zu konzedieren, daß beispielsweise infolge der Ausdehnung des Anwendungsbereichs vom "*Abzahlungskauf*" im Sinne des Abzahlungsgesetzes zum viel umfassenderen "*Kredit*" im Sinne des Verbraucherkreditgesetzes die Abgrenzung weitaus schwieriger geworden ist und die Notwendigkeit von Differenzierungen zugenommen hat.[19] Während § 1 VKG dessen Grenzen sehr weit zu ziehen scheint, beinhaltet § 3 VKG einen umfangreichen Ausnahmenkatalog, der den vom Gesetz ausgehenden Schutzumfang wiederum deutlich einschränkt. Gleichwohl wird dadurch die Anwendung des Verbraucherkreditgesetzes kompliziert.

Nicht anders verhält es sich mit der enumerativen Aufzählung der erforderlichen Mindestinhaltsangaben eines Kreditvertrages gemäß § 4 VKG. Der Gesetzgeber stellt zunächst nicht ohne Akribie *eine* umfassende Liste - erforderlicher (?) - Mindestangaben bezüglich "Kreditverträgen im allgemeinen" auf, die dann im folgenden für Teilzahlungsvereinbarungen - bis auf geringfügige Abweichungen - wiederholt wird. Bereits der Umfang der Katalogvorschriften zeugt von einem geringen Abstraktionsniveau des Verbraucherkreditgesetzes. Gegenüber dem Referentenentwurf vom Juni 1988, in welchem zur Regelung der Mindestinhaltsangaben in § 3 E_1-VKG vier nahezu gleichlautende Kataloge benötigt wurden,[20] bedeutet dies aller-

---

Die Frage der inhaltlichen Rechtfertigung dieser Ausnahmen soll in diesem Zusammenhang noch gar nicht aufgeworfen werden (so auch schon Schmelz/ Klute, ZIP 1989, 1509 [1511] zum Entwurf der Bundesregierung v. 11.08.1991 [BR-Ds 427/89]).

19 Medicus, Jura 1991, 561 (562).

20 Seinerzeit war noch zwischen den Mindestangaben für Teilzahlungskredite, für in einem Betrag zurückzuzahlende Kredite, für sonstige Kredite sowie für Abzahlungskäufe unterschieden worden. Sachlich wirklich nötig gewesen wäre hingegen nur eine Unterscheidung bezüglich der Angabe des Nettokredit-

dings schon einen gewissen Fortschritt. Für die den durchschnittlichen Kreditnehmer tatsächlich interessierenden Fakten, insbesondere für die auf ihn zukommende Gesamtbelastung, hätte sich die Informationspflicht auf weniger Angaben konzentrieren können. Demgegenüber läßt das Gesetz die Verpflichtung zu einem *drucktechnisch hervorgehobenen* Hinweis auf die in einem absoluten Betrag ausgedrückte Gesamtbelastung missen. Für Kredite im allgemeinen gilt nach § 4 Abs. 1 S. 2. Nr. 1 lit. b VKG insoweit sogar nur eine diesbezüglich eingeschränkte Mindestangabepflicht ("...wenn möglich den Gesamtbetrag...").[21]

Beispielhaft seien des weiteren die Regelungen des § 6 Abs. 2 und 3 VKG erwähnt. Bestimmt § 6 Abs. 1 VKG noch in aller Klarheit und Deutlichkeit, daß Kreditverträge nichtig sind, die nicht der Schriftform genügen oder bestimmte Mindestangaben nicht enthalten, blähen die nachfolgenden Heilungsvorschriften der Absätze 2 und 3 die Sanktionsnorm des § 6 VKG zu einer eher unübersichtlichen Regelung auf. Dabei enthalten beide Absätze im wesentlichen vergleichbare Regelungen, die sich nur durch den Anknüpfungspunkt unterscheiden. Wie schon § 4 Abs. 1 S. 2 Nr. 1 und Nr. 2 VKG setzen § 6 Abs. 2 und 3 die Unterscheidung zwischen Kreditverträgen im allgemeinen und Kreditverträgen, die die Lieferung einer bestimmten Sache oder die Erbringung einer bestimmten Leistung zum Gegenstand haben, fort. So entsprechen sich beispielsweise die jeweiligen Sätze 1 bzw. 2 der Absätze 2 und 3 inhaltlich nahezu völlig, sieht man von der unterschiedlichen Formu-

---

betrages und des Barzahlungspreises nach § 4 Abs. 1 S. 2 Nr. 1 lit. a bzw. Nr. 2 lit. a VKG (Medicus, Jura 1991, 561 [563]).

21 Anders § 4 Abs. 1 S. 2 Nr. 2 lit. b VKG: dort ist der Teilzahlungspreis zwingend anzugeben.

lierung einmal ab, die den Heilungseintritt bedingen.[22] Ob die insoweit geringfügig andere Wortwahl sachlich letztlich wirklich geboten war, dürfte zweifelhaft erscheinen.[23] Eine gesetzestechnisch überzeugendere Lösung hätte darin gelegen, notwendige begriffliche Differenzierungen "vor die Klammer zu ziehen", um im weiteren innerhalb der besonderen Regelungen auf diese Unterscheidungen verzichten zu können.

Gleichermaßen als formal angreifbar stellen sich einige Sondervorschriften wie § 5 VKG für Überziehungkredite und § 8 VKG für den Versandhandel dar. So ist z.B. zu kritisieren, daß das vertragliche Rückgaberecht des § 8 Abs. 2 VKG eine eigene, detaillierte Ausgestaltung erfährt, obwohl schon § 7 VKG für den Widerruf und seine Durchführung einen umfangreichen Kriterienkatalog aufstellt und gleichzeitig § 18 S. 1 VKG ohnehin vorschreibt, daß vertragliche Vereinbarungen hinter den vom Verbraucherkreditgesetz aufgestellten Standard nicht zurückfallen dürfen. Für das vertragliche Rückgaberecht hätte es bei einem "gesetzesökonomischeren" Vorgehen einer derart aus-

---

22 Gemeint sind die Voraussetzungen, unter denen nach § 6 Abs. 2 S. 1 bzw. Abs. 3 S. 1 VKG eine Heilung eintritt:

> "... *soweit der Verbraucher das Darlehen empfängt oder den Kredit in Anspruch nimmt* ..."

oder

> "... *wenn dem Verbraucher die Sache übergeben oder die Leistung erbracht wird* ..."

23 Zum Problem der eventuellen inhaltlichen Abweichung zwischen § 6 Abs. 2 S. 1 und Abs. 3 S. 1 VKG vergleiche gleich nachfolgend 4. Kapitel, § 2 A II 2.

differenzierten Regelung nicht bedurft - eine Ergänzung oder Klarstellung in § 7 VKG hätte genügt.

2.) Terminologische Schwächen:

Überdies fallen einige Abstimmungsungenauigkeiten auf, und zwar sowohl im Hinblick auf das Bürgerliche Gesetzbuch[24] als auch hinsichtlich der eigenen nachfolgenden Bestimmungen des Verbraucherkreditgesetzes selbst.[25] Insbesondere letzteres ist darauf zurückzuführen, daß sich das Gesetz einer Alltagssprache im Kreditgeschäft,[26]

---

24 Siehe oben 3. Kapitel, § 2 B II 2 b) aa) zu § 609 a Abs. 1 Nr. 2 BGB.

Dort war u.a. festgestellt worden, daß bei der Definition des Verbraucherkredits das "negative" Tatbestandsmerkmal der "nicht gewerblichen / nicht beruflichen" Tätigkeit zumindest nicht identisch *formuliert* wurde.

25 Vgl. zum Ganzen insbesondere auch Gilles, ZRP 1989, 299 (305); Schmelz/Klute, ZIP 1989, 1509 (1512); v. Rottenburg in Hadding/Hopt, Verbraucherkredit, AGB-Gesetz und Kreditwirtschaft, S. 50.

26 Ein weiterer Grund für den Gebrauch der der deutschen Rechtsprache an sich fremden Terminologie liegt darin, daß sie zu unkritisch von der EG-Richtlinie vom 22. Dezember 1986 (87/102/EWG) übernommen wurde.

nicht aber einer spezifisch juristischen Terminologie bedient.

Sehr deutlich zeigt sich dies beispielsweise bei der Definition des Anwendungsbereiches. Trotz Verwendung neuer rechtlicher Begriffe werden diese mitunter gar nicht erst erläutert (z.B. Zahlungsaufschub, sonstige Finanzierungshilfe) und im weiteren nicht immer konsequent beibehalten.[27] So scheint zwar § 1 Abs. 3 VKG den Kreditvermittlungsvertrag auf alle Kreditvertragsarten zu erstrecken, doch läßt sich den §§ 15 Abs. 1 S. 1 und 2, 16 S. 1 VKG eine Beschränkung auf bloße Darlehen entnehmen. Offen bleibt in diesem Zusammenhang gleichfalls, ob es sich beim Darlehen um reine Gelddarlehen oder auch um Sachdarlehen handeln soll.[28] Im Rahmen einer teleologischen Auslegung wird dies im Zweifel nur für § 15 Abs. 1 S. 1 VKG zu verneinen sein. D.h. Sachdarlehen dürften im übrigen

---

Erinnert sei in diesem Zusammenhang nochmals daran, daß die Mitgliedsstaaten gem. Art. 100, 189 Abs. 3 EWGV nur zur inhaltlichen (Grabitz, Art. 100 EWGV, Rdnr. 64 und Art. 189, Rdnr. 57; Groeben/Boeckh/ Thiesing/Ehlermann, Art. 100 EWGV, Rdnr. 30), nicht aber zur wörtlichen Umsetzung - der ohnehin nur ins Deutsche übersetzten Richtlinie - verpflichtet sind (Gilles, ZRP 1989, 299 [305]). Wenn aber schon die entsprechende EG-rechtliche Terminologie Maßstab für das zu schaffende deutsche Recht hätte sein sollen, fragt sich, warum keine stärkere Anlehnung an das insoweit deutlich bessere "Original" erfolgt ist. Der in Art. 1 VKG-Richtlinie geregelte Anwendungsbereich wirkt durch die sich daran anschließende Aufbauwahl der Definitionen um vieles klarer und verständlicher.

27 Gilles, ZRP 1989, 299 (302; 305 f.); Schmelz/Klute, ZIP 1989, 1509 (1511).

28 Gilles, ZRP 1989, 299 (305).

dem Schutzbereich des Verbraucherkreditgesetzes unterstehen.[29]

Der in § 1 Abs. 1 VKG definierte Begriff des "Kreditgebers" kommt in § 5 Abs. 1 VKG (Überziehungskredite) nicht vor; statt dessen spricht das Gesetz dort von Kreditinstituten.

Auch die zum Begriff des Kreditvertrags verwendete Terminologie zeigt sich als uneinheitlich und oftmals als auslegungsbedürftig.[30] Während § 1 Abs. 2 VKG lediglich Darlehen, Zahlungsaufschübe und sonstige Finanzierungshilfen als Unterbegriffe des Kreditvertrages bezeichnet, unterscheidet § 4 VKG Abs. 1 S. 2 VKG bereits zwischen "*Kreditverträgen im allgemeinen*" und "*Kreditverträgen, die die Lieferung einer bestimmten Sache oder die Erbringung einer bestimmten anderen Leistung gegen Teilzahlungen zum Gegenstand haben*", ohne sie jemals zu definieren.[31] In § 8 VKG (Sondervorschrift für den Versandhandel) heißt es dann wiederum Kreditverträge bezüglich "*Lieferung einer Sache oder Erbringung einer anderen Leistung*", also nicht mehr einer *bestimmten* Sache oder Leistung. Ob damit das Gegensatzpaar "bestimmt/unbestimmt" aufgehoben oder ganz bewußt nur die unbestimmten Sachen und Lieferungen gemeint sein sollen, was im Hinblick auf die bis zum Leistungszeitpunkt fehlende Konkretisierung der Leistung (§ 243 Abs. 2 BGB) denkbar erschiene, bleibt ebenso unklar. Entsprechend unpräzise verhält es sich mit

---

29 Dafür, daß das Verbraucherkreditgesetz Sachdarlehen grundsätzlich nicht ausschließen will, ist auch Reinking/Nießen, ZIP 1991, 79 (80).

30 Gilles, ZRP 1989, 299 (305).

31 Ein Blick beispielsweise auf den holländischen Entwurf (siehe Finanzdienstleistungen - aktuell, VuR 1990, 189) zeigt, daß das Problem auch mittels

§ 9 VKG (verbundene Geschäfte). Streitig werden könnte insoweit, ob sich die Vorschrift nur auf ratenweise zu tilgende Abzahlungskäufe oder auch auf solche, die in einem Einmalbetrag zurückzuzahlen sind, beziehen soll. Für drittfinanzierte sonstige Leistungen stellt sich die gleiche Frage (§ 9 Abs. 4 VKG). Schließlich verwenden die §§ 12 und 13 VKG den eingangs ebensowenig näher erläuterten Begriff des Teilzahlungskredits ("*Kredit, der in Teilzahlungen zu tilgen ist*").

Nach § 6 Abs. 2 S. 1 VKG tritt die Heilung ein, "*soweit*" der Verbraucher das Darlehen empfangen oder den Kredit beansprucht hat, nach Abs. 3 S. 1 "*wenn*" dem Verbraucher die Sache übergeben oder die Leistung erbracht ist. Im Unterschied zu § 6 Abs. 2 S. 1 VKG würde nach § 6 Abs. 3 S. 1 VKG bei wörtlicher Auslegung eine *teilweise* Heilung im Hinblick auf erbrachte Teilleistungen bzw. Teillieferungen ausscheiden, was sachlich nicht gerechtfertigt erscheint[32] und ausweislich der Gesetzesmaterialien auch nicht beabsichtigt war.[33]

---

einheitlicher Vorschriften, die nur soweit wie nötig Ausnahmen zulassen, gelöst werden kann.

32 Ulmer/Habersack, § 6 VKG, Rdnr. 16 bzw. Rdnr. 32.

Diese sprachliche Diskrepanz würde bei strenger wörtlicher Auslegung Auswirkungen auf den Umfang der Heilung haben. Im Falle des § 6 Abs. 2 S. 1 VKG wäre eine *teilweise* Heilung möglich, im Falle des § 6 Abs. 3 S. 1 VKG hingegen nicht. D.h. insoweit wäre zur Heilung die *vollständige* Erbringung der Leistung notwendig, was sich im Einzelfall als wenig interessensgerecht erweisen könnte. Ulmer/Habersack, § 6 VKG, Rdnr. 32, nehmen aus diesem Grunde auch für § 6 Abs. 3 S. 1 VKG an, daß der Vertrag stets *soweit* Gültigkeit erlangt, wie Teillieferungen und -leistungen erbracht wurden.

33 Angesichts der bekannten Dokumente wurde der sprachlichen Abweichung zwischen § 6 Abs. 2 S. 1 und Abs. 3 S. 1 VKG ("*soweit*"/"*wenn*") im Gesetzgebungsverfahren keine Beachtung geschenkt (BR-Ds

Durch die schlecht abgestimmte Terminologie bleiben ferner Zweifel bestehen, ob bestimmte, im praktischen Alltag nicht unwichtige Kreditarten und Vertragskombinationen - bewußt - aus dem Anwendungsbereich einzelner Normen herausgenommen werden sollten. Soll § 12 VKG, der nunmehr nur noch Kredite erfaßt, "die in Teilzahlungen zu tilgen sind", für Verträge, die zwar in einem Betrag zurückzuzahlen sind, wirtschaftlich aber zum gleichen Ergebnis führen , wie z.B. bei der Koppelung von Verbraucherkredit und Kapitallebensversicherung,[34] nicht mehr gelten?[35] Dafür spricht, daß sich der Gesetzgeber bei Zahlungsaufschüben bewußt gegen eine Einbeziehung von Prämienzahlungen für Versicherungen ausgesprochen hat.[36] Ob er dies aber auch auf § 12 VKG bezogen haben wollte, kann nur vermutet werden.

3.) Verweisungen auf andere Gesetze:

Rein formal zu kritisieren sind auch die häufigen Verweisungen auf andere Gesetze. Insbesondere die Durchführungsverweisungen auf das Gesetz über den Widerruf von

427/89, S. 49 f.; BT-Ds 11/5462, S. 21; BT-Ds 11/8274, S. 22), so daß ein gesetzgeberisches Versehen angenommen werden darf.

34 Wie bereits dargelegt, handelt es sich hierbei um einen in einem Betrag zurückzuzahlenden Kredit. Die Rückzahlung erfolgt durch Auszahlung der Versicherungssumme auf den Darlehensrückforderungsanspruch. Die für die Kapitallebensversicherung einzuzahlenden Beiträge wirken sich aber schon während der Laufzeit des Kreditvertrages wie typische Ratenzahlungen aus.

35 Schmelz/ Klute, ZIP 1989, 1509 (1512), Fn. 39 m.w.N.

36 BT-Ds 11/5462, S. 17; vgl. auch amtliche Begründung zum 1. Referentenentwurf vom Juni 1988, S. 18.

Haustürgeschäften und ähnlichen Geschäften können hierfür ein Beispiel geben. Selbst wenn dadurch die Gleichförmigkeit hinsichtlich der Durchführung einzuhaltender Verfahrensmodalitäten gewährleistet wird, läßt der Trend zur Regelung bestimmter Problembereiche allein durch sondergesetzliche Normen in Verbindung mit derartigen "Verweisungsketten" für die Zukunft nichts Positives erwarten, wenn hinsichtlich bestimmter Rechtsfolgen die Nebengesetze - stets außerhalb des Bürgerlichen Gesetzbuchs - auf sich gegenseitig verweisen. Dies mag im Hinblick auf das einzelne Gesetz jeweils ökonomisch erscheinen, weil es selbst von überflüssigen Formalien des Procedere freigehalten bleibt. Zu einer umfassenden Übersichtlichkeit des *gesamten Zivilrechts* trägt dies hingegen nicht bei. Im übrigen deuten die zahlreichen Verweisungen auf die Notwendigkeit eines eigenen Verbraucherrechtsgesetzbuchs hin, in welchem derart häufig wiederkehrende Normen als Allgemeiner Teil, ähnlich dem Bürgerlichen Gesetzbuch, quasi "vor die Klammer gezogen" werden können.

B: Inhaltlich-rechtliche Betrachtung:

Der Gesetzgeber ist bei der Schaffung des Verbraucherkreditgesetzes mit dem Anspruch angetreten, den Interessen der Verbraucher einen "*angemessenen*" Schutz angedeihen zu lassen.[37] Auch wenn der Begriff der "Angemessenheit" unterschiedlichen Auslegungen zugänglich ist, handelt es sich doch nicht um einen völlig inhaltsleeren Terminus. Neue gesetzliche Regelungen müssen daher im Hinblick auf den herzustellenden Verbraucherschutz wenigstens ein Mindestmaß an Effizienz aufweisen. Konkret bedeutet das die Schaffung einer neuen Rechtslage, die die unterlegene Position der Verbraucher beseitigt und gleichzeitig für einen Ausgleich der widerstreitenden Interessen zwischen Verbrauchern und Kreditwirtschaft sorgt. Das Verbraucherkreditgesetz wie auch die sonstigen Änderungen des Gesetzes über Verbraucherkredite, zur Änderung der Zivilprozeßordnung und anderer Gesetze haben diese Aufgabe jedoch - wie im folgenden nochmals zusammenfassend zu zeigen sein wird - nur bedingt erfüllt.[38]

---

[37] BR-Ds 427/89, A: Zielsetzung und S. 19.

[38] Zur Kritik s.a. Reifner, VuR 1988, 183; Gilles, ZRP 1989, 299; Schmelz/Klute, ZIP 1989, 1509; Huff, WM 1990, 1988; Canaris, EuZW 1991, Editorial; Bülow, NJW 1991, 129; Reinking/Nießen, ZIP 1991, 79; Braun, WM 1991, 165; Verbraucherpolitische Korrespondenz vom 18. September 1990, Nr. 38, S. 2 u.a.; demgegenüber positiv Scholz, DB 1991, 215.

I. Zusammenfassung der wesentlichen Ergebnisse:

Die inhaltliche Bewertung des Verbraucherkreditgesetzes bemißt sich nach der Bewältigung der eingangs zum Konsumentenkredit dargestellten Rechtsprobleme.[39]

1.) Anwendungsbereich (§§ 1 bis 3 VKG):

Die Vorschriften über den Anwendungsbereich des Verbraucherkreditgesetzes lassen sich inhaltlich am besten im Rahmen einer Gesamtschau bewerten.

Die §§ 1 und 2 VKG versuchen, zunächst alle Formen des "*Verbraucherkredits*" sowie ähnliche Tatbestände zu erfassen. Durch die nachfolgenden Regelungen wird dieser umfassend formulierte Anwendungsbereich jedoch wieder eingeschränkt;[40] die einzelnen Erscheinungsformen des Verbraucherkredits werden einer unterschiedlichen Regelungsdichte zugeführt.[41]

a) persönlicher Anwendungsbereich:

§ 1 VKG erscheint, was die in den Schutzbereich einbezogenen Personenkreise anbelangt, teilweise wenig durchdacht. Zahlreiche Abgrenzungsstreitigkeiten werden die Justiz noch auf lange Sicht beschäftigen. Unklar bleibt z.B., ob Kredite, die von Selbständigen aufgenommen und

---

39 Vgl. 1. Kapitel, § 2 B I bis XII.

40 Vergleiche vor allem die Ausnahmebestimmung des § 3 VKG.

41 Hadding in Hadding/Hopt, Das neue Verbraucherkreditgesetz, S. 6 spricht insoweit von einem bewußt "*gestuften Anwendungsbereich*" des Verbraucherkreditgesetzes.

teils zu beruflichen, teils zu privaten Zwecken verwendet werden, insgesamt, teilweise oder gar nicht dem Verbraucherkreditgesetz unterliegen. Anders als § 609 a Abs. 1 Nr. 3 Hs. 2 BGB enthält das Verbraucherkreditgesetz keine diesbezügliche Klarstellung. Die Frage, warum sich die Definition des Verbraucherkreditgesetzes überhaupt von der des Bürgerlichen Gesetzbuchs unterscheidet, vermag wohl auch der Gesetzgeber nicht zufriedenstellend zu beantworten. Mangels eines jeglichen Hinweises in den Gesetzesmaterialien muß insoweit eher ein gesetzgeberisches Versehen als eine dahinter stehende Absicht angenommen werden.

Ein ebenso ungelöstes Problem ist darin zu sehen, daß keine klare Abgrenzung zwischen der Aufnahme und der bereits ausgeübten gewerblichen oder beruflichen Tätigkeit vorgenommen wird.[42] Bei formeller Betrachtung ist anzunehmen, daß die Kreditaufnahme noch *vor* Beginn einer selbständigen beruflichen/gewerblichen Tätigkeit erfolgt sein muß, was praktisch kaum durchzuhalten ist, es sei denn man wollte das Verbraucherkreditgesetz insoweit nahezu leerlaufen lassen. Stellt man statt dessen mehr auf die materielle Zwecksetzung der Vorschrift des § 1 Abs. 1 VKG ab, wird man annehmen dürfen, daß in den sachlichen Anwendungsbereich jede Kreditaufnahme fällt, die wenigstens noch in einem *gewissen* inneren Zusammenhang zur Berufsaufnahme steht.

---

42 Dieses Problem wird z.B. bei einem freiberuflich tätigen Mitarbeiter in einer Kanzlei, Praxis usw. akut, der sich - obwohl bislang schon formal selbständig - nunmehr auch tatsächlich selbständig machen möchte [Reinking/Nießen, ZIP 1991, 79 (81)].

Obwohl Minderkaufleute und Kleingewerbetreibende allgemein als schutzwürdig angesehen werden,[43] klammert der Gesetzgeber diesen Personenkreis aus dem Schutzbereich des Verbraucherkreditgesetzes aus - und zwar mit dem wenig überzeugenden Hinweis, deren Einbeziehung würde an Abgrenzungsschwierigkeiten scheitern.[44] Die Herausnahme der Minderkaufleute aus dem Schutzbereich kann andererseits auch nicht dadurch kompensiert werden, daß Existenzgründungsdarlehen dem Anwendungsbereich des Gesetzes wiederum unterstellt werden. Dies gilt umso weniger, als die Einbeziehung dieser Darlehen der Höhe nach sogar auf einen Betrag von 100.000,-- DM begrenzt wird, die Schutzbedürftigkeit aber gerade nicht mit steigendem Kreditvolumen abnimmt.[45] Soweit dadurch lediglich die Aufnahme gewerblicher Großkredite zur Gründung von Handelsgesellschaften ausgeschlossen werden sollte,[46] erweist sich die rein quantitative Abgrenzung als ungeeignet, da sie schon fast sprichwörtlich "das Kind mit dem Bade ausschüttet."[47] Berufsgruppen, bei denen die Berufsaufnahme typischerweise mit hohen Investitionen verbunden ist (z.B. Ärzte), werden außerhalb des Schutzes des Verbrau-

---

43 Schmelz/Klute, ZIP 1989, 1509 (1516); Gilles, ZRP 1989, 299 (305); Bender, VuR 1991, 197; Stellungnahme des Bundesrates, BT-Ds 11/5462 (Anlage 2), S. 34 u.a.

44 BR-Ds 427/89, S. 38; BT-Ds 11/5462, S. 17.

45 Reinking/Nießen, ZIP 1991, 79 (80).

46 BT-Ds 11/8274, S. 20.

47 Die Begrenzung bis 100.000,-- DM verfehlt den beabsichtigten Schutzzweck darüber hinaus schon deshalb, weil bis zu dieser Höhe auch Darlehen zur Gründung von Handelsgesellschaften dem Schutzbereich des Verbraucherkreditgesetzes unterliegen (Münstermann/Hannes, § 1 VKG, Rdnr. 25; Westphalen/Emmerich/ Kessler, § 3 VKG, Rdnr. 16; Emmerich/Münstermann/Wagner-Wieduwilt, S. 15; Seibert, § 1 VKG, Rdnr. 4).

cherkreditgesetzes gestellt, es sei denn, sie gehen dazu über, mehrere Kredite unter 100.000,-- DM aufzunehmen.[48]

b) sachlicher Anwendungsbereich:

Der EG-Richtlinie vom 22. Dezember 1986 (87/102/EWG) folgend wird der Anwendungsbereich des Verbraucherkreditgesetzes in sachlicher Hinsicht sehr weit gefaßt. Erfaßt wird nicht nur der Abzahlungskauf sondern jeder entgeltliche Kredit sowie die entgeltliche Kreditvermittlung.[49] Dies gilt jedoch nur vom Ausgangspunkt des Verbraucherkreditgesetzes aus betrachtet, da § 3 VKG zahlreiche Ausnahmen aufstellt.

Positiv ist ferner anzumerken, daß nunmehr auch Finanzierungsleasingverträge - wenigstens nicht mehr vollständig - vom Anwendungsbereich des Gesetzes ausgeschlossen sind.

Gegenüber der bisherigen Rechtslage bedeutet die Aufnahme der (echten) Finanzierungsleasingverträge[50] in den Regelungsbereich des Verbraucherkreditgesetzes eine prinzipielle Verbesserung der bis dahin formell-gesetzlich ungeregelten Rechtslage. Daß nicht alle Vorschriften des Verbraucherkreditgesetzes auf diese Verträge abgestimmt sind, soll dabei gar nicht in Abrede gestellt werden. Nicht bei allen ausgeklammerten Vorschriften hat jedoch die Nichteinbeziehung der Finanzierungsleasingverträge ihre Berechtigung. Dies gilt gerade dort, wo die Praxis

---

48 Reinking/Nießen, ZIP 1991, 79 (80).

49 Zum Beispiel Medicus, Jura 1992, 561 (562).

50 Etwas anderes gilt wie schon bisher in bezug auf die unechten Leasingverträge, auf die als Umgehungsgeschäfte i.S.d. § 6 AbzG das alte Abzahlungsgesetz anwendbar war (vgl. auch Zahn, DB 1991, 81).

selbst den Beweis ihrer Praktikabilität erbracht hat, beispielsweise bei der Angabe des effektiven Jahreszinses. So finden gemäß § 3 Abs. 2 Nr. 1 VKG die Vorschriften des § 4 Abs. 1 S. 2 und 3 VKG auf (echte) Finanzierungsleasingverträge keine Anwendung. Dennoch wird es sich, um bei einem bekannten Beipiel zu bleiben, im Bereich des Kfz-Leasings kaum ein Leasinggeber nehmen lassen, mit einem "besonders günstigen" effektiven Jahreszins zu werben.[51]

Soweit die sonst im Verbraucherkreditgesetz geregelten Bestimmungen nur unter Schwierigkeiten auf die besonderen Verhältnisse des Leasingrechts hätten übertragen werden können (z.B. Problem der vorzeitigen Zahlung gem. § 14 VKG), wäre statt einer Herausnahme aus dem Anwendungsbereich eine entsprechende Modifikation einer Grundnorm der weniger einschneidende Schritt gewesen. Dies ist aber nicht geschehen.

Ausdrücklich zu betonen ist nochmals, daß nach der hier vertretenen Auffassung § 3 Abs. 2 Nr. 1 VKG nur das (echte) Finanzierungsleasing betrifft, nicht aber andere Formen des Leasings. Soweit diese nicht den Charakter einer reinen Nutzung besitzen, unterliegen sie dem Verbraucherkreditgesetz, was insbesondere für diejenigen Formen des Leasings gilt, die nach der bisherigen Rechtsprechung zum aufgehobenen § 6 AbzG als Umgehungsgeschäft eines Abzahlungskaufes zu behandeln waren.

---

51 Ein Blick in den Annoncenteil einer Tageszeitung vermag dies sofort zu bestätigen.

c) Sukzessivlieferungsverträge u.a. (§ 2 VKG):

Bei den erst in der letzten Phase des Gesetzgebungsverfahrens in das Verbraucherkreditgesetz aufnommenen Vorschriften über Sukzessivlieferungsverträge u.a. (§ 2 VKG) handelt es sich zwar nicht um eine direkte Neuerung - schon der aufgehobene § 1 c AbzG hatte Vorschriften des Abzahlungsgesetzes auf diese Verträge erstreckt. Die vorausgegangenen Entwürfe zum Verbraucherkreditgesetz enthielten eine vergleichbare Regelung aber zunächst nicht. Daß mit § 2 VKG der bisherige rechtliche Standard gewahrt wurde, ist daher zu begrüßen. Mit der Einfügung des neuen § 2 VKG hat der Gesetzgeber einer vielseits geübten Kritik an seinen Entwürfen Rechnung getragen. Ein Rückfall hinter den Stand der Schutzvorschriften des alten Abzahlungsgesetzes wäre bei einem neuen *Verbraucherschutz*gesetz nicht zu erklären gewesen. Die Einbindung des Kunden in die dauerhaften Verpflichtungen aus Sukzessivlieferungsverträgen u.ä. entspricht in vielerlei Hinsicht der rechtlichen und tatsächlichen Situation eines echten Kreditnehmers. Sie verlangt daher die gesetzliche Fixierung wenigstens eines Mindestmaßes an verbraucherschützenden Bestimmungen. Dem Verbraucherkreditgesetz ist in seiner endgültigen Fassung zugute zu halten, daß es nicht - wie mit den Entwürfen zu befürchten war - hinter den bereits mit dem Abzahlungsgesetz erreichten Standard zurückgefallen ist. Ob dieser Schutz nicht noch weiter hätte ausgebaut werden können, ist eine hiervon zu unterscheidende Frage. Grundsätzlich wird man § 2 VKG aber bezüglich der typischen Gefährdungstatbestände der Verbraucher ausreichende Schutzwirkungen attestieren können.

d) Der Ausnahmekatalog des § 3 VKG:

Als besonders problematisch ist beim Ausnahmekatalog die Herausnahme der Bagatellkredite, der Existenzgründungsdarlehen, die eine Höchstgrenze überschreiten, und der kurzfristigen Kredite zu erwähnen (vgl. § 3 Abs. 1 Nr. 1 bis 3 VKG). Aber auch die übrigen Ausnahmen können nicht in jedem Fall als unproblematisch qualifiziert werden (§ 3 Abs. 2 VKG).

Die Ausnahmeregelung des § 3 VKG schränkt den positiven Ansatz der §§ 1 und 2 VKG erheblich ein. Kritik ist deshalb daran zu üben, weil nicht alle Ausnahmen zwingend geboten erscheinen.

aa) So lassen die Vorschriften des § 3 Abs. 1 Nr. 1 und Nr. 3 VKG einen wohl nicht unbeträchtlichen Teil aller Kreditverträge vollständig aus dem Schutzbereich des Verbraucherkreditgesetzes herausfallen. Kreditverträge unter 400,-- DM und Zahlungsaufschübe von weniger als drei Monaten Dauer werden nicht vom Schutz des Gesetzes erfaßt. Dabei ist die Frage der Schutzbedürftigkeit nicht nur eine quantitative sondern auch eine qualitative Größe, selbst wenn richtig ist, daß Kredite unterhalb der Bagatellgrenze für die Kreditgeberseite zunehmend unwirtschaftlich werden. Eine Vielzahl von "Kleinkrediten" und kurzfristigen Stundungen können sich aber gerade zu einer den Verbraucher stark belastenden Gesamtverpflichtung addieren. Zudem erweisen sich gerade diejenigen Verbraucher als schutzwürdig, die bereits derartige Bagatellsummen nicht sofort in einem Betrag aufzubringen vermögen. Im übrigen wären die Kreditgeber nicht verpflichtet, unwirtschaftliche Kleinkredite zu vergeben.

Problematisch erscheint bei dem Ausnahmekatalog weiter, daß - insbesondere die Nr. 1 und 3 - nicht kumulativ vorliegen müssen. D.h. der Schutz des Verbraucherkreditgesetzes erlischt schon dann, wenn nur alternativ eine der in der Ausnahmevorschrift des § 3 Abs. 1 VKG genannten Voraussetzungen erfüllt ist.

bb) Mit einem Verbraucherschutzgesetz wenig zu tun hat die nunmehr teilweise erfolgte Einbeziehung von Realkrediten (§§ 1 Abs. 2 i.V.m. 3 Abs. 2 Nr. 2 VKG), wenn man die traditionellen Definitionen des Konsumentenkredits zugrunde legt. Diese hatten grundpfandrechtlich gesicherte Kredite stets ausgenommen.[52] Aus Kreditnehmersicht ist eine solche Regelung aber selbstverständlich zu begrüßen.

cc) Ob der Umstand der gerichtlichen Protokollierung (respektive notariellen) Beurkundung genügt, einen gleich effektiven Verbraucherschutz zu gewährleisten, darf zumindest angesichts der Überlastung der Gerichte bezweifelt werden. Für den Verbraucher gehen durch die erleichterten Anforderungen darüber hinaus einige Informationen verloren. So ist insbesondere statt des effektiven Jahreszinses nur der Jahreszins, also der vergleichsweise vereinbarte Nominalzins, anzugeben. Dies wird damit begründet, daß die Berechnung und Angabe des effektiven Jahreszinses eine auf dem Vergleichswege erfolgende Streitschlichtung erschweren würde.[53] Die Annahme des Gesetzgebers, der vereinbarte Nominalzins werde die

---

[52] Siehe auch § 609 a Abs. 1 Nr. 3 BGB.

effektive Zinsbelastung schon zutreffend ausdrükken,[54] erweist sich in dieser Hinsicht als zu pauschal. Nominalzins und effektiver Jahreszins lassen sich eben nicht unbedingt gleichsetzen. Da zudem die angefallenen Gerichts- und Rechtsanwaltsgebühren bei den Kosten unberücksichtigt bleiben sollen, d.h. nicht in die den Verbraucher insgesamt treffende Kostenquote eingehen, wird die ihn tatsächlich treffende jährliche Belastung in gewisser Weise verschleiert. Die Transparenz der Gesamtkostenberechnung kann auf diese Weise verloren gehen. Und selbst wenn der Nominalzins in etwa dem wirklichen effektiven Jahreszins entsprechen sollte, wäre dem Verbraucher damit nicht unbedingt gedient; ihn interessiert letztendlich nur die Gesamtquote dessen, was ihn der Kredit tatsächlich kosten wird. Andererseits muß eingeräumt werden, daß im Interesse einer vergleichsweisen Einigung Praktikabilitätsgründe für eine vereinfachte Zinsberechnung sprechen können.

Für den Ausschluß bestimmter Vorschriften des Verbraucherkreditgesetzes im Rahmen öffentlich beurkundeter Vergleiche sprechen überwiegend Gründe der Verfahrensökonomie und der Praktikabilität. Dabei besteht aber die Gefahr, daß die Erleichterungen, die aus dem Ausschluß des § 3 Abs. 2 Nr 3 VKG resultieren, nur zu Lasten des im Prozeß ohnehin in die Defensive gedrängten Verbrauchers[55] gehen. Für die notarielle Beurkundung folgt im wesentlichen nichts anderes. Die Bewertung verbleibt insoweit zwiespältig.

---

53 BR-Ds 427/89, S. 42; BT-Ds 11/5462, S. 18.

54 BR-Ds 427/89, S. 42.

55 Bender, NJW 1980, 1129 m.w.N.; Koch, S. 5 f.

e) Zusammenfassung:

Als aus Verbrauchersicht positiv lassen sich der weitgefaßte Anwendungsbereich gem. § 1 VKG sowie die gem. § 2 VKG auf verwandte Konstellationen ausgedehnten Fälle zusammenfassen. Allerdings wird dieser erste positive Eindruck durch die zahlreichen Ausnahmen des § 3 VKG gestört.

An den "Rändern" des Anwendungsbereiches zeigen sich hingegen gewisse "Ausfransungstendenzen". So steht trotz des diesbezüglichen Namens des Gesetzes - *Verbraucher*kreditgesetz - nicht nur der private Verbraucher mit seinen spezifischen Problemen im Vordergrund, sondern auch der Existenzgründer sowie der Kreditnehmer von grundpfandrechtlich gesicherten Krediten. Es mag der Sache nach notwendig erscheinen, diese Kreise einzubeziehen. Mit verbraucherpolitischen Belangen haben sie kaum etwas gemein, außer daß deren Einbeziehung erkennen läßt, daß hier *allgemeine Wertungsprinzipien*, die nicht nur für den Verbraucher, sondern generell für den wirtschaftlich Schwächeren gelten, Eingang in unsere geschriebene Rechtsordnung finden müssen.[56] Unverständlich erscheint vor diesem Hintergrund jedoch die Ausklammerung der Minderkaufleute aus dem Schutzbereich des Verbraucherkreditgesetzes analog der alten Bestimmung des § 8 AbzG.

---

[56] Dies ließe sich jedoch nur im Wege einer grundlegenden Reform des Bürgerlichen Gesetzbuches bewerkstelligen.

2.) Beseitigung der Informationsdefizite und Widerruf des Kreditvertrages (§§ 4 bis 8 VKG):

a) Mindesinhalt eines Kreditvertrages:

Die Form- und Inhaltsbestimmungen der §§ 4 und 5 VKG legen den Kreditgebern umfangreiche Informationspflichten zugunsten der Verbraucher auf. Der Gesetzgeber verspricht sich davon die Beseitigung der Informationsdefizite,[57] die mit ein Grund für die schwächere Position der Verbraucher gewesen sein sollen. Der dergestalt um bestimmte Erkenntnisse reicher gewordene Verbraucher werde daraufhin wohl leichter zu einer rationalen Kreditentscheidung finden - so der dahinter stehende Gedanke des Gesetzgebers.[58]

Zunächst müssen Zweifel angemeldet werden, ob der *durchschnittliche* Verbraucher in der Lage sein wird, die Vielzahl von Detailinformationen in eine wirtschaftlich sinnvolle Kreditentscheidung umzusetzen. Die umfangreichen Mindestinhaltskataloge dürften bei ihrer Umsetzung in die Vertragsurkunde nicht unbedingt zum besten Verständnis der Verbraucher führen. Für die Bedürfnisse des Kreditnehmers hätte es vollkommen ausgereicht, wenn die Kreditgeber - nach dem Vorbild des amerikanischen Consumer Credit Protection Act - dazu verpflichtet worden wären, die Belastung in einem absoluten Geldbetrag anzugeben. Eine solche Regelung hätte der Einfachheit und Klarheit gedient. Die vielen Detailinformationen lassen die Befürch-

---

57 Siehe auch Ulmer/Habersack, Vorbemerkungen, Rdnr. 17; Schwintowski, JA 1992, 33 (37).

58 BR-Ds 27/89, S. 43; BT-Ds 11/5462, S. 19.

Nach Schwintowski, JA 1992, 33 (37) m.w.N., sorgen die Form- und Mindestinhaltsvorschriften der §§ 4 bis 6 VKG für mehr *Entscheidungstransparenz* und erhöhen damit den Verbraucherschutz.

tung aufkommen, daß die Vollständigkeit der Angaben zu Lasten ihrer Anschaulichkeit geht.[59]

Ganz allgemein stellt sich darüber hinaus die Frage, ob nicht größerer Wert auf eine drucktechnisch deutlichere Herausstellung der beiden wichtigsten Einzelinformationen, nämlich des Nettokreditbetrages / Barzahlungspreises einerseits und des Gesamtbetrages aller Ratenzahlungen / Teilzahlungspreises andererseits, hätte gelegt werden müssen. Die Vielzahl der im einzelnen nicht besonders augenfällig gestalteten Einzelinformationen dient jedenfalls nicht der Übersichtlichkeit, abgesehen davon, daß die geforderten Angaben ohnehin schon zum banküblichen Standard zählen.[60] Etwas herausragend Innovatives wurde damit nicht geschaffen, was umso bedauerlicher ist, als der Gesetzgeber ohnehin den Schwerpunkt auf den freiverantwortlichen, mündigen Verbraucher legen wollte.

Außerdem erhebt sich in diesem Zusammenhang die Frage, ob die Sondervorschriften für Überziehungskredite (§ 5 VKG) nicht gleich besser in § 4 Abs. 1 S. 2 VKG hätten integriert werden können. Gegenüber den Interessen der Verbraucher fällt zudem als besonders mißliebig auf, daß der Gesetzgeber hinsichtlich der Unterrichtung über die Bedingungen des Überziehungskredits die Beschränkung auf eine Mitteilung durch ein Kontoauszugsblatt genügen läßt.

---

59 Die Pflicht zur Angabe des (anfänglichen) effektiven Jahreszinses stellt kein unbedingt ausreichendes Äquivalent dar. Insbesondere bei Krediten mit unterschiedlichen Laufzeiten wirken sich die laufzeitunabhängigen Kosten prozentual verschieden aus (Ulmer/Habersack, § 4 VKG, Rdnr. 35; Scholz, Rdnr. 212).

60 Gilles, ZRP 1989, 299 (306).

b) Sanktionsfolgen:

Die Sanktionsfolgen des § 6 Abs. 1 VKG verdienen angesichts der weitreichenden Heilungsvorschriften der Absätze 2 bis 4 nur noch bedingt ihren Namen. Wenn schon die Beseitigung der Informationsdefizite der Verbraucher das vorrangiges Ziel des Verbraucherkreditgesetzes sein soll,[61] ist es kaum nachvollziehbar, warum ein Verstoß gegen die Informationspflichten praktisch nahezu folgenlos bleiben soll. Die durch § 6 Abs. 1 VKG angeordnete Nichtigkeit wäre als ein deutliches Signal zu verstehen gewesen, dem gesetzlichen Gebot Folge zu leisten. Das Argument, daß die durch die Nichtigkeit ausgelöste Rückabwicklung nach den §§ 812 ff. BGB auch für den Verbraucher unbefriedigend gewesen wäre, weil er danach die Darlehensvaluta hätte sofort zurückzahlen müssen,[62] kann die starke Relativierung der Nichtigkeitsfolgen durch die Absätze 2 bis 4 nicht ausreichend erklären. Statt dessen wäre eine Regelung denkbar gewesen, wie sie die Rechtsprechung in bezug auf die nach § 138 Abs. 1 BGB wegen Sittenwidrigkeit nichtigen (Raten-)Kreditverträge entwickelt hat oder wie sie der seinerzeitige Gesetzgeber letztendlich mit § 1 a Abs. 3 AbzG auch erlassen hatte: Nach § 817 S. 2 BGB[63] verliert der Kreditgeber seinen Anspruch auf den vereinbarten Vertragszins, der Kreditnehmer muß das Darlehen erst nach Ende der vorgesehenen

---

61 BT-Ds 11/5462, S. 12.

62 BR-Ds 27/89, S. 49.

63 Vergleiche hierzu aber auch 1. Kapitel, § 2 IX 2, in dessen Rahmen darauf hingewiesen wurde, daß § 817 S. 2 BGB als eine höchst umstrittene Regelung gilt. Gleichwohl sollte im vorliegenden Zusammenhang der Sanktionscharakter des § 6 Abs. 1 VKG nicht übersehen werden, der eine entsprechende Regelung rechtfertigen würde. Des weiteren existierte mit § 1 a Abs. 3 S. 2 AbzG eine auch schon im bislang geltenden Recht vergleichbare Regelung.

Laufzeit - zinslos - zurückzahlen.[64] Im Rahmen des § 1 a Abs. 3 S. 2 AbzG konnte der Kreditgeber anstelle des Teilzahlungspreises lediglich noch den Barzahlungspreis verlangen, der eine Art Zinsgewinn darstellte.[65] In beiden Fällen kam es zudem zu keiner sofortigen Rückabwicklung nach den §§ 812 ff. BGB.

Das Risiko der Nichtigkeit und damit der Ausfall des Zinsgewinns wird für die Kreditgeberseite durch die Mindestzinsgarantie des § 6 Abs. 2 und 3 VKG wieder kalkulierbar. Die Kreditgeber haben als schärfste Sanktion weniger die Nichtigkeit des Kreditvertrages nach § 6 Abs. 1 VKG als vielmehr den - verschuldensabhängigen - Anspruch auf Lösung des Vertragsverhältnisses sowie gegebenenfalls auf Schadensersatz aus culpa in contrahendo bzw. positiver Vertragsverletzung zu fürchten.

Zugute zu halten ist der neuen gesetzlichen Regelung immerhin, daß künftig auch "*Kreditverträge im allgemeinen*" ausdrücklich den Sanktionsfolgen unterstellt werden, was bislang de lege lata nur bezüglich der Abzahlungskäufe der Fall war (vgl. § 1 a Abs. 1 AbzG).

c) Widerrufsrecht:

Der rückwirkende Wegfall des einmal erklärten Widerrufs nach § 7 Abs. 3 VKG erweist sich für bestimmte Fallkonstellationen als inakzeptabel. Hierzu dürften insbeson-

---

64 BGH NJW 1983, 1420.

65 Die Regelung des § 1 a Abs. 3 AbzG war allerdings gerade auch aus diesem Grunde teilweise als zu einseitig empfunden worden (vgl. BT-Ds 11/8274, S. 22; Ulmer/Habersack, § 6 VKG, Rdnr. 1).

dere die Umschuldungskredite zählen.[66] Denn sehr viele (Neu-)Kredite - ca. 40 %[67] - dienen allein der Refinanzierung von Altkrediten. D.h. der Kreditnehmer wird oftmals über das empfangene Darlehen gar nicht mehr verfügen können, weil mit dem Kredit bereits Altverbindlichkeiten getilgt wurden oder er sonstigen Drittempfängern zugeflossen ist.[68] Andererseits muß es als nahezu ausgeschlossen angesehen werden, daß der zurückzuzahlende Betrag innerhalb von zwei Wochen mittels eines dritten Kredits vom Verbraucher aufgebracht werden kann.[69] Insoweit bedeutet es keine wesentliche Verbesserung, daß der erste Referentenentwurf vom Juni 1988 sogar nur eine Rückzah-

---

66 Gleichfalls kritisch Verbraucherpolitische Korrespondenz vom 5. Juli 1988, S. 4, Nr. 27; Schmelz/Klute, ZIP 1989, 1509 (1518); Reinking/Nießen, ZIP 1991, 79 (83); Bülow, NJW 1991, 129 (132); Stellungnahme des Bundesrates, BT-Ds 11/5462, S. 37 (Anlage 2); Halstenberg in Hadding/Hopt, Verbraucherkredit, AGB-Gesetz und Kreditwirtschaft, S. 54.

Es bleibt abzusehen, daß das Widerrufsrecht in den Fällen der Umschuldungskredite praktisch zur Bedeutungslosigkeit herabsinken wird.

67 Verbraucherpolitische Korrespondenz vom 5. Juli 1988, S. 4, Nr. 27.

68 Schmelz/Klute, ZIP 1989, 1509 (1518); Reinking/Nießen, ZIP 1991, 79 (83); Bender, VuR 1991, 197 (201 f.).

69 Hiergegen kann auch nicht argumentiert werden, mit dem Geld aus dem Neukredit wären doch die Altverbindlichkeiten getilgt worden, so daß damit dessen Zweck erfüllt wäre. Das Widerrufsrecht soll schließlich nicht die Möglichkeit zur Tilgung bestehender Verbindlichkeiten, sondern dem Verbraucher das *uneingeschränkte* Recht zum Widerruf sichern. Nachdem das Geld infolge der Abzahlung des Altkredits aber nicht mehr vorliegt, der Widerruf aber die Rückzahlung des Darlehens zur Voraussetzung hat, wird das Widerrufsrecht allein dadurch faktisch ausgeschlossen (ebenso Bender, VuR 1991, 197 [202]).

lungsfrist von einer Woche vorgesehen hatte.[70] Die Abmilderung des zeitlichen Drucks durch Verlängerung um eine weitere Woche stellt keine ausreichende Lösung des Problems dar. Die Schwierigkeit für einen solchen Kreditnehmer besteht nämlich nicht nur darin, rechtzeitig einen Ablösungskredit, sondern vielmehr überhaupt einen solchen zu erhalten.[71]

d) Versandhandel:

Die Ausnahme des § 8 Abs. 1 VKG erscheint im Interesse einer zügigen Abwicklung von Versandhandelsbestellungen vernünftig. Da der Verbraucher in Abwesenheit des Kreditgebers seine Kreditentscheidung überdenken kann, hält sich die Gefährdung seiner Interessen in Grenzen.

Das Rückgaberecht nach § 8 Abs. 2 VKG entspricht den bekannten Regelungen des alten § 1 b Abs. 5 AbzG. Es versucht genau wie sein Vorgänger, den Besonderheiten des Versandhandels Rechnung zu tragen.

Die gesonderte Normierung der Voraussetzungen eines Rückgaberechts trägt allerdings aufgrund seiner sehr detaillierten Ausgestaltung nur wenig zur Rechtsvereinfachung bei. Dies gilt umso mehr, als ein vergleichbares rechtliches Ergebnis auch ohne eine zusätzliche Sonderregelung hätte erreicht werden können: Nach § 18 S. 1 VKG darf von den Vorschriften des Verbraucherkreditgesetzes nicht zum Nachteil des Verbrauchers abgewichen werden; damit hätte

---

70 Vgl. § 6 Abs. 3 E_1-VKG.

71 Ebenso Reich in Hadding/Hopt, Das neue Verbraucherkreditgesetz, S. 40, der das Widerrufsrecht in diesen Fällen weitgehend leerlaufen sieht. Gleichwohl sei die Regelung des § 7 Abs. 3 VKG als vertretbarer Kompromiß zu bewerten.

sich für jedes vertraglich geregelte Rückgaberecht ganz automatisch ergeben, daß es hinter die Bestimmungen des § 7 VKG nicht hätte zurückfallen dürfen. Die geringfügigen Abweichungen, die im Hinblick auf die Besonderheiten des Versandhandels geboten erscheinen, z.B. Verzicht auf das Schriftformerfordernis oder Ausübung des Rückgaberechts durch bloße Rücksendung, hätten sich auch allein über § 7 Abs. 2 S. 1 VKG erzielen lassen, indem man dort z.B. nur klarstellend hätte regeln müssen, daß die Rücksendung grundsätzlich als konkludente Widerrufs- / Rückgabeerklärung anzusehen ist.[72]

Die Zusammenfassung der den Versandhandel betreffenden Sondervorschriften in einen einzigen § 8 VKG gewinnt gegenüber dem alten Abzahlungsgesetz allerdings deutlich an Übersichtlichkeit (vgl. dort §§ 1 a Abs. 4, 1 b Abs. 3 und 5 AbzG).

3.) Einwendungsverzicht; Wechsel- und Scheckverbot:

Die Regelungen des Verbraucherkreditgesetzes in Absatz 1 und 2 des § 10 VKG tragen den Interessen der Verbraucher Rechnung. Der Verbraucher erfährt einen umfassenden Schutz vor der Gefahr mehrmaliger Inanspruchnahme durch verschiedene Gläubiger aufgrund von Forderungsabtretung oder Wertpapierbegebung.[73] Besonders zu begrüßen ist, daß

---

72 Kritisch zur Privilegierung des Versandhandels Reich in Hadding/Hopt, Das neue Verbraucherkreditgesetz, S. 37.

73 Die Verbesserung gilt allerdings nur insoweit, als die Ausnahmeregelung des § 3 VKG nicht eingreift. Insbesondere bei *kurzfristigen Zahlungsaufschüben* von weniger als drei Monaten (vgl. § 3 Abs. 1 Nr. 3 VKG) können daher bedenkliche Regelungslücken auftreten. Die Gefahren, vor denen § 10 VKG Schutz gewähren will, sind jedoch keineswegs auf langfri-

das Wechsel- und Scheckverbot in § 10 Abs. 2 VKG durch einen eigenen verschuldensunabhängigen Schadensersatzanspruch abgerundet wird. Zu weitergehenden Verbesserungen konnte sich der Gesetzgeber nicht durchringen.[74] Eine der Wechsel- und Scheckbegebung vergleichbare immanente Gefahr verbirgt sich in der notariell beurkundeten Unterwerfung unter die sofortige Zwangsvollstreckung. Aufgrund derartiger Unterwerfungserklärungen, die den Stellenwert von Vollstreckungstiteln innehaben, kann (zunächst) ohne weitere Anrufung der Gerichte die Zwangsvollstreckung betrieben werden (§ 794 Abs. 1 Nr. 5 ZPO). Diesbezüglich notwendig erscheinende Schutzvorschriften fehlen dem neuen Verbraucherkreditgesetz aber völlig.

4.) Verzugszinsenproblematik (§ 11 Abs. 1 VKG):

Aus Verbrauchersicht ist die Schaffung einer Zinsobergrenze gemäß § 11 Abs. 1 VKG als positiv zu bewerten. Gleichwohl bleibt eine Pflicht zur Zahlung von Zinseszinsen prinzipiell bestehen. Ob sich infolgedessen eine *entscheidende* Verbesserung der Rechtslage einstellt, muß abgewartet werden.

Der Gesetzgeber konnte sich mit § 11 Abs. 1 VKG weder zu einem absoluten Zinseszinsverbot noch zu einer Reduzierung des pauschalen Schadensersatzanspruches in Höhe von weniger als 5 % über dem Diskontsatz der Deutschen Bundesbank entschließen. Letzteres ließe sich zwar noch mit betriebswirtschaftlichen Notwendigkeiten der Kreditunter-

---

stige Stundungsvereinbarungen begrenzt. Ulmer/Habersack, § 9 VKG, Rdnr. 10, plädieren aus diesem Grunde für eine *teleologische Reduktion* der Ausnahmevorschrift, soweit es den Schutzbereich des § 10 VKG betrifft.

74 BT-DS 11/8274, S. 22.

nehmen rechtfertigen.[75] Nicht mehr nachvollziehbar erscheint aber, warum der Gesetzgeber mit § 11 Abs. 2 S. 2 VKG nicht nur kein Signal gesetzt hat, eine Kreditpraxis einzudämmen, die mit der Geltendmachung eines weitergehenden Schadens letztlich den Grundsatz des Zinseszinsverbots aushöhlt, sondern statt dessen hierzu geradewegs auffordert. Denn nicht anders kann Satz 2 dieser Vorschrift verstanden werden, wenn entgegen dem Grundgedanken des § 289 S. 1 BGB ausdrücklich auf die Möglichkeit von Zinseszinsen bis zur Höhe des gesetzlichen Zinssatzes hingewiesen wird.[76] Als problematisch erweist sich § 11 Abs. 2 VKG ferner, weil er auch die Möglichkeit der Verzinsung *rückständiger* Verzugszinsen nicht auszuschließen scheint.[77] § 11 Abs. 2 S. 2 VKG dürfte daher zur Eindämmung der Verbraucherverschuldung wenig beitragen, mitunter sogar schuldsteigernde Effekte herbeiführen.

Von daher fragt sich, ob die Höhe der pauschalen Verzinsung nicht hätte niedriger gehalten oder ganz gestrichen werden können, zumal die Rechtsprechung hierzu jüngst erst wieder Wege gewiesen hat.[78] Den Kreditgebern wäre insoweit immer noch die Möglichkeit geblieben, nach § 11 Abs. 1 Alt. 2 VKG einen konkret höheren Schaden nachzuweisen. Alternativ dazu hätte sich angeboten, es grundsätzlich nur bei einem Pauschalbetrag zu belassen und statt dessen die konkrete Schadensersatzberechnung abzu-

---

75 A.A. Reifner, VuR 1988, 183 (184); Schmelz/Klute, ZIP 1989, 1509 (1918).

76 Reifner, VuR 1988, 183 (186); Stellungnahme der AgV zum 1. Referentenentwurf vom Juni 1988, S. 8; Emmerich, JuS 1991, 705 (709).

77 Siehe oben 3. Kapitel, § 2 B II 5 a) aa) i) sowie Schmelz/Klute, ZIP 1989, 1509 (1520); Westphalen/Emmerich/Kessler, § 11 VKG, Rdnr. 32.

78 BGH NJW 1988, 1967 = WM 1988, 929; BGHZ 104, 337 = BGH NJW 1988, 1971 = WM 1988, 1044.

schaffen. Im Falle des Verbraucherkreditgesetzes verbleiben den Kreditgebern aber beide Möglichkeiten zugleich offen.

Eine effektive Regelung hätte hier, wenn auch für die Kreditgeber schmerzlich, größere Einschnitte verlangt. Nach Verursachergesichtspunkten wäre dies auch durchaus zu rechtfertigen gewesen. Auch Kreditunternehmen sind - cum grano salis - mitunter schon an so mancher "Verbraucherverschuldungs-Karriere" anfangs (mit-)beteiligt gewesen.[79]

5.) Anrechnung von Teilleistungen (§ 11 Abs. 3 VKG):

a) Die Vorschriften des § 11 Abs. 3 S. 1 bis 3 VKG:

Die Anrechnung von Teilleistungen hat nicht in ihrer verbraucherfreundlichsten Variante Gesetzeskraft erlangt. Wie im 3. Kapitel[80] dargelegt, liegt die dem Kreditnehmer günstigste Anrechnung von Teilleistungen in der Reihenfolge: Hauptforderung, Zinsen und Kosten. Nach der Lösung des Verbraucherkreditgesetzes werden Teilleistungen nach

---

79 Kredite werden an Kreditnehmer nicht selten ohne ausreichende Schuldnerberatung vergeben, eine Prüfung der Kreditwürdigkeit im Sinne einer "Schulddienstfähigkeit" findet nicht statt. Rückzahlungsprogramme entbehren oft einer realistischen Grundlage. Banken riskieren mit einer oftmals bloß oberflächlichen Beratung den wirtschaftlichen Ruin des Schuldners. Der durchschnittliche Bankkunde kommt mit der aggressiven Werbung und der Kompliziertheit des Bankwesens nicht zurecht.

Die Aufzählung ist zwar stark pointiert, gleichwohl macht sie aber deutlich, daß in vielen "pathologischen" Fällen häufig eine Mitursächlichkeit der Kreditgeberseite für die Verschuldung einzelner Verbraucher zu verzeichnen ist.

80 Vgl. 3. Kapitel, § 2 B II 5 b) aa) i).

wie vor zunächst auf die Kosten (der Rechtsverfolgung) angerechnet. Im Unterschied dazu erfolgt die weitere Verrechnung dann aber bereits auf die Hauptforderung und erst zuletzt auf die Zinsen. Hierin liegt immerhin eine deutliche Besserstellung des Kreditnehmers im Vergleich zum bisherigen Recht.

Zu bemängeln ist aber, daß sich bei sehr hohen Kosten der Rechtsverfolgung deren Tilgung über einen längeren Zeitraum erstreckt. D.h. die Abzahlung der höher zu verzinsenden Hauptforderung muß bis dahin zurückgestellt werden. In diesen Fällen sind die positiven Auswirkungen der neuen Regelung für den Schuldner weitaus geringer. § 11 Abs. 3 VKG wird insoweit seiner verbraucherfreundlichen Wirkung gleich wieder dadurch beraubt, daß § 11 Abs. 1 und 2 VKG nicht zu einer entscheidenden Reduzierung der Zinsbelastung der Verbraucher führt.

Hinzukommt, daß grundsätzlich auch die Verzinsung der Kosten der Rechtsverfolgung verlangt werden kann. Gemäß § 104 Abs. 1 S. 2 ZPO belaufen sich die Zinsen hierfür auf jährlich 4 %. Im Unterschied zur Verzinsung der Hauptforderung mit mindestens 5 % über dem Bundesbankdiskontsatz oder mit einem noch höheren Zinssatz (vgl. § 11 Abs. 1 VKG) erscheint dies allerdings vergleichsweise günstig.

b) Isolierte Zinstitel (§ 11 Abs. 3 S. 4 VKG):

Mit § 11 Abs. 3 S. 4 VKG dürfte, soweit zu ersehen ist, eine Vielzahl, hier im einzelnen nicht darzustellender Probleme geschaffen worden sein.[81] Darüber hinaus zeitigt

---

[81] Vgl. z.B. Braun, WM 1991, 165; Münzberg, WM 1991, 170; Braun, WM 1991, 1325; Westphalen/Emmerich/Kessler, § 11 VKG, Rdnr. 59; Münstermann/Hannes, § 11 VKG, Rdnr. 634.

die Vorschrift als unbeabsichtigte Nebenfolge aller Voraussicht nach eine Zunahme isolierter Zinstitel, so daß § 11 Abs. 3 S. 1 VKG auf diese Weise weitgehend umgangen werden könnte.[82] Für das eigentliche Problem - der Anrechnung von Teilbeträgen bei auf Zinsen lautender Titel in der Zwangsvollstreckung - vermag Satz 4 dagegen keine *umfassend* befriedigende Lösung zu liefern, soweit er sog. "*gemischte Titel*" nicht erfaßt, also Titel, die sich - wie bei Ratenkrediten häufig - aus einem Zins- und einem Kapitalanteil zusammensetzen.[83] Insbesondere wenn infolge der zeitlichen Dauer, bis zu der ein Vollstreckungstitel erwirkt wird, noch weitere - nicht titulierte - Raten fällig geworden sind, treten dieselben Probleme wie bei isolierten (reinen) Zinstiteln auf, die seinerzeit zum Erlaß des Satzes 4 geführt haben. Ehe der aufgrund eines gemischten Titels vollstreckte Betrag auf die fälligen und insoweit auch titulierten Zinsen angerechnet werden darf, muß dieser nach der Regel des § 11 Abs. 3 S. 1 VKG zuerst mit dem zwischenzeitlich fällig gewordenen, aber noch nicht titulierten Kapitalanteil der nächsten Rate verrechnet werden.[84] § 11 Abs. 3 S. 4 VKG, der dies ver-

---

82 Ebenso Emmerich/Münstermann/Wagner-Wieduwilt, S. 84; Emmerich, JuS 1991, 705 (710).

Das Umgehungsverbot des § 18 S. 2 VKG dürfte dem nicht entgegenstehen, weil § 11 Abs. 3 S. 4 VKG das Erwirken isolierter Zinstitel gerade für zulässig erklärt.

83 Braun, WM 1991, 165 (166 ff.); Münzberg, WM 1991, 170 (176); Braun, WM 1991, 1325 (1326).

84 Braun, WM 1991, 165 (167); Münzberg, WM 1991, 170 (176); zum Problem siehe auch Bruchner/Ott/Wagner-Wieduwilt, § 11 VKG, Rdnr. 64 f.

hindern würde, gilt jedoch für gemischte Titel nicht. Die Lösung könnte von daher nur in einer *analogen* Anwendung des § 11 Abs. 3 S. 4 VKG zu finden sein.[85] Letztlich bedarf aber auch dieses Problem einer abschließenden gerichtlichen Klärung.

Unabhängig davon, ob die Vorschrift im Hinblick auf die Durchsetzung des Grundsatzes, daß nur titulierte Beträge vollstreckt werden dürfen,[86] Klarstellungsfunktion[87] oder eine echte Gestaltungswirkung besitzt, stellt es einen Widerspruch dar, wenn die Tilgungsverrechnung bei Vorliegen eines *Zinstitels* anders erfolgen soll, als es ohne Titel der Fall wäre.[88] Hierin dürfte auch der Grund liegen, wenn künftig Kreditgeber - am Gesetzeszweck der für Konsumentenkredite extra neu geschaffenen Anrechnungsregelung des § 11 Abs. 3 S. 1 VKG vorbei - vermehrt dazu übergehen, Zinsforderungen isoliert titulieren zu lassen.

Der Grundsatz, daß nur wegen titulierter Beträge vollstreckt werden darf, wäre in diesen Fällen nach wie vor durchbrochen. Die verfassungsrechtlichen Bedenken, die Braun, WM 1991, 165 (168 f.), gegen § 11 Abs. 3 S. 1 VKG erhebt, sind daher ernst zu nehmen [im Ergebnis insoweit allerdings a.A. Münzberg, WM 1991,170 (176 f.), der in § 11 Abs. 3 S. 1 VKG eine *materiell-rechtliche* Sperre für derartige Zinstitel sieht, weshalb "eine Vollstreckung über den Zinstitel hinaus" nicht zu befürchten sei, weil solche Titel danach gar nicht erst erlassen werden dürften].

85 Braun, WM 1991, 165 (169); vergleiche auch Bülow, § 11 VKG, Rdnr. 55.

86 Braun, WM 1991, 165; Münzberg, WM 1991, 170 (172).

Vgl. auch 3. Kapitel, § 2 B II 5 a) cc).

87 So aber wohl Münzberg, WM 1991, 170 (173 ff.).

88 Braun, WM 1991, 165 (166); siehe auch ders. WM 1991, 1325 (1329 f.).

6.) Gesamtfälligkeitsstellung und Rücktritt des Kreditgebers (§§ 12 und 13 VKG):

a) Kein Verbot der Gesamtfälligkeitsstellung:

§ 12 VKG schreibt das Recht des Kreditgebers zur Gesamtfälligkeitsstellung prinzipiell auch für die Zukunft fest, erhöht allerdings die Anforderungen, die an dessen Ausübung zu stellen sind. Verzug mit Ratenzahlungen allein genügt nicht. Das Erfordernis, mit mindestens zwei aufeinander folgenden Raten in einer bestimmten Mindesthöhe in Zahlungsrückstand geraten zu sein sowie die besonderen Kautelen an die Nachfristsetzung mit Ablehnungsandrohung räumen dem säumigen Schuldner eine letzte Frist ein, die Gesamtfälligkeitsstellung abzuwenden.

Auch wenn § 12 VKG im Hinblick auf den bisherigen § 4 Abs. 2 AbzG und der entsprechenden Heranziehung der §§ 554, 628 BGB keine grundsätzliche Neuerung darstellt, ist die Neuregelung zunächst zu begrüßen. Sie schafft insbesondere Rechtsklarheit für die bislang nicht ausdrücklich normierte Gesamtfälligkeitsstellung finanzierter sonstiger Leistungen.

Das Verbraucherkreditgesetz verkennt aber im Rahmen der Gesamtfälligkeitsstellung, daß ein Kreditnehmer, der seinen Ratenzahlungen nicht nachkommt, zumindest in Fällen unverschuldeter Not nur deswegen so handelt, weil er gar nicht anders handeln *kann*, nicht weil er nicht anders handeln will. Der Kreditschuldner, der schon seine *Raten*zahlungsverpflichtungen nicht erfüllen kann, wird nach erfolgter Gesamtfälligkeitsstellung erst recht nicht zur Rückzahlung der *gesamten* Restforderung in der Lage sein. Nach den Regelungen des Verbraucherkreditgesetzes trägt der Kreditnehmer in *jedem* Fall das Ausfallrisiko. Unberücksichtigt bleiben die Gründe, weshalb er seinen Zahlungsverpflichtungen nicht nachkommt. Forderungen der

Verbraucherschutzorganisationen, die Gesamtfälligkeitsstellung für Fälle unverschuldeter Not abzuschaffen[89] oder allenfalls als subsidiärste aller Lösungen in Betracht zu ziehen, sind vom Gesetzgeber nicht übernommen worden. Im Gesetz fehlt jegliche Bestimmung darüber, wie ein Verbraucher vor der Gesamtfälligkeitsstellung des Kredits zu schützen ist, wenn er z.B. infolge Krankheit, Arbeitslosigkeit oder Scheidung unverschuldet in Not geraten ist oder sich die Kreditkündigung aus einem sonstigen Grund als unverhältnismäßig darstellt[90] - und dies in einer gesellschaftlichen Situation, in der weite Teile einer neu hinzugekommenen Bevölkerung von Arbeitslosigkeit und wirtschaftlicher Not aufs höchste bedroht sind. Das Gesetz beschränkt sich auf die Regelung von Voraussetzungen der Gesamtfälligkeitsstellung, die den Schuld-

---

89 Stellungnahme des AgV in der Pressekonferenz vom 30. Juni 1988, S. 2 zum 1. Referentenentwurf vom Juni 1988; Verbraucherpolitische Korrespondenz vom 05. Juli 1988, S. 5, Nr. 27; Verbraucherpolitische Korrespondenz vom 15. August 1989, S. 2, Nr. 33; Stellungnahme des AgV zum 2. Referentenentwurf vom März 1989, S. 8; "Die Zeit" vom 18. August 1989, Nr. 34, S. 16.

90 Verbraucherpolitische Korrespondenz, Nr. 27 v. 5.7.88, S. 3 (4); Stellungnahme der AgV zum 1. Referentenentwurf vom Juni 1988, S. 2; Reifner, VuR 1988, 183 (185); Reifner, Kreditrecht, § 30, Rdnr. 76 f., S. 227 f.

Die Unverhältnismäßigkeit läßt sich in den Fällen unverschuldeter Not dadurch charakterisieren, daß soziale Risiken wie Arbeitslosigkeit, Krankheit etc. in der Regel vom Kreditnehmer nicht steuerbar sind (Reifner, a.a.O., Rdnr. 76, S. 22), andererseits die Gesamtfälligkeitsstellung dem Kreditgeber angesichts der Vermögenssituation des Schuldners kaum wirtschaftliche Vorteile verschafft (Reifner, a.a.O.). Dies führt oftmals dazu, daß die wirtschaftliche Existenz des Schuldners "sinnlos geopfert" wird, ohne daß der Kreditgeber seinen Anspruch auf Darlehensrückzahlung realisieren kann.

ner allerdings kaum vor der finanziellen Katastrophe bewahren dürften.[91]

Die Gesamtfälligkeitsstellung läuft allen Bemühungen zuwider, notleidend gewordene Kredite - notfalls über § 242 BGB nach den Grundsätzen der *Lehre vom Wegfall der Geschäftsgrundlage* - aufrechtzuerhalten und die Folgen durch eine *Anpassung* an die geänderten Gegebenheiten zu mildern. Die Kreditwirtschaft wird daher wohl auch künftig in nicht geringerem Umfang von der Möglichkeit der Gesamtfälligkeitsstellung Gebrauch machen.

Zwar ist es, wie auch die *allgemeine* Rechtslage des Bürgerlichen Gesetzbuchs festschreibt, nach dem Prinzip der Selbstverantwortlichkeit richtig, jeden sein eigenes Ausfallrisiko selbst tragen zu lassen. Auch können die der Lebensphäre des Kreditnehmers zuzuordnenden Risiken nicht einseitig den Kreditunternehmen aufgebürdet werden. Andererseits hat das Prinzip der Eigenverantwortlichkeit seinen Ursprung für im wesentlichen wirtschaftlich und sozial gleich starke Partner. Die Situation im Verhältnis Kreditwirtschaft-Verbraucher verhält sich zumeist anders. Während die Gesamtfälligkeitsstellung eines Kredits und die sich daran anschließende Zwangsvollstreckung zum wirtschaftlichen Ruin des Schuldners führen kann, würde ein weiteres Schuldenmoratorium die im allgemeinen als finanzstark anzusehenden Kreditunternehmen kaum belasten, geschweige in ihrer Existenz gefährden. Eine entsprechende Regelung bräuchte nur strengen Ausnahmecharakter zu haben, was verhindern würde, daß sich eine zu große Anzahl "pathologischer" Kreditfälle zu einem insgesamt

---

91 Stellungnahme des AgV in der Pressekonferenz vom 30. Juni 1988, S. 2 zum 1. Referentenentwurf vom Juni 1988; Verbraucherpolitische Korrespondenz vom 05. Juli 1988, S. 5, Nr. 27; Stellungnahme des AgV zum 2. Referentenentwurf vom März 1989, S. 8; "Die Zeit" vom 18. August 1989, Nr. 34, S. 16.

doch belastenden Gesamtbetrag uneinbringlicher oder auf längere Sicht gestundeter Forderungen summieren würde. Soweit eine solche Ausnahmeregelung wirklich nur auf Fälle unverschuldeter Not o.ä. begrenzt würde, könnte damit wohl auch die Kreditwirtschaft ohne größere Einbußen zurecht kommen. § 12 VKG behielte hingegen in der jetzigen Fassung seine uneingeschränkte Berechtigung, wo ein Kreditschuldner in vorwerfbarer Weise in Verzug geraten ist.

§ 12 VKG entbehrt aber eine solche Differenzierung. Durch die zusätzlichen Voraussetzungen des § 12 Abs. 1 VKG wird die Kreditkündigung für den Kreditgeber lediglich ein wenig erschwert, ohne daß dies für die Praxis eine ernsthafte Hürde bedeuten würde.[92]

Hinzutritt noch ein weiterer Aspekt: Die mit § 12 VKG im Grundsatz fortbestehende Möglichkeit der Gesamtfälligkeitsstellung gestattet dem Kreditgeber, eine titulierte Forderung gegen den Kreditnehmer zu erstreiten, um daraufhin im Rahmen der Zwangsvollstreckung auf andere Vermögenswerte des Schuldners zuzugreifen. Doch letztlich wird man auch den Kreditunternehmen auf diese Weise mitunter nur Steine statt Brot geben. Dies gilt jedenfalls für die Fälle, in denen keine Restschuldversicherung für den Totalausfall der Kreditforderung besteht und die Zwangsvollstreckung nicht zur vollständigen Befriedigung des Gläubigers geführt hat. Als einziger "Erfolg" bleibt der totale wirtschaftliche Ruin des Schuldner zu verzeichnen.

Die bloße Sollvorschrift des § 12 Abs. 1 S. 2 VKG schafft - ohne Sanktionsandrohung - keinen Ausgleich. Mit dieser Vorschrift verbindet der Gesetzgeber nur einen unverbind-

---

92 Schmelz/Klute, ZIP 1989, 1509 (1519).

lichen Appell an den Kreditgeber, mit dem Kreditnehmer doch noch zu einer einvernehmlichen Lösung zu gelangen. Viel Wirkung ist hiervon nicht zu erwarten.

b) Verzugszinsen bei Gesamtfälligkeitsstellung:

Das Verbraucherkreditgesetz führt, was das Problem der Verzugszinsen bei Gesamtfälligkeitsstellung anbelangt, zu keiner deutlichen Änderung der Rechtslage, sondern beläßt alles im wesentlichen beim alten. Von einem Gesetz, das sich die Verbesserung des Verbraucherschutzes zum Ziel gemacht hat,[93] hätten insoweit deutlichere Signale erwartet werden können.

Außerdem erscheint die diesbezügliche Argumentationsweise des Gesetzgebers nicht frei von Widersprüchen. So erklärt er die Streichung der im Entwurf der Bundesregierung vom 11. August 1989 vorgesehenen entsprechenden Bestimmung des § 11 Abs. 3 E-VKG BReg. im Hinblick auf die Berechnung damit, daß ein solcher gesetzlicher Passus aufgrund der Rechtsprechung des Bundesgerichtshofs "überholt" sei.[94] Demgegenüber attestiert der Gesetzgeber in der amtlichen Begründung zur Notwendigkeit der gesetzlichen Verzugszinsenregelung nach § 11 Abs. 1 VKG genau derselben Rechtsprechung, auf die er sich hier in diesem Zusammenhang aber stützt, fehlende Praktikabilität.[95]

Nicht geregelt wurde die "Gesamtfälligkeitsstellung" in einem Betrag zurückzuzahlender Kredite,[96] was im Hinblick

---

[93] BR-Ds 427/89, S. 19; BT-Ds 11/8274, S. 11.

[94] BT-Ds 11/8274, S. 22.

[95] BR-Ds 427/89, S. 64.

[96] BT-Ds 11/8274, S. 23.

auf ein umfassendes Verbraucherkreditgesetz gleichfalls als gesetzgeberisches Versäumnis angekreidet werden muß. Auswirkungen hat dies insbesondere für Kreditverträge, bei welchen der Kredit zwar aufgrund rechtlicher Konstruktion formal in einem Betrag zurückgezahlt werden muß, wirtschaftlich aber das gleiche Ergebnis wie bei einem Teilzahlungskredit hergestellt wird. Bei Konsumentenkrediten, die mit einer Kapitallebensversicherung gekoppelt sind,[97] wirken sich beispielsweise die einzelnen, periodisch zu zahlenden Versicherungsbeiträge wie Ratenzahlungen aus.[98] Der Kreditnehmer wird in diesen Fällen dennoch nicht vom Verbraucherkreditgesetz geschützt.

c) Rücktrittsrecht gem. § 13 VKG:

Im Hinblick auf die Rücktrittsmöglichkeiten des § 13 VKG unterscheidet sich die rechtliche Problematik von der des § 12 VKG im Prinzip nur geringfügig. Es kann infolgedessen weitgehend auf das zuvor Gesagte verwiesen werden. Zu begrüßen ist aber, daß die Voraussetzungen des Rücktritts und der Gesamtfälligkeitsstellung einander gleichgestellt wurden. § 13 Abs. 1 VKG bedeutet im Vergleich zur bisherigen Rechtslage insoweit eine Stärkung der Position des Verbrauchers.

7.) Vorzeitige Rückzahlung (§§ 14 VKG und § 609 a Abs. 1 Nr. 2 BGB):

Das Recht zur vorzeitigen Rückzahlung ist nunmehr in zwei Gesetzen getrennt geregelt, - einmal für Abzahlungsge-

[97] Zum Problem Schmelz, NJW 1988, 3113 m.w.N.

schäfte u.ä. im Verbraucherkreditgesetz (§ 14 VKG), das andere Mal für (Geld-)Darlehen im Bürgerlichen Gesetzbuch (§ 609 a Abs. 1 Nr. 2 BGB). Was die Vereinbarkeit mit Art. 8 VKG-Richtlinie anbelangt, ist nach der hier vertretenen Auffassung eine Nachbesserung zwar nicht geboten.[99] Der Umsetzungsakt des bundesdeutschen Gesetzgebers vermag der EG-Richtlinie vom 22. Dezember 1986 (87/102/EWG) aber auch nur - gerade noch - zu genügen.[100]

Rein formal wirkt die Umsetzung, die der bundesdeutsche Gesetzgeber anzubieten hat, mißglückt: Die vorzeitige Rückzahlung von Geld- und Nicht-Geldkrediten wird trotz ihres engen sachlichen Zusammenhangs in verschiedenen Gesetzen geregelt und zudem noch inhaltlich unterschiedlich ausgestaltet (hier als Rückzahlungsrecht - dort als Kündigungsrecht). Einer abschließenden Regelung im Verbraucherkreditgesetz mag die Tatsache entgegengestanden haben, daß sich der Gesetzgeber scheute, den vor nicht allzu langer Zeit in das Bürgerliche Gesetzbuch aufgenommenen § 609 a Abs. 1 Nr. 2 BGB wieder zu streichen.

Die inhaltliche Bewertung dürfte standortspezifisch verschieden ausfallen. Inhaltlich liefern beide Vorschriften - mit Ausnahme des § 609 a Abs. 3 BGB n.F. - zwar einen gewissen Beitrag zu mehr Verbraucherschutz, was jedoch nicht ausschließt, daß die Regelung des § 14 VKG, aber auch die des § 609 a Abs. 1 Nr. 2 BGB, verbraucherfreundlicher hätten formuliert werden können. Aus Sicht der

---

98 Schmelz/Klute, ZIP 1989, 1509 (1512), dort Fn. 39 m.w.N.

99 Vgl. 3. Kapitel, § 2 B II 8.

100 A.A. z.B. Schmelz/Klute, ZIP 1989, 1509 (1512); Ulmer/Habersack, § 14 VKG, Rdnr. 3 f. und Rdnr. 6; Westphalen/Emmerich/Kessler, § 14 VKG, Rdnr. 10.

Verbraucher wäre eine relativ voraussetzungslose Rückzahlungsvorschrift sowie die Verkürzung der Wartezeiten vorzuziehen gewesen, ehe der Kredit seitens des Kreditnehmers gekündigt werden kann, wohingegen den Interessen der Kreditwirtschaft ein möglichst restriktiv ausgestattetes Recht zur vorzeitigen Zahlung am besten gedient hätte. Die Dauer von neun Monaten ist in Abhängigkeit zu den Möglichkeiten einer Refinanzierung zu sehen. Sie darf daher als Kompromiß zwischen den entgegengesetzten Interessen verstanden werden, wobei sie aus Verbrauchersicht die obere Grenze dessen markiert, was im Rahmen eines Verbraucherschutzgesetzes noch angemessen erscheint. Insoweit wünschenswert wäre daher eine Tendenz zu einer deutlich kürzeren Kündigungsfrist, zum Beispiel von sechs Monaten, gewesen.

Die Vorschrift des § 609 a Abs. 3 BGB n.F. bedeutet zwar gegenüber der bisherigen Rechtslage nach § 609 a BGB eine Verschlechterung der verbraucherrechtlichen Position, erscheint aber aus Verbrauchersicht dennoch akzeptabel. Einerseits kann auf seiten der Verbraucher kein berechtigtes Interesse an einer mißbräuchlichen Ausübung des Kündigungsrechts bestehen. Andererseits wird dadurch keine ähnliche Konfliktsituation herbeigeführt wie im Falle des Widerrufsrechts nach § 7 Abs. 3 VKG. Wer zum Zwecke der vorzeitigen Kreditablösung den Darlehensvertrag kündigt, befindet sich nicht in derselben Lage, aus der heraus er das frisch eingegangene Darlehensverhältnis widerruft. § 7 Abs. 1 VKG schützt den Verbraucher vor den Wirkungen einer unüberlegt eingegangenen Kreditverbindlichkeit; § 609 a Abs. 1 und 2 BGB räumt dagegen eine Vertragskündigung des - nicht widerrufenen - Kreditvertrages ein, wobei in diesem Fall - jedenfalls aber eher als beim Widerruf - davon ausgegangen werden kann, daß dem Kreditnehmer die Ablösesumme zur Verfügung steht.[101]

8.) Drittfinanzierte Abzahlungsgeschäfte (§ 9 VKG):

a) Widerrufserstreckung:

Daß mit § 9 VKG erstmalig Regelungen über verbundene Geschäfte gesetzlich normiert wurden, verdient Zustimmung. Zu kritisieren sind hingegen einige Bestimmungen im Detail. Dazu zählt beispielsweise die nicht befriedigende Lösung der Widerrufserstreckung in § 9 Abs. 2 S. 1 und 2 VKG. Hier wäre im Interesse der Verbraucher mehr Klarheit zu wünschen gewesen, so daß nicht erst auf Auslegungsgrundsätze bzw. Analogien hätte zurückgegriffen werden müssen.

b) Einwendungsdurchgriff:

Bei der Regelung des Einwendungsdurchgriffs in Absatz 3 stört aus Verbrauchersicht vor allen Dingen, daß das Subsidiaritätserfordernis im Gegensatz zum 1. Referentenentwurf vom Juni 1988 nicht *vollständig* abgeschafft

---

101 Nach Seibert, Art. 2 Artikelgesetz, Rdnr. 2, zeitigt § 609 a Abs. 3 BGB n.F. für den Verbraucher sogar einen unbeabsichtigten positiven Nebeneffekt. Erscheint dem Verbraucher der bisherige Kreditvertrag ungünstig und bemüht er sich deswegen um einen anderen mit günstigeren Konditionen, kann er den bestehenden Kreditvertrag zunächst einmal zum nächstmöglichen Zeitpunkt gefahrlos kündigen. Erweisen sich die Bemühungen um einen neuen Kreditvertrag als Fehlschlag, braucht der Kreditnehmer den geschuldeten Betrag innerhalb der Zwei-Wochen-Frist nur nicht zurückzahlen, so daß seine Kündigung als nicht erfolgt gilt (Seibert, a.a.O.).

wurde.[102] In zumindest einem Teil der Fälle muß aber ein berechtigtes Interesse der Kreditwirtschaft an einer Nachbesserungs- bzw. Ersatzlieferungsmöglichkeit anerkannt werden, vor allem um so dem Verbraucher ein auf diesem Wege zusätzlich eingeräumtes Lösungsrecht für zwischenzeitlich unliebsam gewordene Erwerbungen zu verwehren. Hierbei dürfte es sich jedoch wiederum nur um relativ wenige Mißbrauchsfälle handeln, so daß dieses Argument nicht allgemein zu überzeugen vermag. Außerdem besitzt der Verbraucher - insbesondere bei den *durch allgemeine Geschäftsbedingungen vereinbarten* - Nachbesserungs- und Ersatzlieferungsrechten des Herstellers / Erbringers der sonstigen Leistung kein echtes Mitspracherecht bezüglich der Einbeziehung derartiger Klauseln.

Kritik ist auch gegenüber der Tatsache zu äußern, daß das Verbraucherkreditgesetz im Unterschied zur bislang geltenden Rechtslage nur noch einen *Einwendungs*durchgriff, nicht aber mehr auch einen *Rückforderungs*durchgriff kennt. Nach der wohl überwiegenden, in der Literatur sowie zumindest von einem Teil der Rechtsprechung vertretenen Auffassung konnte der Kreditnehmer im Prinzip *alle* Rechte aus dem Kaufvertrag dem Kreditgeber wenigstens subsidiär entgegenbringen, soweit sie sich etwa aus den

---

102 Es kann allerdings nicht gesagt werden, § 9 Abs. 3 VKG verstoße gegen Art. 11 Abs. 1 VKG-Richtlinie, weil danach das Bestehen eines Kreditvertrages in keiner Weise die Rechte des Verbrauchers beeinträchtigen dürfe [so aber die Stellungnahme der Arbeitsgemeinschaft der Verbraucherverbände zum Fragenkatalog der öffentlichen Anhörung des Rechtsausschusses des Deutschen Bundestags zum Gesetzentwurf der Bundesregierung, Ziff. 11 b), S. 7]. Die VKG-Richtlinie verlangt in diesem Punkt lediglich, daß nur eine Schlechterstellung gegenüber dem "*Lieferanten von Waren bzw. Erbringer von Dienstleistungen*" keinesfalls erfolgen darf. Dies steht aber der Zulässigkeit eines Subsidiaritätserfordernisses hinsichtlich des Einwendungsdurchgriffes gegenüber dem Kreditgeber nicht entgegen.

§§ 320 ff., 467 i.V.m. 346 ff., 478 und 812 ff. BGB ergaben.[103] Dem Einwand, daß andernfalls allein dem Kreditgeber das Insolvenzrisiko des Verkäufers aufgebürdet würde,[104] ist nicht zu folgen. Diese Argumentation verkennt, daß in der wirtschaftlichen Realität Kreditgeber und Verkäufer / Erbringer der sonstigen Leistung bei den sog. verbundenen Geschäften i.S.d. § 9 VKG regelmäßig wirtschaftlich gleichgerichtete Interessen verfolgen und dem Verbraucher gegenüber wie "ein Block" auftreten. Insbesondere hätte bei dieser Vorschrift die Tatsache noch stärker in den Vordergrund gestellt werden müssen, daß Kreditgeber und Lieferant / Erbringer der sonstigen Leistung in einer wirtschaftlichen und in jeder sonstigen Hinsicht engen Beziehung zueinander stehen und so ein noch restriktiveres Vorgehen gerechtfertigt gewesen wäre.

Dies zeigt sich nicht zuletzt daran, daß der "durchschnittliche" Verbraucher häufig gar nicht zu erkennen vermag, daß es sich um zwei rechtlich verschiedene Vertragspartner mit allen daran geknüpften Konsequenzen handelt. Insoweit wird eine gesetzlich normierte, diesbezügliche Hinweispflicht, die im Vertragsformular gleichermaßen hätte drucktechnisch deutlich ausgestaltet werden müssen, vermißt.

---

103 Palandt-Putzo, Anhang zu § 6 AbzG, Anm. 5 b), Rdnr. 15; Münchener Kommentar/Westermann, § 6 AbzG, Rdnr. 47 ff. und 54 ff.; Baumbach/Duden/Hopt (7) V 2 D a; Medicus, Schuldrecht 2, § 94 III; Larenz, Besonderes Schuldrecht, § 63 I a; Schlosser, Jura 1985, 89 (90 ff.); Westermann/Baltes, JA 1983, 477 (483 f.); Klauss/Ose, § 6 AbzG, Rdnr. C 1034 - 1040; Staudinger/Hopt/Mülbert, Vor §§ 607 ff. BGB, Rdnr. 528; Canaris, Rdnr. 1450 ff.; Schmelz, S. 235, Rdnr. 582; Bruchner/Ott/Wagner-Wieduwilt, § 9 VKG, Rdnr. 102; BGH NJW 1980, 1155 (1156).

104 Vgl. amtliche Begründung des ersten Referentenentwurfs vom Juni 1988, S. 32.

Abstellend auf die wirtschaftliche Frontstellung ist der Kreditgeber am wirtschaftlichen Risiko des Verkäufers viel "näher dran". Dies gilt nicht nur speziell für Kaufhausketten, größere Kfz-Verkaufsorganisationen u.ä., die häufig über eigene, formalrechtlich selbständige Kreditinstitute verfügen,[105] sondern ganz allgemein für diese Art der Finanzierung, weil die Geschäftskontakte zwischen Kreditgeber und Lieferant/Erbringer der Leistung ohnehin meist besonders intensiv und längerfristig angelegt sind.

c) Bagatellgrenze und nachträgliche Vereinbarungen:

Aus wirtschaftlichen Erwägungen mag die Einführung einer Bagatellgrenze für die Kreditunternehmen sinnvoll erscheinen. Eine andere Lösung wäre im Rahmen eines wirklich umfassenden Verbraucherschutzes aber wünschenswert gewesen. Abzulehnen ist die Bagatellgrenze vor allem deswegen, weil gerade Kreditinstitute des Versandhandels einen erheblichen Teil ihres Geschäfts unterhalb dieses Limits abwickeln.[106]

Auch gegen den Ausschluß von Einwendungen aufgrund nachträglich erfolgter Vereinbarungen lassen sich Bedenken geltend machen: Zwischen Verkäufer / Erbringer der sonstigen Leistung und Kreditgeber besteht eine derart enge wirtschaftliche Verflechtung, daß sich der Kreditgeber das Handeln des Verkäufers / Erbringers der sonstigen Leistung ohne weiteres zurechnen lassen muß, also auch die nachträgliche Vereinbarung von Einwendungen.

---

105 Westermann/Baltes, JA 1983, 477 (482) m.w.N.

106 Stellungnahme der Verbraucherzentrale von Nordrhein-Westfalen zum Entwurf eines Verbraucherkreditgesetzes, S. 7.

Insgesamt gesehen bestand also aus Sicht des Verbrauchers keine Notwendigkeit für die Ausnahmen nach § 9 Abs. 3 S. 2 VKG.

9.) Kreditvermittlung (§§ 15 bis 17 VKG):

Die Regelungen der §§ 15 bis 17 VKG sind grundsätzlich zu begrüßen. Aufgrund der großen Bedeutung, die die gewerbliche Kreditvermittlung beim Verbraucherkredit spielt, ist die Tatsache, daß das Verbraucherkreditgesetz diesem Problem einen eigenen Abschnitt widmet, nicht hoch genug einzuschätzen. Diese vom Ansatz her begrüßenswerte Berücksichtigung bleibt jedoch zum Teil hinter den in sie gesetzten Erwartungen zurück. Der Gesetzgeber zeigte allenfalls in Ansätzen, daß es ihm in bezug auf die Verbesserung des Verbraucherschutzes bei unseriösen Kreditvermittlern ernst war.[107] Andererseits reichte sein Engagement, wohl auch vor dem Hintergrund der Berufsfreiheit des Art. 12 Abs. 1 GG, nicht aus, diesem Gewerbe völlig die Grundlage zu entziehen. Allein gelassen bleibt der Verbraucher, der die Konsequenzen hieraus zu tragen hat.

So konnte dem Ruf nach einem Totalverbot der gewerblichen Kreditvermittlung schon aus verfassungsrechtlichen Grün-

---

107 Schmelz/Klute, ZIP 1989, 1509 (1517), sprechen insoweit von einer völligen Verkennung der Situation durch den Gesetzgeber. Insbesondere habe er die meisten Probleme, die sich aus der besonderen Dreieckskonstellation Kreditgeber-Kreditvermittler-Kreditnehmer "nicht gesehen, geschweige denn gelöst". Ferner ist auch Scholz in Hadding/Hopt, Verbraucherkredit, AGB-Gesetz und Kreditwirtschaft, S. 63, nicht frei von Zweifeln, ob das Verbraucherkreditgesetz die gesetzten Erwartungen bezüglich der Eindämmung von Mißständen bei der Kreditvermittlung erfüllt.

Ähnlich Scholz, Rdnr. 676, S. 340 f.

den nicht gefolgt werden. Was an gesetzgeberischem Handlungsspielraum übrigblieb, wurde indes nicht konsequent genutzt. Vermißt wird u.a. eine Erweiterung der Genehmigungs- und Überwachungsmöglichkeiten. Die Aufnahme einer gewerblichen Kreditvermittlung hätte von noch strengeren Auflagen abhängig gemacht werden müssen, als sie der augenblicklichen Rechtslage entsprechen. Vor allem vor dem Hintergrund des Art. 12 Abs. 1 der EG-Richtlinie vom 22. Dezember 1986 (87/102/EWG) zeigt sich, daß der bundesdeutsche Gesetzgeber in dieser Hinsicht mehr hätte unternehmen können. So unterliegen die Kreditvermittler abgesehen von der Genehmigung ihrer Tätigkeit nach § 34 c Abs. 1 Nr. 1 GewO keiner weitergehenden *speziellen* behördlichen Überwachung.

Soweit Vorschriften den Mißbrauch unsinniger Umschuldungen regeln (§ 16 S. 2 VKG), gehen sie nicht weit genug. Eine Aufnahme wirtschaftlich unsinniger Umschuldungskredite ist nur dadurch zu verhindern, daß dem Kreditvermittler auch wirklich *jeglicher* materielle Anreiz hierfür genommen wird. Der Vergütungsanspruch bei der Vermittlung von Umschuldungskrediten hätte demzufolge noch weiter eingeschränkt werden müssen, so daß ein Anspruch auf Vergütung nur besteht, wenn sich der Neukredit für den Verbraucher auch *absolut* gesehen günstiger als der Altkredit auswirkt. Unverständlich erscheint, warum der Gesetzgeber die Anwendung des § 16 S.2 VKG zudem von der weiteren Voraussetzung abhängig gemacht hat, daß der Kreditvermittler von der vorzeitigen Ablösung eines anderen Kredits *gewußt* haben muß.

Des weiteren fehlen Vorschriften über die gewerbliche *Schuldenregulierung*,[108] die über die bloße Vermittlung

---

108 "Die Zeit" v. 20.11.1987, Nr. 48 ("Dunkle Geschäfte mit der Not"); Stellungnahme der AgV zum 1. Referentenentwurf vom Juni 1988, S. 2.

von Krediten hinausgeht.[109] Zwar spricht einiges dafür, daß ein totales Verbot der gewerblichen Schuldenregulierung aus denselben Gründen, wie oben[110] bereits zum Verbot der Kreditvermittlung dargelegt, unzulässig sein könnte; im Rahmen des Verbraucherkreditgesetzes wären von daher allenfalls auch nur berufsausübende Regelungen denkbar gewesen. Der Gesetzgeber hat sich aber auch insoweit nicht zum Handeln entschließen können - möglicherweise deshalb, weil er von der Annahme ausging, mit der Regelung der Kreditvermittlung auch diesen Bereich vollständig abgedeckt zu haben.[111]

Die von den Banken in eigener Regie für eigene Kredite durchgeführte Kreditvermittlung bleibt gleichermaßen unberücksichtigt.

---

[109] Die gewerbliche Schuldenregulierung beschränkt sich zwar häufig nur auf die Vermittlung von Krediten, sie geht aber nicht selten über diese hinaus. Dabei setzt sich der Schuldenregulierer beispielsweise mit den Gläubigern in Verbindung und versucht, tragfähige Konzepte zur Lösung des Schuldenproblems seines Auftraggebers zu entwickeln. In rechtlicher Hinsicht dürfte eine solche Tätigkeit regelmäßig als Dienstvertrag in Form eines Geschäftsbesorgungsvertrages zu qualifizieren sein (§§ 675, 611 BGB).

[110] Vgl. 3. Kapitel, § 2 C I 2.

[111] Dabei ist jedoch zu berücksichtigen, daß sich die Schuldenregulierung nicht nur auf die Vermittlung von Krediten beschränken muß, sondern auch darüber hinausgehende Tätigkeiten erfassen kann. Der Verbraucher bleibt aber auch nach Erlaß des Verbraucherkreditgesetzes von den unseriösen Vertretern dieses Metiers weitgehend ungeschützt, etwa in den Fällen, in denen der "Schuldenregulierer" dem Gläubiger offenkundig inakzeptable Lösungsvorschläge unterbreitet [Beispiele vgl. "Die Zeit" v. 20.11.1987, Nr. 48 ("Dunkle Geschäfte mit der Not")].

10.) Sittenwidrigkeitsproblematik:

Das Gesetz über Verbraucherkredite, zur Änderung der Zivilprozeßordnung und anderer Gesetze enthält keine Vorschrift, die sich mit dem Problem der Sittenwidrigkeit befaßt. Die für § 688 Abs. 2 Nr. 1 ZPO n.F. vorgesehene Schlüssigkeitsprüfung im Hinblick auf einen ein bestimmtes absolutes Zinsmaß überschreitenden Mahnbescheidsantrag stellt nach ausdrücklichem Bekunden des Gesetzgebers gerade keine Vorentscheidung über die Frage der Sittenwidrigkeit dar.[112]

Zwar liegt zu § 138 Abs. 1 BGB eine diesbezüglich gefestigte Rechtsprechung vor; dies gilt jedenfalls für die Ratenkreditverträge. Trotzdem hätte - und zwar auch entgegen der Meinung des Rechtsausschusses -[113] eine eigenständige, verbraucherkreditspezifische Sonderregelung eine nicht zu unterschätzende Signalwirkung für unseriöse Kreditgeber gehabt. Zusammen mit verwaltungsrechtlichen Kontrollvorschriften, aufgrund derer beispielsweise auch unter erleichterten Voraussetzungen Betriebsschließungen und Bußgelder hätten verhängt werden können, wäre den zuständigen Behörden ein Instrumentarium zur Verfügung gestellt worden, mit dessen Hilfe dem verbraucherschädigenden Gewerbe wirkungsvoll - und vor allem präventiv - zu begegnen gewesen wäre.

Der Hinweis des Gesetzgebers, daß eine staatliche Festlegung von Höchstzinssätzen "mit marktwirtschaftlichen Grundsätzen unvereinbar und tendenziell verbraucherschädlich"[114] wäre, geht in doppelter Weise fehl:

---

[112] BR-Ds 427/89, S. 80; Bülow, NJW 1991, 129.

[113] BT-DS 11/8274, S. 23; s.a. Bülow, NJW 1991, 129.

[114] BT-DS 11/8274, S. 23.

Erstens ist zu einer wirkungsvollen Bestimmung der Sittenwidrigkeitsgrenze kein starrer Vomhundertsatz erforderlich - schon bei anderen Vorschriften hat der Gesetzgeber seine Fähigkeit zu flexiblen Lösungen bewiesen (vgl. § 11 Abs. 1 VKG). Im (relativen) Überschreiten des Diskontsatzes der Deutschens Bundesbank um z.B. 100% hätte keine mit den Grundsätzen der freien Marktwirtschaft in Widerspruch stehende "starre" Regelung gesehen werden können. Ebensowenig hätte die nicht minder flexible, vom Bundesgerichtshof kreierte Variante einen solchen Widerspruch bedeutet, bei der auf ein - je nach Konjunkturphase unterschiedlich hohes - Überschreiten des *marktüblichen* Zinses abgestellt wird.

Aber auch der zweite Einwand, der der Verbraucherschädlichkeit,[115] kann nicht überzeugen. Zunächst treffen die Folgen eines im *Einzelfall* überteuerten Kredits den Kreditnehmer viel unmittelbarer und damit auch schwerer als eine *allgemeine* Verteuerung des Kreditniveaus aufgrund eines möglicherweise höher zu kalkulierenden Kostenrisikos. Ob eine derartige Vorschrift aber überhaupt in mittelbarer Weise zu einer allgemeinen Anhebung des Marktzinses geführt hätte, kann nicht mit letzter Sicherheit angenommen werden. Gerade ein funktionierender Wettbewerb müßte eine solche Entwicklung zu verhindern wissen.

11.) Mahnverfahren:

Die neue Schranke des § 688 Abs. 2 Nr. 1 ZPO, die für Ansprüche aus Kreditverträgen mit einem effektiven Jahreszins von 12 % über dem Diskontsatz der Deutschen Bundesbank das Mahnverfahren ausschließt, erweist sich für den Verbraucherschutz als Fortschritt. Aus Verbrauchersicht

---

[115] BT-DS 11/8274, S. 23.

wird in Zukunft das Risiko, aus einem sittenwidrig-nichtigen Kreditvertrag aufgrund einer titulierten Forderung in Anspruch genommen zu werden, bedeutend geringer zu veranschlagen sein. Die Regelung des § 688 Abs. 2 Nr. 1 ZPO ist unter diesem Gesichtspunkt zu begrüßen. Die Kreditwirtschaft - jedenfalls die seriöse - wird mit der gesetzlichen Änderung gleichermaßen leben können, weil die festgesetze Zinshöhe außerhalb ihrer vertraglichen Konditionen liegen dürfte.

Die bei dieser Gelegenheit in die Zivilprozeßordnung eingefügten sonstigen Änderungen des Mahnverfahrens enthalten auch einige Regelungen zuungunsten der Verbraucher; sie sind aber nicht als spezifisch verbraucherrechtliche Vorschriften zu qualifizieren, sondern gelten für das Mahnverfahren ganz allgemein.

Kritisch zu betrachten ist, daß das Mahnverfahren nicht nur im Bereich des Konsumentenkredits Mißbräuchen ausgesetzt ist, sich die Änderung der Zivilprozeßordnung hierauf aber beschränkt.[116] Des weiteren verdient der Umstand Kritik, daß die Vorschriften über das Mahnverfahren erst mit Wirkung zum 01.01.1992 Gesetzeskraft erlangt haben (Art. 10 Abs. 2 Artikelgesetz).[117]

---

116 Stellungnahme der AgV zum 2. Referentenentwurf vom März 1989, S. 7.

117 Die spätere Umsetzung der das Mahnverfahren betreffenden Vorschriften ist damit zu erklären, daß die Anpassung der Programme für die maschinelle Bearbeitung des Mahnverfahrens an eben diese neuen Vorschriften eine gewisse Zeit benötigt (BT-Ds 11/5462, S. 33).

12.) Verbraucherinsolvenz:

Das Gesetz über Verbraucherkredite, zur Änderung der Zivilprozeßordnung und anderer Gesetze enthält keine Bestimmungen zum Thema Verbraucherinsolvenz und Restschuldbefreiung. Vermißt werden Schutzvorschriften für die Fälle unverschuldeter Zahlungsunfähigkeit wie bei Arbeitslosigkeit und Krankheit.[118] Es bleibt zu hoffen, daß entsprechende Regelungen im Hinblick auf die gleichfalls anstehende Insolvenzreform bewußt zurückgestellt wurden.[119] Diese Reform wird jedoch erst in einigen Jahren zu erwarten sein,[120] wobei die jetzt akuten Altfälle mangels Rückwirkung allerdings keine Berücksichtigung mehr finden dürften.

13.) Lohnabtretung:

Dem Thema der Lohnabtretung zur Sicherung der Kreditrückzahlungsansprüche des Kreditgebers fehlt es nicht an der nötigen Brisanz. Das Gesetz über Verbraucherkredite, zur Änderung der Zivilprozeßordnung und anderer Gesetze ent-

---

118 A.A. zum Beispiel Vortmann, Einleitung, Rdnr. 34, wonach sich - gleichgültig, ob die Notlage verschuldet oder unverschuldet herbeigeführt wurde - nur das *individuelle Risiko* des Kreditnehmers verwirklichen würde.

119 Eine umfassende Reform der Schuldturmproblematik war angesichts des akuten Zeitmangels bei der Umsetzung der VKG-Richtlinie nicht möglich. Ein Verbraucherkonkurs mit Restschuldbefreiung wird daher allenfalls im Zusammenhang mit der Insolvenzrechtsreform eingeführt werden können (siehe auch Emmerich, JuS 1991, 705 [709]).

120 Verbraucherpolitische Korrespondenz, Nr. 38 v. 18.9.90; "Süddeutsche Zeitung" vom 31.8.88, Nr. 200, S. 21. Für deren Notwendigkeit u.a. auch Brandner in Hadding/Hopt, Verbraucherkredit, AGB-Gesetz und Kreditwirtschaft, S. 39.

hält gleichwohl keine Vorschriften zur angemessenen Regelung dieses verhältnismäßig wichtigen Themas. Insbesondere werden Vorschriften vermißt, die den Kreditgeber zur Konkretisierung der einzelnen Tatbestände verpflichten, aufgrund derer eine Lohnabtretung vertraglich vereinbart werden kann.

Im weiteren wurden keine Schutzvorschriften erlassen, die verhinderten, daß der Verbraucher bei Unwirksamkeit des Kreditvertrages, etwa gem. § 138 Abs. 1 BGB wegen Sittenwidrigkeit, aus der abgetretenen Forderung doch noch in Anspruch genommen werden kann. Die Wirksamkeit der Lohnabtretung wird von der Nichtigkeit des zugrunde liegenden Kreditvertrags nicht berührt; allenfalls steht dem Zedenten ein Anspruch aus ungerechtfertigter Bereicherung (§§ 812 ff. BGB) zu. - Die Vorschrift über das Verbot des Einwendungs*verzichts* gegenüber dem Zessionar (§ 10 Abs. 1 VKG) leistet diesen Schutz nicht vollständig.[121]

Zum Schutz der Verbraucher hätte zumindest die Widerruflichkeit der Lohnabtretung eingeführt werden müssen. Im Gegensatz zu den Vereinigten Staaten von Amerika fehlt schließlich auch das Verbot einer Kündigung wegen Lohnpfändung. D.h. einem bundesdeutschen Arbeitgeber bleibt es nach wie vor grundsätzlich unbenommen, einem Arbeitnehmer aus Gründen der Lohnpfändung zu kündigen. Selbst wenn das Kündigungsschutzgesetz gem. § 1 KSchG bzw. sonstige Gesetze zum Schutze der Arbeitnehmer einen Großteil solcher Kündigungen Schranken auferlegen, verbleibt für eine Reihe problematischer Restfälle eine gesetzliche Schutzlücke bestehen. Zu denken ist hierbei zum Beispiel

---

[121] Dem Kreditnehmer bleiben nach § 10 Abs. 1 VKG zwar seine Einwendungen (auch gegenüber Dritten) erhalten. Dies ist jedoch im Vergleich zu einem völligen *Verbot* der Lohn*abtretung* nur als Minus zu betrachten.

an jene Fälle, in denen das Kündigungsschutzgesetz nicht zur Anwendung gelangt. Ferner wird auch der überschuldete Arbeits*suchende* aufgrund seiner Vermögenssituation größere Probleme haben, eine neue Stelle zu bekommen, als sein unverschuldeter Mitbewerber.

Es muß daher abgewartet werden, ob sich der Gesetzgeber dieses Problems im Rahmen der Insolvenzrechtsreform annehmen wird.

14.) Besonderer Gerichtsstand (§§ 6 a und 6 b AbzG):

Als prozessual nachteilig wirkt sich die ersatzlose Streichung der §§ 6 a, 6 b AbzG aus. Daß der Fortfall der zugunsten der Verbraucher eingeräumten ausschließlichen Zuständigkeit des Gerichts an dessen Wohnort mit dem "Interesse an der Klarheit der gerichtlichen Zuständigkeit" erklärt wird,[122] wirkt, wenn dies in einem Gesetz zum Schutze der Verbraucher geschieht, wenig überzeugend. Davon, daß die Frage der Zuständigkeit jemals größere praktische Probleme aufgeworfen hätte, ist jedenfalls nichts bekannt geworden.[123] Außerdem hätte es zur Wiederherstellung der Rechtsklarheit nicht der völligen Aufhebung der Vorschrift bedurft. Nachdem sich insoweit keinerlei sachliche Rechtfertigung für diese Schlechterstellung erkennen läßt, drängt sich der Verdacht auf, daß bei der Abschaffung der ausschließlichen Zuständigkeit allein auf

---

122 BR-Ds 427/89, S. 86.

123 Konsequenterweise hätte bei Richtigkeit der gesetzgeberischen Argumentation auch § 7 Abs. 1 HTWG geändert werden müssen. Dies ist nicht geschehen, obwohl das Gesetz über den Widerruf von Haustürgeschäften und ähnlichen Geschäften durch Artikel 3 des Gesetzes über Verbraucherkredite, zur Änderung der Zivilprozeßordnung und anderer Gesetze gleichermaßen geändert wurde.

die Belange des Kreditgewerbes abgestellt wurde.[124] Dies mag umso mehr gelten, als auch Altverträge - im Unterschied zu den sonstigen Bestimmungen des Verbraucherkreditgesetzes - dieser den Verbraucher benachteiligenden Regelung unterstellt werden.

15.) Mitwirkung von Verbraucherschutzorganisationen:

Schon im Rahmen des Zustandekommens der EG-Richtlinie vom 22. Dezember 1986 (87/102/EWG) scheiterte die Einführung einer Verbandsklage am Widerstand der deutschen Kommissionsmitglieder.[125] Ebensowenig wurde daher bei Erlaß des Verbraucherkreditgesetzes versucht, Verbraucherschutzorganisationen oder vergleichbaren Verbänden - über § 13 Abs. 2 Nr. 1 AGBG und § 13 Abs. 2 Nr. 3 UWG hinaus[126] -

---

[124] Schmelz/Klute, ZIP 1989, 1509 (1521), sprechen in diesem Zusammenhang von einer "weiteren Morgengabe an die Teilzahlungswirtschaft".

[125] Gilles, ZRP 1989, 299 (302); Scholz, MDR 1988, 730 (736).

[126] Das nach § 13 Abs. 2 Nr. 1 AGBG eingeräumte Verbandsklagerecht besteht nur im Hinblick auf Allgemeine Geschäftsbedingungen, und selbst dies nur unter verhältnismäßig engen Voraussetzungen. So muß insbesondere die *satzungsgemäße* Aufgabe der betreffenden Verbände in der Aufklärung *und* Beratung bestehen. Musterprozesse können daher beispielsweise nicht von Verbänden geführt werden, bei denen diese Voraussetzungen nur alternativ erfüllt sind oder die genannten Aufgaben nicht als Hauptaufgabe verfolgt werden (Palandt-Heinrichs, § 13 AGBG, Rdnr. 12; Münchener Kommentar/Gerlach, § 13 AGBG, Rdnr. 64 ff. [v.a. 66 und 67]; zum gleichgelagerten Problem beim Gesetz gegen den unlauteren Wettbewerb vergleiche ferner Ulmer/Brandner/Hensen, § 13 AGBG, Rdnr. 35 ff.; Baumbach-Hefermehl, § 13 UWG, Rdnr. 34 ff.). Ebensowenig fallen hierunter gerichtliche Streitigkeiten, die sich zwar vor dem Hintergrund individual-vertraglicher Abreden abspielen, denen wegen ihrer großen

ein Verbandsklagerecht einzuräumen. Gleiches gilt von einem Mitgestaltungs- oder wenigstens Anhörungsrecht der Verbraucherschutzorganisationen bei der Schaffung überregionaler Allgemeiner Kreditbedingungen u.ä. Solche Rechte wären vor allem im Hinblick auf mißbräuchliche Klauseln von Bedeutung gewesen, die versuchen, den Schutzzweck des Verbraucherkreditgesetzes unterhalb der Schwelle des § 18 S. 1 VKG bzw. der Bestimmungen des Gesetzes zur Regelung der Allgemeinen Geschäftsbedingungen auszuhöhlen.

Auf lange Sicht wird vom bundesdeutschen Gesetzgeber nichts dergleichen zu erwarten sein, der insoweit auch nicht den Empfehlungen der EG-Richtlinie vom 22. Dezember 1986 (87/102/EWG) in Art. 12 Abs. 1 lit. VKG-Richtlinie, nachkam. So ist im Verbraucherkreditgesetz weder von der Errichtung noch von der Förderung spezifischer verbraucherkreditrechtlicher Beratungsstellen die Rede. Insbesondere im Hinblick auf die vorgerichtliche Streitschlichtung bleiben Defizite bestehen.[127]

16.) Inanspruchnahme naher Familienangehöriger:

Der Gesetzgeber schenkt mit dem Verbraucherkreditgesetz dem Problem der Inanspruchnahme naher Familienangehöriger aufgrund von Bürgschaften, Schuldbeitritten und dergleichen keinerlei Beachtung. Dabei haben erst neuere,

---

Breitenwirkung aber erhebliche allgemeine Bedeutung zukommt.

Vgl. hierzu auch § 13 b Abs. 2 des Alternativentwurfs der AgV (Verhinderung der Überschuldung - Entwurf zu einem Gesetz über Verbraucherkredite sowie zur Entschuldung überschuldeter Verbraucher, Arbeitsgemeinschaft der Verbraucherverbände e.V., und Bundesarbeitsgemeinschaft der freien Wohlfahrtspflege e.V.).

scheinbar gegensätzliche Entscheidungen des XI. und IX. Zivilsenats des Bundesgerichtshofs[128] die aktuelle Brisanz der Thematik verdeutlicht. In seinem Urteil vom 22. Januar 1991 lehnte der XI. Senat des Bundesgerichtshofs[129] eine Mithaftung des vermögenslosen Ehegatten zumindest für den Fall des Scheiterns der Ehe als sittenwidrig gem. § 138 Abs. 1 BGB ab.[130] Demgegenüber entschied der IX. Zivilsenat jüngst, daß die Verpflichtung auch mittelloser Angehöriger nicht zur Sittenwidrigkeit führe, selbst wenn diese für den Rest ihres Lebens bis auf das Existenzminimum gepfändet werden können.[131] Der IX.Senat begründet seine Auffassung damit, eine solchermaßen ausdehnende Anwendung des § 138 Abs. 1 BGB würde zu einer Einschränkung der Privatautonomie führen. Bei volljährigen, wenn auch jungen Menschen müsse generell von der Fähigkeit ausgegangen werden, derartige weitreichende und gefährliche Verpflichtungen zu übersehen, wie sie zum Beispiel aus einer Bürgschaftserklärung erwachsen.[132]

---

127 Vergleiche Reich in Hadding/Hopt, Das neue Verbraucherkreditgesetz, S. 45.

128 Vgl. BGH NJW 1991, 923, sowie demgegenüber BGHZ 107, 92 (100 ff.) = BGH NJW 1989, 1276 (1277), unter Aufhebung von OLG Stuttgart NJW 1988, 833; s.a. BGHZ 106, 269 = BGH NJW 1989, 830; BGH NJW 1991, 2015.

129 BGH NJW 1991, 923.

130 Das Urteil wird zwar möglicherweise nur als einzelfallbezogen zu bewerten sein. Dennoch könnte von ihm ein tiefgreifender Rechtsprechungswandel zu erwarten sein (vgl. auch hierzu die Anmerkung von Grün, NJW 1991, 925).

131 Zuletzt BGH NJW 1991, 2015.

132 BGH NJW 1991, 2015 (2017).

Vergleiche auch BGHZ 106, 269 = BGH NJW 1989, 830; BGHZ 107, 92 = BGH NJW 1989, 1276.

Mit den zitierten Entscheidungen scheinen zwei Senate des Bundesgerichtshofs bezüglich vergleichbarer Vorgänge unterschiedlich zu urteilen. Gleichwohl ist die zugrunde liegende Rechtsfrage zur Sittenwidrigkeit dem Großen Zivilsenat des Bundesgerichtshof nicht nach § 132 GVG[133] vorgelegt worden. Dies dürfte damit zusammenhängen, daß die Entscheidung des XI. Senats vom 22. Januar 1991 möglicherweise als streng einzelfallbezogen angesehen werden muß,[134] so daß auf eine Divergenzvorlage an den Großen Zivilsenats verzichtet werden konnte.[135]

---

133 § 132 GVG wurde durch das Rechtspflegevereinfachungsgesetz (Gesetz vom 17. Dezember 1990, BGBl. I, S. 2847, 2854) mit Wirkung zum 1. Januar 1991 neu gefaßt. § 132 GVG n.F. faßt nunmehr die §§ 132, 136 und 136 GVG a.F. zusammen (Münchener Kommentar/Wolf, § 132 GVG, Rdnr. 1; Zöller/Gummer, § 132 GVG, Rdnr. 1).

134 Vergleiche auch Grün, NJW 1991, 925.

Soweit ersichtlich wurde die Entscheidung des XI. Senats vom 22. Januar 1991 auch nicht in der amtlichen Sammlung veröffentlicht.

135 Die Divergenzvorlage nach § 132 Abs. 2 GVG ist nur geboten, wenn ein Senat des Bundesgerichtshofs von der Rechtsprechung eines anderen abweichen möchte. Dies wird immer bei einer unterschiedlichen Rechtsauslegung der Fall sein (Münchener Kommentar/Wolf, § 132 GVG, Rdnr. 8; Zöller/Gummer, § 132 GVG, Rdnr. 1; Baumbach/Lauterbach/Hartmann/Albers, § 132 GVG, Anm. 1). Eine Abweichung liegt insoweit allerdings nur vor, wenn die jeweilige Rechtsansicht sowohl in der früheren als auch in der zur Entscheidung anstehenden Entscheidung den *tragenden Grund* bildet (Münchener Kommentar/Wolf, § 132 GVG, Rdnr. 8). Umgekehrt wird eine Divergenz zu verneinen sein, wenn eine Rechtsansicht nur beiläufig geäußert wurde (Baumbach/Lauterbach/Hartmann/Albers, § 132 GVG, Anm. 2).

Auch wenn die Klärung von Divergenzen zwischen den Senaten in erster Linie dem Großen Zivilsenat obliegt und es zu einer Divergenzvorlage mangels einer Divergenz i.S.d. § 132 GVG nicht gekommen ist, bleiben Zweifel bestehen. Der Gesetzgeber hätte zum Problem im Rahmen des Gesetzgebungsverfahrens zum Verbraucherkreditgesetz Stellung beziehen können, was nicht geschehen ist. Das Verbraucherkreditgesetz läßt Schutzklauseln zugunsten in die Haftung miteinbezogener naher Familienangehöriger missen, unabhängig davon, ob diese im Hinblick auf den aufzunehmenden Kredit aufgrund ihrer Vermögenslage jetzt und in Zukunft jemals in der Lage sein werden, wirklich taugliche Bürgen oder sonstige Gesamtschuldner zu sein.

Insofern regelt beispielsweise eine in Frankreich seit dem 31. Dezember 1989 geltende Bestimmung[136], daß Sicherheiten gegen Personen nicht geltend gemacht werden können, die bei Abschluß des Kreditvertrages aufgrund ihrer finanziellen Situation als Gesamtschuldner, Bürge usw. für die Sicherheit nicht in Frage kamen (Art. 22 INC Hibdo Nr. 665, 673 und 682 vom 18.05.1990)[137].

Keine Abweichung ist ferner anzunehmen, wenn beispielsweise *derselbe* Senat seine Rechtsprechung ändern will, der *andere* Senat seine Rechtsprechung aufgegeben hat oder insoweit nicht mehr zuständig ist (vergleiche Münchener Kommentar/Wolf, § 132 GVG, Rdnr. 8; Zöller/Gummer, § 132 GVG, Rdnr. 1; Baumbach/Lauterbach/Hartmann/Albers, § 132 GVG, Anm. 1; jeweils mit Beispielen dafür, wann eine "Abweichung" des weiteren zu verneinen ist).

Gleiches wird schließlich zu gelten haben, wenn aufgrund *Besonderheiten* des Sachverhaltes abweichend entschieden werden mußte.

136 Vgl. Finanzdienstleistungen - aktuell, VuR 1990, 189 (190), unter Hinweis auf INC Hibdo Nr. 665, 673 und 682 vom 18.05.1990.

137 Finanzdienstleistungen - aktuell, VuR 1990, 189 (190).

17.) Kreditkartenverträge:

Kreditkarten haben in den letzten Jahren eine eminent wichtige Bedeutung erlangt. Ähnlich wie beim Scheck steht bei ihnen die Zahlungs-, nicht aber die Kreditierungsfunktion im Vordergrund. Das Verbraucher*kredit*gesetz erstreckt sich in Konsequenz dessen gem. § 1 Abs. 2 und § 3 Abs. 1 Nr. 3 VKG nur auf Kreditkartenverträge von mehr als drei Monaten Dauer.[138] In der weit überwiegenden Zahl der Fälle erfolgt die Belastung des Kreditkartenkontos jedoch gleich, nachdem der ausstehende Rechnungsbetrag vom Kreditkartenunternehmen beglichen wurde. D.h. das Verbraucherkreditgesetz findet in den Fällen, in denen die Kreditkarte als Zahlungsmittel dient, keine Anwendung.

Wegen der im Wachsen begriffenen Bedeutung von Kreditkarten im alltäglichen Geschäftsverkehr[139] besteht insoweit gesetzgeberischer Handlungsbedarf. Die Ausklammerung der kurzfristigen Kreditkartenkredite ist bei formaler Betrachtung zwar richtig, weil es sich hierbei, wie soeben dargelegt, wegen der im Vordergrund stehenden Zahlungsfunktion gerade um keinen *Kredit* im Sinne des Verbraucherkreditgesetzes handelt. Andererseits beschränkt sich

---

Vgl. ferner § 13 a des Alternativentwurfs der AgV (Verhinderung der Überschuldung - Entwurf zu einem Gesetz über Verbraucherkredite sowie zur Entschuldung überschuldeter Verbraucher, Arbeitsgemeinschaft der Verbraucherverbände e.V., und Bundesarbeitsgemeinschaft der freien Wohlfahrtspflege e.V.).

138 BR-Ds 427/89, S. 40; Seibert, DB 1991, 429.

139 Bezüglich der weiteren Kreditkartenkonstellationen als Zahlungs-/Kreditmittel und der Konsequenzen für die Anwendbarkeit des Verbraucherkreditgesetzes vgl. Seibert, DB 1991, 429 ff.

das Verbraucherkreditgesetz aber gerade nicht nur auf den Schutz des Verbrauchers vor Gefahren, die durch die Inanspruchnahme von Krediten auftreten. Wie auch die (teilweise) Einbeziehung der echten Finanzierungsleasingverträge zeigt, ist der hinter dem Gesetz stehende Zweck[140] ein viel weitergehender. Die Aufnahme auch kurzfristiger Kreditkartenkredite (mit Schwerpunkt auf der Zahlungsfunktion) in den Schutzbereich des Verbraucherkreditgesetzes hätte sich damit nicht als systemwidrig dargestellt, zumal der Gesetzgeber in anderer Beziehung (Stichwort: Existenzgründungsdarlehen, Finanzierungsleasing) ohnehin keine Veranlassung für eine strikte Beschränkung auf einen verbraucherkreditrechtlichen Gesetzeszweck gesehen hat.

---

140 Das Verbraucherkreditgesetz bezweckt den "*Schutz der Verbraucher auf den Kreditmärkten unter Einschluß der Kreditvermittlung*" (z.B. Ulmer/Habersack, Vorbemerkung, Rdnr. 1).

II. Fazit:

Das Verbraucherkreditgesetz ist Kernstück des Gesetzes über Verbraucherkredite, zur Änderung der Zivilprozeßordnung und anderer Gesetze. Es stellt den gesetzgeberischen Versuch dar, den *gesamten* Problembereich des Verbraucherkredits zu erfassen. Gerade dies führt aber häufig zur Verkomplizierung der jeweiligen Regelungen. Beispielhaft seien die Normen des Anwendungsbereiches sowie die Form- und Mindestinhaltsvorschriften genannt. Vorgenommene Schutzbereichsabgrenzungen vermögen darüber hinaus nicht immer zu befriedigen.

Bei formaler Betrachtung regelt das Verbraucherkreditgesetz erstmalig zahlreiche neue Rechtsfragen, wie etwa die der verbundenen Geschäfte oder der Kreditvermittlungsverträge. Andererseits handelt es sich hierbei oftmals nur um die Fortschreibung des bestehenden Istzustandes, wie er bereits durch Rechtsprechung und Literatur geschaffen wurde. Bahnbrechende Neuerungen fehlen in dieser Hinsicht.[141] Soweit Art. 15 VKG-Richtlinie die Mitgliedsstaaten befugt, zum Schutz der Verbraucher weitergehende Vorschriften aufrechtzuerhalten oder zu erlassen, nutzte der bundesdeutsche Gesetzgeber diese Ermächtigung teilweise sogar dazu, hinter den durch die Rechtsprechung und Lehre erzielten nationalen rechtlichen Standard zurückzu-

---

[141] Nach Reich in Hadding/Hopt, Das neue Verbraucherkreditgesetz, S. 30 f., ist das Verbraucherkreditgesetz lediglich als Zwischenprodukt in einer noch nicht abgeschlossenen Diskussion zu betrachten. Mängel des Gesetzes, insbesondere solche, die im überraschend schnellen Abschluß des Gesetzgebungsverfahrens begründet liegen, sollen daher hinnehmbar sein. Das Verbraucherkreditgesetz habe erst einen Diskussionsprozeß in Gang gesetzt, dessen Eigendynamik im Hinblick auf die Fortentwicklung des nationalen wie EG-europäischen Verbraucherkreditrechts nicht unterschätzt werden dürfe.

fallen.[142] Einige Bereiche wurden schließlich gar nicht geregelt. Zu nennen wären in diesem Zusammenhang beispielsweise die Inanspruchnahme naher Familienangehöriger, das Verbot der Lohnabtretung oder die Sittenwidrigkeitsproblematik bei Ratenkreditverträgen. Nachdem Vorschriften zur Verbraucherinsolvenz schon aus rechtssystematischen Gründen sowie im Hinblick auf die Insolvenzrechtsreform zurückgestellt werden mußten, harrt ferner weiterhin eines der dringlichsten Probleme im Zusammenhang mit der Verbraucherverschuldung auf seine Lösung.

§ 2: Zusammenfassende Bewertung:

Das neue Verbraucherkreditgesetz und die übrigen Artikel des Gesetzes über Verbraucherkredite, zur Änderung der Zivilprozeßordnung und anderer Gesetze dürfte für all diejenigen hinter den Erwartungen zurückgeblieben sein, die sich mehr Fortschritte auf dem Gebiet des Verbraucherschutzes, insbesondere des Verbraucherkreditrechts, versprochen hatten. In den gesetzlichen Bestimmungen muß primär das Bemühen des Gesetzgebers gesehen werden, der

---

142 Ebenso Schmelz/Klute, ZIP 1989, 1509 (1515); Bender, VuR 1991, 197.

Verschlechterungen sind nicht nur in bezug auf den durch das aufgehobene Abzahlungsgesetz und die dazu ergangene Rechtsprechung zu konstatieren. Das Verbraucherkreditgesetz fällt sogar partiell hinter den vom Bürgerlichen Recht normierten Standard zurück (Bender a.a.O.). Zu nennen ist hier insbesondere die nunmehr gesetzlich festgeschriebene Möglichkeit, Zinseszinsen zu beanspruchen (§ 11 Abs. 2 VKG).

Vergleiche hierzu ferner Fragenkatalog/Stellungnahme zum Fragenkatalog der öffentlichen Anhörung des Rechtsausschusses des Deutschen Bundestages zum Gesetzesentwurf der Bundesregierung über Verbraucherkredite, Ziff. 1, S. 1.

EG-europäischen Rechtsangleichung auf dem Gebiet des Konsumentenkredits Folge zu leisten.[143] Zu begrüßen ist, daß mit dem Verbraucherkreditgesetz eine gesicherte Rechtslage geschaffen wurde;[144] teilweise geschieht dies allerdings leider auch zu Lasten der Verbraucher, was den Wert der Änderungen trotz der gleichfalls vorhandenen Verbesserungen deutlich relativiert. Wie die amtliche Begründung an verschiedenen Stellen dokumentiert, nimmt das Verbraucherkreditgesetz - für ein Verbraucher*schutz*gesetz - zu viel Rücksichten auf die Belange der Kreditwirtschaft. Andererseits ist einzuräumen, daß das Verbraucherkreditgesetz unter den gegenwärtigen politischen Auspizien wohl ohnehin nur das Mögliche und Machbare dessen verkörpert, was auf diesem Felde momentan rechtspolitisch zu erreichen war.

Letztlich läuft alles auf die Frage hinaus, welchen Stellenwert der Verbraucherschutz in unserer Gesellschaftsordnung genießt und wie sich rein auf Wirtschaftlichkeitserwägungen beruhende Lösungen mit den Prinzipien des Sozialstaatsprinzips vereinbaren lassen. Auch dem hochverschuldeten Verbraucher muß die Chance erhalten bleiben, seinem "*Schuldturm*" zu entfliehen. Hier ausschließlich mit dem hohen Lied der Eigenverantwortlichkeit und Selbständigkeit zu argumentieren, geht am Problem vorbei,

---

143 So tendenziell auch Reich in Hadding/Hopt, Das neue Verbraucherkreditgesetz, S. 30 ff., wonach das Verbraucherkreditgesetz in erster Linie als Umsetzungsakt der VKG-Richtlinie zu qualifizieren ist. Es dürfte aber gleichwohl zu einer Neubelebung der Sonderprivatrechtsdebatte zum Verbraucherrecht führen.

144 Reich in Hadding/Hopt, Das neue Verbraucherkreditgesetz, S. 47, spricht davon, daß das Verbraucherkreditgesetz immerhin "*kleine Lösungen*" durchgesetzt und somit, wenn schon "*keinen programmatischen*", so zumindest einen "*pragmatischen*" Verbraucherschutz verwirklicht habe.

solange die dabei unterstellte Konsumentensouveränität realiter nicht existiert.[145] Inwieweit die Kreditwirtschaft ihre hierzu vorgebrachten Argumente wirklich ernst meint, mag an der Art ihrer Werbung zu erkennen sein, mit deren Hilfe sie um neue Kreditkunden wirbt. Wenn es sich dabei um den vielzitierten mündigen Verbraucher handeln soll, dann greift die neue gesetzliche Konzeption eindeutig zu kurz. Denn die anvisierten Zielgruppen entsprechen, wie sie dort nach allen Regeln der Werbepsychologie in Erscheinung treten, bisweilen nur wenig dem vorgenannten Bild.

Das Verbraucherkreditgesetz *allein* dürfte nicht in der Lage sein, die Probleme des Konsumentenkredits *umfassend* zu lösen. Es kann daher nur als Zwischenschritt begriffen werden.[146] Der nächste Schritt ist daher insbesondere in der Insolvenzrechtsreform zu sehen.

---

[145] Der Verbraucherschutzgedanke beruht demgegenüber auf dem Prinzip der "*Kollektivierung des Risikos*" (Westphalen, WM 1990, 624).

[146] Reich in Hadding/Hopt, Das neue Verbraucherkreditgesetz, S. 30 f.

Schlußwort:

Vertreter der Kreditwirtschaft können und werden zu anderen, weitaus weniger kritischen Ergebnissen in bezug auf das neue Verbraucherkreditgesetz gelangen. Dies erweist sich jedoch letztendlich wie immer als eine Frage des Standpunktes.

Die Arbeit untersucht das neue Verbraucherkreditgesetz in seiner Bedeutung als *Verbraucherschutz*gesetz und hat daher dessen Lösungsansätze bezüglich der spezifischen Probleme des Verbraucherkredits kritisch zu überprüfen. Dies wird den Widerspruch in Teilen der Kreditwirtschaft provozieren. Deren einseitig auf die eigenen Interessen abstellende Argumentation, - was von ihrem Standpunkt aus sogar durchaus als legitim anzusehen ist -, muß aus diesem Grunde mit der üblichen Zurückhaltung gegenüber "perspektivischen Verzerrungen" aufgenommen werden. Die Ausweitung des Schutzes der Kreditnehmer wird im Ergebnis immer zu Lasten der dominierenden Stellung der Kreditunternehmen gehen. Gleichwohl muß dies im Interesse eines insoweit aus den Fugen geratenen Gleichgewichts hingenommen werden. Der freie Wettbewerb wird durch solche Maßnahmen nicht zwingend eingeschränkt, sondern vielfach erst wieder ermöglicht bzw. gefördert.[147]

---

[147] v. Rottenburg in Hadding/Hopt, Verbraucherkredit, AGB-Gesetz und Kreditwirtschaft, S. 41, billigt zum Beispiel den Form- und Mindestinhaltsvorschriften des Verbraucherkreditgesetzes eine geradezu wettbewerbsfördernde Funktion zu.

Synoptische Darstellung
EG-Richtlinie vom 22. Dezember 1986 (87/102/EWG) - Verbraucherkreditgesetz

Art. 1 VKG-Richtlinie	§ 1 VKG
Art. 2 VKG-Richtlinie	§ 3 VKG
Art. 3 VKG-Richtlinie	§§ 3, 4 PreisAngVO
Art. 4 VKG-Richtlinie	§ 4 VKG
Art. 5 VKG-Richtlinie (aufgehoben)	--
Art. 5 a VKG-Richtlinie	noch nicht umgesetzt
Art. 6 VKG-Richtlinie	§ 5 VKG
Art. 7 VKG-Richtlinie	§ 13 VKG
Art. 8 VKG-Richtlinie	§ 14 VKG
Art. 9 VKG-Richtlinie	§ 10 Abs. 1 VKG
Art. 10 VKG-Richtlinie	§ 10 Abs. 2 VKG
Art. 11 VKG-Richtlinie	§ 9 VKG
Art. 12 VKG-Richtlinie	nicht im VKG geregelt, z.B. § 34 c GewO
Art. 13 VKG-Richtlinie	--
Art. 14 VKG-Richtlinie	§ 18 VKG
Art. 15 VKG-Richtlinie	z.B. §§ 2, 7, 12, 16 ff. VKG
Art. 16 VKG-Richtlinie	Art. 10 Änderungsgesetz
Art. 17 VKG-Richtlinie	--
Art. 18 VKG-Richtlinie	--

Synoptische Darstellung
Verbraucherkreditgesetz - Abzahlungsgesetz

§ 1 VKG	§§ 1 Abs. 1, 8 Abs. 1 AbzG
§ 2 VKG	§ 1 c AbzG
§ 3 VKG	--
§ 4 VKG	§ 1 a Abs. 1, Abs. 2 AbzG
§ 5 VKG	--
§ 6 VKG	§ 1 a Abs. 3 AbzG
§ 7 VKG	§ 1 b Abs. 1 und 2 AbzG, § 1 d AbzG
§ 8 VKG	§ 1 a Abs. 4, Abs. 5, § 1 b Abs. 3 und 5 AbzG
§ 9 VKG	--*
§ 10 VKG	--
§ 11 VKG	--
§ 12 VKG	§ 4 Abs. 2 AbzG
§ 13 VKG	§§ 1, 2 und 5 AbzG
§ 14 VKG	--
§ 15 VKG	--
§ 16 VKG	--
§ 17 VKG	--
§ 18 VKG	z.T. §§ 1 Abs. 1 S. 2, § 1 b Abs. 6 AbzG, § 1 d Abs. 5 AbzG, § 2 Abs. 1 S. 3 AbzG sowie § 6 AbzG

* Vormals i.R.d. § 6 AbzG berücksichtigt.

LITERATURVERZEICHNIS:

I. Kommentare:

Baumbach, Adolf / Duden, Konrad / Hopt, Klaus J., Handelsgesetzbuch, Kommentar, C.H.Beck, München, 1989, 28. Auflage; zitiert: Baumbach/Duden/Hopt;

Baumbach, Adolf / Hefermehl, Wolfgang, Wechsel- und Scheckgesetz, Kommentar, C.H. Beck, München, 1990, 17. Auflage; zitiert: Baumbach/Hefermehl;

Baumbach, Adolf / Hefermehl, Wolfgang, Wettbewerbsrecht, Kommentar, C.H. Beck, München, 1990, 16. Auflage; zitiert: Baumbach/Hefermehl;

Baumbach, Adolf / Lauterbach, Wolfgang / Albers, Jan / Hartmann, Peter, Zivilprozeßordnung mit Gerichtsverfassungsgesetz und anderen Gesetzen, C.H. Beck, München, 51. Auflage, 1993; zitiert: Baumbach/Lauterbach/Albers/Hartmann;

Beuthien, Volker / Hadding, Walther / Lüderitz, Alexander / Medicus, Dieter / Wolf, Manfred, Studienkommentar zum Bürgerlichen Gesetzbuch, Alfred Metzner Verlag GmbH, Frankfurt am Main, 2. Auflage, 1979; zitiert: Beuthien/ Hadding / Lüderitz / Medicus / Wolf;

Bruchner, Helmut / Ott, Claus / Wagner-Wieduwilt, Verbraucherkreditgesetz, Kommentar, Hrsg. Deutscher Anwaltsverein, Verlag Franz Rehm GmbH & Co KG in der Verlagsgruppe Jehle-Rehm, München, 1. Auflage, 1992; zitiert: Bruchner/Ott/Wagner-Wieduwilt;

Bülow, Peter, Verbraucherkreditgesetz, Kommentar, Verlag Kommunikationsforum GmbH Recht, Wirtschaft, Steuern, Köln, 1991; zitiert: Bülow;

Dreher-Tröndle, Strafgesetzbuch, Kommentar, C.H. Beck, München, 1991, 45. Auflage; zitiert: Dreher-Tröndle;

Friauf, Karl-Heinrich, Kommentar zur Gewerbeordnung - GewO, Gewerberechtlicher Teil, §§ 29 - 104, Loseblatt-Kommentar, Hermann Luchterhand Verlag GmbH & Co. KG, Neuwied, Stand Januar 1989;

Gamm, Otto-Friedrich Freiherr v., Kartellrecht, Kommentar zum Gesetz gegen Wettbewerbsbeschränkungen und zu Art. 85, 86 EWGV, Carl Heymann Verlag KG, Köln/Berlin/Bonn/München, 2. Auflage, 1990; zitiert: v. Gamm;

Grabitz, Eberhard, Kommentar zum EWG-Vertrag, C.H. Beck, München, 2. Auflage, 1990; zitiert: Grabitz;

Groeben, Hans von der / Boeckh, Hans von / Thiesing, Jochen / Ehlermann, Claus-Dieter, Kommentar zum EWG-Vertrag, Nomos-Verlagsgesellschaft, Baden-Baden, 1991, 4. Auflage; zitiert: Groeben/Boeckh/Thiesing/Ehlermann;

Hopt, J. Klaus / Mülbert, Peter O, Kreditrecht, Bankrecht und Darlehen im Deutschen Recht, Kommentar, Sonderausgabe der Vorbemerungen zu §§ 607 ff. BGB (Bankkreditrecht) und §§ 607 - 610 BGB (Darlehen) aus J. von Staudingers Kommentar zum Bürgerlichen Gesetzbuch, J. Schweitzer Verlag, Walter de Gruyter, Berlin, 1989, 12. Auflage; zitiert: Staudinger/Hopt/Mülbert;

Immenga / Mestmäcker, GWB, Gesetz gegen Wettbewerbsbeschränkungen, Kommentar von Volker Emmerich, Ulrich Immenga, Alfred Kellermann, Siegfried Klaue, Kurt Marckert, Ernst-Joachim Mestmäcker, Wernhard Möschel, Eckard Rehbinder, Herbert Sauter, Karsten Schmidt, Klaus Tiedemann, C.H. Beck, München, 2. Auflage, 1992; zitiert: Immenga/Mestmäcker/Bearbeiter;

Klauss, H. / Ose, L., Verbraucherkreditgeschäfte, Kommentar, Herne, 1988, 2. Auflage; zitiert: Klauss/Ose;

Landmann-Rohmer, Gewerbeordnung, Band I, Loseblatt-Kommentar, C.H. Beck, München, 13. Auflage (Stand 1992); zitiert: Landmann-Rohmer;

Münchener Kommentar zum Bürgerlichen Gesetzbuch, Band 1, Allgemeiner Teil, §§ 1 - 240 BGB, C.H. Beck, München, 2. Auflage, 1984; zitiert: Münchener Kommentar/Bearbeiter;

Münchener Kommentar zum Bürgerlichen Gesetzbuch, Band 2, Schuldrecht, Allgemeiner Teil, §§ 241 - 432 BGB, C.H. Beck, München, 2. Auflage, 1985; zitiert: Münchener Kommentar/Bearbeiter;

Münchener Kommentar zum Bürgerlichen Gesetzbuch, Band 3, Schuldrecht, Besonderer Teil, 2. Halbband, §§ 652 - 853 BGB, C.H. Beck, München, 1988, 2. Auflage; zitiert: Münchener Kommentar/Bearbeiter;

Münchener Kommentar zum Bürgerlichen Gesetzbuch, Schuldrecht, Band 3, Besonderer Teil, 1. Halbband, §§ 433 - 651 k BGB, C.H. Beck, München,1988, 2. Auflage; zitiert: Münchener Kommentar/Bearbeiter;

Münchener Kommentar zur Zivilprozeßordnung mit Gerichtsverfassungsgesetz und Nebengesetzen, Band 3, §§ 803 - 1048 ZPO, EGZPO, GVG, EGGVG, Internationales Zivilprozeßrecht, C.H. Beck, München, 1. Auflage, 1992; zitiert: Münchener Kommentar/Bearbeiter;

Münstermann, Walter / Hannes, Rudi, Verbraucherkreditgesetz, Kommentar, Aschendorffsche Verlagsbuchhandlung & Co., Münster, 1991; zitiert: Münstermann/Hannes;

Palandt, Bürgerliches Gesetzbuch, C.H. Beck, München, 1993, 52. Auflage; zitiert: Palandt-Bearbeiter;**

Schönke-Schröder, Strafgesetzbuch, Kommentar, C.H. Beck, München, 1991, 24. Auflage; zitiert: Schönke-Schröder-Bearbeiter;

Seibert, Ulrich, Handbuch zum Gesetz über Verbraucherkredite, zur Änderung der Zivilprozeßordnung und anderer Gesetze, Köln, Bundesanzeiger, 1991; zitiert: Seibert;

Staudinger, J. von / Hopt, Klaus J. / Mülbert, Peter O., Kreditrecht, Bankrecht und Darlehen im Deutschen Recht, Kommentar, Sonderausgabe der Vorbemerkungen zu §§ 607 ff. BGB (Bankkreditrecht) und §§ 607 - 610 BGB (Darlehen) aus J. v. Staudingers Kommentar zum Bürgerlichen Gesetzbuch, J. Schweitzer Verlag, Walter de Gruyter; Berlin, 12. Auflage, 1989; zitiert: Staudinger/Mülbert/Hopt;

Staudinger, J. von, Kommentar zum Bürgerlichen Gesetzbuch mit Einführungsgesetz und Nebengesetzen, Zweites Buch, Recht der Schuldverhältnisse, §§ 255 - 327 BGB, J. Schweitzer Verlag, Berlin, 12. Auflage, 1979; zitiert: Staudinger/Bearbeiter;

Staudinger, J. von, Kommentar zum Bürgerlichen Gesetzbuch mit Einführungsgesetz und Nebengesetzen, Zweites Buch, Recht der Schuldverhältnisse, §§ 336 - 386 BGB, J. Schweitzer Verlag, Berlin, 12. Auflage, 1985; zitiert: Staudinger/Bearbeiter;

Staudinger, J. von, Kommentar zum Bürgerlichen Gesetzbuch mit Einführungsgesetz und Nebengesetzen, Zweites Buch, Recht der Schuldverhältnisse, §§ 581 - 610 BGB, J. Schweitzer Verlag, Walter de Gruyter, Ber-

---

** Soweit das Abzahlungsgesetz zitiert wurde, handelt es sich um die 50. Auflage.

lin, 1989, 12. Auflage; zitiert: Staudinger/Bearbeiter;

Staudinger, J. von, Kommentar zum Bürgerlichen Gesetzbuch mit Einführungsgesetz und Nebengesetzen, Zweites Buch, Recht der Schuldverhältnisse, §§ 823 - 832 BGB, J. Schweitzer Verlag, Berlin, 12. Auflage, 1986; zitiert: Staudinger/Bearbeiter;

Thomas, Heinz / Putzo, Hans, Zivilprozeßordnung mit Gerichtsverfassungsgesetz und Einführungsgesetzen, Kommentar, C.H. Beck, München, 17. Auflage, 1991; zitiert: Thomas-Putzo;

Ulmer, Peter / Brandner, Hans Erich / Hensen, Horst-Diether / Schmidt, Harry, AGB-Gesetz, Kommentar zum Gesetz zur Regelung des Rechts der Allgemeinen Geschäftsbedingungen, Verlag Dr. Otto Schmidt KG, Köln, 1993, 7. Auflage; zitiert: Ulmer;

Ulmer, Peter / Habersack, Mathias, Verbraucherkreditgesetz, Kommentar, C.H. Beck, München, 1992; zitiert: Ulmer / Habersack;

Vortmann, Jürgen, Verbraucherkreditgesetz, Kommentar, Verlag W. Kohlhammer, Stuttgart-Berlin-Köln, 1. Auflage, 1991; zitiert: Vortmann;

Westphalen, Friedrich Graf von / Emmerich, Volker / Kessler, Ronald, Verbraucherkreditgesetz, Kommentar, Verlag Dr. Otto Schmidt KG, Köln, 1991; zitiert: Westphalen/Emmerich/Kessler;

Zöller, Richard, Kommentar zur Zivilprozeßordnung mit Gerichtsverfassungsgesetz und den Einführungsgesetzen, mit Internationalem Zivilprozeßrecht, Kostenanmerkungen, Verlag Dr. Otto Schmidt KG, Köln, 17. Auflage, 1991; zitiert: Zöller/Bearbeiter;

II. Monographien und Lehrbücher:

Backhaus, Beate, Verbraucherkredite - Bestandsaufnahme, Möglichkeiten und Zielsetzungen einer Reform in der Bundesrepublik Deutschland im Vergleich zu der in Großbritannien nach Erlaß des Consumer Credit Act 1974 entstandenen Rechtslage, Dissertation, Hamburg, 1983; zitiert: Backhaus;

Busch, Stephan, Umschuldung sittenwidriger Ratenkredite, Verlag Peter Lang GmbH, Frankfurt am Main/Bern/New York/Paris, 1990; zitiert: Busch;

Canaris, Claus-Wilhelm, Bankvertragsrecht, Walter der Gruyter, Berlin/New York, 1981, 2. Auflage; zitiert: Canaris;

Canaris, Claus-Wilhelm, Bankvertragsrecht, Erster Teil, Walter der Gruyter, Berlin/New York, 1988, 3. Auflage; zitiert: Canaris;

Dauner-Lieb, Barbara, Verbraucherschutz durch Herausbildung eines Sonderprivatrechts, Duncker u. Humbolt, Berlin, 1983; zitiert: Dauner-Lieb;

Emmerich, Volker / Münstermann, Walter / Wagner-Wieduwilt, Klaus, Praktische Umsetzung des Verbraucherkreditgesetzes, WM-Script, Verlag Wertpapiermitteilungen, Frankfurt am Main, 1991; zitiert: Emmerich/Münstermann/Wagner-Wieduwilt;

Fikentscher, Wolfgang, Schuldrecht, Walter de Gruyter, Berlin-New York, 7. Auflage, 1985; zitiert: Fikentscher;

Gröner, Helmut / Köhler, Helmut, Verbraucherschutzrecht in der Marktwirtschaft, Ökonomische und rechtliche Aspekte des Konsumentenkredits, J.C.B. Mohr (Paul Siebeck), Tübingen, 1987; zitiert: Gröner/Köhler;

Hadding, Walter, Welche Maßnahmen empfehlen sich zum Schutz des Verbrauchers auf dem Gebiet des Konsumentenkredits?, Gutachten zum 53. Deutschen Juristentag Berlin 1980, C.H. Beck, München, 1980; zitiert: Hadding;

Hadding, Walter / Hopt, Klaus J., Verbraucherkredit, AGB-Gesetz und Kreditwirtschaft, Bankrechtstag 1990, Bankrechtliche Vereinigung - Wissenschaftliche Gesellschaft für Bankrecht e.V., Arbeiten und Materialien zum Bank- und Finanz-, Börsen- und Kapitalmarktrecht, Band 1, Wertpapier-Mitteilungen, Frankfurt am Main, 1991; zitiert: Hadding/Hopt, Verbraucherkredit, AGB-Gesetz und Kreditwirtschaft;

Hadding, Walter / Hopt, Klaus J., Das neue Verbraucherkreditgesetz, Erste Erfahrungen und Probleme, Bankrechtliche Vereinigung - Wissenschaftliche Gesellschaft für Bankrecht e.V., Arbeiten und Materialien zum Bank- und Finanz-, Börsen- und Kapitalmarktrecht, Band 2, Wertpapier-Mitteilungen, Frankfurt am Main, 1991; zitiert: Hadding/Hopt, Das neue Verbraucherkreditgesetz;

Hippel v., Verbraucherschutz, Tübingen, 1979, 2. Auflage; zitiert: v. Hippel;

Holzscheck, Knut / Hörmann, Günter / Daviter, Jürgen, Die Praxis des Konsumentenkredits in der Bundesrepublik Deutschland, Bundesanzeiger Verlagsgesellschaft mbH, Köln, 1. Auflage, 1982; zitiert: Holzscheck/ Hörmann/Daviter;

Hörmann, Günter (Herausgeber), Verbraucher und Verbraucherinsolvenz, Universität Bremen, Bremen, 1986; zitiert: Hörmann, Verbraucherkredit und Verbraucherverschuldung;

Hörmann, Günter, Verbraucher und Schulden, Nomos-Verlagsgesellschaft, Baden-Baden, 1987, 1. Auflage; zitiert: Hörmann, Verbraucher und Schulden;

Koch, Harald, Verbraucherprozeßrecht, Verfahrensrechtliche Gewährleistung des Verbraucherschutzes, C.F. Müller, Heidelberg, 1990; zitiert: Koch;

Larenz, Karl, Allgemeiner Teil des Deutschen Bürgerlichen Rechts, C.H. Beck, München, 1989, 7. Auflage; zitiert: Larenz, Allgemeiner Teil des Bürgerlichen Rechts;

Larenz, Karl, Lehrbuch des Schuldrechts, Erster Band, Allgemeiner Teil, C.H. Beck, München, 1987, 14. Auflage; zitiert: Larenz, Allgemeines Schuldrecht;

Larenz, Karl, Lehrbuch des Schuldrechts, Zweiter Band, 1. Halbband, C.H. Beck, München, 13. Auflage, 1986; zitiert: Larenz, Besonderes Schuldrecht;

Marschall v. Bieberstein, Wolfgang, Freiherr, Gutachten zur Reform des finanzierten Abzahlungskaufs, Untersuchung von Möglichkeiten einer künftigen gesetzlichen Regelung des finanzierten Abzahlungskauf und anderer Fornen des Konsumentenkredits, Bundesanzeiger Verlagsgesellschaft mbH, Köln, 1978; zitiert: v. Marschall;

Medicus, Dieter, Bürgerliches Recht, Carl Heymanns Verlag KG, Köln-Berlin-Bonn-München, 14. Auflage, 1989; zitiert: Medicus, Bürgerliches Recht;

Medicus, Dieter, Schuldrecht 2, Besonderer Teil, Kurzlehrbuch, C.H. Beck, München, 5. Auflage, 1992; zitiert: Medicus, Schuldrecht 2;

Meiwes, Heinz-Günther, Probleme des Ratenkreditvertrages, Ein Rechtsprechungsüberblick, Verbraucherzentrale NRW e.V., 1985, 2. Auflage; zitiert: Meiwes;

Reifner, Udo / Weitz, Ewald / Uesseler, Rolf, Tatsachen zum Verbraucherschutz im Konsumentenkredit, J.C.B. Mohr (Paul Siebeck), Tübingen, 1978; zitiert: Reifner/Weitz/Uesseler;

Reifner, Udo, Alternatives Wirtschaftsrecht am Beispiel der Verbraucherverschuldung, Luchterhand Verlag GmbH & Co. KG, Neuwied und Darmstadt, 1979, 1. Auflage; zitiert: Reifner, Verbraucherverschuldung;

Reifner, Udo, Das Recht des Konsumentenkredits - Soziale Zivilrechtsauslegung im Verbraucherschutz; Dissertation, Berlin, 1977; zitiert: Reifner, Konsumentenkredit;

Reifner, Udo, Handbuch des Kreditrechts, Verbraucherkredit und Realkredit, C.H. Beck, München, 1991; zitiert: Reifner, Kreditrecht;

Schaub, Günter, Arbeitsrechtshandbuch, Systematische Darstellung und Nachschlagewerk für die Praxis, C.H. Beck, München, 1992, 7. Auflage; zitiert: Schaub;

Scherer, Josef, Gerichtsstände zum Schutze des Verbrauchers in Sondergesetzen, Das neue Verbraucherkreditgesetz unter dem Aspekt der generellen Erforderlichkeit ausschließlicher Verbraucherschutzgerichtsstände, Verlag V. Florentz GmbH, München, 1991; zitiert: Scherer;

Scholz, Franz Josef, Verbraucherkreditverträge, Geldkredite, Abzahlungskauf, finanziertes Abzahlungsgeschäft, Finanzierungsleasing, Kreditvermittlung u.a., C.H. Beck, München, 1992, 2. Auflage; zitiert: Scholz;

Simon, Roland Clemens, Die Kreditumschuldung, Zur Ablösung und Aufstockung von Verbraucherkrediten, Verlag Duncker & Humblot GmbH, Berlin, 1990; zitiert: Simon;

Schmelz, Karl-Joachim, Der Verbraucherkredit, C.H. Beck, München, 1989; zitiert: Schmelz;

Steiner, Jürgen, Betriebswirtschaftlich orientierte Bemessung des Verzugsschadens bei Krediten, Fritz Knapp Verlag, Frankfurt am Main, 1987; zitiert: Steiner;

Wieacker, Franz, Privatrechtsgeschichte der Neuzeit unter besonderer Berücksichtigung der deutschen Entwicklung, Vandenhoeck & Ruprecht, Göttingen, 2. Auflage, 1967; zitiert: Wieacker;

Zöllner, Wolfgang, Wertpapierrecht, C.H. Beck, München, 14. Auflage, 1987; zitiert: Zöllner;

III. Zeitschriftenaufsätze:

Ahrens, Martin, Der Zinsanspruch im Konsumentenratenkredit bei Spätleistung, DB 1987, 315;

Bandisch, Günter, Anwendung des Verbraucherkreditgesetzes auf anwaltliche Vergleichsgebühren, AnwBl. 1992, 317;

Bender, Rolf, Probleme des Konsumentenkredits, NJW 1980, 1129;

Bender, Rolf, Das Verbraucherkreditgesetz, VuR 1991, 197;

Benöhr, Hans-Peter, Konsumentenschutz vor 80 Jahren, ZHR 138 (1974), 492;

Braun, Johann, Prozessuale Schwierigkeiten im Umgang mit § 11 Abs. 3 VKG, WM 1991, 165;

Braun, Johann, Die Titulierung von Verzugszinsen nach dem Verbraucherkreditgesetz, Eine Erwiderung auf Wolfgang Münzberg, WM 1991, 170, WM 1991, 1325;

Brinkmann, Rainer, Bewirkt § 6 Abs. 4 des Verbraucherkreditgesetzes, daß Kreditgeber an einer zu niedrigen Effektivzinsangabe festgehalten werden?, BB 1991, 1947;

Bülow, Dr. Peter, Das neue Verbraucherkreditgesetz, NJW 1991, 129;

Canaris, Claus-Wilhelm, Hektik bei der Verabschiedung des Verbraucherkreditgesetzes und ihre Folgen, EuZW, Editorial zu 9/1991;

Compensis, Ulrike / Reiserer, Kerstin, Partnerschaftsvermittlung und Verbraucherkreditgesetz 1991, BB 1991, 2457;

Damm, Reinhard, Verbrauchergesetzliche Sondergesetzgebung und Privatrechtssystem, JZ 1978, 173;

Dauner-Lieb, Barbara, Konsumentenkreditrecht - ein besonderes Privatrecht für Verbraucher, Bank und Markt, Zeitschrift für Unternehmensführung, Marketing und Organisation, Sonderausgabe Konsumentenkredit; zitiert: Dauner-Lieb, BuM;

Eckert, Jörn, Übermäßige Verschuldung bei Bürgschafts- und Kreditaufnahme, WM 1990, 85;

Emmerich, Volker, Der Verzug bei Ratenkrediten und kein Ende, WM 1986, 541;

Emmerich, Volker, Rechtsfragen des Ratenkredits, JuS 1988, 925;

Emmerich, Volker, Zum Verzug bei Ratenkreditverträgen, WM 1984, 949;

Emmerich, Volker, Das Verbraucherkreditgesetz, JuS 1991, 705;

Funke, Rainer, Zum Verbraucherkreditgesetz, AnwBl 1992, 108;

Geißler, Markus, Die Rechtskraft des Vollstreckungsbescheides auf dem Prüfstand des sittenwidrigen Ratenkreditgeschäfts, NJW 1987, 166;

Gilles, Peter, Auf dem Weg zu einem Verbraucherkreditgesetz, ZRP 1989, 299;

Gilles, Peter, Zur Gesetzgebungskunst beim HWiG, NJW 1986, 1131;

Gilles, Peter, Zur neueren Verbraucherschutzgesetzgebung in ihrem Verhältnis zum klassischen Privatrecht, JA 1980, 1;

Habersack, Mathias, Das neue Verbraucherkreditgesetz, WM 1991, 1449;

Häuser, Franz / Welter, Reinhard, Neues Recht der Darlehenskündigung, NJW 1987, 17;

Helmrich, Herbert, Das Verbraucherkreditgesetz, AnwBl 1992, 103;

Heymann, Ekkehardt v., Die Angaben des Gesamtbetrages aller Teilzahlungen "wenn möglich" nach § 4 Abs. 1 VerbrKrG, BB 1991, 1721;

Heymann, Ekkehardt v., Zum neuen Verbraucherkreditgesetz, WM 1991, 1285;

Hohendorf, Andreas, Die Bestimmung des auffälligen Mißverhältnisses zwischen Vermögensvorteilen und Leistung beim Ratenkreditwucher, BB 1982, 1205;

Holch, Georg, Geändertes Mahnverfahren - neue Vordrucke, NJW 1991, 3177;

Huff, Martin W., Das Verbraucherkreditgesetz - Hektische Verabschiedung am Ende der Legislaturperiode, WM 1990, 1988;

Kalt, Dieter, Verbraucherkreditgesetz und Finanzierungsleasing, Betriebsberater Beilage 9 zu Heft 13/1992;

Koziol, Helmut, Sonderprivatrecht für Konsumentenkredite?, AcP 1988, 183;

Lambsdorff, Otto Graf v., Gedanken zur Konsumentensouveränität: Die Freiheit der Konsumenten und der Verbraucherschutz, Bank und Markt, Zeitschrift für Unternehmensführung, Marketing und Organisation, Sonderausgabe Konsumentenkredit; zitiert: v. Lambsdorff, BuM;

Lieb, Manfred, § 9 Verbraucherkreditgesetz und Finanzierungsleasing, WM 1991, 1533;

Löwe, Walter, Neuerungen im Abzahlungsrecht, NJW 1974, 2257;

Markwardt, Manfred, Verbraucherkredite raus aus dem Mahnverfahren, NJW 1991, 1220;

Medicus, Dieter, Das Verbraucherkreditgesetz, Jura 1991, 561;

Metz, Rainer, Aktuelle Rechtsfragen der Kreditkartenpraxis, NJW 1991, 2804;

Mülbert, Peter O., Die 1. EG-Richtlinie über den Verbraucherkredit und ihre Umsetzung durch das geplante Verbraucherkreditgesetz, WM 1990, 1357;

Münzberg, Wolfgang, Fehler in § 11 Verbraucherkreditgesetz?, WM 1991, 170;

Otto, Harro, Neue Tendenzen in der Interpretation der Tatbestandsmerkmale des Wuchers beim Kreditwucher, NJW 1982, 2745;

Reifner, Udo, Der Entwurf eines Verbraucherkreditgesetzes, VuR, 1988, 183;

Reifner, Udo, Der Verzugsschaden der Banken im Konsumentenkredit, ZIP 1987, 545;

Reifner, Udo, Die Kosten des sittenwidrigen Kredits, NJW 1988, 1948;

Reifner, Udo, Das Zinseszinsverbot im Verbraucherkredit, NJW 1992, 337;

Reinicke, Dietrich / Tiedtke, Klaus, Zweifelsfragen bei der Anwendung des Verbraucherkreditgesetzes, ZIP 1992, 217;

Reinking, Kurt / Nießen, Thomas, Das Verbraucherkreditgesetz, ZIP 1991, 79;

Reinking, Kurt / Nießen, Thomas, Problemschwerpunkte im Verbraucherkreditgesetz, ZIP 1991, 634;

Reiter, Jochen, Die Neuregelung des Widerrufsrechts bei Sukzessivlieferungsverträgen unter besonderer Berücksichtigung des Bierlieferungsvertrages, BB 1991, 2322;

Sandkühler, Gerd, Konsumentenratenkredite in der gerichtlichen Praxis, JA 1988, 1;

Schlosser, Peter, Der finanzierte Abzahlungskauf, Jura 1985, 89;

Schmelz, Karl-Joachim, Konsumentenkredit und Kapitallebensversicherung, NJW 1988, 3113;

Schmelz, Karl-Joachim, Verbesserungen des Verbraucherschutzes im Konsumentenkreditrecht? - § 56 Nr. 6 GewO, § 1 HWiG, § 7 VerbrKredG, NJW 1991, 1219;

Schmelz, Karl-Joachim/Klute, Sabine, Zum Gesetzentwurf für ein Verbraucherkreditgesetz, ZIP 1989, 1509;

Schmid-Burgk, Klaus/Schölermann, Hinrich, Probleme bei der Anwendung des neuen Verbraucherkreditgesetzes auf Leasingverträge, BB 1991, 566;

Schmidt, Eike, Die Verbandsklage nach dem AGB-Gesetz, NJW 1989, 1192;

Scholz, Franz Josef, Bedeutung und Umfang der persönlichen Regelungsbereiche für Verbraucherkreditbestimmungen, ZIP 1981, 1051;

Scholz, Franz Josef, Verbraucherkredit in der Europäischen Gemeinschaft, FLF 1987, 83

Scholz, Franz Josef, Das Verbraucherkreditgesetz, DB, 1991, 215;

Scholz, Franz Josef, Schwerpunkte der EG-Verbraucherkreditrichtlinie unter Berücksichtigung des geltenden deutschen Rechts, MDR 1988, 730;

Scholz, Franz Josef, Schwerpunkte einer Verbraucherinsolvenz-Regelung, ZIP 1988, 1157;

Scholz, Franz Josef, Geändertes Mahnverfahren für Verbraucherkredite, DB 1992, 127;

Scholz, Franz Josef, Nochmals zu den Konsequenzen des § 6 Abs. 4 VerbrKrG, BB 1992, 222;

Schwintowski, H.-P., Das neue Verbraucherkreditgesetz - sozialpolitische Instrumentierung des Privatrechts?, JA 1992, 33;

Seibert, Ulrich, Verbraucherkreditgesetz und Kreditkarte, DB 1991, 429;

Seibert, Ulrich, Das Verbraucherkreditgesetz, insbesondere die erfaßten Geschäfte aus dem Blickwinkel der Gesetzgebung, WM 1991, 1445;

Slama, Dietmar, Leasingspezifische Regelungen des Verbraucherkreditgesetzes, WM 1991, 569;

Stauder, Bernd, Vom Abzahlungsgesetz zum Konsumentenkredit, ZRP 1980, 217;

Steiner, Jürgen, Verzugsschaden bei Krediten: Finden Juristen und Ökonomen zusammen, DB 1987, 1977;

Steiner, Jürgen, Verzugsschaden bei Ratenkrediten, DB 1986, 895;

Steinmetz, Wolfgang, Sittenwidrige Ratenkreditverträge in der Rechtspraxis auf der Grundlage der BGH-Rechtsprechung, NJW 1991, 881;

Teske, Wolfgang, Neue Widerrufsrechte beim Abschluß von Versicherungs- und Verbraucherkreditverträgen, NJW 1991, 2793:

Vortmann, Jürgen, Existensgründungsdarlehen im neuen Verbraucherkreditrecht, ZIP 1992, 229;

Westermann, Harm Peter / Baltes, Joachim, Grundprobleme des Ratenkredits, JA 1983, 477;

Westphalen, Friedrich Graf von, Marginalien zum Verbraucherkreditgesetz, WM 1990, 624;

Westphalen, Friedrich Graf von, Leasing als "sonstige Finanzierungshilfe" gemäß § 1 Abs. 2 VerbrKrG, ZIP 1991, 639;

Zahn, Herbert, Neues Recht des Leasingvertrages durch das Verbraucherkreditgesetz, DB, 1991, 81;

Zahn, Herbert, Leasingvertrag und Widerrufsbelehrung nach dem Verbraucherkreditgesetz, DB 1991, 687;

Zahn, Herbert, Leasingpraxis nach Inkrafttreten des Verbraucherkreditgesetzes, DB 1991, 2171;

IV. Sonstige Literatur:

"Die Zeit", Wochenzeitschrift; zitiert: "Die Zeit";

Emmerich, Volker, "Der Konsumentenkredit", Vortrag vom 04.05.1987 vor der Richterakademie in Trier; zitiert: Emmerich, Konsumentenkredit;

Europäische Gemeinschaften - Zehn Jahre Verbraucherpolitik der Gemeinschaften, Beitrag zum Europa der Bürger, Amt für amtliche Veröffentlichungen der EG, Luxemburg, 1985; zitiert: Zehn Jahre Verbraucherpolitik der Gemeinschaften;

Finanzdienstleistungen - aktuell, Verbraucher und Recht, 1990, 189;

Fragenkatalog/Stellungnahme zum Fragenkatalog der öffentlichen Anhörung des Rechtsausschusses des Deutschen Bundestages zum Gesetzentwurf der Bundesregierung über Verbraucherkredite;

Gutachten zum Entwurf des Insolvenzgesetzes ("Verbraucherkonkurs"), Kurzfassung, Institut für Finanzdienstleistungen und Verbraucherschutz/Institute for Financial Services (IFF), Reifner, Udo/ Deecke, Helmut/Kaatz, Ruth/Sönksen, Inken/Schulz-Rackoll, Rolf, vom 24. August 1990, Hamburg; zitiert: IFF-Gutachten zum Verbraucherkonkurs;

Neuer Impuls für die Politik zum Schutz der Verbraucher, Kommission der Europäischen Gemeinschaften, Amt für amtliche Veröffentlichungen der EG, Luxemburg,

1987; zitiert: Neuer Impuls für die Politik zum Schutz der Verbraucher;

Stellungnahme der Arbeitsgemeinschaft der Verbraucherverbände e.V. zu dem Entwurf eines Verbraucherkreditgesetzes, Pressekonferenz vom 30.Juni 1988; zitiert: Stellungnahme der AgV zum ersten Referentenentwurf vom Juni 1988, Pressekonferenz;

Stellungnahme der Arbeitsgemeinschaft der Verbraucherverbände e.V. zu dem Entwurf eines Verbraucherkreditgesetzes vom Juni 1988; zitiert: Stellungnahme der AgV zum ersten Referentenentwurf vom Juni 1988;

Stellungnahme der Arbeitsgemeinschaft der Verbraucherverbände e.V. zu dem Entwurf eines Verbraucherkreditgesetzes vom März 1989; zitiert: Stellungnahme der AgV zum zweiten Referentenentwurf vom März 1989;

Stellungnahme der Arbeitsgemeinschaft der Verbraucherverbände e.V. zu der Presseerklärung des Bundesjustizministers Engelhards vom 29.08.1989 zur Diskussion um den Entwurf eines Verbraucherkreditgesetzes; zitiert: Stellungnahme der AgV zum dritten Referentenentwurf vom April 1989;

"Süddeutsche Zeitung", Tageszeitung; zitiert: "Süddeutsche Zeitung";

Verbraucher-Rundschau der Arbeitsgemeinschaft der Verbraucherverbände e.V., Bonn, Nr. 12, Dezember 1987; zitiert: Verbraucher-Rundschau;

Verbraucherpolitische Korrespondenz der Arbeitsgemeinschaft der Verbraucherverbände e.V.; zitiert: Verbraucherpolitische Korrespondenz;

Verhinderung der Überschuldung - Entwurf zu einem Gesetz über Verbraucherkredite sowie zur Entschuldung überschuldeter Verbraucher, Arbeitsgemeinschaft der Verbraucherverbände e.V., und Bundesarbeitsgemeinschaft der freien Wohlfahrtspflege e.V.;

Rechtsprechungsübersicht:

I. Entscheidungen des Bundesverfassungsgerichts:

BVerfGE 7, 377
Urt. v. 11.06.58 - 1 BvR 596/56

BVerfG NJW 1988, 1459 = NVwZ 1988, 621 = BVerfGE 75, 223
Beschl. v. 08.04.87 - 2 BvR 687/85

BVerfG NJW 1988, 2173 = NVwZ 1988, 817
Beschl. v. 04.11.87 - 2 BvR 876/85

BVerfG NJW 1990, 1469 = NJW-RR 1990, 736 = NZA 1990, 389 = BVerfGE 81, 242
Beschl. v. 07.02.90 - 1 BvR 26/87

II. Entscheidungen des Reichsgerichts:

RGZ 74, 339
Urt. v. 09.11.1910 - Rep. I. 151/10

III. Entscheidungen des Bundesgerichtshofs:

BGHZ	37, 94	Urt. v. 05.04.62 - VII ZR 183/60
BGHZ	47, 68	Beschl. v. 03.02.67 - III ZB 14/66
BGHZ	47, 241	Urt. v. 20.02.67 - III ZR 243/64
BGHZ	47, 249	Urt. v. 29.02.67 - III ZR 51/66
BGHZ	47, 253	Urt. v. 20.02.67 - III ZR 260/64
BGHZ	57, 112	Urt. v. 06.10.71 - VIII ZR 14/70
BGHZ	60, 108	Urt. v. 18.01.73 - III ZR 209/71
BGHZ	62, 42	Urt. v. 12.12.73 - VIII ZR 183/72
BGHZ	67, 389	Urt. v. 02.02.77 - VIII ZR 320/75
BGHZ	68, 118	Urt. v. 23.02.77 - VIII ZR 124/75
BGHZ	70, 378	Urt. v. 22.02.78 - VIII ZR 41/77
BGHZ	71, 358	Urt. v. 22.05.78 - III ZR 153/76
BGHZ	78, 248	Urt. v. 15.10.80 - VIII ZR 192/79

BGHZ 91, 338 Urt. v. 14.06.84 - III ZR 110/83

BGHZ 93, 264 Urt. v. 17.01.85 - III ZR 135/83

BGHZ 94, 180 Urt. v. 24.04.85 - VIII ZR 65/84

BGHZ 99, 333 Urt. v. 15.01.85 III - ZR 217/85

BGHZ 101, 380 Urt. v. 24.09.87 - III ZR 187/86

BGHZ 103, 44 Urt. v. 22.12.87 - VI ZR 165/87

BGHZ 104, 102 Urt. v. 24.03.88 - III ZR 30/87

BGHZ 104, 337 Urt. v. 28.04.88 - III ZR 57/87

BGHZ 106,259 Urt. v. 17.01.89 - XI ZR 54/88

BGHZ 111, 117 Urt. v. 03.04.90 - XI ZR 261/89

BGH BB 1964, 1396
Urt. v. 15.10.64 - VII ZR 256/62

BGH BB 1982, 1824
Urt. v. 08.07.82 - III ZR 60/81

BGH LM AGBG § 7 Nr. 1 = NJW 1984, 2816
Urt. v. 28.05.84 - III ZR 63/83

BGH LM BGB § 607 Nr. 39 = NJW 1979,2092 (2095)
Urt. v. 17.05.1979 - III ZR 118/78

BGH LM BGB § 134 Nr. 92 = NJW 1980, 1514
Urt. v. 20.03.80 - III ZR 172/78

BGH LM BGB § 242 Nr. 211 = NJW 1978, 1427
Urt. v. 09.02.78 - ZR 31/76

BGH LM BGB § 242 Nr. 215 = NJW 1979,868
Urt. v. 23.11.78 - III ZR 61/77

BGH LM BGB § 651 a Nr. 1 = ZIP 1982, 155
Urt. v. 19.11.81 - III ZR 87/80

BGH NJW 1976, 1354
Urt. v. 12.01.76 - VIII ZR 213/74

BGH NJW 1976, 1844
Urt. v. 02.06.76 - IV ZR 101/75

BGH NJW 1977, 1632
Urt. v. 11.05.77 - VIII ZR 32/76

BGH NJW 1978, 1970 = BGHZ 71, 358
Urt. v. 22.05.78 - III ZR 153/76

BGH NJW 1979, 540
Urt. v. 15.11.78 - VIII ZR 242/77

BGH NJW 1979, 872
Urt. v. 19.10.78 - III ZR 74/78

BGH NJW 1979, 2194
Urt. v. 18.01.79 - III ZR 129/77

BGH NJW 1980, 234
Urt. v. 24.10.79 - VIII ZR 235/78

BGH NJW 1980, 1155
Urt. v. 07.02.80 - III ZR 141/78

BGH NJW 1981, 1900
Urt. v. 12.03.81 - IV a ZR 111/80

BGH NJW 1982, 2433
Urt. v. 08.07.82 - III ZR 60/81

BGH NJW 1983, 1420
Urt. v. 02.12.82 - III ZR 90/81

BGH NJW 1983, 2780
Urt. v. 29.04.83 - 2 StR 563/82

BGH NJW 1984, 2296
Urt. v. 06.10.83 - III ZR 109/82

BGH NJW 1984, 2814
Urt. v. 22.02.84 - IV a ZR 63/82

BGH NJW 1985, 1544
Urt. v. 24.04.85 - VIII ZR 73/84

BGH NJW 1986, 2568
Urt. v. 10.07.86 - III ZR 47/85

BGH NJW 1986, 3199
Urt. v. 10.07.86 - III ZR 19/85

BGH NJW 1987, 124
Urt. v. 07.05.86 - I ZR 119/84

BGH NJW 1987, 181
Urt. v. 02.10.86 - III ZR 102/84

BGH NJW 1987, 183
Urt. v. 02.10.86 - III ZR 163/85

BGH NJW 1987, 944 = BGHZ 99, 333
Urt. v. 15.01.85 III - ZR 217/85

BGH NJW 1987, 1698
Urt. v. 15.01.87 - III ZR 222/85

BGH NJW 1987, 1813
Urt. v. 20.11.86 - III ZR 115/85

BGH NJW 1987, 2220
Urt. v. 05.03.87 - III ZR 43/86

BGH NJW 1987, 3003
Urt. v. 24.06.1987 - I ZR 74/85

BGH NJW 1987, 3256 = BGHZ 101, 380
Urt. v. 24.09.87 - III ZR 187/86

BGH NJW 1987, 3259
Urt. v. 24.09.87 - III ZR 264/86

BGH NJW 1988, 971 = BGHZ 103, 44
Urt. v. 22.12.87 - VI ZR 165/87

BGH NJW 1988, 696
Urt. v. 24.09.87 - III ZR 188/86

BGH NJW 1988, 1318
Urt. v. 14.01.88 - III ZR 249/86

BGH NJW 1988, 1659 = BGHZ 104, 102
Urt. v. 24.03.88 - III ZR 30/87

BGH NJW 1988, 1661
Urt. v. 24.03.88 - III ZR 24/87

BGH NJW 1988, 1967 = WM 1988, 92
Urt. v. 28.04.88 - III ZR 120/87

BGH NJW 1988, 1971 = WM 1988, 1044 = BGHZ 104, 337
Urt. v. 28.04.88 - III ZR 57/87

BGH NJW 1989, 582
Urt. v. 17.01.89 - XI ZR 54/88

BGH NJW 1989, 584
Urt. v. 06.10.88 - III ZR 94/87

BGH NJW 1989, 830
Urt. v. 19.01.89 - IX ZR 124/88

BGH NJW 1989, 1276
Urt. v. 28.02.89 - IX ZR 130/88

BGH NJW 1989, 1667 = BGHZ 106,259
Urt. v. 17.01.89 - XI ZR 54/88

BGH NJW 1990, 1844 = BGHZ 111, 117
Urt. v. 03.04.90 - XI ZR 261/89

BGH NJW 1991, 923 (m. Anm. Grün)
Urt. v. 22.01.91 - XI ZR 111/90

BGH NJW 1991, 2015
Urt. v. 16.05.91 - IX ZR 245/90

BGH WM 1976, 1158
Urt. v. 30.6.76 - IV ZR 207/74

BGH WM 1979, 489
Urt. v. 18.01.79 - III ZR 129/77

BGH WM 1986, 228
Urt. v. 06.11.85 - -VIII ZR 170/84

BGH WM 1987, 401 = NJW 1987, 1813
Urt. v. 20.11.86 - III ZR 115/85

BGH WM 1988, 929 = NJW 1988, 1967
Urt. v. 28.04.88 - III ZR 120/87

BGH WM 1988, 1044 = NJW 1988, 1971
Urt. v. 28.04.88 - III ZR 57/87

BGH WM 1988, 1562
Urt. v. 06.07.88 - VIII ZR 6/88

IV. Entscheidungen der Oberlandesgerichte:

KG NJW-RR 1986, 476
Urt. v. 06.11.85 - 24 U 3682/85

OLG Düsseldorf, NJW 1987, 2591 (Leitsatz)
Beschl. v. 21.04.87 - 6 W 21/87

OLG Düsseldorf, WM 1987, 599
Urt. v. 15.01.87 - 6 U 149/86

OLG Frankfurt, NJW 1978, 1927
Urt. v. 11.04.78 - 14 U 249/76

OLG Hamm, NJW 1973, 1002
Beschl. v. 22.01.73 - 11 W 62/72

OLG Hamm, WM 1989, 599
Urt. v. 07.12.88 - 31 U 162/87

OLG München, NJW 1969, 53
Urt. v. 18.10.68 - 8 U 989/68

OLG Schleswig, NJW 1974, 648
Urt. v. 11.10.73 - 7 U 32/73

OLG Stuttgart, NJW 1977, 1244
Urt. v. 08.12.76 - 6 U 120/76

OLG Stuttgart, NJW 1988, 833
Urt. v. 12.01.88 - 6 U 86/87

OLG Nürnberg, NJW 1988, 1220
Urt. v. 23.02.88 - 3 U 2870/87

OLG Stuttgart, WM 1985, 349
Urt. v. 07.08.84 - 6 U 51/84

V. Entscheidungen der Landgerichte:

LG Augsburg, NJW 1973, 1704
Urt. v. 02.03.73 - 4 S 304/72

LG Frankfurt, NJW 1978, 1925
Urt. v. 11.05.78 - 2/23 O 506/77

LG Hamburg, NJW 1983, 2333
Urt. v. 30.06.83 - 2 S 9/83

VI. Entscheidungen sonstiger Gerichte:

LAG Baden-Württemberg, DB 1969, 1850
Urt. v. 15.07.69 - 7 Sa 20/69

LAG Düsseldorf, ZIP 1986, 1343
Urt. v. 21.05.86 - 15 Sa 391/86

VII. Entscheidungen des Europäischen Gerichtshofs:

EuGH NJW 1982, 499
Urt. v. 19.01.82 - Rs 8/81

Stichwortverzeichnis

normal = Fundstelle Text
kursiv = *Fundstelle Fußnote*
fett = **Hauptfundstelle Text**

Karsten Müller-Eising
Die verdeckte Sacheinlage
Tatbestand und Rechtsfolgen unter besonderer Berücksichtigung von Drittbeteiligungsfällen
1993, Bd. 383, 334 S., Mdr., DM 67,80, ISBN 3-88259-987-1

Tomas A.van Dorp
Die Erfassung von Beeinträchtigungen des Wettbewerbes als unlauterer Wettbewerb nach §1 UWG
1993, Bd. 384, 183 S., Mdr., DM 39,80, ISBN 3-88259-990-1

Thomas Schulz
Das Rechtsmittel des Appeal zu den US Federal Courts of Appeals
Vergleichende Überlegungen zur Reform des deutschen Berufungsverfahres in Zivilsachen
1993, Bd. 385, 256 S., Mdr., DM 39,80, ISBN 3-88259-993-6

Stefan Auer
Inhalt, Reichweite und Grenzen der Verweisung in § 173 Verwaltungsgerichtsordnung
1993, Bd. 386, 250 S., Mdr., DM 45,80, ISBN 3-88259-994-4

Rainer Wiegelmann
Verhaltenspflichten der Kreditinstitute im Kreditgeschäft mit Kunden in der Kriese
Fragen der Kreditbelassungs- und -versorgungspflicht gegenüber sanierungsfähigen und -würdigen Keditnehmern
1993, Bd. 387, 265 S., Mdr., DM 49,80, ISBN 3-88259-995-2

Brigitte Kössinger
Rechtskraftprobleme im deutsch - französischen Rechtsverkehr
1993, Bd. 388, 220 S., Mdr., DM 43,80, ISBN 3-88259-999-5

Gerhard Pfauser
Der Auskunfts- und Wertermittlungsanspruch des Pflichtteilsberechtigten aus § 2314 BGB hinsichtlich des fiktiven Nachlasses
1993, Bd. 389, 236 S., Mdr., DM 46,80, ISBN 3-89481-000-9

Dirk v. Detten
Der Schutz der Familie und das Arbeitsrecht
1993, Bd. 390, 200 S., Mdr., DM 39,80, ISBN 3-89481-001-7

Helmut Tilp
Beamtenechtliche Auswirkungen der Regierungssitzverlegung
1993, Bd. 391, 240 S., Mdr., DM 47,80, ISBN 3-89481-002-5

Li-Jiuan Chen
Das Recht der Handelsbeziehungen zwischen der Europäischen Wirtschaftsgemeinschaft, der Republik China (Taiwan) und der Volksrepublik China nach Vollendung des Europäischen Binnenmarktes
1993, Bd. 392, 296, S.,Mdr., DM 48,80, ISBN 3-89481-006-8

Florian Kästle
Die Haftung für toxische Massenschäden im US-amerikanischen Produkt- und Umwelthaftungsrecht
1993, Bd. 393, 435 S., Mdr., DM 74,80, ISBN 3-89481-008-4

Günther Bredow
Das spanische Markenrecht
Eine Darstellung unter Berücksichtigung der europäischen Markenrechtsharmonisierung
1993, Bd. 394, 284 S., Mdr., DM 48,80, ISBN 3-89481-009-2

Wolfgang Mörlein
Der Schutz des Vertrauensverhältnisses zwischen Verteidiger und Beschuldigtem im Rahmen des § 100a STPo
1993, Bd. 396, 312 S., Mdr., DM 62,80, ISBN 3-89481-012-2

Hanspeter Zweng
Die wettbewerbsrechtliche Beurteilung der Werbung mit Gewinnspielen in Deutschland, Österreich, Schweiz, Frankreich und dem Vereinigten Königreich von Großbritannien und Nordirland
1993, Bd. 397, 340 S., Mdr., DM 66,80, ISBN 3-89481-014-9

Wolfgang Peitek
Pflichten und Haftung des Treuhänders bei Immobilienkapitalanlagen unter besonderer Berücksichtigung von Bauherren- und Erwerbermodell
1993, Bd. 398, 278 S., Mdr., DM 46,80, ISBN 3-89481-016-5

Volker Strauch
Die Befriedigungsfiktionen im Zwangsversteigerungsgesetz
1993, Bd. 399, 243 S., Mdr., DM 47,80, ISBN3-89481-017-3

Bernd Schendzielorz
Umfang und Grenzen der straffreien Beleidigungssphäre
Eine psychologische, soziologische, verfassungsrechtliche und strafrechtsdogmatische Untersuchung zum Verhältnis von Privatsphären- und Ehrenschutz
1993, Bd. 400, 345 S., Mdr., DM 58,80, ISBN 3-89481-018-1

Tzu-Chiang Chen
Die indirekte Bankgarantie im Außenwirtschaftsverkehr
1993, Bd. 401, 220 S., Mdr., DM 42,80, ISBN 3-89481-019-X

Andrea Muthig
Die Haftung des Herstellers für Produktfehler - ein Beispiel deutsch-französischer Rechtsangleichung im Rahmen der Richtlinie des Rates der Europäischen Gemeinschaften vom 25.07.1985 (85/374/EWG)
1993, Bd. 403, 332 S., Mdr., DM 66.80, ISBN 3-89481-021-1

VVF